中国社会科学院登峰战略项目

满通古斯史诗研究丛书

朝克◎主编

『窝车库乌勒本』研究

满族说部

高荷红◎著

中国社会科学出版社

图书在版编目（CIP）数据

满族说部"窝车库乌勒本"研究／高荷红著 . —北京：中国
社会科学出版社，2019.5

（满通古斯史诗研究丛书）

ISBN 978 - 7 - 5203 - 4421 - 0

Ⅰ.①满… Ⅱ.①高… Ⅲ.①萨满教—研究 Ⅳ.①B933

中国版本图书馆 CIP 数据核字（2019）第 084983 号

出 版 人	赵剑英	
责任编辑	王 茵	马 明
责任校对	胡新芳	
责任印制	王 超	

出 版	中国社会科学出版社
社 址	北京鼓楼西大街甲 158 号
邮 编	100720
网 址	http://www.csspw.cn
发 行 部	010 - 84083685
门 市 部	010 - 84029450
经 销	新华书店及其他书店

印 刷	北京君升印刷有限公司
装 订	廊坊市广阳区广增装订厂
版 次	2019 年 5 月第 1 版
印 次	2019 年 5 月第 1 次印刷

开 本	710 × 1000 1/16
印 张	26
插 页	2
字 数	371 千字
定 价	128.00 元

目　　录

绪　论 ……………………………………………………………… （1）

第一章　"窝车库乌勒本"辨析 ………………………………… （12）
　　第一节　"窝车库乌勒本"辨名 ……………………………… （12）
　　第二节　创世史诗与萨满史诗 ……………………………… （24）
　　第三节　叙事特征研究 ……………………………………… （46）
　　小　结 ………………………………………………………… （70）

第二章　"窝车库乌勒本"文本及其异文分析 ………………… （72）
　　第一节　《尼山萨满》的满语本及汉语本 ………………… （72）
　　第二节　神灵观念比较：《天宫大战》及其异文 ………… （83）
　　第三节　满族先民东海奋斗史：《恩切布库》《西林
　　　　　　安班玛发》 ……………………………………… （104）
　　第四节　征服东海的女英雄：乌布西奔妈妈 …………… （112）
　　第五节　驯化马匹的女英雄：奥克敦妈妈 ……………… （122）
　　小　结 ……………………………………………………… （126）

第三章　"窝车库乌勒本"与满族文化关系 ………………… （127）
　　第一节　"窝车库乌勒本"与萨满文化 ………………… （127）
　　第二节　"窝车库乌勒本"与满族历史 ………………… （147）
　　第三节　"窝车库乌勒本"的互文性 …………………… （158）
　　小　结 ……………………………………………………… （166）

第四章 天庭秩序：女神获胜 ···································· (168)

　第一节　三百女神神谱 ·· (169)

　第二节　善神与恶神之争 ·· (174)

　第三节　女神执掌天庭 ·· (185)

　小　结 ·· (185)

第五章 人间秩序：英雄出世 ···································· (187)

　第一节　降临人世的萨满英雄 ···································· (189)

　第二节　人间除魔、建功立业 ···································· (203)

　第三节　英雄的结局 ·· (220)

　小　结 ·· (225)

第六章 富育光与"窝车库乌勒本" ································ (227)

　第一节　金子的嘴、赤子的心：以传承民族文化为己任 ··········· (229)

　第二节　口述、记忆的"窝车库乌勒本" ························· (242)

　第三节　书写特质与"窝车库乌勒本" ··························· (252)

　小　结 ·· (267)

结　语 ·· (270)

附录一　汉字标音满语唱本《洞窟乌春》 ······················· (273)

附录二　《乌布西奔妈妈》满语采记稿 ························· (287)

附录三　锡霍特山洞窟乌布西奔妈妈长歌 ······················· (334)

参考文献 ·· (408)

后　记 ·· (411)

绪　　论

满族说部体例庞大，目前出版三批共 54 部①，逾千万字。若从传统的民间文类划分，史诗、神话、传说、故事交叉混杂在一起，不易区分出单一的文类，我们曾用超文类来形容。第三批满族说部丛书刚刚出版，很多学术问题仍在不断探讨推进中。如满族说部概念虽有多位学者解析，但文本与概念之间的关系还需探究，文本的解读还需进一步深入、细化，分类体系还需雕琢；满族说部传承问题，无论是过去还是当下的传承都未得到很好的解读；满族说部在整个满族叙事传统之中的作用如何，还需学者给予足够的关注。满族说部三批文本出版后，吉林满族传统说部集成编委会的工作便告一段落。但两位国家级传承人表示仍有一部分文本待整理、出版。20 世纪末，满族说部"石破天惊"为学界所知，至今依然有质疑之声，学者身处其中，更应理性地探讨相关问题。笔者意图从满族说部的四类乌勒本出发，一一分析每一类文本的特性，之后整合，从而探究满族说部的特质。

按照内容和讲唱形式满族说部可分为"窝车库乌勒本""给孙乌春乌勒本""巴图鲁乌勒本""包衣乌勒本"四类，根据已知的说部

---

① 这三批丛书分别于 2007 年、2009 年、2017 年、2018 年出版，2017 年出版 11 本，2018 年出版 17 本，2017、2018 年共出版 28 本合在一起为第三批。三批中还附有其他相关著作，如《抢救满族说部纪实》（2009），《满族说部传承人传略》（2018），《满族说部乌勒本概论》（2018）。

情况，"窝车库乌勒本" 包括《乌布西奔妈妈》《天宫大战》《尼山萨满》《恩切布库》《奥克敦妈妈》[①] 和《西林安班玛发》。本书选择"窝车库乌勒本" 作为研究对象，基于以下三点：首先，"窝车库乌勒本" 作为满族说部的一类，篇幅相对短小，最初多以满语演唱的形式出现，现在文本中仍可见满语的痕迹；其次，在流传过程中，《恩切布库》《奥克敦妈妈》《西林安班玛发》作为《天宫大战》一部分来讲述，《乌布西奔妈妈》与这三部流传地域虽不同，但也与《天宫大战》有密切的关系；再次，从文本属性及内容看有共性，或可算作史诗，或为具有史诗性的叙事诗。五部文本皆在东海流传，讲述满族先民在东海拓疆开土、迁徙定居的经过。《天宫大战》应为最早的创世神话或史诗，讲述以阿布卡赫赫和耶鲁里为代表的善恶众神之间的较量，最后善神取得胜利，奠定了天庭的秩序。当天庭秩序确立之后，众神们开始关心人间的生活生产秩序，在《西林安班玛发》《恩切布库》《乌布西奔妈妈》中表现为人间秩序确立的林林总总，如人类的繁衍、婚育制度、社会制度的确立，萨满祭祀制度的诞生、疆域拓展、迁徙到更适合居住的地方等。这几个文本间存在互文性，如《天宫大战》的很多内容在其他四部说部中都有所提及，四部说部中的主人公之间都有一定的关联。

将"窝车库乌勒本"作为一个整体研究有其独特的意义：可从中勾勒出满族先民发展的脉络，影响后世的很多约规可窥一斑。相较于《天宫大战》，其他文本出现得稍晚一些。在民众日常生活中，"窝车库乌勒本"多以短小的神话或神歌形式出现，如《尼山萨满》有不同传承人讲述的异文。

满族说部研究论文百余篇，论著十余部。[②] 论著主要为《满族说

---

① 2018 年 8 月，《奥克敦妈妈》作为第三批满族口头遗产传统丛书由吉林人民出版社出版，笔者拿到书时已是年末，撰写书稿时依据的是富育光先生提供的电子文本，出版前根据出版文本进行核对。讲述者富育光将《奥克敦妈妈》在《概述》中称为 "给孙乌春乌勒本"，但内文中又将其视为 "窝车库乌勒本"，整理者王卓认为是 "给孙乌勒本"，本书采纳 "窝车库乌勒本" 的观点。

② 该数据的统计时间截至 2018 年 11 月底。

部传承研究》①《〈乌布西奔妈妈〉研究》②《满族说部概论》③《清代东北满族文学研究》④《满族说部与东北历史文化》⑤《满族说部文本研究》⑥《满族说部英雄主题研究》⑦《满族说部口头传统研究》⑧《口述与书写：满族说部传承研究》⑨《满族说部乌勒本概论》⑩，一部论文集《满族传统说部论集（第二辑）》⑪，据了解还有专著待出版。

　　本书应为整体研究"窝车库乌勒本"的第一本书，就单篇文本而论，《尼山萨满》篇幅较短，异文颇多，影响较大，研究成果多，目前已形成"尼山学"。因《尼山萨满》与其他五部关系不太密切，因此本书仅简单介绍其文本情况。《天宫大战》自 1990 年在《萨满教与神话》中刊布以来，被翻译为多种文字，但因多种原因，研究得并不充分，异文未得到应有的关注，直到 2009 年《天宫大战》出版后，相关研究才日渐增多。研究论文有刘孟子的《满族萨满神话〈天宫大战〉与太阳崇拜探析》⑫，隋丽的《满族文化源头的性别叙事——以满族说部〈天宫大战〉、〈东海窝集传〉为例》⑬，杨治经的《阿布卡赫赫化身创世与盘古开天辟地——满—通古斯语族民族与汉族化生型宇宙起源神话比较》⑭。2009 年，《恩切布库》和《西林安班玛发》出版，《恩切布库》延续了阿布卡赫赫与耶鲁里的

---

① 高荷红：《满族说部传承研究》，中国社会科学出版社 2011 年版。
② 郭淑云：《〈乌布西奔妈妈〉研究》，中国社会科学出版社 2013 年版。
③ 王卓、邵丽坤：《满族说部概论》，长春出版社 2014 年版。
④ 王卓：《清代东北满族文学研究》，吉林文史出版社 2013 年版。
⑤ 杨春风、苏静：《满族说部与东北历史文化》，吉林文史出版社 2013 年版。
⑥ 朱立春等：《满族说部文本研究》，长春出版社 2016 年版。
⑦ 杨春风、苏静、李克：《满族说部英雄主题研究》，长春出版社 2016 年版。
⑧ 周惠泉、朱立春整理：《满族说部口头传统研究》，长春出版社 2016 年版。
⑨ 高荷红：《口述与书写：满族说部传承研究》，暨南大学出版社 2017 年版。
⑩ 富育光、荆文礼：《满族说部乌勒本概论》，吉林人民出版社 2018 年版。
⑪ 王卓、朱立春主编：《满族传统说部论集（第二辑）》，吉林文史出版社 2013 年版。
⑫ 《吉林省教育学院学报》2010 年第 1 期。
⑬ 《满族研究》2010 年第 1 期。
⑭ 《黑龙江民族丛刊》1996 年第 3 期。

争斗，但更多表现了人间生活。谷颖撰写两篇论文《满族说部〈恩切布库〉的文化解读》①和《满族说部〈恩切布库〉与〈乌布西奔妈妈〉比较研究》②，从文本比较（体裁、表现手法）、人物形象比较（人物塑造体现的萨满观念、人物性格比较）、史诗情节比较三方面，提出：《恩切布库》以大神阿布卡赫赫的侍女恩切布库女神重返人间拯救生民的辉煌业绩为主线，以人类社会发展脉络为隐含线索展开故事情节，是一部内容丰富的英雄长诗。《西林安班玛发》流传于西林觉罗哈拉氏族，该长诗由富育光讲述，谷颖在《满族说部〈西林安班玛发〉史诗性辨析》③中从产生时间、文本形式、主体内容、传播流变四方面分析了《西林安班玛发》的史诗性。

《乌布西奔妈妈》研究硕士论文有《生态·女性·社会——〈乌布西奔妈妈〉生态女性意识探析》④及《满族先民海洋文化的历史记忆——满族史诗〈乌布西奔妈妈〉的历史地理学研究》⑤。其他论文有李晓黎的《满族萨满史诗〈乌布西奔妈妈〉中舞蹈艺术浅析》⑥，郭淑云的《满族萨满英雄史诗〈乌布西奔妈妈〉初探》⑦，郭淑云和谷颖合作的《满族传统说部〈乌布西奔妈妈〉文学性解读》⑧，江帆的《东海女真文化的认知人类学阐释——以满族萨满史诗〈乌布西奔妈妈〉为例》⑨，戴光宇的《〈乌布西奔妈妈〉满语文本及其文学价值》⑩《史诗〈乌布西奔妈妈〉和满族古代的航海》⑪和《〈乌布西奔

① 《满族研究》2008 年第 3 期。
② 《古籍整理研究学刊》2009 年第 6 期。
③ 《中南大学学报》（社会科学版）2010 年第 4 期。
④ 赵楠：《生态·女性·社会——〈乌布西奔妈妈〉生态女性意识探析》，中央民族大学硕士学位论文，2015 年。
⑤ 吴迪：《满族先民海洋文化的历史记忆——满族史诗〈乌布西奔妈妈〉的历史地理学研究》，中国海洋大学硕士学位论文，2012 年。
⑥ 《长春大学学报》2009 年第 1 期。
⑦ 《黑龙江民族丛刊》2001 年第 1 期。
⑧ 《民族文学研究》2010 年第 1 期。
⑨ 《满族研究》2009 年第 4 期。
⑩ 《民族文学研究》2010 年第 1 期。
⑪ 《满族研究》2009 年第 1 期。

妈妈〉满语采记稿译注》① 等。戴光宇的三篇论文从满语的角度入手，这与他一贯的学术兴趣有关，而《乌布西奔妈妈》最受关注的也是其满语的讲述部分。

2018 年，《奥克敦妈妈》出版，又称《奥都妈妈》或《七人八马的故事》，鲜见研究文章。在富育光的记忆中，该说部先由其祖母富察美容讲述，杨青山学习讲唱，后由富育光讲述传承下来。

"窝车库乌勒本"在满族民众中长久流传，其研究需借用民族学、历史学的知识，在此有必要阐释相关术语。

女真：女真本名朱理真，讹为女真。辽道宗时，因避兴宗耶律宗真之讳，又称女直。女真由五代时黑水靺鞨发展而来。五代时，契丹尽取渤海地，而黑水靺鞨附属于契丹，其在南者，编入契丹户籍，号熟女真；在北者，不入契丹户籍，号生女真。建立金朝的完颜部即属生女真。②

女真人的先世，可追溯至肃慎、挹娄、勿吉、靺鞨等。女真二字，最早见于辽宋史籍。《松漠纪闻》和《三朝北盟会编》都说："五代时，始称女真。"《辽史》卷一《太祖记》，早在唐天复三年（903 年），已有"春，伐女直，下之，获其户三百"的记载。金毓黻在《东北通史》中提出："女真之名，本由肃慎二字转变而来。"在辽代女真人才向民族（nation）的形成跨出第一步。公元 1115 年，女真建国，号称大金。其都城，初在上京，即今黑龙江省阿城；公元 1153 年，迁往中都，即今北京；公元 1214 年，又迁往南京，即今河南开封。大金在历史上存在了 120 年，对中国历史的发展做出重大的贡献。公元 1234 年，金亡后，元明两代，女真人在东北仍是一个很有影响的民族。③

明成祖时在黑龙江出海口一带设立了军事统治机构奴儿干都司，其辖境西起斡难河（今鄂嫩河），北至外兴安岭，东抵大海，南接图

① 《满语研究》2008 年第 1 期。
② 宋德金：《金代的社会生活》，陕西人民出版社 1988 年版，第 2 页。
③ 王可宾：《女真国俗》，吉林大学出版社 1988 年版，前言。

们江，东北越海而有库页岛。而明代东北女真各部生活在这一片广袤土地上，即"在混同江东，开原城北，东滨海，西接兀良哈，南接朝鲜"①，"北至奴儿干北海"②的广大地区。明代初年到中期的"海西"地域的概念，是延续元代"海西"地域概念的结果。明初，"野人女真"（或称"东海女真"）分布在黑龙江下游及其以北、以东至海的边远地区；"海西女真"主要分布在松花江流域等地；"建州女真"分布在绥芬河、珲春河、图们江、海兰江流域。到了明代中期以后，明朝的势力逐渐南退，东北蒙古、女真各部相继大举南迁，接近封建经济、文化比较发达的辽东汉族地区，加强了各族间的经济、文化交流，促进了各族社会经济、文化的发展。由于蒙古、女真各部的大举南下，接近辽东地区，不断入边掠夺，加深了明代东北的统治危机。③"海西女真""野人女真""建州女真"是明朝政府方面对其不同地域内女真人的称谓，而非女真人的自称。④

海西女真：海西女真人主要分布在今黑龙江以南，嫩江东西，东至松花江下游，南至伊通河流域，其中心主要在松花江大曲折东流段即今呼兰、阿城、双城、依兰沿松花江两岸一带。

建州女真：建州女真主要指元代居住在今牡丹江流域的女真人，元末明初他们沿牡丹江南迁至今绥芬河、珲春河、图们江、海兰江、朝鲜半岛的北部及东达日本海的俄罗斯滨海边疆区一带。明朝永乐元年（1403 年）在今绥芬河流域的渤海率宾府建州故地设置了建州卫，由此出现了"建州女真人"的称号。

野人（东海）女真：野人女真居住在海西女真以东的极东地域。自乞里迷去奴儿干，三千余里，一种曰女真人，又一种曰北山野人，他们不事耕稼、唯以捕猎为生。"其地水产海驴、海豹、海猪、海牛、

---

① 《大明会典》卷107《礼部第六十五·东北夷》，转引自李健才《明代东北》，辽宁人民出版社1986年版，第59页。

② 严从简：《殊域周咨录》卷24《女直》，转引自李健才《明代东北》，辽宁人民出版社1986年版，第59页。"北至奴儿干北海"，这里所说的北海指今鄂霍次克海。

③ 李健才：《明代东北》，辽宁人民出版社1986年版，第94页。

④ 王禹浪：《金代黑龙江述略》，哈尔滨出版社1993年版，第222—223页。

海狗皮，角（海象牙）"以及鲂须等海洋兽类。从地理环境分析，当在今黑龙江省抚远县勤得利的东北，一直到北海即今鄂霍次克海沿岸一带。"野人女真"即指明代那些没有编入海西、建州两部，地处边远、朝贡不常、靠近北海一带的女真人。这部分女真人的文化比海西与建州女真人落后，明朝统治者冠以"野人"二字。

满族："满族历史的确切记载，约始于明朝初年。满族的先民被满洲族明人泛称为女真。"① 富育光认为："满族是由其历史上先世族称肃慎、靺鞨、女真（诸申、曼殊、曼殊什利）等族称沿袭而来，一脉相承。"② 满族本身以女真族的后裔为主体，吸收朝鲜族、蒙古族、锡伯族、汉族、达斡尔族，经过长期的杂居生活所形成的新的共同体，也即形成了目前具有独特性质的民族志的复合。③ 满族是在八旗制度内融合而成的民族。辛亥鼎革后，很多满族人冠了汉姓，改为汉族。满族这个词汇是1912年大清王朝灭亡后才有的，之前都称之为满洲族。满族说部反映了满族及其先世从唐朝至清末、民国等不同时期的生活。

乌勒本：在《清文总汇》中"乌勒本"（ulabun）解释为"经传之传"，不仅指记述某人的传记事迹，且有神圣之义。汉译为"传"或"传记"。民国以来，在多数满族族众中已将"乌勒本"改称"满族书""说部""家传""英雄传"等名称。"乌勒本"一词只在一些姓氏谱牒和萨满神谕中保存着。④

满族说部：满族说部概念最早由富育光提出，最初依据叙事内容分为三类，即"窝车库乌勒本""包衣乌勒本""巴图鲁乌勒本"，后来谷长春在满族说部丛书《总序》中将其分为四类，在原有三类基础上加入"给孙乌春乌勒本"。王卓认为三分法、四分法不合适，提

---

① 刘小萌：《满族从部落到国家的发展》，辽宁民族出版社2001年版，第1页。本书不去探究历史学家探讨的满洲、诸申等称呼，只采用约定俗成的称呼。
② 富育光：《萨满教与神话》，辽宁大学出版社1990年版，第194—195页。
③ ［日］畑中幸子：《中国北方少数民族的文化复合》，《北方民族》2003年第3期。金启孮先生认为还应包括赫哲族，笔者也赞同这一观点。
④ 高荷红：《满族说部传承研究》，中国社会科学出版社2011年版，第10页。

出二分法，即"给孙乌春乌勒本"（说唱）及非"给孙乌春乌勒本"（说唱）。其他传承人、地方文化人、研究者对满族说部或乌勒本都曾提出各自观点。①

笔者曾从满族说部与乌勒本的区别、传承方式、内容、篇幅等角度下过定义，到现在应仍有借鉴意义，现列于此：

> 满族说部沿袭了满族"讲祖"习俗，是"乌勒本"在现代社会的发展，它既保留了"乌勒本"的核心内容，又有现代的变异。最初在氏族内部以血缘传承为主，后渐渐地以一个地域为核心加以传承。它涉及内容广泛，包括满族各氏族祖先的历史、著名英雄人物的业绩、氏族的兴亡发轫及萨满教仪式、婚丧礼仪、天祭海祭等，篇幅简繁不等，少则几千字，多则几十万字；原为满族民众用满语说唱，现多用汉语以说为主；以神话、传说、民间故事、史诗、长篇叙事诗等方式被民众保留下来，是散韵结合的综合性口头艺术。②

窝车库乌勒本：满语为 weceku ulabun，即"神龛上的故事"，亦称"渥车库乌勒奔""乌车姑乌勒本"，曾特指《天宫大战》故事，本书指与《天宫大战》及与其有关的五部文本，即《乌布西奔妈妈》《恩切布库》《奥克敦妈妈》和《西林安班玛发》。"窝车库乌勒本"主要存放于神龛上，篇幅相对较小，全部讲完短则不足一小时，长则几天。

史诗：史诗的定义很多，我们择取朝戈金的界定："史诗是长篇叙事诗，它叙述某个或某些英雄，并关注历史事件，如战争或征服，或英雄追求某些壮丽的神话性和传奇性功名——这些要素构成了传统的核心或文化信念。史诗常在口头文化的社会里得到发展，其时该民族正在形成其历史的文化的宗教的传统。史诗的中心是英雄，他有时是

---

① 高荷红：《满族说部传承研究》，中国社会科学出版社 2011 年版，第 20—27 页。
② 同上书，第 11 页。

半神性的，从事艰巨的正义的事业。他经常卷入神与人类的纷争。史诗中事件往往影响到普通人类的日常生活，并常常改变该民族的历史进程。典型的史诗是篇幅宏大，细节描述充盈，并按照顺序结构的。史诗中大量使用程式化人物，扩展的明喻和其他风格化的描述。"①

朝戈金指出，学界惯常按照几个尺度来衡量史诗：（1）长篇叙事诗；（2）场景宏大；（3）风格崇高；（4）超凡的主人公（一位或多位神或半神）；（5）业绩非凡（或历经磨难）；（6）分为"原生"的和"次生"的（或者叫作民间口传史诗和文人书面史诗）。符合这些尺度的，当然是史诗。只符合其中几项核心特质的，可以认定为不够典型的史诗。②

F. L. 卢卡斯在钱伯斯主编的《百科全书》"史诗"条目中对"史诗的基本特征"做了有益的概括：

> 行动整一，情节紧、从中间开始的艺术，超自然力量、预言和地狱的运用；修饰性比喻，反复出现的表明人物特征的定语。总之，史诗具有一种崇高的特征，真实、自然、无与伦比，唯有北欧传说偶尔还可与之较一高下。

史诗的篇幅不一定很长（实际上多数史诗较长），但必须规模宏大，必须具有"史诗比例"③。朝戈金认为，史诗是以谱系的形态出现的，从最典型的一端，到最不典型的另一端，中间会有大量居间的形态，它们大体上可以认作是史诗，但又不完全严丝合缝地符合学界中构成最大公约数的关于史诗的定义。④

---

① 朝戈金：《口传史诗诗学：冉皮勒〈江格尔〉程式句法研究》，广西人民出版社2000年版，第12页。

② 朝戈金：《"多长算是长"：论史诗的长度问题》，载朝戈金《史诗学论集》，中国社会科学出版社2016年版，第202页。

③ 保罗·麦钱特：《史诗论》，金惠民、张颖译，北岳文艺出版社1988年版。

④ 朝戈金：《"多长算是长"：论史诗的长度问题》，载朝戈金《史诗学论集》，中国社会科学出版社2016年版，第202页。

原始性史诗：原始性史诗主要表现为天地形成、人类起源、早期创造等，因此在一定意义上，原始性史诗又可称为创世史诗。这些史诗"大部分规模宏伟，气势磅礴。由于在它们产生的时代，原始思维还占据统治地位，故人化的创世造人天神和神化的始祖英雄都被列入一个序列，神话、传说等各种原始叙事形态都被熔入一炉。它们以天神或始祖创世、创业活动为中心线索，串起了天地形成、人类起源（包括图腾生人、天神造人以及洪水泛滥、人类再生等）、早期生活（包括狩猎、采集、射日、取火、驯养家畜、学种庄稼、迁徙、定居、各种古代习俗等）各部分内容"①。

满族史诗：满族史诗是在其氏族初萌时期产生的、充满原始性的文学样式。它们符合以下几个尺度：长篇叙事诗；风格崇高；场景宏大；超凡的主人公；业绩非凡。本文特指"窝车库乌勒本"中的《天宫大战》《恩切布库》《西林安班玛发》《乌布西奔妈妈》和《奥克敦妈妈》。其中，《天宫大战》为创世史诗或称创世神话，《西林安班玛发》《奥克敦妈妈》《恩切布库》《乌布西奔妈妈》为英雄史诗。

互文性：又称"文本互联"或"文本间性"，指文本间的互涉关系，也就是说，一切文学文本都必然是一种"互涉文本"（intertext），任何一个文本都是以另一个文本为依存的存在。因此，重要的是文本之间的关系依靠批评活动而产生意义。互文性作为一种重要属性，不仅大量地存在于口头传统中，而且发挥着很大的作用。②

李玉平认为："互文性是指文本与其他文本，文本及其身份、意义、主体以及社会历史之间的相互联系与转化之关系和过程。在这里，互文性是一种意义于其中转换生成的函数关系（功能而非本体）。构成互文性必须具备三个要素：文本 A、文本 B 和它们之间的互文性联系 R。"③

---

① 刘亚虎：《南方史诗论》，内蒙古大学出版社 1999 年版，第 112 页。
② 朝戈金：《口传史诗诗学：冉皮勒〈江格尔〉程式句法研究》，广西人民出版社 2000 年版，第 16 页。
③ 李玉平：《互文性——文学理论研究的新视野》，商务印书馆 2014 年版，第 67 页。

　　黑龙江：黑龙江总长度约 5498 千米（以克鲁伦河为源头计算），发源于蒙古肯特山南侧，在石喀勒河与额尔古纳河交汇处形成，经过中国黑龙江省北界与俄罗斯哈巴罗夫斯克区（Khabarovsk Krai）东南界，流到鄂霍次克海的鞑靼海峡（Tatarskiy Proliv）。尼古拉耶夫斯克城（原为庙街）是其入海口的城市。在中国古代文献中，黑龙江有黑水、弱水、乌桓河等诸多别称，公元 14 世纪成书的《辽史》第一次以"黑龙江"来称呼这条河流。满语音"萨哈连乌拉"，其中"萨哈连"意为"黑"，"乌拉"意为"水"。蒙古语则称"哈拉穆连"。俄文音"阿穆尔"或"阿母"（Amure），成为世界上大多数国家认同的名称。

　　黑龙江古时为肃慎地，汉为挹娄、夫余地。唐时属渤海国，辽金为东京、上京二道（路），元归辽阳行中书省，明属奴儿干都司。清时，1671 年沿黑龙江岸筑城，名黑龙江城，后置黑龙江省。1858 年和 1860 年，沙俄通过不平等的《中俄瑷珲条约》和《中俄北京条约》，强行割占了黑龙江以北、乌苏里江以东 100 多万平方千米的土地，使黑龙江省和吉林省的行政区域大为缩小。1900 年江东六十四屯被沙俄武力占领。

　　"窝车库乌勒本"多流传于黑龙江流域的上、中、下游河段，如《天宫大战》《恩切布库》《西林安班玛发》在黑水女真人中流传，《乌布西奔妈妈》在东海女真人中流传，《奥克敦妈妈》流传范围较广，黑龙江的主干和支流皆有流传。满族先民的不断迁徙使得满族说部的流传地域不断扩大。

　　锡霍特山：又称"希霍特—阿林山脉"，在俄罗斯远东区南部，临鞑靼海峡和日本海。中国称"老爷岭"，满语意为"牲畜稀少的地方"，长 1200 千米，宽 200—250 千米，平均海拔 800—1000 米，最高峰托尔多基—亚尼山海拔 2077 米。此山原属中国，1860 年《中俄北京条约》签订后被沙俄割占。《乌布西奔妈妈》中提到该诗被当地人用独特的象形符号镌刻在锡霍特山洞窟之中。

第一章

"窝车库乌勒本"辨析

"窝车库乌勒本"最初与萨满神歌、神话有关，直到1999年富育光在其论文《满族传统说部艺术——"乌勒本"研考》①中将其作为满族说部的一类，研究者才逐渐使用该词。笔者通过辨其名、分其类、析其形来总体观照"窝车库乌勒本"，希冀发现其共性及特质。

第一节 "窝车库乌勒本"辨名

与"窝车库乌勒本"的相关概念有神本子、神谕、神歌、神话、传说等，它们之间有何关联呢?

一 与"窝车库乌勒本"有关的概念

萨满神歌（抑或称为萨满歌、神歌）、神本子、神谕中都有神话的内容，这些神话大多在萨满祭祀时讲述。满族神话有广义和狭义之分，富育光持广义论，他认为："满族神话的源流恰恰应该追溯到满族先世——女真祖先所创造和流传下来的神话遗产。满族神话正是满族先世神话的承继和延续……满族神话就是满族先世神话。满族神话的广义内涵，系指女真时期流传下来的北方民族神话。而且

---

① 富育光:《满族传统说部艺术——"乌勒本"研考》,《民族文学研究》1999年第3期。

其具体含义则应是包括了北方诸民族在内的通古斯语族所延续、传承、保留下来的诸神神话。因而可以说,满族神话其外延是很广阔的。包容了北方神话的源流与演化。"① 狭义的满族神话指满族及其先世神话,包括在零星出版的神话集子和各种《满族故事选》中刊出的神话,以及作为神话集出版的《满族古神话》(乌拉熙春搜集翻译整理),傅英仁讲述的《满族神话故事》《宁古塔满族萨满神话》《满族萨满神话》和《满族神话》,马亚川讲述的《女真萨满神话》《女真神话故事》等。满族神话研究成果可见富育光的《萨满教与神话》,富育光与孟慧英合著的《满族萨满教研究》,与王宏刚合著的《萨满教女神》等专著。满族神话研究论文数量也很可观。本书持狭义的满族神话观。

萨满神歌是集歌、舞、乐为一体的艺术形式,包括祝词、祷词和神词。广义来讲,神歌还包括开天辟地、万物起源、民族溯源以及各种神灵的故事,即神话的主要内容。神本子乃民间称呼,记述了萨满神歌、神灵、祭祀仪式,以及本氏族、部落的神话传说。前辈学者认为神歌、神本子在内容上有相同之处。富育光认为神谕就是神本子:"神谕满语叫渥车库乌勒奔,意为神龛上的传说。神谕自有文字记载以来,常称之为比特合本子。比特合,满语意为'书',本子为汉语,这是一个满汉合璧词,也就是人们所说的神本子,也称神谕、古谕。"② 我们认为,神本子源于口传神谕,后者是前者的基础,前者是后者的发展形态。神本子主要记述人们应遵从的行为规范,如祭仪、祭种、祭时、祭器、禁忌、卜择等,关于精神信仰方面的记载极为简略。神谕包括创世神话、宇宙神话、族源族史,萨满教起源故事、本姓萨满故事等。③

笔者认为神歌是历代萨满祭祀表演的"音声文本",神本子为

---

① 富育光:《萨满教与神话》,辽宁大学出版社 1990 年版,第 194—195 页。

② 富育光、孟慧英:《满族萨满教研究》,北京大学出版社 1991 年版,第 133 页。

③ 高荷红:《石姓萨满神歌研究——〈满族萨满神歌译注〉中程式与仪式的分析》,硕士学位论文,中国社会科学院,2003 年。

萨满祭祀时依仗的"文字文本",神谕则是各姓氏祖先的历史。满族神话的范畴比神歌、神本子、神谕更为广泛。在表现形式上,神歌主要是韵体的,神本子则散韵兼行,神谕主要是散体的叙事。

在《萨满教与神话》中,"乌车姑乌勒本"特指《天宫大战》故事,"乌车姑"实为神位、神板、神龛之义。"乌车姑乌勒本"即"神龛上的故事",也就是萨满教原始神话。① 从满语来看,"渥车库""乌车姑"和"窝车库"皆为 weceku,以下统一为"窝车库"。在民众中,"窝车库乌勒本"一般指《天宫大战》,本书指包括《天宫大战》在内的六部文本。

二　"窝车库乌勒本"的界定

"乌勒本"和满族说部经常混在一起使用,谈到具体的文本时,或称之为"乌勒本"或为满族说部。目前,学者对于概念意见并不统一,大多数学者认同富育光的观点,如三类、四类"乌勒本",但仍有学者提出满族民间说部、满族传统说部等概念,对其概念的探讨一直在继续。

富育光按照满族说部的形式和内容将"乌勒本"分为四类,② 其中"窝车库乌勒本"文本历史应最为久远,民间专指《天宫大战》。通过不间断地搜集资料,富育光将《乌布西奔妈妈》《恩切布库》《西林安班玛发》《奥克敦妈妈》和《尼山萨满》纳入其中。目前,很多学者在其著作、论文中多引用富育光的观点。

"窝车库乌勒本"指"神龛上的故事",神圣性自不待言,其文本属性到底为神话还是史诗,本书从民间文学的分类标准加以辨析。

"窝车库乌勒本"篇幅都比较短小,《尼山萨满》因其异文较多,从几千字到两万字不等;《乌布西奔妈妈》包括"引曲""头歌"

---

① 富育光:《萨满教与神话》,辽宁大学出版社1990年版,第225页。
② 富育光的观点由谷长春在《满族传统说部丛书·总序》中提出。

"创世歌""哑女的歌""古德玛发的歌""女海魔们战舞歌""找啊，找太阳神的歌""德里给奥姆女神迎回乌布西奔""德烟阿林不息的鲸鼓声""尾歌"部分，共 6213 行，57000 字。《恩切布库》分为"序歌""火山之歌""光耀的经历""恩切布库女神被野人们拥戴为头位达妈妈（乌朱扎兰妈妈）""恩切布库女神率领舒克都哩艾曼开拓新天地""恩切布库女神传下了婚规和籽种""恩切布库女神创制约法""违者遭神谴""恩切布库女神索求长生之药""魂归天国"，共 4507 行，4 万多字。《天宫大战》文本共九腓凌①，1 万多字。《西林安班玛发》有"头歌""引子""西林安班玛发，他从东海里走来""查彦哈喇部，有了自己的萨满""千岁玛发啊，安能久栖大海之中""西林安班玛发为医治疾患，到天上求访古老的众神""西林安班玛发，帮助创造了弓箭""西林安班玛发为族众，找到广袤的'苦乌'""西林安班玛发，时代奉祀的东海神""尾歌"，共 4079 行，七部分。《奥克敦妈妈》分为"引歌""序歌"及正文十部分，分别为"乌米亚罕最有能耐""古老的尼雅玛乌春""奥克敦妈妈燃起智慧之光""奥克敦妈妈教会撒第一把谷籽""奥克敦妈妈教练使用'甩头'和弓矛""奥克敦妈妈立下严苛规矩""山中跑来一个小怪物""芒嘎拉霍通之战""奥克敦妈妈传授弯弓盘马""奥克敦妈妈常留人间"，共 3800 行。

六个文本中，《天宫大战》公认为神话，《乌布西奔妈妈》公认为史诗。《尼山萨满》到底是神话、史诗还是传说？德国学者马丁·吉姆称有一部被誉为"满族的奥德赛"的文本，所指为《尼山萨满传》，是曾经广泛流传的原始叙事诗"debtelin"。"尼山萨满"也被称作"阴间萨满""音姜萨满"，按照民间文学的分类标准，《尼山萨满》应该被归为传说。我们认为，《天宫大战》《恩切布库》《西林安班玛发》《乌布西奔妈妈》《奥克敦妈妈》是史诗。具体分析，似乎又有些不同。我们来看其文本情况（见表 1-1）。

---

① 腓凌，满语为 fiyelen，章节之义。

表 1 - 1   "窝车库乌勒本" 的文本情况

文本名称	语言形式	字数/行数	传承方式	语境	流传地区/群体	内容构成	时间	地点	取态	主要角色	传统文本类型
天宫大战	韵散结合	1.2万字1781行	萨满间传承、口耳相授	祝祭礼仪与口碑传述中	黑水女真人	9腓凌	遥远的过去	不同的世界：其他的或很早的	神圣的	女神	史诗
恩切布库	韵体	4507行	萨满间传承	天宫大战一部分	萨哈连黑水女真人	8部分	遥远的过去	很早的世界	神圣的	非人类（神女下凡）	史诗
乌布西奔妈妈	韵体	6213行	萨满间传承	祭神与唱讲相连	东海女真人，绥芬、东宁、珲春地区	10部分	遥远的过去	很早的世界	神圣的	非人类（神女下凡）	史诗
西林安班玛发	韵体	4136行	氏族内部传承		西林觉罗哈拉氏族	7部分	不久的过去	今天的世界	世俗的或神圣的	男萨满	史诗
奥克敦妈妈	韵体	3800行	氏族内部传承		郭合乐氏族	10部分	遥远的年代		世俗的或神圣的	女神	史诗
尼山萨满	散韵结合	2万多字		随时都可唱	鄂温克族、鄂伦春、赫哲族、满族、锡伯族等	23个章节	不久的过去	今天的世界	世俗的或神圣的	女萨满	传说

　　神话一般为散体叙事，《天宫大战》的讲述经历了从韵体到散韵结合，白蒙古①版本的《天宫大战》即为韵体的，在《萨满教与神话》中刊布的《天宫大战》却是散体的。通过比较两个文本，发现除第五腓凌有很大区别之外，两个版本相差无几；傅英仁讲述的相关异文都是散体的。《尼山萨满》最初以唱为主，后来发展到说唱结合，何世环讲述时则完全变成散体的。《奥克敦妈妈》《西林安班玛发》《恩切布库》和《乌布西奔妈妈》现在的版本主要为韵体，《乌

---

　　① 白蒙古，人名。"蒙古"满语为 menggun，"银子"的意思。此人逝于 1946 年或 1947 年，是非常重要的满族说部传承人，《恩切布库》中提到的白蒙元也指此人。

布西奔妈妈》有以说唱为主的版本，也有以散体叙述为主的版本。这与史诗未必都以诗体来演述是相契合的。

多部"窝车库乌勒本"讲述以女性为主的故事，这与印度人的西地（siri）史诗有相似之处。细读文本，我们发现"窝车库乌勒本"以女神为中心形成庞大的女神体系，她们或为女神的侍女或为女神下凡，女萨满由女神派来的鹰抚育长大。文本解释天地如何形成、人类如何生存和繁衍、天神与恶魔耶鲁里之间的斗争以及天庭的秩序如何确定下来，这一切都在女神的指引下逐步走向正轨。

三 "窝车库乌勒本"异文情况介绍

与世俗性的民间故事、传说不同，萨满传承的满族神话颇具神圣性、神秘性，在传承过程中传承主体不能随意地再创作，这也是它们得以基本保留原始神话母题的主要原因。随着历史的发展，"窝车库乌勒本"出现众多异文，如《乌布西奔妈妈》原来称作《妈妈坟传说》《白姑姑》（或称《白老太太的故事》），或称作《鹿石桩的故事》。富育光认为："从故事内容与流传地域分析，《白姑姑》故事很可能就是《乌布西奔妈妈》在民间早期传播中的母胎传本，或者说是简略异本。《白姑姑》和《乌布西奔妈妈》，都程度不同地揭示鲜为人知的东海人文景物，不过因时代过久，古曲调散失甚多，已无法稽考，而《乌布西奔妈妈》能够更集中而突出地保留了古朴的引歌头歌、尾歌和伴声等咏唱结构形式，也证明其源流古远。著名史诗《乌布西奔妈妈》，便是东海女真人古老的原始长歌。"[①] 富育光曾搜集大量东海女真神话、南海号子歌谣、白姑姑故事以及满族谱牒、萨满神谕与神偶等实物，《乌布西奔妈妈》满文传本及赶海歌谣等。在传播过程中《乌布西奔妈妈》形成散体或韵体的异文，如韵体《娘娘洞古曲》《祭妈妈调》，散体《妈妈坟的传说》。

---

① 富育光：《〈乌布西奔妈妈〉的流传及采录始末》，载鲁连坤讲述，富育光译注整理《乌布西奔妈妈》，吉林人民出版社 2007 年版，第 3—4 页。

　　在不同地域流传时《天宫大战》有大量异文，如孙吴县富希陆搜集到《天宫大战》残本，关锁元之父讲述的《穆丹林神》，四季屯富七大爷讲述的《天宫大战》，阎铁文之父讲唱的异文等；宁安地区有傅英仁讲述的《佛赫妈妈和乌申阔玛发故事三则》（《佛赫妈妈和乌申阔玛发》《天宫大战》和《八主治世》）①。《天宫大战》原为唱的，白蒙古用满语讲唱，翻译为汉语后有诸多不太通顺之处。2009 年出版的《天宫大战》纳入六篇异文，分别为《佛赫妈妈和乌申阔玛发》《阿布凯恩都力创世》《老三星创世》《阿布凯赫赫创造天地人》《大魔鬼耶鲁里》《神魔大战》。细读《满族萨满神话》及《宁古塔满族神话》，《天宫大战》的异文还有《四方神》《佛托妈妈》《天宫大战》《八主治世》《阿布凯恩都力》《大魔鬼耶路哩》《阿布凯恩都力重整天宫》《再造天宫》《裂生诸神》《敖钦大神》《堂白太罗》。

　　《尼山萨满》异文众多，在北方各个民族都有流传，最初多用满语讲唱。现在汉化得比较厉害，既有较浓厚的满族萨满教的遗存，也融入了儒家思想和道家思想，据此有学者推测其产生时间应在明代时期。

　　臧姓萨满祭祀时，将西林安班玛发称为"西伦马沃"，吴姓萨满祭祀时将其称为"西伦贝色"，郭霍洛家族称其为"西林色夫"或"西林安班玛发"。《西林安班玛发》主要在珲春何舍里家族中讲唱，讲述西林安班玛发带领查彦部落找到适合的居住地，带领他们开疆拓土定居生存繁衍的故事。

　　《恩切布库》唱本出自白蒙古，讲唱时间为 1940 年前后；1966年初春，富希陆到长春为富育光及其朋友讲唱了《恩切布库》。富育光记得，幼时"在其家乡黑龙江省孙吴县四季屯、霍尔莫津、大桦树林子、小桦树林子等满族聚集地区广为流传，家喻户晓，人人咏唱。

---

　　① 黑龙江省牡丹江市民间文学集成编委会编印：《牡丹江民间文学集成·第一辑》，1990 年，第 1—10 页。

在他的记忆里，当时讲唱《恩切布库》的是氏族德高望重的萨满或氏族众位奶奶和玛发"。

富察家族传讲的《奥克敦妈妈》最早出自富察美容。1940年，应其子富希陆之邀，富察美容到孙吴县四季屯居住近三年，为四季屯满族人家讲唱了多部"乌勒本"，其子详细记录了《奥克敦妈妈》。1958年春，在大五家子富察家族老宅，很多亲友聆听杨青山讲唱该说部。

"窝车库乌勒本"文本多由众人讲述，并在某地广为流传，但真正能够记录流传下来的为少数。

四 "窝车库乌勒本"的文本类型

"窝车库乌勒本"最初多依仗各氏族萨满口头传承，其后还有口述记录本、手抄本、提要本和异文综合本等类型，我们逐一分析各类型。

1. 口述记录本

20世纪80年代以前，满族说部以口述记录为主，之后学者采录时尽可能使用了录音录像设备。由于多种原因，20世纪80年代，学者调查满族说部并没有全部录音，《萨布素将军传》《东海窝集传》是录音资料保留较为完整的少数。1930年，凌纯声到赫哲族地区调查，记录了19则赫哲族故事[①]，其中有《一新萨满》，《一新萨满》就是《尼山萨满》在赫哲族中流传的异文。我们了解的说部中，口述记录本还有《天宫大战》《乌布西奔妈妈》。

2. 手抄本

民间抄本、萨满神卷乃至家族宗谱之类的手写文本是满族口头文学的最早记录，马名超认为满族抄本大抵成文于晚清或稍迟的一段时间。宁安十二部族的原始神话和《两代罕王传》《萨布素将军》《红

---

① 所谓的故事，其实有一部分为赫哲族史诗"伊玛堪"篇目，只是当时凌纯声以故事的形式将之记录下来，而忽略了其唱词。

罗女三打契丹》等，在当地满洲族人中也都早有汉文传抄，涉及地域广阔，不乏北方民族历史大迁徙中的"携来之物"。①

1908 年、1909 年、1913 年，戈列宾西克夫先后发表了在齐齐哈尔附近、瑷珲、海参崴三地搜集的《尼山萨满》满文手抄本。这些手抄本由当地的满族人抄写并保存，如爱辉里图善保存的两个手抄本和德克登额书写的手抄本。1961 年，沃尔科娃公布的《尼山萨满》也是手抄本。

3. 提要本

提要本为手抄本之一种，但篇幅较短，新老萨满基本以口耳相传的方式或提纲挈领地传授主要内容，神谕就是传授时所需的提要本。"窝车库乌勒本"通常被置在神龛上，由此看来提要本比较适合其狭小的空间。萨满内部传承时，口耳相传或提纲挈领地传授为其主要形式。

4. 异文综合本

流传过程中，"窝车库乌勒本"形成多个异文，传承人通常以其中一个文本为主，自觉接受其他异文内容，进行增删、润色、加工，或将搜集到的文本综合整理而成。

万建中认为，某一民间文学作品处于真正的口传阶段，任何后续的部分都可能纳入经典演说的文本。② 如《尼姜萨满》③ 为富希陆根据其母口述的文本和当地富、吴、祈姓祖传手抄本的内容整理而成，之后陆续修改，并核校三次。《乌布西奔妈妈》在富育光搜集的异文基础上进行了适度的改编。《尼山萨满传》④ 刊布了在不同民族、不同地域流传的异文，并尽可能保持其搜集采寻时的状态。

在不同历史时期，乌勒本以不同的形式展现出来，《尼山萨满》

---

① 马名超：《黑龙江民族民间文学采集史及其文化层次概观》，载《马名超民俗文化论集》，黑龙江人民出版社 1997 年版，第 317 页。

② 万建中：《民间文学引论》，北京大学出版社 2006 年版，第 29 页。

③ 《尼山萨满》的异文。

④ 荆文礼、富育光汇编：《尼山萨满传》（上下册），吉林人民出版社 2007 年版。

有口头和手抄本两种文本形式，口头文本的形态也不尽相同。《乌布西奔妈妈》被富育光采录之前，仍为口传的。

五 "窝车库乌勒本"的传承方式

"窝车库乌勒本"的传承方式和文本类型有着密切的关联，总体看来，有如下四种传承方式：

1. 萨满间口耳相传

东北各族民众认为，神圣崇高的"神们的事情"不是任何人都可以传讲的。"窝车库乌勒本"的原章原节，字字句句，唯有一族中最高神职执掌者——德高望重的安班萨满玛法（大萨满）——才有口授、解释的资格。在大萨满的指导下，那些族权执掌者——罕或达或穆昆达才有神授的讲述才能。[①] 萨满往往是最有才华、最孚众望的民族口碑文学的讲述家、歌手、民间史诗的讲唱人。[②] 赵东升是氏族穆昆达，傅英仁曾经是萨满学员。他们能够传承家族秘史、萨满神话皆因其独特的身份。现在仍以口头流传的是篇幅短小的说部或说部中的某一章节，何世环讲述的《阴间萨满》仅千余字。体量较大的说部多以其他方式流传。

2. 梦托神授

比较典型的梦授艺人当数《格萨尔》。央吉卓玛认为，《格萨尔》史诗歌手神奇传闻叙事的整个过程都带有极强的仪式色彩，且该仪式缺乏时空的规定性，即仪式的展演空间以梦境或镜像为依托，举行仪式的首选地点如山、湖、寺较为神圣的空间。[③] 与萨满传承有神授的情况类似，某些传承人既非该氏族的萨满，也非该氏族的穆昆达，他们仅在特异的情况下梦中得到本氏族祖先或萨满传授，学会本氏族的历史或远古的神话。这种情况极为罕见，我们找到《天宫大战》讲

---

① 富育光：《萨满教与神话》，辽宁大学出版社1990年版，第224页。
② 同上书，第193页。
③ 央吉卓玛：《〈格萨尔王传〉史诗歌手研究——基于青海玉树地区史诗歌手的田野调查》，中国社会科学出版社2015年版，第115页。

述者富德才的经历：

> 民国初年，宝音萨满弟子富德才老人，曾于病中梦到黑龙江边钓到九条黑色七星鱼，醒来疯狂地满屋找七星鱼。全家大惊，结果果真在屋外木盆时有九条活着的七星鱼。北民民俗，七星鱼俗称"鳇鱼舅舅"，见此鱼渔民视为不祥，渔产不丰。德才痴言七星鱼引他见江中一白发婆，口授"乌车姑乌勒本"九段，从此便能讲述"天宫大战"，其情节竟能超过萨满本传内容，萨满敬佩崇仰之。①

因没有充分的资料为佐证，我们无从知晓传承人通过梦授获取讲述知识在满族民间文化传承上占有何种地位，是昙花一现还是大行其道，更为深入的研究只能期待更多资料的发现了。

3. 地域内传承

满族说部主要产生、流传地域在东北三省、河北省、四川省、山东省等有满族八旗驻防之处。很多文本仅在特定地域内传承，并不局限于满族民众中，与满族共居的汉族人也有可能成为传承人，如讲述《平民三皇姑》的张德玉家族。很多文本仅限在特定的家族中流传，如《乌布西奔妈妈》《天宫大战》《恩切布库》主要流传于东海女真人、黑水女真人、萨哈连黑水女真人中，《奥克敦妈妈》《西林安班玛发》分别在郭合乐家族、西林觉罗家族流传。

4. 依靠文本传承

依靠文本传承为目前"窝车库乌勒本"主要传承方式，究其原因有三：

第一是形势的要求。清末个别满族说部出现手抄本，但还是以口耳相传为主。20世纪30年代后，由于特定的政治环境使得满族口传文化渐趋消失，有志于满族文化传承的文化人开始将"窝车库乌勒

---

① 选自《瑷珲十里长江俗记》，富育光给笔者提供的电子版本。

本"记录下来。富希陆曾对《尼山萨满》进行三次润修、整理。

第二是演唱环境的缺失。现在传承人大多生活在城市,即便是生活在农村的传承人也很难找到合适的讲述环境。为了将其传承下去,只得采取变通办法,将文本记录下来。

第三是氏族内部传承方式的改变。富育光等人通过有意地搜集整理其他氏族流传之说部,使之成为自身能够讲唱的说部,从而改变了传承方式,使得说部在氏族外传承。在搜集整理的过程中他们搜集到的异文及其他相关资料都成为讲述文本的来源。

满族萨满比歌、比唱、比跳神的活动为"窝车库乌勒本"的传承提供了合适的空间,讲古习俗也为传承人的培养提供了良好的环境。讲古习俗,是一族族长、萨满、德高望重的老人们为本族族众讲述族源传说、民族神话以及民俗故事的活动。北方各民族都有此俗,冬夏均有举行,成为最喜闻乐见的民俗活动。族中男女老少或在室内、窝棚和撮罗子内,或在野外,聚在篝火和火坛、火盆旁,听族人长辈和老人依辈序讲述故事。讲述者有老有少,有男有女,可长可短,内容可以是传统故事,也可即兴讲述,形式活泼、热烈、奔放、有趣儿。在长期讲古习俗感染下,培育出不少民族的歌手、故事家。① 21 世纪初,萨满已渐渐退出了历史舞台,满族讲古习俗让位于其他娱乐形式。满语作为日常生活交流工具亦退出历史舞台,氏族祭祀仪式的衰微使得"窝车库乌勒本"的传承方式发生了改变。笔者将其概括为:氏族内部传承→氏族外部传承→地域内传承→依靠文本得以传承。

较为详尽地辨析"窝车库乌勒本"后,我们发现尚存在未能解决、令人困惑的问题。若按照传统的文类划分标准,以散体、韵体来区分"窝车库乌勒本"并不合适。"窝车库乌勒本"的讲述更看重与神灵的沟通,强调其神圣性,因讲述环境的变化,其神圣性也逐渐减弱。就具体文本而言,我们不能将其固化为某一文类,而应关注其历时的变化,清楚勾勒出其发展脉络。

---

① 富育光:《萨满教与神话》,辽宁大学出版社 1990 年版,第 207 页。

多年前，富育光将满族神话分为萨满教创世神话、族源传世神话、祖先英雄神话（"玛音"神神话）、萨满神话故事和中原渗入型神话五类。① 其中，萨满教创世神话、族源传世神话和萨满神话故事与萨满传承方式有关，多为萨满秘传、氏族单传、地域内传承。神歌、神谕、神本子、"窝车库乌勒本"中的某些文本与满族神话有交叉之处，如《天宫大战》就是毫无疑义的创世史诗，但在富育光看来该文本却属于创世神话。

第二节　创世史诗与萨满史诗

那么，"窝车库乌勒本"到底为史诗还是神话呢？对于史诗古今中外论者众多，各有道理。近年来，以三大史诗为主的史诗研究成绩斐然。

朝戈金认为："史诗是长篇叙事诗，它叙述某个或某些英雄，并关注历史事件，如战争或征服，或英雄追求某些壮丽的神话性和传奇性功名——这些要素构成了传统的核心或文化信念。史诗常在口头文化的社会里得到发展，其时该民族正在形成其历史的文化的宗教的传统。史诗的中心是英雄，他有时是半神性的，从事艰巨的正义的事业。他经常卷入神与人类的纷争。史诗中事件往往影响到普通人类的日常生活，并常常改变该民族的历史进程。典型的史诗是篇幅宏大，细节描述充盈，并按照顺序结构的。史诗中大量使用程式化人物，扩展的明喻和其他风格化的描述。"②

尹虎彬曾论及中国史诗的特点："我国北方和南方的少数民族有着悠久的史诗传统。但是，中国缺少早期以文字记录的书面文本，史诗基本上是以口头形式流传于我国边远的少数民族的民众之中。因此，口头流传的活形态是中国史诗的一大特征。其次，由于各民族历

---

① 参见富育光《萨满教与神话》，辽宁大学出版社1990年版，第五章。
② 朝戈金：《口传史诗诗学：冉皮勒〈江格尔〉程式句法研究》，广西人民出版社2000年版，第12页。

史发展的不平衡性，各民族的史诗表现出多元、多层次的文化史的内容，早期史诗与创世神话和原始信仰关系紧密，关于氏族复仇、部落征战和民族迁徙的史诗又与世俗化的英雄崇拜联系起来，表现出英雄诗歌的特点。有些民族在进入现代社会以后，仍然有新的史诗不断产生。第三，我国各民族史诗的类型多种多样，北方民族如蒙、藏、维、哈、柯等，以长篇英雄史诗见长，南方傣族、彝族、苗族、壮族等民族的史诗多为中小型的古歌。我国三大史诗《格萨（斯）尔》《江格尔》《玛纳斯》，皆为20万行以上的鸿篇巨制，可以与荷马史诗媲美。我国各个民族的史诗传统形态多样，对于揭示史诗形成的规律，对于史诗理论的研究，都是弥足珍贵的第一手资料。此外，史诗为研究古代社会的各门学科，诸如文化人类学、民族学、历史学、宗教学、民俗学等，提供了宝贵的口承文献资料。"①

朝戈金等提出史诗的八个尺度："尽管世界各地的史诗千差万别，但人们还是认为某些基本要素是这些彼此间差异巨大的史诗所共享的，如宏大的规模、崇高的格调、重大的题材、特定的技法和长久的传统，以及豪迈的英雄主义精神等。学者们在界定史诗这一文类时根据各自学术传统和研究对象的不同，各有侧重地提出过一些标准。通常认为史诗至少应当符合下面的八个尺度：（1）诗体的或散韵兼行的；（2）叙事的；（3）英雄的；（4）传奇性的；（5）鸿篇巨制或规模宏大；（6）包容着多重文类属性及文本间有着互文性关联；（7）具有多重功能；（8）在特定文化和传统的传播限度内。"②

中国史诗传统中，三大史诗是最让人瞩目的存在，习近平总书记曾多次提到少数民族的三大史诗，在2014年10月15日召开的文艺工作座谈会上，他谈到中华文学历史上的经典，列举了在少数民族中长期传唱的《格萨尔王传》《玛纳斯》《江格尔》三大史诗。2018年3月20

---

① 尹虎彬：《古代经典与口头传统》，中国社会科学出版社2002年版，第232—233页。

② 朝戈金、尹虎彬、巴莫曲布嫫：《中国史诗传统：文化多样性与民族精神的"博物馆"》，《中国博物馆》2010年第1期。

日，习近平总书记在第十三届全国人民代表大会第一次会议上的讲话
中，再次称三大史诗为"震撼人心的伟大史诗"。满族史诗一直是其中
的"缺环"，朝戈金、尹虎彬、巴莫曲布嫫在《中国史诗传统：文化多
样性与民族精神的"博物馆"》中提到"满—通古斯语族英雄史诗群"，
其中满族史诗即指"窝车库乌勒本"《乌布西奔妈妈》和《恩切布库》
等，这一史诗群与其他史诗共同构成"北方英雄史诗带"。其形成"与
相关族群的历史源流、生活世界、游牧/渔猎生产方式和文化传统有直
接关联，而族群或社区间长期保持的社会互动和人口流动，彼此相近
或相同的语言亲缘关系和本土宗教信仰（如萨满教和伊斯兰教），都从
文化交融、文学影响和叙事传统共享等方面促进了英雄史诗在这一地
域内的传承、发展和传播"①。

满族史诗的性质如何，需要细读其文本，结合其特性才能得出相
应的结论，我们选取《天宫大战》《乌布西奔妈妈》《恩切布库》
《西林安班玛发》《奥克敦妈妈》作为分析对象。《尼山萨满》在东北
少数民族中都有流传，20 世纪初被马丁·吉姆称为"东方的奥德
赛"，流传至今的文本属性复杂，此处不将其纳入文本分析中。根据
目前搜集的情况看，这五个文本为满族独有，其属性尚无定论。满族
史诗的存在得到认同，但其研究似乎并没有进入学人的视野。

若研读文本首先应从叙事结构和文本特征来分析，本书拟从以下
四方面着手：（1）区分创世神话和创世史诗，探讨英雄史诗的特点；
（2）史诗八个特征；（3）"窝车库乌勒本"文本化过程；（4）五个
文本的萨满史诗特性。

一 创世史诗及英雄史诗

我国北方史诗多为英雄史诗，南方史诗多为创世史诗，创世史诗
从其产生之时就与创世神话密不可分。在分析南方少数民族创世史诗

---

① 朝戈金、尹虎彬、巴莫曲布嫫：《中国史诗传统：文化多样性与民族精神的"博物
馆"》，《中国博物馆》2010 年第 1 期。

的"创世性"时，刘亚虎提到："我国南方少数民族原始性史诗创世部分所描述的大多是创世天神和巨人依靠创造性的劳动创造世界，肯定的是劳动群体的价值，歌颂的是劳动的崇高、力量的崇高。它们与刚刚出现的农业生产结合在一起，把农业生产的活动融化进开天辟地的壮举中，但又不是农业生产的简单复写，而是依照原始人特有的思维方式和情感，把整个过程神圣化、集中化，描绘出一幅充满神秘色彩的宏伟壮阔的天神或巨人创世图。"①

覃乃昌从创世史诗、创世神话产生的时间和其关系角度提出二者的关系："创世史诗是在创世神话的基础上形成的。没有创世神话，就不会有创世史诗；同样，创世史诗对创世神话有着重要的固化作用，没有形成创世史诗的创世神话很难长期保存和传播。我国南方许多少数民族的创世神话一般是通过史诗的形式保存下来的，壮族的《布洛陀》、瑶族的《密洛陀》、布依族的《造万物》等等，莫不如此。"②夏爵蓉从创世史诗诞生的时期、表现的内容和表现手法角度，认为创世史诗"并不等同于创世神话，除文学体裁各别（一为诗歌体，一为散文体）外，还有以下区别：其一，神话诞生于蒙昧时期，创世史诗诞生于野蛮时期，它们反映了不同时代的生产发展、生活状况及人们不同的思想认识与愿望。其二，神话以神为主人公，表现对神力的膜拜，借助想象中的'神'征服自然力，有浓厚的浪漫主义色彩；史诗以人为主人公，着重表现人的创世活动。虽然有些史诗在开天辟地部分曾讴歌神的力量，但这些神常被人格化、人情化；有的就是民族祖先的化身，而且描绘其创世活动时，在浪漫主义的幻想中，往往融进现实生活的内容，使诗篇带有一定的现实主义因素。其三，各民族的神话，由于诞生的时间较早，艺术手法简单，篇幅短小，故事单纯、零星；创世史诗则不然，由于诞生的时间较晚，经过历代传唱者的润饰加工，不但内容丰富，

① 刘亚虎：《南方史诗论》，内蒙古大学出版社1999年版，第117—118页。
② 覃乃昌：《我国南方少数民族创世神话创世史诗丰富与汉族没有发现创世神话创世史诗的原因——盘古神话来源问题研究之八》，《广西民族研究》2007年第4期。

篇幅宏阔，而且采取多层次、多角度的叙述描绘方式，调动多种修辞手段，融史实性、趣味性与艺术性为一体"①。

从产生时代看，创世史诗应晚于创世神话，创世神话可发展成为创世史诗并借史诗得以保留。"窝车库乌勒本"，我们将其理解为史诗的同时也不排除它曾经作为神话的存在，只是其文学表达以及艺术手法发生了变化。

五个文本中《天宫大战》原被视为神话，本文将其定为创世史诗。其创世部分，以阿布卡赫赫为代表的女性神亦是善神和以耶鲁里为代表的恶神之间的斗争为主，最后女性神灵取得胜利并奠定了天庭的秩序。毫无疑问，女性神成为创世的天神，在创世过程中女神们集体合作、共同御敌，该过程颇具神圣性，且充满了满族生活气息。如耶鲁里乔装成一个赶鹅的老太太，"挂着个木杖吆吆喝喝地走来"，画面感十足；与耶鲁里斗争的女神后来成为满族祭祀的牧神奥朵西；满族人喜爱戴花或头髻插花，因他们"认为可惊退魔鬼。戴花、插花、贴窗花、雕冰花，都喜欢是白芍药花。雪花，也是白色的，恰是阿布卡赫赫剪成的，可以驱魔洁世，代代吉祥"；在讲述祭祀突姆女神的由来时，详尽描述了其祭祀仪程："后世部落城寨上和狍獐皮苫城的'撮罗子'前，立有白桦高竿，或在山顶、高树上用兽头骨里盛满獾、野猪油，点燃照天灯，岁岁点冰灯，升篝火照耀黑夜，就是为了驱吓独角九头恶魔耶鲁里，也是为了绵念和祭祷突姆女神"②。

创世部分提到世间万物的形成多与神灵有关，"阿布卡气生云雷，巴那姆肤生古泉，卧勒多用阿布卡赫赫眼睛发布生顺、毕牙、那丹那拉乎"。"热火烧得阿布卡赫赫肢身融解，眼睛变成了日、月，头发变成了森林，汗水变成了溪河……"，"阿布卡赫赫拔下身上的腋毛，化成了无数条水龙，朝朝暮暮地吞水。从此大地上出现了无数条道口

① 夏爵蓉：《人类早期历史的艺术记录——我国少数民族创世史诗巡礼》，《西南民族学院学报》（哲学社会科学版）1994年第3期。

② 富育光讲述，荆文礼整理：《天宫大战·西林安班玛发》，吉林人民出版社2009年版，第49页。

江河和沟岔，养育人类。"

《天宫大战》用有趣的语言解释自然现象的形成。穆丹阿林七座大山的第一座山就是耶鲁里被阿布卡赫赫打下来的头变成的。"耶鲁里神技无敌，马上在掉下头的那个地方一连凸出六个同样的大山"。此地盛产玉石也与阿布卡赫赫有关，"阿布卡赫赫在驱赶恶魔耶鲁里时，是她从头上摘下的玉坠，打向耶鲁里，耶鲁里的头被打掉了一颗掉在此地，那块玉坠也被打碎，落在耶鲁里掉下来的头上，变成了一座玉石山"[1]；山中多幽洞，盖因阿布卡赫赫派诸神捉拿驱赶魔头时，耶鲁里钻拱形成。天体的运行也与善神与恶神的斗争有关：星星东方升起向西方移动，因卧勒多赫赫与耶鲁里斗争时，耶鲁里将女神桦皮布星神兜抛出来形成这一路线。北斗七星的形成很具故事性，"卧勒多赫赫星袋里的那丹女神，知道突姆女神光灭星阴，便也钻出了大星袋，化成数百个小星星，像个星星火球，在九头恶魔耶鲁里搅黑的穹宇中，照射光芒。恶风吹得星球，忽而变缩成圆形，忽而被恶风吹扯成长形，不少星光也失去了光明，后来变成一窝长勺星的小星团。这便是七星那丹那拉呼，变成现在的模样，也是耶鲁里的恶风吹成的，一直到现在由东到西缓缓而行，成为星阵的领星星神"[2]。天禽、地兽、土虫，山雉、水鸭子、母鹿等动物由巴那姆赫赫生出，雌雄也由她来赋予。野猪的獠牙由耶鲁里无意之举形成，"耶鲁里的角掉在地上，正巧赶上野猪拱地成沟，要咬耶鲁里，结果那个掉下的角，一下子扎在野猪的嘴上，从此野猪长出了又长又灵的獠牙"[3]。

《天宫大战》中的时间描述跨度很大，主要表现在：

1. 造人经历了三次

女人最初是阿布卡赫赫和卧勒多赫赫造出来的，所以"心慈

---

[1] 富育光讲述，荆文礼整理：《天宫大战·西林安班玛发》，吉林人民出版社2009年版，第36页。

[2] 同上书，第50页。

[3] 同上书，第58页。

性烈"。巴那姆赫赫用自己身上的肩胛骨和腋毛，加上姐妹的慈肉、烈肉揉成男人后，又从野熊胯下要了个索索安在男人胯下以示区别。第二次是阿布卡赫赫派神鹰哺育了一个女婴，使她成为世上第一个大萨满，用耶鲁里自生自育的奇功使她能传替万代。第三次是洪水过后，大地上仅存的代敏大鹰和一个女人生下人类。女人成为人类始母神。人类生活的场景主要出现在第三个时间段，如穴居、用火、萨满祭祀、阿布卡恩都力送给人类92位瞒尼神。

2. 阿布卡赫赫转变为阿布卡恩都力的三个时间点

阿布卡赫赫女神转变为阿布卡恩都力有三个主要的时间点。第一个时间点是阿布卡赫赫的出生，"世上最古最古的时候，是不分天、不分地的水泡泡，天像水，水像天，天水相连，像水一样流溢不定"，她从水泡中生出，引发了与耶鲁里的斗争。第二个时间点是人类在阿布卡赫赫的福荫下生活，"天荒日老，星云更世，不知过了多少亿斯年"。人类诞生后多选择居住在水边，宜居之所是由阿布卡赫赫化生水龙形成的沟河。第三个时间点，阿布卡赫赫已不为人知，其称呼改为阿布卡恩都力。"不知又经过了多少万年，洪荒远古，阿布卡赫赫人称阿布卡恩都力大神，高卧九层天云之上"，这一阶段应该是母系氏族向父系氏族过渡时期，其中天分九层为满族固有的观念。

这几个时间点并无确指，皆是模糊的表述，多用"多少万年""多少亿斯年""最古最古"等。就我们所知人类应在5万年前出现，也许是时代过于久远，民众用此类表达以示其历史的久远。

史诗是形象地把握现实的艺术，史诗的形象即人的形象，也意味着人的本身。史诗中的人是从各个方面来描写的。尽管人的某些特点被特别地加以强调，但这已经不是神话中的诸神因创造它们的思想本身而产生的那种"专一化"了。黑格尔说，人的胸膛能够容纳得下所有的神。史诗形象的这种多面性丝毫也不会抹杀其概括意义，用高尔基的话说，人民"在塑造史诗的人物时，把集体精神的一切能力都赋予这个人物"①。

《天宫大战》中神具备人的性格特征,阿布卡赫赫性慈、阿布卡恩都力性喜酣睡、耶鲁里伪装成赶鹅的老太太,这些都使得神灵形象惟妙惟肖。由此看来,《天宫大战》更具创世史诗的形制,神都被人格化了、人情化了;文本中保留了很多古老的神话,如太阳神话、洪水神话、盗火神话、巨嘴鸭的神话和化生神话等。

另四部文本虽也涉及创世内容,但主人公皆为部族英雄或萨满。郭淑云认为:"从叙事结构看,作品以乌布西奔的英雄业绩为主线,波澜壮阔的战争、丰富多彩的社会生活围绕着英雄出身→领神当萨满→征战→航海→逝世这条主线展开叙述的。通过描述部落时代的战争风云,凸显了乌布西奔智勇双全的英雄品格。这种英雄诞生、成长、建功立业的顺时叙事模式,与我国其他英雄史诗的叙事模式基本相同……《乌布西奔妈妈》具备了英雄史诗的基本要素……是满族先世东海女真人的一部萨满英雄史诗。"② 《乌布西奔妈妈》保留了些许创世神话的踪迹,如"哑女的歌"中关于阿布卡赫赫与耶鲁里斗争时的细节(德里给妈妈由巴那吉赫赫的口水化形而成),德里给妈妈身边的众神情况③,神灵虽有各自的精彩,但是已开始以"人"为主,更确切地说以萨满为主,我们认为英雄史诗恰当此时出现。关纪新提出:"满族的英雄祖先神或为氏族部落的创建发展立下丰功伟绩,或有重要的文化创造……这些英雄神与人类的日常生活密切相关,有的是部落英雄,有的是氏族祖先。满族的祖先崇拜不是一般的对先人的缅怀、思念、哀婉,而是蕴含着英雄崇拜的观念,因此满族祭礼的基调是喜、是壮。"④

谷颖的观点亦有一定道理:"《恩切布库》中的神话内容远多于《乌布西奔妈妈》,无论是女神的形象特征、各种征战及一些次要角色

---

① 高尔基:《个性的毁灭》,《文艺理论译丛》1957 年第 1 期。
② 郭淑云:《〈乌布西奔妈妈〉研究》,中国社会科学出版社 2013 年版,第 27 页。
③ 鲁连坤讲述,富育光译注整理:《乌布西奔妈妈》,吉林人民出版社 2007 年版,第 17—25 页。
④ 王宏刚:《满族与萨满文化》,中央民族大学出版社 2002 年版,第 7 页。

等都具有明显的神话色彩，是早期萨满教信仰观念的集中体现，相信有的学者甚至会将其视为神话史诗，但《恩切布库》完整文本的形成是一个漫长的历史过程，我们不能单纯地仅从神话学角度考辨一部史诗，应该以发展的、动态的研究视野去审视整部文本，探索最初讲述者的真正目的，从而对文本作出准确定位。《恩切布库》讲述了女神伟大的一生，歌颂女神的丰伟业绩是说部的主旨所在，虽然它没有像《乌布西奔妈妈》那样恢弘的战争场面描写，但其中也讲述了恩切布库带领族人开展的各类战争，是一部颇具民族特色的英雄史诗。相比之下，晚出的《乌布西奔妈妈》神话成分较少，除女罕的出生及超凡能力有神话色彩外，整部史诗几乎是一个民族发展'实录'，可见《乌布西奔妈妈》的创造者们对虚幻的神话已逐渐失去热情，更注重英雄与历史的互动，这也正是人类思维发展的必然结果。"①《乌布西奔妈妈》《恩切布库》都是史诗，保留神话内容存在多寡之别。

西林安班玛发半人半神，他创造弓箭，使莎吉巴那族众体魄更加强健，在大自然中能够很好地生存；带领众人选择居住的地方，找到广袤的"苦乌"；为医治病患到天上求访古老的众神。这是他在人间的使命。

奥克敦妈妈因在天界襄助三女神打败耶鲁里有功，被派到人间带领众人开创生存之路，最先驯养了骏马，并传授众人弯弓盘马的技术、教会他们种植农作物。

五个文本中，《天宫大战》创世部分更丰富多彩，其他四部则是关于英雄的传奇性故事。

二 史诗八个特征

米尼克·希珀提出史诗有八个特征，即形式特征②、书写文本所

---

① 谷颖：《满族说部〈恩切布库〉与〈乌布西奔妈妈〉比较研究》，《古籍整理研究学刊》2009 年第 6 期。
② 形式特征指文本在语言使用或特定语言表达手段上具有鲜明的特征。一个文本可能包含一些固定的程式，例如在开头和结尾（"很久以前"等），或者其他的程式，一组诗句或者某种特征鲜明的表达；谚语、谜语、重复、歌唱、词汇游戏、韵律、节奏；一种显而易见的"散文"叙事与"诗歌"的交替使用。

指明的与听众的关系、文类与故事类型①、主题②、人物③、时间④、空间、物件。我们以《恩切布库》《西林安班玛发》《乌布西奔妈妈》《奥克敦妈妈》为例依次分析（见表1−2）。

表1−2 　　　　　　　　　　　　四部史诗的文本特征

特征 ＼ 文本	《恩切布库》	《西林安班玛发》	《乌布西奔妈妈》	《奥克敦妈妈》
形式特征	恩切布库妈妈的故事已传讲了数百年	在遥远遥远的古代啊		伟大的先人奥克敦妈妈的伟业
	我也传讲了七十八年	在这个美好的日子	散文叙事与诗歌交替使用，有19段散体叙事	
	神授萨满		纯粹的萨满	
书写文本所指明的与听众的关系	在这甜蜜的阖族圣节啊！在这吉祥的腊月良宵啊！阿布卡赫赫的子孙们	各位奶奶、爷爷、大爷、兄弟、阿哥，你们好	我弹着鱼皮神鼓，伴随着兽骨灵佩的声响……萨满的魂灵授予我神职	为迎迓慈祥的圣母妈妈降临祖先留下的古老乌春，我抖抖精神唱起来

---

① 文类与故事类型：它是一部史诗吗？它为什么被认定为是史诗？英雄的作用对于史诗这一文类的故事有哪些贡献？在特定文化中是否存在某种地方性分类？

② 有没有与特定文类相关的传统主题呢？主题的循环又是怎样的情况？史诗的地方背景或英雄主人公是否表现着统一的主题？

③ 史诗人物：首先，有一个英雄或几个英雄。在世界不同地区的史诗之中可以找到一种模型，这是许多学者所探讨过和揭示过的。……与史诗文本相关的其他特殊形象是怎样的？比如说：神灵、妖魔、萨满、男人、女人、儿童、动物——如一匹马，魔法物体或其他物体所发挥的重要作用，等等。以上这些形象——特别是英雄主人公，在他们的各种职能角色中是如何被表现的？文本之中对于两性都适用的规范和社会的可能性（或不可能性）是什么？英雄同其他形象的关系是怎样的，比如和他的兄弟，他的母亲或继母，他的妻子，一位萨满巫师等，这种关系是正面的还是反面的？是英雄性的还是普通的？遵守社会规范还是打破规范？主宰的还是服从的？还有诸如此类的问题。所有这些要点都可以从世界范围的史诗作品中验证其表现及诗学的效果。

④ 作品提到的时间是哪一类？是神话的时间（比如时间之开端，创造之中的时间，世界之初始等），人类的时间，魔幻的时间（如时间停滞或者延迟），还是未可知的时间？创世的结束意味着人类的时间秩序得以建立。神话中的人类祖先不同于神灵之处在于，在创世过程中或者之后，死亡被带进了人类的世界，或者注定为人类时间之许多组成部分。神灵则是不死的。在每个文本中都可以看到对时间的暗示，诸如"开辟之时"或"很久很久以前"一类的说法。

续表

特征\文本	《恩切布库》	《西林安班玛发》	《乌布西奔妈妈》	《奥克敦妈妈》
地方性分类	"天宫大战"里的"恩切布库"女神；红柱神话；神歌神话	西林大玛发古老的神歌，萨满神堂上唱的歌	乌布西奔妈妈神武传说	在翁古玛发的窝车库神龛上记载，在翁古玛发的萨满神谕上传讲
文类与故事类型		满族先人远祖古神传说	东海女真人民间叙述体说唱形式长诗	给孙乌春乌勒本；原始创世神话的三大神话
人物诞生	阿布卡赫赫的侍女恩切布库变为人世间大萨满	石雕千岁萨满变成西林安班玛发	塔其乌离变成乌布西奔妈妈	三女神的侍女，不死奉侍大神，幻化成拄杖老太婆
英雄之死	魂魄重返阿布卡赫赫身边，后世尊为"奥都妈妈"	重归大海成为海底镇海石，祭祀时"蒙温色安班玛发"	飞进大海，升上了高天，回到了她的家。	返回天宫参与驱魔鏖战
时间	几千年前	在遥远遥远的古代；辽金以来	部落时期；明成化年间	在遥远遥远的古代
空间	东海堪扎阿林、恩切布库阿林	兴根里阿林，大漠北	锡霍特阿林，乌布逊毕拉	萨哈连及其子孙河
物件	驯养动物、莫林（马）	石雕萨满，化身鼹鼠	德烟阿林洞穴，东海绘形字	七人八马，背灯祭

（1）文本的形式特征：文本开头包含了固定的程式，如"故事已传讲了数百年"（《恩切布库》），"在遥远遥远的古代啊"；"散文"叙事与"诗歌"的交替使用在《乌布西奔妈妈》中表现得最为明显，有 19 段散体叙事。

（2）书写文本所指明的与听众的关系：一个叙述者可以直接向全体听众发话，也可以向听众中部分特定的人发话，这四部文本的讲述者都很好地发挥了自己的作用。"在这甜蜜的阖族圣节啊！在这吉祥的腊月良宵啊！阿布卡赫赫的子孙们！"（《恩切布库》）说明讲述对象是"阿布卡赫赫的子孙们"。《西林安班玛发》则提到要为"各位奶奶、爷爷、大爷、兄弟、阿哥"讲述。《乌布西奔妈妈》讲述者强调身为萨满的职责,讲述时必须穿戴整齐,"我弹着鱼皮神鼓,伴随着兽骨灵佩的声响……萨满的魂灵授予我神职"。《奥克敦妈妈》则突出讲唱这部祖先留下的古老乌春是"迎迓慈祥的圣母妈妈降临"。

(3)文类与故事类型:文本通常借由讲述者之口提到其所属文类,《恩切布库》自定为神话,讲述《天宫大战》里的"恩切布库"女神,其文类为"红柱神话""神歌神话"。我们认为"红柱神话"应该指火山神话,"神歌神话"语义重复,强调其神圣性。这种分类并不在传统的民间文学分类之中。《西林安班玛发》中自陈为"古老的神歌","萨满神堂上唱的歌",是"满族先人远祖古神传说"。《乌布西奔妈妈》是关于"乌布西奔妈妈神武传说","东海女真人民间叙述体说唱形式长诗",与学者们对其英雄史诗的界定有一定的差异。《奥克敦妈妈》讲述者富育光在《满族传统给孙乌春乌勒本〈奥克敦妈妈〉传承概述》中提到该说部"在翁古玛发的窝车库神龛上记载,在翁古玛发的萨满神谕上传讲",是"原始创世神话的三大神话"。我们发现,没有一部文本自称为史诗,相反多与"传说""神话""神谕"相关联,自我认知为"神歌"和"长诗"仅《乌布西奔妈妈》一部。

(4)四部文本与史诗有相关的传统主题,故事呈现出圆型叙事特征,表现在主人公从何处来又回归何处,他们应人类的要求而来,到人间的终极目标就是帮助人类找到宜居之地,学会各种本领,从大自然中获得生存资本,抵抗各种灾难从而在人间立足。

(5)四部史诗的主人公都由神转化为人,后由人转为神。每一部都有一位主要英雄人物,与史诗文本相关的其他特殊形象有喜鹊、马、狗,萨满,还有各种动物部落,如熊、老鹰、狗等。恶魔耶鲁里及其帮手的形象都是反面的。史诗中英雄没有兄弟、母亲、姊妹,妻子丈夫,他们多独自在人间建立功绩,仅乌布西奔妈妈疑似有男侍。黄獐子部中兴狗祭,部落人待犬如子,而狗懂人情,通人语,与人同枕席。

（6）文本中提到的时间大多不确定，如"在遥远遥远的古代""几千年前"，《乌布西奔妈妈》提到了"明成化年间"，《西林安班玛发》"辽金以来"。

（7）四部文本故事的发生都有具体的地点，如"东海堪扎阿林、恩切布库阿林"，"兴根里阿林，大漠北"，"锡霍特阿林，乌布逊毕拉"，"萨哈连及其子孙河"等地。西林安班玛发每日从东海到陆地上来，可以变成鼹鼠到地底探查，还能够飞升神界请教神灵治疗人间病症。

（8）四部史诗中，包含着超自然力比较"特别"的物件如石雕萨满，对故事所由产生的那个文化背景而言较生疏的物件有莫林马，英雄主人公发明的各种木制、陶制、石制工具等，乌布西奔妈妈发明的文字等。

三　"窝车库乌勒本"的文本化

"窝车库乌勒本"最初作为萨满神谕供奉于神匣之中，仅族中"德高望重的安班玛发才有口授故事和解释故事的资格"，且"只在萨满中流传，严禁泄密，不准外传，带有很大的神秘性"。① 老萨满"在其晚年时才传授给他的得意弟子……民国以后才逐渐放宽一些"②。值得注意的是，五部"窝车库乌勒本"被记录整理的时间都在20世纪30年代以后，恰证明民国后的宽松环境使秘传不再严格。

将口传的文本记录下来在古今中外都有实例。"用文字的形式来记录史诗，这个动机并非来自荷马，而是来自外在的力量。歌手并不需要书面的文本，也不会担心他的歌会失传，听众也不会觉得有这个必要。采录口头歌谣的传说和记载，古今中外不绝于书。古代孔子删定'诗经'的传说，汉代采诗之说，古希腊某个暴君修订

---

① 傅英仁：《满族神话故事·后记》，北方文艺出版社1985年版，第202页。
② 同上书，第133页。

荷马史诗的神话等，不过是说了相同的故事，那就是说，采录歌谣的行为是为了文化的控制，这个行为通常是集体的、民族的、国家的、上层阶级的。"① 对于满族来说，"窝车库乌勒本"的记录整理既有伪满时期民族意识的崛起，也有从 20 世纪 50 年代开始对满族古文化及语言文字遗存的调查、挖掘、抢救、记录等工作的重视。尹虎彬在论及传统意义上的文本时提到："就文本而言，至少应该区别口头的、模仿口头的、书面的不同文本。口头传统与书面文学的相互作用，可以产生一种过渡的文本，它的意义在于我们可以研究《诗经》这样的书面文本，探求其口头传统特质。另外，对于口头理论的核心概念程式的界定，受到不同传统的挑战。人们要从语词、韵律、句法学这三维空间来考虑程式问题。"② "窝车库乌勒本"用满语、满汉兼还是汉语讲述或记录，其文本在何时被以何种方式记录，这些问题都值得我们深入探究。

《天宫大战》的口头文本流传了数百年，并"伴以优美动听、激情澎湃的满语咏唱古调为旋律"，到 20 世纪 30—40 年代前后，仍完全用满语讲唱。在黑龙江一带满族老户中如四季屯满族阎姓、关姓、富姓、吴姓、祁姓等族中有多种传本，白蒙古应是讲唱《天宫大战》最为出色的艺人。他讲唱时"敲着有无数个小铜环的马鹿哈拉巴骨咏唱'乌勒本'神曲，将满族先世黑水女真人古代'博德音姆女萨满窝车库乌勒本'传了下来"。2009 年出版的《天宫大战》就是吴纪贤和富希陆 20 世纪 30 年代根据白蒙古咏唱记录下来的，按照原始唱诗体形式并附有汉字标音满语，九腓凌的文本中用汉字标音的满语仅记录到第七腓凌。

富育光幼时在大五家子听奶奶富察美容、母亲郭景霞讲过《恩切布库》。1966 年春天，富希陆在长春也曾为其讲唱过。在富育光的记忆中，以往"讲唱《恩切布库》的是氏族德高望重的萨

---

① 尹虎彬：《古代经典与口头传统》，中国社会科学出版社 2002 年版，第 98 页。
② 同上书，第 121—122 页。

满或氏族众位奶奶和玛发，并有七八位年轻美貌的萨里甘居，脚蹬金丝白底寸子鞋，身穿彩蝶翩飞的红绸旗袍，脖围白绢丝长彩带，手拿小花香扇，头戴镶有金色菊花、缀有红绒长珠穗的京头，翩翩伴舞，倍增《恩切布库》之诱人美好之处，使人陶醉"。① 讲唱时不仅有伴舞，还有满语满歌，且有优美高亢的声腔曲调。出版的《恩切布库》由白蒙古讲唱，1940 年前后由富希陆记录。

《西林安班玛发》原出自富育光家族的古老唱本。"西林安班玛发，习惯称他'西林色夫'，他是满族神话中的技艺神、文化神、医药神、工艺神。在满族众姓神词中多有反映，如臧姓家族萨满祭祀中，称他为'西伦马沃'，吴姓家族萨满祭祀中称他为'西伦贝色'在郭霍洛家族中称其为'西林色夫'或称'西林安班玛发'，从神词所述内容分析，这是一位满族先民传说的神话人物，带有半人半神的特点。"② 富育光提及，该说部于 1930 年除夕，为庆本家族立新房基，由奶奶讲唱，父亲追记下来。富希陆追记该说部历经两次，第一次在 1958 年夏天，爱辉县文化馆访问富希陆，要看此内容，他将已散佚的唱词，重新追忆记录。两年后，富育光从其父处听讲后记录。因在乡下记录时采取速记方式，富育光习惯于汉语书写，此时对满语追求并不多。所以我们见到的文本较少有满语词句。

《奥克敦妈妈》为富察美容家族所传说部，1958 年富育光回到老家聆听了杨青山从富察美容处习得的该说部。

相较而言，《乌布西奔妈妈》的文本化颇值得探究。《乌布西奔妈妈》有汉字标音满语唱本《洞窟乌春》，已由戴光宇译为满语和汉语（见附录一）；20 世纪 70 年代，富育光访问鲁连坤老人记录的汉字满语采记稿，由戴光宇翻译整理出来（见附录二）；富育光提供给

---

① 富育光讲述，王慧新整理：《恩切布库》，吉林人民出版社 2009 年版，第 1 页。

② 富育光讲述，荆文礼整理：《天宫大战·西林安班玛发》，吉林人民出版社 2009 年版，第 135—136 页。

戴光宇的满语文本，仅保留了《乌布西奔妈妈》中的部分诗段名为
"锡霍特山洞窟乌布西奔妈妈长歌（满汉对照）"①（见附录三）。这
是富育光多次搜集整理的结果。

　　《乌布西奔妈妈》的曲调也颇为多样，或称"妈妈调"，或为
"娘娘调"，"有些叙事体词曲，竟达数百句、千句之长。从不同民族
（汉族、满族、恰喀喇人）口中，常可听到'妈妈调'和《妈妈坟传
说》"②。而这些"娘娘调""妈妈坟"唱词和曲调……其情其意便是
咏唱东海人往昔社会生活的长歌古韵。如《白姑姑》（或称《白老太
太故事》），就属于"娘娘调""妈妈坟"曲调中具有代表性的说唱体
故事。可以看出，与《乌布西奔妈妈》有关的故事都有传统的曲调。
从故事内容与流传地域分析，《白姑姑》很可能是《乌布西奔妈妈》
在民间的早期传播本，或者说是异文。《白姑姑》和《乌布西奔妈
妈》不同程度地揭示了鲜为人知的东海人文景物，富育光总结道：
"全诗为满语传唱，后因萨满代代去世，满语废弃，民国以来习惯用
汉语讲。原洞窟符号记忆不详，传播中形成不少《乌布西奔妈妈》
变异故事，有说唱形式的，也有叙述体的，其中，鲁老传承下来的
《乌布西奔妈妈》，最具有代表性……夹叙夹唱，朗朗上口。保留丰
富的东海神话与古俗"③。富育光为搜集记录《乌布西奔妈妈》，先后
五次与鲁连坤老人叙谈。鲁老的讲述，如纳吉所言"'文本的固定
化'（textifixation）或'文本化'（textualization）描述为一个过程，
在那里每一次表演中的创作都在流布过程中逐渐地减弱变异的可能
性"④。可以说，鲁连坤讲述的《乌布西奔妈妈》吸收了众多异文的

---

　　① "鲁老……因岁月久远，老人家又长年不讲，数千行的满语长歌，经反复思索回
忆，仅讲《头歌》、《创世歌》、《哑女的歌》诸段落，其余满语歌词已追记不清。"因此仅
保留部分诗段。参见富育光《〈乌布西奔妈妈〉的流传及采录始末》，载鲁连坤讲述，富育
光译注整理《乌布西奔妈妈》，吉林人民出版社2007年版，第12页。
　　② 同上书，第2页。
　　③ 鲁连坤讲述，富育光译注整理：《乌布西奔妈妈》，吉林人民出版社2007年版，第
3页。
　　④ 尹虎彬：《古代经典与口头传统》，中国社会科学出版社2002年版，第184页。

特点，整理者富育光得到爱辉地方通晓满语的吴宝顺、祁世和、富希陆诸位老人的帮助，他们热心于满语的译法和民俗的勘校，尽力使长诗更加完美。

被记录整理的"窝车库乌勒本"无论是以满语、汉字记音、汉语等载体记载，还是以散体、诗体的形式存在，都为满族民间文化、历史、民俗保留了珍贵的资料。从其文本化过程来看，恰因满族民众对文本的珍爱，富育光等老一代知识分子对满族文化孜孜不倦的热爱，才能反复调查访问讲述者后使文本得以呈现。

四 "窝车库乌勒本"的萨满史诗性

一个民族的英雄史诗总带有该民族神话的特点，这并非偶然。恩格斯与拉法格证实了神话中每一个形象、每一个细节都是有现实根据的。保尔·拉法格写道："神话是保存着对往事回忆的宝藏。"[1] 他一语道破许多神话对于我们是谜一般的、不可解的原因，因为"人在围绕着他的事实的影响下创造了宗教。但是随着时间的推移，这些事实也在变化和消失。而宗教的形式（即这些事实过去在人类头脑中的反映）却保留了下来"[2]。

满族先民崇信萨满教，在与中原文化沟通过程中受到汉族宗教影响。"唐代，儒、释、道三教洪涌渤海。辽、金、元、明时期，女真人受到儒、释、道的影响。清代，儒教佛教渗入到满族民间。但从整体上看，在满族民族信仰中，占主导地位的是土生土长的北方原始宗教——萨满教。"[3] 萨满教对满族文化的影响最为深远，"窝车库乌勒本"乃神龛上的故事，其记录、保存、讲述、传承都有萨满的印记。

首先，五部史诗都保留了萨满教的内容，主要人物基本为萨满。

《天宫大战》中，霍洛浑和霍洛昆两位女神在与耶鲁里斗争时

---

① ［法］保尔·拉法格：《文化史纲》，莫斯科—列宁格勒出版，第 242 页。
② 同上书，第 243 页。
③ 王宏刚：《满族与萨满文化》，中央民族大学出版社 2002 年版，第 4 页。

"放开喉咙大声唱乌春。两个女神边唱边携手舞蹈，在颓石浪尖上唱，在恶风凄雨中跳。歌舞迷住了耶鲁里，竟忘了施展神威"①。这是典型的萨满舞蹈，文中还提到"萨满祝祭时，常以夹昆玛音大萨满临降，擅歌舞百虫鸣唱"，可见女神的萨满形象，其歌舞各具特色。

阿布卡赫赫也是大萨满，最后也因她的萨满能力才打败耶鲁里。《天宫大战》中详尽描述了她身穿九彩神羽战裙（或称之为萨满神裙）打败耶鲁里的情形。现引用如下："太阳河边有一棵高大的神树，神树上住着一位名叫昆哲勒的九彩神鸟，它扯下自己身上的毛羽，为阿布卡赫赫擦着腰脊上的伤口，用九彩神光编织护身战裙，又衔来金色的太阳河水，给阿布卡赫赫冲洗着伤口，使阿布卡赫赫很快伤愈如初。阿布卡赫赫身穿九彩神羽战裙，从太阳河水中慢慢苏醒过来。巴那姆赫赫将自己身上生息的虎、豹、熊、鹿、蟒、蛇、狼、野猪、蜥蜴、鹰、雕、江海鱼虾、百虫等魂魄摄来，让每一个禽兽神魂献出一招神技，帮助阿布卡赫赫。又从自己身上献出一块魂骨，由昆哲勒神鸟在太阳河边，用彩羽重新又为阿布卡赫赫编织了护腰战裙。从此，天才真正变成了现在这个颜色，阿布卡赫赫也真正有了无敌于寰宇的神威。"②

人类第一代女萨满的神奇本领源于神鹰的教授，神鹰与上文提到的九彩神鸟有关，"神鹰受命后便用昆哲勒神鸟衔来太阳河中的生命与智慧的神羹喂育萨满，用卧勒多赫赫的神光启迪萨满，使她通晓星卜天时；用巴那姆赫赫的肤肉丰润萨满，使她运筹神技；用耶鲁里自生自育的奇功诱导萨满，使她有传播男女媾育的医术。女大萨满才成为世间百聪百伶、百慧百巧的万能神者，抚安世界，传替百代"③。

① 富育光讲述，荆文礼整理：《天宫大战·西林安班玛发》，吉林人民出版社2009年版，第30页。
② 同上书，第68—69页。
③ 同上书，第70—71页。

　　西林安班玛发也是大萨满，他"脖子上围着金丝圈，金丝圈上串着九个小骨人，都是海豹和鲸骨磨出来的，情态峥嵘，栩栩如生，称作'乌云瞒爷'"，九个骨人瞒爷是"太阳神、月亮神、云爷爷、山神、岩石神、治病妈妈、心智妈妈、神魂妈妈"①，这些都是萨满教万物有灵观影响下祭祀的神灵，由此可窥见西林安班玛发的萨满身份。"他举起胸前金丝圈——九个小骨人，神威无敌的宇宙神。向着东海呼唤，只见远海朵朵白云飘来，化作鹰群在飞鸣；再向东海呼唤，招来天将风雷雨雹，唤来雄狮熊猪豹。"② 这是萨满请神的场景。"西林色夫已经神灵附体，一个健步蹿上路边一棵千年榆树上，在榆树粗壮的枝头上击鼓迎神。……西林色夫边跳边唱，放着嗓门呼喊，无惧无畏，却没掉下树来。"③ 这与吉林省九台市石姓萨满跳神时的场景何其相似。

　　奥克敦妈妈穿起战袍，戴起心爱的鲸骨鹰翎晶珠罩脸战帽，披挂起虎豹熊麝皮骨镶嵌成的长身甲胄，"躯体矫健，迈步有风，激起尼雅玛艾曼的男女老少，一阵阵雀跃欢呼：'神婆婆啊，神婆婆，您穿起战袍——惊退妖魔，您穿起战袍——鬼神惊叹。谁说您，年过百旬？英姿飒爽，青春永在！'"④

　　其次，"窝车库乌勒本"的讲述者必须是萨满。

　　《天宫大战》开篇提及一位大萨满"博额德音姆"，她"骑着九叉神鹿"，"百余岁了，还红颜满面，白发满头，还年富力强。是神鹰给她的精力，是鱼神给她的水性，是阿布卡赫赫给她的神寿，是百鸟给她的歌喉，是百兽给她的坐骑。百枝除邪，百事通神，百难卜知，恰拉器传谕着神示"⑤。

　　西林安班玛发成为被祭祀的主神，"在祖先祭祀、祭天、祭礼中，

---

① 富育光讲述，荆文礼整理：《天宫大战·西林安班玛发》，吉林人民出版社 2009 年版，第 145—146 页。此处为八位神，"渥集都都"未被翻译，满语为 weji hehe，密林女神。
② 同上书，第 150 页。
③ 同上书，第 160 页。
④ 富育光讲述，王卓整理：《奥克敦妈妈》，吉林人民出版社 2018 年版，第 105 页。
⑤ 同上书，第 5 页。

在隆重而盛大的东海海祭中,他与东海女神德力给奥姆妈妈并位奉祀"①。该说部的讲唱者必须是萨满,头歌部分提到"在这个美好的日子,我打起手鼓,敲起抬鼓,唱起神鼓……这是古老的长歌,萨满神堂上唱的歌"②。这里的讲述者"我"应是萨满。

《恩切布库》序歌中提到讲述者因病成为萨满,"19岁初夏突染病得疾,病中恍惚见一神女来到面前,沉疴全愈,神贯周身,霎乎一夜而授徒继智。我受神命成为全族的萨满,得到尊贵的伊尔呼兰太奶——第九世大萨满的热心训教,耳提面命"③。

《乌布西奔妈妈》"头歌"中讲道:"我弹着鱼皮神鼓,伴随着兽骨灵佩的声响,吹着深海里采来的银螺。是阿布卡赫赫给我清脆的歌喉,是德里给奥姆妈妈给我广阔的胸怀,是巴那吉额姆给我无穷的精力,是昊天的飓风给我通天的声音。萨满的魂灵授予我神职,唱颂荒古的东海和血海般的争杀,跪咏神母育地抚族的圣功。……愿天母授我以生命,我生命的日日夜夜全部咏讲,咳!只能是讲述乌布西奔妈妈神武传说的开头。愿天母授我千人、万人的生命,恐难讲述东海灿烂的昨天。"④ 作为萨满,"我"讲述乌布西奔妈妈故事的能力源于各路神灵。

讲述《奥克敦妈妈》要虔诚地请神,"摇动豹尾槌吧,震响鲸皮鼓吧,窝莫罗西,怀抱悠扬的格突罕;沙里甘们,紧拍悦耳的格恰其。为迎迓慈祥的圣母降临,祖先留下的古老乌春,我抖抖精神唱起来"⑤。"萨满虔诚动鼓迎神灵,天穹地宇千千位。鼓点声声——动天地,腰鼓叮叮——撼心脾。祖先们,要传诵伟大的先人——奥都妈妈的伟业。是她为咱朱申人——开创了生存之路;是她为咱们朱申

---

① 富育光讲述,荆文礼整理:《天宫大战·西林安班玛发》,吉林人民出版社2009年版,第269页。

② 同上书,第137页。

③ 富育光讲述,王慧新整理:《恩切布库》,吉林人民出版社2009年版,第1页。

④ 鲁连坤讲述,富育光译注整理:《乌布西奔妈妈》,吉林人民出版社2007年版,第2—3页。

⑤ 富育光讲述,王卓整理:《奥克敦妈妈》,吉林人民出版社2018年版,第2页。

人——最先驯养了骏马。"①

再次,"窝车库乌勒本"中保留了很多萨满教的祭礼、祭物、祭程、萨满医药,萨满的观念等。

《天宫大战》中介绍萨满所用石制器物和医药的来源:"萨满北上采集灵石灵佩,均要攀登瞒盖山,魔骨山也是它们的名字。在萨满诸姓的神物中,神群、神帽、神鞭、神碗都有用玛虎山的玛呼石磨制神奇的器物。萨满并用此石板、石盅、石柱、石针,占卜医病,成为萨满重要的灵验的神物。"② 自然界中的动植物都有灵性,如"刺猬、蝙蝠均为安全守神。耶鲁里常潜出施毒烟害人,疮疖、天花灭室穴生命。天生雅格哈女神擅视百草,索活、它卡、佛库它拉、省哲、山茶为人所食,百花为人送香气,百树为人衣其皮,百兽为人食其肉,年期香为人祛疮除秽敬祖神"。③

《西林安班玛发》中,西林色夫为部族遴选、培育萨满,萨满开始管理氏族事物,祭祀仪轨等已基本确定。西林色夫指导族众做的九面鲸皮"安巴通肯",用虎皮槌敲得震天响,族人众手敲响了十数面马鹿、野猪、山羊皮蒙成的"尼玛琴"和"小手鼓"。④ 通过神选出的三位女萨满,"为氏族创制了谱系,用兽骨片千串,刻制萨满神歌传世,又刻出'猪皮萨满歌'百条,记述了族史和神谱、神歌。为部族培育了五世萨满"⑤。远古时期,萨满作为氏族的医生,要采集炮制草药,并为族人治病。作为萨满,"西林色夫教沙吉巴纳和查彦都鲁男女老少认识和学会采集当地的百种土药、草药,采集各种土、石、草、卉,各种禽、兽、爬虫之类肢体、五脏,如何洗净晾晒、研磨、切割、蒸、煮,采取种种不同的炮制技

---

① 富育光讲述,王卓整理:《奥克敦妈妈》,吉林人民出版社 2018 年版,第 7 页。
② 富育光讲述,荆文礼整理:《天宫大战·西林安班玛发》,吉林人民出版社 2009 年版,第 38 页。
③ 同上书,第 73 页。
④ 同上书,第 158 页。
⑤ 同上书,第 167 页。

艺，教给族人针灸、按摩、医药"①。

《恩切布库》中确立祭祀规矩的是头辈达妈妈，山祭和火祭是比较重要的祭祀。"祭拜的第一位神，是通天地的神树祭及祭拜阿布卡赫赫、巴纳吉额姆的祭礼。堪扎阿林的第二祭，是祭拜堪扎阿林山神、地神的祭礼。对东海与布尔丹比拉等湖川江河的祭拜为第三祭。"② 火祭由简到繁，"拖亚拉哈女神的祭礼——火的祭礼，就是从这时开始的。所有的山冈林莽，所有的河流湖泊，都堆积有高高的石头祭坛。"③ "开始的祭祀很简单，族人摆上野果及打来的牲畜，以水代酒，跪地裸拜，后来，南沟的妈妈剥来了虎皮，北岔的妈妈剥来了熊皮和豹皮，东山的妈妈剥来了东海的鲸鱼皮。大家将肉烧烤而吃，厚厚的皮张做帐篷。时间长了，皮张变得非常僵硬，有些族人手拿木棒顺手往帐篷上一敲，皮张梆梆直响，声音洪亮震耳，很远就可以听到，再后来，皮张又作为传递心声之用。族人只要把皮张一敲，山外的人，迷路的人，被野兽惊吓的人，只要一听到这声音，就有了信心，有了勇气，有了力量，就知道艾曼所在。于是，人们又渐渐发明了鼓。到了祭祀的时候，把一人多高的大鼓抬出来。那时候的鼓都是单面鼓，外面用木框镶好，把皮子抻开，用皮绳固定在木框上。木棒一敲，嘣、嘣、嘣，祭祀开始了。"④ 鼓的发明很有趣味性，凝聚着满族民众的合理想象。

《乌布西奔妈妈》中萨满祭祀、萨满舞蹈、萨满昏迷术，非常繁复，据此推测《乌布西奔妈妈》相对晚出。如乌布西奔妈妈帮助乌布林的族众占卜寻找古德罕，升起獾油灯叩请东海神明……虔诚洗漱击鼓默祷，手举天鹅血杯诵歌长吟。这时还有侍神人，乌布西奔妈妈神灵附体后，侍神人唱诵神歌，这一切都比较接近后世满族萨满神灵

---

① 富育光讲述，荆文礼整理：《天宫大战·西林安班玛发》，吉林人民出版社 2009 年版，第 171—172 页。
② 富育光讲述，王慧新整理：《恩切布库》，吉林人民出版社 2009 年版，第 63 页。
③ 同上书，第 64 页。
④ 同上书，第 64—65 页。

附体的情景。

《奥克敦妈妈》很细致地描述背灯祭："在最古老的——达妈妈萨满窝陈乌春中，① 代代都传诵着——神圣的背灯神歌。"② "我的尚武儿孙们呐，永远要铭记——这伟大的时刻啊！永远要承继——这英雄的勋业啊！背灯祭礼，这不是普通的——萨满礼仪；这不是平凡的——萨满礼仪。它是奥克敦妈妈——率领祖先，不屈的鏖战；它是奥克敦妈妈——率领祖先，胜利的狂欢；它是奥克敦妈妈——教育后世，学会思危居安。它是，奥克敦妈妈，传留下来的——背灯盛典；它是，奥克敦妈妈传留下来的——隆重礼拜。"③

我们认为，《天宫大战》虽有创世神话的遗留，但已初具创世史诗的萌芽特点；从史诗文本的八个特征来看，"窝车库乌勒本"都有潜隐的史诗性；"窝车库乌勒本"文本的记录、文本化伴随着满族民众民族精神的认同，对民族文化的热爱。与其他民族史诗相比，"窝车库乌勒本"的萨满文化特质鲜明，称"窝车库乌勒本"为萨满史诗更贴合其实际。

第三节　叙事特征研究

"窝车库乌勒本"叙事特征主要体现在对女性的尊崇、独特的叙事模式和其散韵结合的叙事风格。

一　尊崇女性

基于南方史诗文本的研究，刘亚虎指出"在母系氏族社会，妇女在生产和生活中起着重要的组织作用和骨干作用，这种状况的形象反映就是留存在一些民族的原始性史诗里对女性创世神和女性始祖创世造人等丰功伟绩的描述。在各民族原始性史诗里，女性创世

① 这两句满语神歌大意是：在遥远的千年时代，在古老的远世奶奶萨满祭歌中……
② 富育光讲述，王卓整理：《奥克敦妈妈》，吉林人民出版社 2018 年版，第 96 页。
③ 同上书，第 97 页。

神和女性始祖的形象不少，如带图腾形象的《苗族古歌》里的蝴蝶妈妈、侗族《嘎茫莽道时嘉》里的萨天巴，以及瑶族《密洛陀》、基诺族《创世纪》里的阿嫫尧白等，史诗赞颂了她们创世造人等的辉煌业绩"①。

五部"窝车库乌勒本"中，萨满有男有女，但女性居多，仅西林安班玛发为男性。《天宫大战》简短介绍了萨满的来历，阿布卡赫赫派神鹰哺育一女婴并将她培养为世上第一个大萨满。其他四部皆将萨满遴选、萨满祭祀、萨满的有无作为判断氏族或氏族联盟时期某一氏族是否强大的标志。"窝车库乌勒本"中最引人注目的是女神，这一点在《天宫大战》中体现得最为鲜明。三百女神的形象栩栩如生，特征鲜明，让人过目难忘。

在满族说部中，处处可见对女性的尊崇，究其原因可能与满族最早的萨满都是女性有关，《天宫大战》中神鹰喂育萨满，用卧勒多赫赫的神光启迪萨满，使她通晓星卜天时；用巴那姆赫赫的肤肉丰润萨满，使她运筹神技；用耶鲁里自生自育的奇功诱导萨满，使她有传播男女媾育的医术。而人类的诞生也与萨满有关，"地上是水，天上也是水，大地上只有代敏大鹰和一个女人留世，生下了人类。这便是洪涛后的女大萨满，成为人类始母神"②。满族民众认为萨满是人类始母神。另一个原因应是满族在发展过程中，氏族的力量非常强大，从母系社会向父系社会过渡时保留下来的记忆非常深刻，对女性的尊重根深蒂固。

尊崇女性主要表现在两个方面：

首先，《天宫大战》外的四部史诗都以主人公的名字命名，通篇围绕主人公叙述。乌布西奔妈妈、恩切布库是女萨满，奥克敦妈妈是天神下凡，西林安班玛发虽为男萨满，其来历与两位女神有关，他曾是东海女神德里给奥姆妈妈的身边人，阿布卡赫赫摘下一颗与耶鲁里

---

① 刘亚虎：《南方史诗论》，内蒙古大学出版社1999年版，第81页。
② 富育光讲述，荆文礼整理：《天宫大战》，吉林人民出版社2007年版，第70—71页。

争杀时穿戴身上的石球化作石雕萨满模样，这个萨满就是西林安班玛发。西林安班玛发举行萨满神选，选出了三位女萨满。为何仅有西林安班玛发一位男萨满，我们推测该说部产生于男萨满占据主导地位的时代。

其次，五部说部中女性做出很大的贡献：阿布卡赫赫有开天辟地创世之功，日月星辰、森林、自然地貌、人类的创造，天上和人间秩序的建立都归因于她。说部对女人评价很高，认为"女人是生命之源，女人是生命之本"。因此，各个"艾曼①最敬重女人，世代沿袭"。最早的农业生产及早期社会的规矩都由女性构建：恩切布库来到长满稻谷的平川开始早期的农业生产，将采集和狩猎活动区分开，教族众学会向大地要粮食以果腹；奥克敦妈妈帮助满族先人由愚氓走向进化，她呕心沥血为尼雅玛②开启智慧，教会他们种植农作物，使用"甩头"和弓矛狩猎，传授他们弯弓盘马，立下严苛的伦理规矩及祭祀规则；乌布西奔妈妈一生因其功绩获九颗睛珠，并五次东征大海。

除西林安班玛发外，四位女主人公都是女罕，阿布卡赫赫和其他两位女神自不必说。乌布西奔妈妈是黄獐子部女罕，原来的女罕是法吉凌妈妈，她"本鹰崖野猪人，老额真班琪妈妈风雪救危命，犬车拉回供养，待如亲女传艺能。班琪罕操劳三十冬，闭目长终，厚葬树巅，众推法吉凌袭妈妈额真"③。乌布西奔妈妈成为新女罕，也经历了严酷的斗争。"原来称雄几时的老首领，被部族勒死，新女主执掌部族大权。"④ 奥克敦妈妈带领众人打败芒嘎拉霍通的三大部落，成为总部落的领导者。恩切布库带领艾曼的人在堪扎阿林找到合适的地方居住下来，命人镌刻图喇神柱，收服堪扎阿林四周的艾曼，成为总

---

① 艾曼，满语为 aiman，部落之义。

② 尼雅玛，满语为 niyalma，人之义。

③ 鲁连坤讲述，富育光译注整理：《乌布西奔妈妈》，吉林人民出版社 2007 年版，第36 页。

④ 富育光讲述，荆文礼整理：《天宫大战·西林安班玛发》，吉林人民出版社 2009 年版，第 177 页。

艾曼的领袖。

"窝车库乌勒本"尊重女性、崇拜女性的核心精神在今日流传的版本仍得以保留，当下现实生活对满族人女性依然非常尊重，未出嫁的姑娘、出嫁了的姑奶奶在家庭生活都有举足轻重的地位。张菊玲指出满族与汉民族迥异的妇女观："生活在白山黑水间的满洲民族，他们的妇女观，却非如此。从远古时代传承下来的大量萨满神话，诸如《天宫大战——恩切布库妈妈篇》、《乌布西奔妈妈》、《尼山萨满》等等，保留着众多的女性神祇，充分反映出远古时代妇女在部族中的崇高地位，并以神圣的力量，影响着一代又一代人的思想观念。在关外过渔猎生活时，满族女子除生儿育女外，也同男子一样参与采集、狩猎；而宗教生活中，还能充当萨满，是人与神之间的桥梁；征战杀伐时，又同样能成为骑马杀敌的英雄。到了清代，留在东北的旗人，仍然保留着这些民族文化的传统。康熙朝的黑龙江将军萨布素与夫人苏木，在抗击沙俄侵略第一线，并肩骑马，率兵作战，勇猛顽强，至今吉林省的宁安，仍流传着讲述他们英雄故事的长篇传说。至于到关内与汉民一起居住的旗人，满汉民族日益融合，许多原有的习俗，日渐失去；但旗人妇女不缠足，则是始终保持下来的民族习惯。清代初年，旗人妇女在街上骑马，亦是常见的现象。"①

二 独特的叙事模式

史诗母题一般包括主人公的神奇诞生、磨难、出征、复仇。在萨满史诗"窝车库乌勒本"中，鲜少见到复仇主题，其他主题也非每一部史诗共有。我们来逐一分析史诗的母题。

1. 神奇诞生

阿布卡赫赫从水泡中生出，她的上身、下身分别裂生出卧勒多赫

---

① 张菊玲：《侠女玉娇龙说："我是旗人"——论王度庐"鹤—铁"系列小说的清代旗人形象》，《中央民族大学学报》（哲学社会科学版）2011年第1期。

赫、巴那姆赫赫。其余四位说部主人公都与《天宫大战》中的女神有
密切的关系，不同人类般怀胎十月降生，她们的降生非同一般。

恩切布库在春风、春雨、春雷的感召下降生，她在阿林地心热岩的
红涛中，魂魄化作了光、热、气，冲向地层，追索着细如发丝的山梨树
根髯，向上飞升。山梨树树枝上长出的小芽苞变成小花蕊，小花蕊长成
一个小人形。"红色的花蕾……里面坐着一个可爱的小女孩。小女孩生
而能言，生而能走，生而能知大事。"① 这个小女孩就是恩切布库。

奥克敦妈妈因襄助阿布卡赫赫、巴那吉额母、卧勒多赫赫三女神
战胜耶鲁里有功，三女神"将宇宙间大小精灵生物的残魄香魂凝聚到
了奥克敦妈妈一身，拯铸成，聪慧、贤德、勤勉、多谋的——不死奉
侍大神"②。她幻化成步履蹒跚的挂杖老太婆，沙克沙和莫林则变成
带俩梳爪髻的小格格，一起飞降大地到人间。

乌布西奔妈妈最初形状是皮蛋，黄莺将叼来的皮蛋扔入古德罕的
怀襟。古德罕命阿哈们把皮蛋抛到布鲁沙尔河，引狗来吞食、用干柴
焚烧、往黄土堆里掩埋。可是当"舜妈妈升到五个巴掌时辰，黄土堆
里突然惊雷巨响，尘土崩飞，一群绒貉露现土中。有个穿狸鼠皮小黄
兜兜女婴儿，正酣睡在貉窝里……惊天怪事传咏整个乌布林。萨满妈
妈们宵夜祭海卜问，言知天降神女"③。

西林安班玛发是阿布卡赫赫用石球雕成的萨满，有了神形，人间
却无人知其来历，他的出现神秘奇特。"世人谁都知道，西林色夫可
不是部落里哪位赫赫怀胎有孕大肚子，呱呱坠地的巴图鲁大英雄。而
是，不知不觉中，世间众部落的人，在一个朝霞似火的黎明，突然发
现了他。"④

---

① 富育光讲述，王慧新整理：《恩切布库》，吉林人民出版社 2009 年版，第36—37 页。
② 富育光讲述，王卓整理：《奥克敦妈妈》，吉林人民出版社 2018 年版，第34 页。
③ 鲁连坤讲述，富育光译注整理：《乌布西奔妈妈》，吉林人民出版社 2007 年版，第26—27 页。
④ 富育光讲述，荆文礼整理：《天宫大战·西林安班玛发》，吉林人民出版社 2009 年版，第140 页。

在满族人的观念中，魂魄能生成人，石雕可以变成人，就像葫芦生人，花蕊、皮蛋亦可成为女孩诞生的容器，这些应与萨满教信仰中万物有灵有关。

2. 苦难的童年

恩切布库、西林安班玛发从现身起就开始为野人们奔忙，文中未提他们童年情况如何。奥克敦妈妈也是如此，她降临人世前除介绍协助三女神打败耶鲁里的事迹外并无其他。乌布西奔妈妈神奇诞生后，因生为哑女被古德罕排斥扔到弃儿营中。她勤爱劳役、聪颖伶俐，"白雪融消三次了，她就能下海抓蟹；白鹊枝梢絮巢了，她就能上树吃鸟蛋。七岁斗鲨权海参，九岁布阵捉海狸"。她睿能奇志，聪慧丽质，乌布林人齐赞哑女"乌布西奔"，为最有聪明才智的人。古德罕冷遇她，黄獐子部却偷走她并将其奉若神明，该部在乌布西奔妈妈的帮助下迅速升为棕熊部落。

3. 辛劳终生

《天宫大战》中的女神及其他四部说部主人公，他们从不为个人的利益忙碌，反而不是忙于氏族安居乐业，就是在征战斗争中辛劳。

《天宫大战》中的女神们与耶鲁里斗争，有的神改变了属性，有的神变了形态，阿布卡赫赫则成为"永远不死，不可战胜的穹宇母神"。后来她成为满族人世代传诵的女神，继续安排人世间的生产生活秩序。

从重生那天起，恩切布库就为野人们奔忙，经历多次事件赢得野人的信任，为野人找到适合居住之处，为他们建立祭祀仪式、传下婚规和籽种，教他们农业生产和驯养动物，并创制约法。

西林安班玛发本就为解决查彦部落的苦难而来，为部落寻找居住地不惜化作鼹鼠到地下世界探游；为医治部落人的疾患，上天寻找解决办法；他聪明睿智有众多发明，这些发明让查彦部落的人过上幸福的生活。

阿布卡赫赫姊妹们派奥克敦妈妈到人间帮助人类，她培养了人类的各种能耐，帮助他们形成了生产、生活方式，确立了人类的生存地位得以立足于世。

乌布西奔妈妈最具开拓性，她开疆拓土，获得九颗睛珠，不断向海上出征，后在第五次出征时走到了白令海峡。

这些主人公在人世间的活动历程就是他们所在氏族、部落、部落联盟的发展史。

4. 回归天国

"从何处来又回归何处"，主人公的命运都是既定的。

阿布卡赫赫后来成为阿布卡恩都力大神，高卧九层云天之上；乌布西奔妈妈由星神塔其乌离降到人世，在第五次出海途中病逝，魂归天国；恩切布库从地心中重生，又回归天国，回到阿布卡赫赫那里；西林安班玛发身为东海之子，每天从海里来，后虽变为人形，但因水淹苦乌（即库页岛），被东海女神罚做镇海石，又回到海里；奥克敦妈妈在梦中接到沙克沙（喜鹊）转达的天母传命，需速返天宫扶持三神母，擒伏恶魔耶鲁里。于是奥克敦妈妈安排好萨满抗争洪患后，返回天国，并享人间祭祀。

5. 讲述场合

最初，"窝车库乌勒本"都是很神圣的，传播范围十分狭小，仅为历代萨满间口耳相传，在大型祭祀活动中才能听到。讲述时"萨满或氏族长老都要先沐浴更衣，并在讲述主体内容前，咏唱一段'序歌'，以此营造庄严的氛围；有的甚至要焚香祷告，祈求神灵宽恕其未及祭祀之日就讲唱祖先故事，而且一旦开始就要连续讲至结束，不能停歇，否则视为对神灵不敬"①。富育光回忆童年时听讲《天宫大战》时的神圣场景："满族先世萨满创世神话《天宫大战》在族中传讲，那可是非常神圣而隆重的一桩盛事，多在氏族萨满春秋大祭后一日或萨满祭天祭星同日，增设'窝车库乌勒本'祭礼。

---

① 谷颖：《满族说部〈西林安班玛发〉史诗性辨析》，《中南大学学报》（社会科学版）2010 年第 4 期。

此项祭礼就是专门颂扬氏族初兴发轫的故事,即讲唱《天宫大战》。一般来说,满族诸姓平时讲唱满族传统说部'乌勒本',可请族中妈妈、玛发或萨满色夫们讲唱,若是讲唱'窝车库乌勒本'《天宫大战》则不同了,因它自始至终是在唱颂天地万物的众神谱,是讲述惠及人类的'神们的事情'。《天宫大战》中大大小小原始神祇多达数百位,都是满族萨满教神系中世代崇祭之各类大神,包括开天辟地的穹宇风云女神、人类生存其间的自然界所有天禽百兽虫属及山川花卉树木众神,不是任何族人都可以不分场合随意传讲的,必须要由族中最高神职执掌者,即德高望重的安班萨满玛发(即大萨满)才有口授故事和解释故事的资格,虔诚备至。往昔,萨满咏讲《天宫大战》,俨然如同阖族举行一次萨满颂神礼。"① 富育光对着录音机讲述时,也讲究净手焚香。《乌布西奔妈妈》的流传与祖籍东海的满族诸姓萨满《祭妈妈调》的祭礼相互融合。奥克敦妈妈是满族祭祀中供奉在灶房西墙上木刻"七人八马"形态的护宅神,《奥克敦妈妈》就是祭祀时讲唱的"乌勒本"。满族族人祭祀西林安班玛发时,要在祭坛上摆块海石或将木刻的银色长髯长发玛发供于香案上。

三 散韵结合的叙事风格

关纪新在对比满族与其他民族文学形式时提出:"满族先民流传下来了令世间瞠目的大量'说部',确切证明了,从肃慎以降直到满洲入关前后的民间审美活动,最是短缺不得叙事性散文体鸿篇巨制的滋养。""满人喜爱长篇叙事文学,是由历史深处带过来的文化嗜好。在相当长久的时期,它们依靠母语口传的'说部'作品,来填充这一精神需求。清朝入关,使用满文写作本民族书面叙事文学的可能性过早夭折。""对比蒙古语族和突厥语族下属各族群盛行流传英雄史

① 富育光:《满族萨满创世神话〈天宫大战〉的流传与传承情况》,载富育光讲述,荆文礼整理《天宫大战·西林安班玛发》,吉林人民出版社2009年版,第3页。

·53·

诗这一性征，满—通古斯语族下属族群，则主要以葆有众多大型讲唱文学和散文体叙事文学为性征。二者区别，从形式上说，史诗基本上是韵文体，通篇作品'一唱到底'；而讲唱文学却是韵文体和散文体相结合，纯粹的散文体叙事文学更须通篇讲述，民间传播时是'边说边唱'，或者只说不唱。再从内容和主题上辨别，史诗集中反映了从原始社会解体到进入奴隶社会人们对部落英雄的崇拜，而讲唱文学的内容与主题则宽泛得多，既涉及与英雄史诗相似的主题，也兼及人类早期的神话想象和后来部落及氏族内外的历历往事。对民间流行的大部头口承作品而言，要想牢记并且传播它，没有超常的记忆力显然不成。可以想象，世代咏诵英雄史诗的民族，与世代承传散文体叙事文学的民族，思维和艺术训练方面是不同的。史诗演唱中，韵文体叙事的押韵方式，以及配有程式化的歌唱旋律与表演方式、语言韵律或散文体叙事文学的传播者，必须通过反复打造作品的曲折生动的故事性来达到强化记忆的目的。久而久之，世代诵唱史诗的民族（例如蒙古族、维吾尔族、柯尔克孜族、哈萨克族），即训练得格外富于诗歌创作才能和旋律感，世代传播散文体叙事文学的民族（例如满族），则更擅长编创与欣赏情节上跌宕繁复生动抓人的叙事性作品。满族人的艺术想象力，是他们从初民们《天宫大战》、《乌布西奔妈妈》、《恩切布库》的创作年月起，便世世代代有所训练的。"①

确如关纪新所言，现存满族说部多以散体叙事为主，但历时地看，这些散体叙事曾经一度以唱为主，比如满族说部中专有一类"给孙乌春乌勒本"就是以唱为主的，据前辈学者调查在黑龙江边流传的《莉珠坤逃婚记》曾是一唱到底的。笔者认为，相对短小的文本在满语繁荣期皆为讲唱，后因满语衰颓，演述人无法记住满语渐渐地加入了散体的叙事，渐至今日我们看到的多半是韵体的。"窝车库乌勒本"多以韵体为主。现有的文本中还保留了唱词，或称为调，如

---

① 关纪新：《文脉贯今古 源头活水来——满族说部的文化价值不宜低估》，《东北史地》2011 年第 5 期。

《西林安班玛发》中的"嗬依罗罗，依罗罗——嗬依罗罗，嗬依罗——罗——"；《乌布西奔妈妈》中的"德乌勒勒，哲乌勒勒，德乌咧哩，哲咧"；《恩切布库》中的"德乌咧——德乌咧——"，这些应为其韵体形态的留存。

"窝车库乌勒本"散韵结合的特点体现在：不可或缺的引子、头歌（或序歌）、尾歌；以韵体叙事为主，鲜见散体叙事内容。

1. 引子、头歌和尾歌

富育光讲述的说部大多存在引子，傅英仁讲述的《萨布素将军传》、温秀林讲述的《伊通州传奇》也有引子，傅英仁在《比剑联姻》中将其称为楔子①。

何谓引子？富育光认为："满族说部的引子，满语为笔折赫乌朱，意思是书的头，就是讲述开始的那个书头，或称书的首。意思是通过引子，讲也好，唱也罢，能使听众注意，精神集中，跟着说书人的声音一块儿走进故事所描述的广阔世界中去。满族说部的引子，通常都是唱，而此书的引子却是说。"② 顾名思义，引子就是"窝车库乌勒本"中以说为主的部分。

《天宫大战》共九腓凌，完全是诵唱的。"满族等北方诸古老的神谕中，不论是最早的世代口传神谕，或者是由部落（氏族）族人用文字记录下来的神谕，都有开篇前的'创世神话'，作为神谕的楔子，或称'神头'。满语和女真语都叫成'父陈乌朱'（即 wece uju），意思是'祝祭之首'，汉语或叫'祭神开头'。祭神必要先颂赞神歌，以表示慎终追远、报祖崇源的虔诚心意。"③《天宫大战》

---

① 楔子：（1）长篇小说的组成部分之一，但并非长篇小说所必备。通常加在小说故事开始之前，起引起正文的作用。金圣叹删改《水浒传》，将原本的引首和第一回合并，改称"楔子"。并解释说："楔子者，以物出物之谓也。"就是以甲事引出乙事之义。（2）戏曲名词。元杂居四折以外所增加的独立段落。篇幅短小。一般放在剧首，有时也用在两折之间，衔接剧情，类似现代戏曲中的过场戏。

② 富育光讲述，荆文礼记录整理：《飞啸三巧传奇》，吉林人民出版社2007年版，第1页。

③ 富育光：《萨满教与神话》，辽宁大学出版社1990年版，第211页。

"引子"介绍了文本内容及博额德音姆萨满的情况。"博额德音姆是女真语，原来土语的意思是'回家来的人'，也就是说，从自己家里走出去了、又在深夜回家来的一位大萨满。博额德音姆萨满，是已经逝去的本氏族的一位大萨满，是她的萨满魂魄传讲神龛上的故事。"①

除此之外，引子还有其他作用，如介绍讲述人和讲述内容。"白蒙古老人用满语讲唱博额德音姆大萨满传唱的神龛上的故事"。《雪妃娘娘和包鲁嘎汗》也用这种讲述方式："现在说书人我手打夹板，给大家讲唱一段慷慨悲壮的满族'乌勒本'传奇故事。说部的名字就叫《雪妃娘娘和包鲁嘎汗》。"《天宫大战》中引子介绍讲述内容，讲述者以全知的视角在白蒙古原本讲述基础上解释"腓凌"之义。"我现在讲神龛上的故事。今天是吉祥的时刻，正逢新年新月来临之际，农家喜事多了，江鱼成群了，五畜兴旺了，粮食满囤了。玛发、奶奶都乐开了嘴，哈哈济、赞汗济，都健壮平安哪！我借这个机会给爷爷、奶奶、阿哥们讲神龛上的故事《天宫大战》。《天宫大战》故事，一共分九腓凌，什么叫'腓凌'？腓凌是满语（fiyelen），也是女真语，译成汉语就是'回'或者是次序、几遍之义，也可以解释为一个单元，一个段落。"②"以上是咏唱创世神话的开篇，都是用满语讲唱的，满语的音节舒缓有序，音韵铿锵有力，声调好听，情感深沉，像有无形的魔力，使听众全神贯注，进入祭奠的氛围之中。每当萨满唱起神龛的故事，唱起'天宫大战'时，确有令全座听众迷醉的魅力，如聆听家珍。很多人都把它记在心上，印在脑海里，随时即兴讲述，即兴咏唱。这是满族先民脍炙人口的萨满美丽神话的集锦。"③

引子既介绍讲述者要讲的内容，又为听众解读说部的情感基调，

---

① 富育光讲述，荆文礼整理：《天宫大战·西林安班玛发》，吉林人民出版社 2009 年版，第 1 页。

② 同上。

③ 同上书，第 3 页。

这是讲述者面对听众时的技巧。

《西林安班玛发》中"雅鲁顺（引子）"完全以唱为主，重点介绍文本发生的地点及内容。

> 嗬依罗罗，
>
> 依罗罗——
>
> 嗬依罗罗，
>
> 嗬依罗——罗——
>
> 兴根里阿林大无疆，
>
> 依罗罗——，
>
> 萨哈连乌拉东流奔海洋，
>
> 依罗罗——
>
> 广阔无垠的大漠北啊，
>
> 依罗罗——
>
> 嗬依罗罗，
>
> 嗬依罗——罗——
>
> 这是妈妈乳汁哺育的热土，
>
> 这是玛发汗滴浇灌的家乡，
>
> 嗬依罗罗，嗬依罗——罗——
>
> 水有源啊依罗罗——
>
> 树有根啊依罗罗——
>
> 神鼓敲啊依罗罗——，
>
> 神歌唱啊依罗罗——，
>
> 先世英名永勿忘啊，
>
> 依罗罗——依罗罗——

《奥克敦妈妈》的"引歌"部分以唱为主，其内容为：

> 噢依吟哦——

妈妈①耶，

噢依吟哦——

玛发②耶，

噢依吟哦——

阿古③耶，

噢依吟哦——

色夫④耶，

噢依吟哦——

尼雅玛⑤耶！

欢乐的时辰，

幸福的日子。

兴安松柏的——

熊熊篝火燃起来，

朱申众姓的——

乌春尼玛琴唱起来。

淑勒乌拉给春窝莫罗西⑥，

塞依堪沙里甘居西⑦。

妈妈赐给我——

昊天的歌喉，

妈妈赐给我——

撼兽的舞步。

---

① 妈妈：满语 mama，奶奶。
② 玛发：满语 mafa，爷爷。
③ 阿古：满语 age，阿哥。
④ 色夫：满语 sefu，师傅。
⑤ 尼雅玛：满语 niyalma，人。
⑥ 淑勒乌拉给春窝莫罗西：满语为 sure ulgisun omolosi，聪慧的孙子们。
⑦ 塞依堪沙里甘居西：满语为 saikan sarganjui，俊美的姑娘们。

擂动豹尾槌吧，
震响鲸皮鼓吧，
窝莫罗西，
怀抱悠扬的革突罕；
沙里甘们，
紧拍悦耳的恰勒其。

为迎迓，
慈祥的圣母妈妈降临，
祖先留下的古老乌春，
我抖抖精神唱起来。

彩凤来仪兮，
奥克敦妈妈临降兮！
吉祥福康兮，
永世其昌！

哦咧离——
哦咧——哦咧——
哦咧离——
哦咧——哦咧——①

　　《奥克敦妈妈》"引歌"部分介绍了祭祀奥克敦妈妈的由来，曲
调动人。《西林安班玛发》《乌布西奔妈妈》都有"头歌"和"尾
歌"。《恩切布库》和《奥克敦妈妈》中称引子、引歌为"序歌"，
我们来看《恩切布库》的"序歌"部分：

---

　　① 富育光讲述，王卓整理：《奥克敦妈妈》，吉林人民出版社 2018 年版，第 1—2 页。

我 19 岁初夏突染疾得病,
病中恍惚见一神女来到面前,
沉疴痊愈,
神贯周身,
霎乎一夜而授徒继智。
我受神命成为全族的萨满,
得到尊贵的伊尔呼兰太奶
——第九世大萨满的
热心训教,
耳提面命。
在依尔呼兰的昂阿中,
在安班卡班玛发的弹唱里,
知晓了一桩奇妙的红柱神话,
这便是恩切布库妈妈的故事,
我熟记在心;
恩切布库妈妈的英名,
我没齿难忘。
时光如流水。
现在我已满头白发,
胸前长髯如雪,
在神前效力
已足足七十有八年。
恩切布库妈妈的故事,
我也传讲了七十八年之久。
然而,这与阿布卡赫赫
与恶魔耶鲁里决斗、
开天辟地的时间相比,
又何等的
短暂渺小

微不足道。
因此，我便更加谨言慎行，
发扬光大神意。
恩切布库妈妈的故事
已传讲了数百余年，
她是萨哈连黑水女真人
家喻户晓的尊贵的女神。
我要虔诚刻记，
尽心思索，
认真讲唱，
不负神望。

德乌咧——
我的神歌神话
来自哪里？
它来自东海堪扎阿林火山的最底层。
德乌咧——
我的神歌神话
是谁传诵？
它发自东海堪扎阿林火山地母神的心声。
德乌咧——
我的神歌神话
是谁传授？
催动我的酣梦，
令我睿智聪明。
德乌咧——
我的神歌神话
为何波涛汹涌，
久诵不竭？

是它赐降天河之水，
冲开我冥顽不化的
记忆闸门，
照穿几千年前的
往事积尘。
回到数千年前的
时光洞穴。
追寻几个世纪前的
生命之路，
认识我们尊贵的女神——恩切布库妈妈，
洞晓她的
神迹和阅历。
下面，我就正式逐段地讲述
"天宫大战"里的
"恩切布库女神"。①

"序歌"的作用与引子相当，介绍讲述者的情况和讲述的主要内容。

《奥克敦妈妈》"序歌"部分用生动的语言拟人化地描写了萨哈连乌拉的特征：

萨哈连乌拉，
是一条淌着白银的河啊；
萨哈连乌拉，
是一条淌着黄金的河啊。

萨哈连乌拉，

---

① 富育光讲述，王慧新整理：《恩切布库》，吉林人民出版社2009年版，第1—3页。

是妈妈河啊；
萨哈连乌拉，
是朱申人生命的大宝库啊。

萨哈连乌拉，
生来脾气暴啊，
宽江怒水，
日日涌荡凶涛。[①]

"序歌"还介绍了祭祀奥克敦妈妈的缘由，概述了奥克敦妈妈的功绩：

萨满虔诚动鼓迎神灵，
天穹地宇千千位。
鼓点声声——
动天地；
腰铃叮叮——
撼心脾。

祖先们，
要传诵伟大的先人——
奥都妈妈的伟业。
是她为咱朱申人——
开创了生存之路；
是她为咱们朱申人——
最先驯养了骏马。

---

① 富育光讲述，王卓整理：《奥克敦妈妈》，吉林人民出版社 2018 年版，第 3 页。

从此，
大河靠行船，
旱路靠征马。
风行千里路，
骏马赛蛟龙。

女真开天事，
业绩震惊雷。
儿孙千百代，
马祭永流传。
世代香烟绕，
常祀永不衰。①

《西林安班玛发》的"头歌"用满语讲唱，翻译为汉语是：

在这个美好的日子，
我打起手鼓，
敲起抬鼓，
唱起神歌。
各位奶奶、爷爷、大爷、兄弟、阿哥，
你们好，
今天我讲西林大玛发，
请静静地听吧！
这是古老的长歌，
萨满神堂上唱的歌。②

---

① 富育光讲述，王卓整理：《奥克敦妈妈》，吉林人民出版社 2018 年版，第 7—8 页。
② 富育光讲述，荆文礼整理：《天宫大战·西林安班玛发》，吉林人民出版社 2009 年版，第 137 页。

《西林安班玛发》的"头歌"似乎应与引子连在一起，其作用是向听众表明讲述者的身份，介绍讲述的内容。

《乌布西奔妈妈》没有"头歌"，却有"引曲"。"引曲"是满族民间大型古歌中惯用的引子，它以激昂悦耳的长调为主旋律，起到调动群情，收拢众心的良效。

> 大地上太阳的子孙，
> 大地上太阳的子孙，
> 光辉呵，光辉呵，
> 神雀送来光辉，
> 神雀送来光辉，
> 美好清晨，
> 清晨大地，
> 乌布西奔妈妈所赐予。①

《乌布西奔妈妈》的"尾歌"部分：

> 德乌勒勒，哲乌勒勒，
> 德乌咧哩，哲咧！
> 巴那衣舜奥莫罗，
> 巴那衣舜奥莫罗，
> 沃拉顿恩哥，沃拉顿恩哥，
> 恩都里嘎思哈沃拉顿恩比，
> 恩都里嘎思哈沃拉顿恩比，
> 沙音沃尔顿，
> 沃尔顿巴那，

---

① 鲁连坤讲述，富育光译注整理：《乌布西奔妈妈》，吉林人民出版社 2007 年版，第 1 页脚注①。

　　乌布西奔妈妈布离。①

　　汉译为："德乌勒勒，哲乌勒勒，德乌咧哩，哲咧！大地之子，太阳之孙，大地之子，太阳之孙。栖所啊栖所，有神乌之所栖，有神乌之所栖。有白色晨光栖息的大地，乌布西奔妈妈给予。"
　　《西林安班玛发》的"尾歌"部分：

　　　　嗬依罗罗，
　　　　嗬依——罗罗——
　　　　嗬依罗罗，
　　　　嗬依——罗罗
　　　　在长期的北方社会生活中，
　　　　西林安班玛发
　　　　成为东海窝稽部，
　　　　满族众姓萨满神堂
　　　　奉祀不衰的一位主神。
　　　　在祖先祭祀、祭天、祭礼中，
　　　　在隆重而盛大的东海海祭中，
　　　　他与东海女神
　　　　德力给奥姆妈妈并位奉祀。
　　　　西林安班玛发
　　　　是生存神、智慧神、
　　　　技艺神、医药神，
　　　　东海至尊至上的神祇。
　　　　辽金以来，
　　　　千载未变。

―――――――――――――

　　① 鲁连坤讲述，富育光译注整理：《乌布西奔妈妈》，吉林人民出版社 2007 年版，第 210 页。

家喻户晓，

赫赫显耀！

嗬依罗罗，

嗬依——荷罗罗——

嗬依罗罗，

嗬依——荷罗罗——①

《乌布西奔妈妈》的"尾歌"与"引曲"同，"尾歌"与"引曲"相呼应，表明其诗体的完整性。《西林安班玛发》"尾歌"主要介绍了人物的结局，表达讲述者和民众对人物的情感。

2. 散体叙事

在东北东部一带黑龙江和吉林民众中，《乌布西奔妈妈》多以《妈妈坟的传说》《娘娘洞古曲》《祭妈妈调》等讲述和咏唱形式流传着。鲁连坤演述的文本在讲述过程中，有的内容变成了散体的形式，出版的文本共 19 段散体叙事。这 19 段叙事内容分述如下：

第 1 段（59 页），乌布西奔妈妈担任古德罕神判的主持时，祭祀时的场景，告知古德罕需要经历的三个考验。

第 2 段（60 页），乌布西奔妈妈祭祀后神灵附体的情景。

第 3 段（73 页）为乌布西奔妈妈介绍阿布卡赫赫神系的情况。

第 4 段（74 到 75 页）讲述巴那吉妈妈的性格特征、护拥阿布卡赫赫的三百三十位女神；巴那吉额姆、德力给奥姆妈妈、卧勒多赫赫身边的亲随女神。

第 5 段（76 页）查拉芬妈妈神群的情况。

第 6 段（81 页）乌布西奔妈妈梦中所得萨满迷晕隐药种类。

---

① 富育光讲述，荆文礼整理：《天宫大战·西林安班玛发》，吉林人民出版社 2009 年版，第 138 页。

第 7 段（81 页）乌布西奔妈妈远征堪察加，得到众神的支持。

第 8 段（85 页）乌布西奔妈妈祭祀舞蹈和舞姿。

第 9 段（86 页）介绍乌布西奔妈妈收复东海女窟之岛，该岛的情况。

第 10 段（91 页）乌布西奔妈妈在依离阿达征服野人霍通。

第 11 段（102 页）乌布西奔妈妈创造的纪年结。

第 12 段（132 页）乌布西奔妈妈带领众萨满与族众开始东海谢祭古舞。

第 13 段（143 页）乌布西奔妈妈东征过程中生病。

第 14 段（148 页）天落宝石的介绍。

第 15 段（153 页）裸体野人来到乌布林部落。

第 16 段（196 页）只有短短的一行：乌布西奔妈妈去世后三个萨满看女罕手刻的图形字画。

第 17 段（200 页）海祭时的鼓声。

第 18 段（202 页）众人送乌布西奔妈妈入海。

第 19 段（206 页）介绍德烟山在锡霍特山所处的位置。

这 19 段散体叙事有插叙，有介绍，其作用多为引起下文的诗行。若对照与之相应的鲁连坤用满语讲述的诗行，发现他并没有采取散体叙事，仍以韵体为主。个别之处因老人很久不讲述，满语较为生疏，而选择了散体叙事。

在"窝车库乌勒本"中很多故事及古俗以韵体形式展现。如《西林安班玛发》中提到了"送活人葬"，"部落里的人们，互相帮助做着一宗事，视为在做好事，早点送给魔鬼，疾痛能尽快解决，病者也早日得到解脱"[1]。

---

① 富育光讲述，荆文礼整理：《天宫大战·西林安班玛发》，吉林人民出版社 2009 年版，第 171 页。

《天宫大战》中有两则故事颇引人注目，其一为九色花翅大嘴巨鸭救阿布卡赫赫的故事。"危机时候巴那姆赫赫派去了身边的九色花翅大嘴巨鸭，它翅宽遮蔽海，鸣如儿啼，把阿布卡赫赫从被囚困的冰水中背上蓝天，躲过了灾难。但是，冰海盖住了天穹，蔽盖了大地"[①]有人考证说巨鸭是企鹅。其二为拖亚拉哈女神盗火的故事，"其其旦女神见大地冰厚齐天，无法育子，便私盗阿布卡恩都力的心中神火临凡。怕神火熄灭，她便把神火吞进肚里，嫌两脚行走太慢，便以手为足助驰。天长日久，她终于在运火中，被神火烧成虎目、虎耳、豹头、豹须、獾身、鹰爪、猞猁尾的一只怪兽，变成拖亚拉哈大神"[②]

恩切布库为众人讲述人类繁衍后代及第一位萨满的故事。"在那最危急的时刻，天母阿布卡赫赫派来了拯救生灵的小海豹——'环吉'妈妈。小海豹游到了在怒涛中拼命挣扎的一对男女身边，将这一男一女送到一个绿岛上。他们找到一个安全舒适的海滨洞穴，栖身住了下来，成了世上唯一的一对夫妻，从此留下了生命。他们生下的第一个小生命是一位女婴，女婴生下来没几天，海水暴涨，把到海边采食的一男一女又卷入海浪之中，冲到另一个无人居住的岛屿。海滩上只留下一个呱呱啼叫的女婴，啼叫声惊动了天母阿布卡赫赫，她派身边的侍女变成一只雄鹰，把女婴叼走，并把女婴哺育成人，成为世上第一位女萨满"[③]。

韵体夹杂叙事时，通常会用"相传""想当年"这样的套话，如《西林安班玛发》弃儿岛的故事，即如此讲述。"相传大海里有男人岛，全都是老年哈哈。老人岛又叫弃儿岛，岛上的男人多变成了海

[①]　富育光讲述，荆文礼整理：《天宫大战·西林安班玛发》，吉林人民出版社 2009 年版，第 29 页。

[②]　同上书，第 75—76 页。

[③]　富育光讲述，王慧新整理：《恩切布库》，吉林人民出版社 2009 年版，第 132—133 页。

盗，成为一方之患"①。《天宫大战》中介绍玛呼山的由来，"在萨哈连以北，穆丹阿林以东还有个著名的玛呼山，也是这一带诸族人常祭的神山。相传，这个山为'天宫大战'时……"，② 然后讲述阿布卡赫赫与耶鲁里斗争的故事。《奥克敦妈妈》中当三女神选择由谁来帮助人类改变现状时，巴那吉额姆说："想当年打败耶鲁里，耶鲁里最恨咱们一位后盾。她可是穹宇，最古老的妈妈，力量无边，智慧无穷，堪当，尼雅玛的裸娘"③。由此引出了奥克敦妈妈的出场。

几部史诗中保留了不少俗话，如"俗话说得奇：人不怕无能，人就怕心离。麻绳拧起来最有劲，拳头攥起来最有力。百个瘦弱的人，只要肯合心，就能顶上一只熊罴，就会筑城铜墙铁壁"④。"俗话讲：滴水不成泉，单枝不成林。脆弱的同类，合抱方可无敌。"⑤"细沙相聚汇成大漠，碎石相叠能成山巅，草原成片才是碧原，野人们只要肩并肩、心连心就是无敌的艾曼。"⑥"俗话说：'吃一堑，长一智。'"⑦"俗话讲：河水总不会清而又清，人心总不会纯而无瑕。十个指头伸出来还不一边齐哪，十个兄弟哪能都一条心。"⑧

"窝车库乌勒本"主要以诗体呈现，夹有部分叙述性文字，充分体现了散韵结合的特点。

小　结

与"窝车库乌勒本"相关的概念有神本子、神谕、神歌、神话、

---

① 富育光讲述，荆文礼整理：《天宫大战·西林安班玛发》，吉林人民出版社 2009 年版，第 142—143 页。

② 同上书，第 37 页。

③ 富育光讲述，王卓整理：《奥克敦妈妈》，吉林人民出版社 2018 年版，第 30 页。

④ 富育光讲述，王慧新整理：《恩切布库》，吉林人民出版社 2009 年版，第 43—44 页。

⑤ 同上书，第 17 页。

⑥ 同上书，第 57 页。

⑦ 同上书，第 87 页。

⑧ 同上书，第 121 页。

传说等。"窝车库乌勒本"的文本更着重其与神灵的沟通,强调其神圣性,因讲述环境的变化,其神圣性也逐渐减弱;就具体文本而言,不能将其固化为某一文类,而应关注其历时的变化,清楚勾勒其发展脉络。

《天宫大战》虽有创世神话的遗留,但已初具创世史诗的萌芽特点;从史诗八个特征来看,"窝车库乌勒本"文本都有潜隐的史诗性;"窝车库乌勒本"文本的记录、文本化过程伴随着满族民众民族精神的认同,对民族文化的热爱。与其他民族史诗相比,"窝车库乌勒本"萨满文化特质鲜明,将其称为萨满史诗更贴合其实际。

萨满史诗的特点有三,体现在对女性的尊崇、独特的叙事模式和其散韵结合的叙事风格上。《天宫大战》的文本从韵体发展到散韵结合,白蒙古版本的《天宫大战》为韵体的,《萨满教与神话》中刊布的《天宫大战》是散体的,这两个故事除第五腓凌有很大区别之外,其他部分相差无几。而博英仁讲述的相关神话都是散体的。《奥克敦妈妈》《西林安班玛发》《恩切布库》和《乌布西奔妈妈》出版的版本主要是唱的。但《乌布西奔妈妈》在形成过程中,不仅有以说唱为主的版本,也有以散体叙述为主的版本。这与史诗未必都以诗体来演述是相契合的。

第二章

"窝车库乌勒本" 文本及其异文分析

本章主要介绍"窝车库乌勒本"的流传情况、分析史诗文本的异文及文本之间的关联。《尼山萨满》在北方多个民族中都有流传，且与其他五部内容上的关联不是很密切，在此仅简单介绍其文本及研究状况。

第一节 《尼山萨满》的满语本及汉语本

《尼山萨满》是一部内容古老、情节生动、结构完整的民间文学作品，用满文记录下来的满族传说。[①] 它不仅在满族民众中流传，在赫哲族、鄂伦春族、鄂温克族、达斡尔族、锡伯族等北方民族中也广为流传，此外，它还有英、意、德、日、朝等多种文字的译本，在国内外很有影响。国外学者多半将其视为"史诗"，给予很高的评价，德国学者马丁·吉姆将其称为"满族的奥德赛"，作为广泛流传的原始叙事诗 debtelin[②]，是"全世界最完整和最珍贵的藏品之一"，但本书并未将《尼山萨满》视作史诗，它应为传说。

---

① 富育光：《〈尼山萨满〉与北方民族》，参见荆文礼、富育光汇编《尼山萨满传》，吉林人民出版社 2007 年版，第 11 页。

② ［德］马丁·吉姆：《汉文小说和短篇故事的满文译本》，定宜庄译，选自［法］克劳婷·苏尔梦编著《中国传统小说在亚洲》，颜保等译，国际文化出版公司 1989 年版，第 130—190 页。

20 世纪初，俄国人在黑龙江省齐齐哈尔、瑷珲等地民间陆续发现满文《尼山萨满》手抄传本，并于 1961 年公之于世。"从现有材料看，《尼山萨满》手抄本已经发现和公布了六部，并且还有用汉文记录下来的一部及有关尼山萨满传说的一些片段，还有一些是满族老人用满语讲述的尼山萨满故事。另外，在我国东北的一些少数民族中也有尼山萨满故事的流传，有满文本、汉文本及其他民族文字本之分。"① 1908 年，A. B. 戈列尼西科夫在齐齐哈尔发现了第一部手抄本。1909 年，他从黑龙江省瑷珲城名叫德新格的满族人那里得到了第二部手抄本，该抄本实为两部不同的抄本。1985 年，意大利满学家乔瓦尼·斯达里将这两个手抄本公布出来。1913 年，戈列尼西科夫在海参崴德克登格得到了第四个手抄本，这四个文本分别被称为齐齐哈尔本、瑷珲一本、瑷珲二本、海参崴本②。目前世界上最流行的版本即为这几种。有关尼山 Nisan（Nizan、Nudan）女觋的传说，欧洲语译本甚多。目前共发现八个版本。③ 1992 年，俄国学者 K. C. 雅洪托夫在《〈尼山萨满〉研究》一书中公布了新的尼山萨满传说，因为是当时最新公布的手抄本，称其为"新本"。1961 年，苏联满学家 M. 沃尔科娃根据掌握的手抄本出版了《〈尼山萨满〉的传说》，开启了《尼山萨满》研究的开端。

国内的学者，以往将《尼山萨满》视为传说或说唱文学而非说部。最早记录《尼山萨满》传说的学者应为凌纯声，20 世纪 20 年代末他在赫哲族地区搜集到的《一新萨满》，即《尼山萨满》异文。民国初年，富希陆记录了其母富察美容讲述的《尼山萨满》，直到 2007 年该文本才刊布在《尼山萨满传》④ 中。1981 年，金启孮在黑龙江省富裕县三家子屯进行社会历史调查时记录的《尼山萨满》，后在其所

①　赵志忠译注：《〈尼山萨满〉全译》，民族出版社 2014 年版，第 2 页。
②　宋和平认为"用满文记录'海参崴本'的《尼山萨满》的人，是瑷珲人，并非海参崴人，而文本也并非海参崴所藏"。
③　参见［德］马丁·嵇穆《满洲文学述略》，《满学研究》1992 年第 00 期。
④　荆文礼、富育光汇编：《尼山萨满传》，吉林人民出版社 2007 年版。

著的《满族的历史与生活》中刊布出来。1988 年，赵志忠以《尼山萨满》为题，在《满语研究》上公布了收藏于中国社会科学院民族研究所的手抄本，该本被称为"民族本"。2007 年，吉林人民出版社出版的《尼山萨满传》（上下）异文很多，涵括了满族、鄂温克族、达斡尔族、鄂伦春族、赫哲族、锡伯族的文本，有以满语流传的，满汉合璧的，多数为汉语流传的文本。《尼山萨满传》还采录了黑龙江省孙吴县 78 岁的何世环老人用流利的满语讲述的《音姜萨满》，"向世人展示了久已不闻、仍活在民间的活态满语形态，这对世界满学及人文学的研究是弥足珍贵的"①。

我国《尼山萨满》研究开始得比较晚，1977 年台湾学者首次将该传说翻译为汉文，1985 年大陆学者翻译了同一文本。之后十几年，我国学者先后四次翻译了《尼山萨满》的"海参崴本"，第一次公布了收藏于我国的"民族本"，第一次翻译了收藏于俄罗斯的另外三种本子，先后发表了一批独具特色的研究文章。② 目前，最完整的文本应属 2007 年出版的《尼山萨满传》（上下）中汇集的东北各少数民族之异文，有在民间流传的文本（满族的五种异文，赫哲族、锡伯族、达斡尔族、鄂伦春族、鄂温克族文本）和《尼山萨满》满文影印、译注版本 13 种。其文本跨越时间久远，尤以满文影印的资料最为珍贵，对《尼山萨满》研究将会产生极大的影响。现阶段，各国学者基本完成对《尼山萨满》的翻译、整理、介绍，开始走向深层次的研究。所谓深层次研究，就是指深入细致、分门别类、从不同学科角度开展的系统研究。这一阶段将是《尼山萨满》研究走向新高度、出现新成果的重要时期。③

意大利满学家 G. 斯达里最先提出"尼山学"。1989 年，在奥斯陆召开的国际阿尔泰学会 32 届会议上，他发表了题为"尼山学：阿

---

① 周长庆：《国家级非物质文化遗产"满族说部"丛书首批图书出版》，《新华日报》2007 年 12 月 26 日。
② 赵志忠：《萨满的世界——尼山萨满论》，辽宁民族出版社 2001 年版，第 11 页。
③ 同上书，第 22—23 页。

尔泰学的一个新学科"的论文,将"尼山学"作为整个阿尔泰学的新学科。《尼山萨满》研究不局限于满学和中国北方少数民族文学的研究,而成为一门国际新学科。

《尼山萨满》研究论文很多,专著有宋和平的《〈尼山萨满〉研究》和赵志忠的《萨满的世界——尼山萨满论》。

《〈尼山萨满〉研究》分十部分,"《尼山萨满》版本异同""《尼山萨满》说唱文学考""《尼山萨满》的历史性质""《尼山萨满》的文学艺术成就和在文学史上的地位""《尼山萨满》与萨满文化""《尼山萨满》与其他宗教文化""《尼山萨满》与满族民俗""《尼山萨满》与满族灵魂观念""《尼山萨满》之死探析";附录中有"海参崴本《尼山萨满》译文"。该书为我国目前第一部系统研究《尼山萨满》的专著。作者研究《尼山萨满》多年,查阅了十余种《尼山萨满》的版本(其中满文本六种),掌握了非常丰富的资料。该书以阿尔泰语系萨满文化和民间文学为内容背景,以文本的异同,从不同角度和侧面,深入、细致、全面地研究了它的历史性质和文学艺术成就,介绍了它所包含的萨满文化、宗教、政治、经济、民俗、审美学、灵魂观念、民族学等方面的内容,剖析《尼山萨满》传说丰富、古老、深刻的内涵,论证了它在满族文学史上和中华民族文学史上的地位等。

《萨满的世界——尼山萨满论》中有如下几个部分:"《尼山萨满》研究概述""《尼山萨满》的价值""《尼山萨满》的思想内容""《尼山萨满》手抄本的比较研究""《尼山萨满》与宗教""《尼山萨满》与神歌""《尼山萨满》与说唱文学""《尼山萨满》与民俗""《尼山萨满》的艺术特色""东北少数民族中流传的《尼山萨满》传说比较研究"。附录为"《尼山萨满》研究资料与译文(共有6个版本)"。

两部著作最初都将《尼山萨满》视为说唱文类,之后将其界定为传说。赵志忠认为《尼山萨满》是在满族及其先人之中长期流传并不断完善的宗教传说。

马丁·吉姆认为《尼山萨满》叙述了一个有才赋的萨满（女觋）使一富翁（或国王）的儿子起死回生的故事。因其文本中介绍大量阴间的情况，可知它源于汉族佛教故事或其他，与蒙古资料亦有紧密关联。① 在其异文中的确有所体现。

在《〈尼山萨满〉全译》中，赵志忠将"海参崴本""新本""民族本""瑷珲一本""瑷珲二本""齐齐哈尔本"的满文全部展示出来，尤为难得。②

"海参崴本"是篇幅最长、情节最完整的本子，也是目前世界上流行的本子。"海参崴本"的故事情节可以大致划分为三部分，11小节：

一、1. 古时候，罗洛屯住着一个富人巴彦，其子15岁上山打围而死。

2. 50岁时，又生一子塞尔古岱·费扬古，15岁时上山打围又死。

3. 办丧事时，一神人指点，让巴彦请尼山萨满为儿子起死回生。

4. 尼山答应，并请扎力纳里·费扬古来帮忙。

二、5. 尼山渡二道河、闯三道关，得到费扬古的灵魂。

6. 尼山给蒙古尔岱舅舅鸡、狗、酱等，使费扬古有了90岁的寿限。

7. 尼山碰上自己死去的丈夫纠缠，将其抛入丰都城。

8. 尼山见到了子孙娘娘。

三、9. 尼山救活了费扬古，并得到巴彦的赏钱和财产。

10. 婆婆得知尼山没救自己的丈夫，告与皇帝。

11. 皇帝大怒，将尼山拴在井里。

---

① 参见［德］马丁·吉姆《满洲文学述略》，《满学研究》1992年第00期。

② 之后的文本分析皆出自此书，后文不再加注。

"新本"是俄国学者 K. C. 雅洪托夫于 1992 年在《〈尼山萨满〉研究》一书中公布的。从整部故事的情节看，与最为完整的"海参崴本"基本相同，不同之处在结尾部分。"新本"以塞尔古岱·费扬古娶妻荫子的大团圆为结局，除了比较详尽地描写了塞尔古岱·费扬古的整个完婚过程外，尼山萨满和纳里·费扬古演唱的两首"空齐曲"格外引人注目。表达了他们对塞尔古岱·费扬古夫妻的美好祝愿。我们先来看尼山萨满唱的"空齐曲"：

　　　　尼山萨满首先唱起来：

　　　　空齐　空齐　若想求长寿，从和睦开始
　　　　空齐　空齐　喜庆时高歌，请长辈们听着
　　　　空齐　空齐　白蛇的城郭，充满了吉祥的音乐
　　　　空齐　空齐　天生的配偶，如牛郎、织女一般
　　　　空齐　空齐　若要亲睦，合瑞祥之兆
　　　　空齐　空齐　夫妻将永远和美
　　　　空齐　空齐　孝顺公婆，顺应义理
　　　　空齐　空齐　祈祷命兆
　　　　空齐　空齐　守居诚意，厚待新人
　　　　空齐　空齐　承天恩萨满我只身而来
　　　　空齐　空齐　引塞尔古岱·费扬古回阳间
　　　　空齐　空齐　从此以后，塞尔古岱·费扬古生五个儿子，三个女儿
　　　　空齐　空齐　寿限到九十，世代不绝，富贵永存

尼山萨满唱完之后，纳里·费扬古唱道：

　　　　空齐　空齐　在宴席上高歌，请长辈们听着
　　　　空齐　空齐　到此齐集的众人，请清楚地听着

空齐　空齐　从古至今的道理

空齐　空齐　鸳鸯成对，将及子孙

空齐　空齐　富贵承继

空齐　空齐　吉祥相遇，从老到少，善始善终

空齐　空齐　祈祷幸福来到

　　两首"空齐曲"唱完，接下来就是宴请宾客。而费扬古夫妻的人生恰如尼山萨满所祝福的一样。

　　唱完之后，巴尔都·巴彦夫妇大悦，让巴彦·霍卓和塞尔古岱·费扬古在杯子里装满了酒，给尼山萨满、纳里·费扬古叩头。大宴三天三夜之后，亲朋好友都离去了。从此以后，塞尔古岱·费扬古夫妻如鱼和水一样亲近和睦，生了五个儿子、三个女儿，世代富贵。①

　　"民族本"是我国目前收藏的唯一一部《尼山萨满》手抄本。篇幅仅次于"海参崴本"和"新本"，故事情节及主要人物与"新本"基本相同，某些情节有所不同。对塞尔古岱·费扬古哥哥之死、塞尔古岱·费扬古结婚场面及仪式的描写，尤其是塞尔古岱·费扬古结婚典礼颇具特色：

　　塞尔古岱·费扬古换上了漂亮的衣服，准备轿车，叫众家人一起跟随，去接新媳妇。亲家夫妇把女儿打扮得格外漂亮，身穿花衣服，坐进了轿车里，然后启程。后边亲家老爷带着家人跟随，准备赴宴会见亲家。宴会安排在大堂上，全屯的人都来了，瞎子、瘸子、聋子、哑巴一个也没落，众人有说不出来的喜悦。跟随来的姑娘们也穿着美丽的衣服，舒缓俏丽，来回穿梭。晚

---

① 赵志忠译注：《〈尼山萨满〉全译》，民族出版社2014年版，第364—365页。

上，点燃起明亮的蜡烛，塞尔古岱·费扬古夫妇叩头。众人一见，觉得他们真是天生的一对，夫妻二人端庄美丽，犹如太阳一样光彩照人。然后，夫妻叩拜了天地，进到了屋里。不久，众人也愉快地结束了宴会。

从此，塞尔古岱·费扬古如鱼得水，所生子孙皆活到九十岁。他家历世为官，富贵永存。①

看起来，"民族本"并未经过规范的整理，文字记录近乎自然，并出现了一些不规范的口语词，如"magisa（manggiyansa，鬼祟们）""gasiha（gacuha，嘎拉哈）"等。"民族本"更接近于满族的社会生活、作品原貌、作品流传的实际情况。

"瑷珲一本"和"瑷珲二本"同时被发现，"瑷珲一本"无头无尾，是一部残本。整个故事从塞尔古岱·费扬古上山打猎病重往回走开始，一直到尼山萨满救出塞尔古岱·费扬古的灵魂拜见子孙娘娘为止。从整个故事内容和情节上看，与"海参崴本"比较接近，人物形象、情节顺序、神歌安排等都大体相同。"瑷珲二本"虽然有头有尾，但中间的故事情节不大连贯，一些情节的叙述也有些颠倒。比如情节二中5、6的顺序正好相反，先提到给费扬古增加寿限，随后讲述尼山萨满过河的情节。情节二中7、8也是如此。情节倒叙很可能与讲故事的人的水平有关。故事的开头值得关注：

　　古代明朝时，在一个叫罗洛的屯子里，住着一个很富有的人。他已经七十岁了，但一直没有儿子，于是便诚心诚意地乞求天地。正好有一天上天的神佛路过，偶然见到此景，甚是怜爱。便说："这个人求咱们神佛甚是可怜，赐他生一子吧。"转身去见十殿阎王，说："那个人犯克没有后代。"阎王说："那个人并不比我苦闷，也不犯克，因为他前世作恶，今世才无子。不比别人苦闷的

---

① 赵志忠译注：《〈尼山萨满〉全译》，民族出版社2014年版，第473页。

罗老员外有一生用不尽的金钱。"这时东岳大帝很生气地说："你们十殿阎王办事很不在理。那个人金钱很多，又有牛马。虽然有钱，却没人花；虽然有牛马，却没有人骑。为此求了上万次，你们还怎么说？如果有理就请告诉我，如果无理就请给人家孩子，如若不让人家生子女，我就告诉上天的玉皇大帝，参你离位。"若是阴间、阳间不分，就不要坐这个王位。若想坐王位，顾及脸面，就请让他生一个儿子。[①]

　　文中出现十殿阎王、东岳大帝、玉皇大帝等人物，可以看出汉族宗教神话对满族民间文学的影响。"瑷珲二本"的神歌唱法与众不同，同一首神歌可以唱唱停停，即先唱几句，然后叙述几句再唱；有时一首神歌还换上几个不同的曲调。比如其中一首：

英格力　青格力　众人听着
英格力　青格力　你的儿子
英格力　青格力　让他住在金香炉内
英格力　青格力　我的鹰、鸟之神
英格力　青格力　抓来带回
额库力　哲库力　放在腋下夹着带回
额库力　哲库力　他的生命已经复活
额库力　哲库力　乞求子孙娘娘
额库力　哲库力　给了九十五岁的寿限
……
德扬库　德扬库　一只鸡、一只狗
德扬库　德扬库　问他要这有何用处
德扬库　德扬库　若没有鸡不知天亮
德扬库　德扬库　若没有狗不知盗贼

---

① 赵志忠译注：《〈尼山萨满〉全译》，民族出版社 2014 年版，第 608 页。

克罗尼　克罗尼　后来我们走啊、飞啊

克罗尼　克罗尼①

　　这首神歌分别以"英格力　青格力""额库力　哲库力""德扬库　德扬库""克罗尼　克罗尼"四个不同曲调组成。这种联唱形式在其他几部手抄本中很少见到。另外，"瑷珲二本"还保留了一幅萨满跳神时的画像。

　　"齐齐哈尔本"是一部首尾不全的残本。故事从塞尔古岱·费扬古打猎死后，巴哈尔基等人拉着尸体往回走开始，以尼山萨满救出塞尔古岱·费扬古，给追上来的蒙古尔岱舅舅鸡和狗为终。由于这个本子篇幅较短，无头无尾，叙述平平，许多情节交代得比较简单，所以读起来很不顺畅。但有一个小情节却是其他本子没有的，故事中出现了几次塞尔古岱·费扬古射兔子被取走灵魂。如尼山萨满唱的一段神歌：

我是外姓的萨满	叶库勒
这个姓觉罗的	叶库勒
小男孩儿	叶库勒
上山打围	叶库勒
出去打猎	叶库勒
一只白兔	叶库勒
跑了出来	叶库勒
塞尔古岱·费扬古拿着弓箭	叶库勒
把兔子寻找，放了一箭	叶库勒
那个兔子	叶库勒
是个狐木鲁鬼	叶库勒

---

① 赵志忠译注：《〈尼山萨满〉全译》，民族出版社2014年版，第611—612页。

把塞尔古岱·费扬古的灵魂	叶库勒
带走了	叶库勒
这个魂在阎王那里	叶库勒
萨满要到阴间去取	叶库勒
准备过了三年的鸡一只	叶库勒
过了三年的狗一只	叶库勒
还有过了三年的酱	叶库勒①

从满汉语言接触相互影响的情况看，这部抄写于清光绪年间的本子很有可能受到汉语—音—字的影响。记录人既通满文又通汉文，记录时尽可能向汉语靠近，习惯用汉文音节文字记录。从说唱角度，说唱人在讲述中多有停顿，达到了节奏分明、轻重得当、引人入胜的艺术效果，记录者将其原原本本地记录下来。

这六种手抄本在流传过程中虽有变异，但它形成了一个比较固定的完整故事，其主要情节、主要人物不会因为在不同地区流传形成不同抄本而改变。每个本子的差异不仅是对尼山萨满传说的补充，使其更完整，更丰满，还为我们进一步认识和研究提供线索。从传说中保留神歌的数量来看，"海参崴本"有16首，"新本"15首，"瑷珲一本"13首，"民族本"11首，"齐齐哈尔本"9首，"瑷珲二本"8首。从情节上看，"海参崴本"每首神歌从头至尾都保留得最完整；其次是"新本""民族本""瑷珲一本"，而"瑷珲二本"和"齐齐哈尔本"中的神歌极不完整，七句、八句、十几句可算一首，三句、五句也为一首。

满语版《尼山萨满》主要流传于我国北方黑龙江和嫩江流域，在清末和新中国成立初期，该地区因与外界联系较少，满语满文在该地得以保留。在随后的岁月里，随着满语文的逐渐衰落，满文《尼山萨满》流传的地域也越来越小。从清末的广阔领域到仅个别地方满族老

---

① 赵志忠译注：《〈尼山萨满〉全译》，民族出版社2014年版，第661页。

人可用满语讲述《尼山萨满》的情况看，满语文是《尼山萨满》赖以传承的条件。

第二节 神灵观念比较：《天宫大战》及其异文

《天宫大战》在满族民间有各种叫法，如《神魔大战》《天神会战耶鲁里》《博额德音姆故事》等。2009 年出版之前已为人所知，其文本在富育光的《萨满教与神话》中即已刊布。《天宫大战》与《萨满教与神话》中刊布的文本，前四腓凌内容基本相同，六腓凌到九腓凌内容基本相同，第五腓凌内容《天宫大战》要丰富一些。《萨满教与神话》中到"九色花翅大嘴巨鸭因为救阿布卡赫赫鸭嘴和双爪都变形"就结束了，而《天宫大战》增添"霍洛浑和霍洛昆两个女神被耶鲁里碾成血粉"故事，这部分应源于四季屯阎铁文之父讲述的异文。另如奥朵西因耶鲁里与阿布卡赫赫争斗时被耶鲁里裹进去不少天马而失职被驱走之后又召回成为牧神、穆丹阿林及玛呼山的传说、敖钦女神与都凯女神和耶鲁里对战等内容，《萨满教与神话》中都没有提到。

《天宫大战》异文零星出现在其他民间故事中。已出版的《天宫大战》除了白蒙古演述的文本外，还收入六篇异文，分别为《佛赫妈妈和乌申阔玛发》《阿布凯恩都力创世》《老七星创世》《阿布凯赫赫创造天地人》《大魔鬼耶鲁里》《神魔大战》。前两篇异文选自《中国民间故事集成黑龙江卷》，后四篇异文多选自《满族萨满神话》①，都与傅英仁有关，与白蒙古的文本内容上仅有一点关联，也存在较大差别。细读《满族萨满神话》及《宁古塔满族神话》，我们发现傅英仁讲述的神话大部分是围绕天宫大战展开的，如《四方神》《佛托妈妈》《天宫大战》《八主治世》《阿布凯恩都力》《大魔鬼耶路哩》《阿布凯

---

① 傅英仁讲述，张爱云整理：《满族萨满神话》，黑龙江人民出版社 2005 年版。

恩都力重整天宫》《再造天宫》《裂生诸神》《敖钦大神》《堂白太罗》
等，展现了更为完整的神与神的权力更替。

一 《天宫大战》的主要内容

《天宫大战》主要讲述以阿布卡赫赫为代表的善神与以耶鲁里为
代表的恶神之间经过多次斗争，阿布卡赫赫一方取得最终的胜利的故
事。王宏刚认为："在《天宫大战》中，从混沌中创生的宇宙世界并
不是一次完成的，而是变化、演进的，其间要经过善恶两种势力的惨
烈拼杀，这种善恶的评判标准完全是以人类为本位的——利己还是异
己。"[1] 实际上，"善神的胜利是女神们集体力量与智慧的胜利，史诗
颂扬的是集体英雄主义；这种集体英雄主义是初民时代社会意识
形态的主旋律，回荡在萨满教的圣坛中，是萨满教文学坚实的文化
底蕴"[2]。

王宏刚的论述主要基于《萨满教与神话》中刊布的《天宫大战》
文本，他指出："天宫大战，邪不压正，善神终究战胜了恶神，但耶
鲁里败而不亡，他的败魂常化为恶魔瞒尼、满盖，践害人世。这里不
仅反映了初民对现实世界的清醒认识，而且陈述了萨满教存在的理
由，萨满的主要职责就是祈请善神，以驱满盖一类魔灵，以确保人类
的生存、绵衍、平安与幸福，萨满教的一切神事活动的基本认识盖源
于此。这种认识在今人看来是天真的、虚幻的，甚至从整体思想框架
来看，仍是属于唯心主义的，但其生气勃勃的战斗性的思想内核在文
化史上是重要而有积极意义的。虽然它对解决人类与自然，人类社会
的矛盾冲突的方法、途径带有宗教的虚幻性，但是对客观世界实有的
矛盾冲突的认识却有明显的辩证唯物的倾向。"[3]

《天宫大战》女神据称有三百之数，其女神神系在民间广泛流传，
在某些萨满实物中也可得到印证。1990 年，王宏刚"在吉林省永吉

---

[1] 王宏刚：《满族与萨满文化》，中央民族大学出版社 2002 年版，第 31 页。
[2] 同上书，第 38 页。
[3] 同上书，第 42 页。

县满族关德印家看了该姓氏珍藏的画在绢帛上的萨满神图。从神图的质地、保存情况以及该家族萨满传承等综合情况判断，这批神图至少是清代中后期的遗物，这是国内外首次发现的完整的清代萨满神图。主神图长约1.5米，宽约1.2米，系绢帛彩绘，其形象十分清晰生动。神图左侧画有长长的刀梯，有一个男性小萨满往上攀登，这是一幅萨满登梯图。左上为雷神，右上为云神，中间绘有三层神群。第一层：中间为女萨满始祖神，左下侧为女萨满神、男萨满神，右侧亦然。这里紧靠女主神的是女萨满神，她（他）们都是女萨满始祖的助神。女始祖神左侧绘有飞翔的四鸟，右为三鸟，是卫护女始祖的灵禽。第二层：中间是二辈女萨满主神，她的双肩上各有一女首，乃是其另外两个魂灵的幻象。左侧（从中心往两侧为序）为：戴鸟神帽的女神；袖子中探出几个孩童脑袋的女神，似为乌麦女神；持扎枪的女神；一女神；持锤女神；红衣女神；吹管箫的女神，共七位。右侧一女神；一女神；持刀男神；歌舞女神；妈妈神；熊神……第三层：中间是三辈男萨满主神。左侧：一男神；一男神；一男神；持双镜男神；持双刀男神；持双刀男神；持弓箭男神；持火把男神；持火链男神；持火烙铁男神，共十位。右侧：一男神；一男神；持双刀男神；持扎枪男神；持火把男神；持火链男神；持火烙铁男神，共七位。神图右侧是两个小男萨满在练砍刀——一种萨满神术。下部中间是耸入云层的神树（即萨满树、通天的宇宙神），左侧是飞虎（公虎）、豺、缠在树上的蟒；右侧是卧虎（母虎）、豺、狼。从神图内容看，女神已成系统，并占主导地位。神图是举行阖族重大的祭祀活动时供放在神案中央的，神案前摆供品、燃香，因此神案就是祭坛，图上的影像就是尊神。说明至近世，许多古老的女神仍受到满族的崇祀"①。

《天宫大战》涉及很多创世神话、太阳神话、洪水神话的内容。

创世神话包括天地万物、星辰、各种自然现象，与人类息息相关的事物和人类的形成，即宇宙起源神话和人类起源神话。《天宫大

---

① 王宏刚：《满族与萨满文化》，中央民族大学出版社2002年版，第49页。

战》中最早的三女神为阿布卡赫赫、巴那姆赫赫、卧勒多赫赫姊妹，阿布卡赫赫裂生出另两位女神，日月、小七星由阿布卡赫赫眼睛所变，天禽、地兽、土虫由巴那姆赫赫所造。女人最先被造出来，男人后被造出来。

　　提到十日并出我们通常会想起后羿，提到洪水神话多半都会想到南方广泛流传的洪水神话。《天宫大战》中十日并出颇为有趣：耶鲁里"把九个头变成九个亮星，像太阳一样，天上像有了十个太阳。阿布卡赫赫和卧勒多赫赫大吃一惊。卧勒多赫赫忙用桦皮兜去装九个亮星，亮星装进去了，刚要背走，哪知连卧勒多赫赫也给带入地下"。可是，卧勒多赫赫的光芒"照得耶鲁里九个头上的眼睛失明，头晕地旋，慌忙将抓在手上的桦皮布星神兜抛出来"，这多出的九日是耶鲁里的九头所变，不是被射掉的而是被装走的。在满族神话《大力神三音贝子》中，三音贝子是九日并出时套住七个太阳的英雄，留下两个太阳分管白天和黑夜。

　　中国南方许多民族的原始性史诗有洪水型故事，囊括原始人早期与自然斗争、婚姻、生育等内容，构成史诗所叙述的一个民族历史流程的重要组成部分。此外，世界许多民族也都有洪水泛滥毁灭人类，只剩下以一个方舟里的一个家庭等形式存在的人种、动植物种一类的神话传说。[①]《天宫大战》中关于洪水的记忆是冰和水，那是一个时代和另一个时代之间的连接点："不知过了多少亿万斯年，北天冰海南流，洪涛冰山盖野。地上是水，天上也是水"。耶鲁里给人间带来的灾难多半是洪水。耶鲁里与阿布卡赫赫打赌，派自生自育的无数耶鲁里到遥远的白海搬来冰山，而且总也化不完。这应该是满族先世关于冰川的记忆。《恩切布库》《奥克敦妈妈》中关于洪水的叙述，无一例外都与耶鲁里等恶魔有关。而人类在大洪水中劫后余生。"满族传说最早的宇宙间什么也没有，宇宙空间里整个充满了水，混混沌沌，一片汪洋。但当时的那个水和我们现在人

---

　　① 刘亚虎：《南方史诗论》，内蒙古大学出版社 1999 年版，第 171 页。

间的水不一样，满族萨满教称这个水为'巴纳姆水'，也叫'真水'。巴纳姆水是满语，翻译成现在汉语叫'地水'。这种水能产生万物，也能消灭万物。"① 这种洪水记忆为解释性的，与萨满教相关认识有关。"十万年前，普天之下，到处洪水为害。平地几丈深的大水，把地上的生灵万物淹得一干二净，只有长白山上的一株柳树和北海中的一座上顶天下挂地的石矼还在水中立着。"②

刘亚虎认为：各民族的洪水型故事，有人类历史上真正发生过的洪水灾害的影子。根据地震学家们对古代冰川遗迹的研究，地质史上曾发生过多次大冰期，公认的有震旦纪大冰期、上古生代大冰期和第四纪大冰期③。对于距今最近一次由于冰川融化而造成的洪水灾难或其他大大小小的洪水灾难的惨痛记忆，可能是洪水型故事的起点。④

一般来说，当灾难性的洪水过后，少数躲避在各种高地高处的人才能幸免于难。由于损失惨重，人烟稀少，为了繁衍后代，按照当时的婚姻观念，同胞兄妹、堂兄妹、表兄妹之间可以成亲，或到族外寻找伴侣（天婚），正反映了当时血缘婚、族外婚的状况。⑤《天宫大战》异文中洪水过后婚配方式很多，有一男一女结合的，但文中没有介绍二者是否是同胞兄妹；有人和动物结合的；有两个动物变化人形结合的。有趣的是男女结合方法需要神灵教授，如《佛赫妈妈和乌申阔玛发》中，阿布凯恩都里派大徒弟昂邦贝子下界教洪水后的两个生

---

① 富育光讲述，荆文礼整理：《天宫大战·西林安班玛发》，吉林人民出版社 2009 年版，第 88 页。
② 同上书，第 77 页。
③ 第四纪大冰期包括三次间冰期，大约始于距今 200 万年，终于距今 1 万至 2 万年这段时期。最大的一次间冰期中平均气温比现在低 3—7 摄氏度，世界大陆约有 32% 的面积为冰川覆盖，地球上大量的水分以固态形式覆盖于大陆上，致使海面下降约 130 米。第四纪大冰期的冰川总量约 7697 万立方千米，全部融化成水后为 7136 万立方千米，可使海面上升约 197 米。冰川融化以后，海水上涨，海面上升，会淹没一些陆地，造成很大面积的洪水灾害。
④ 刘亚虎：《南方史诗论》，内蒙古大学出版社 1999 年版，第 172 页。
⑤ 同上书，第 174 页。

灵佛赫妈妈和乌申阔玛发男女之情，以便孕育后代，"把一对男女生殖器交给大徒弟，命他安在两人合适的地方"①。

南方洪水神话中离不开葫芦，"葫芦以及植物孕育人类的说法，起初仍离不开原始人朦胧的整一生命形式观念和神秘的灵魂观念，离不开'灵魂可以栖附于此也可以栖附于彼'的理论基础"②。葫芦具有独特的象征意义，它的形制如同一个怀孕的母体，而且中空多籽，被许多民族的先民当作母体崇拜的象征物。在传说中它孕育了民族和人类的始祖，又被当作祖灵崇拜的象征物。古代葫芦还曾是渡河的工具。这大概是它在洪水里被用作避水以保存人类生命种子的原因。③《天宫大战》异文中葫芦是神的灵物，分天葫芦、水葫芦和火葫芦。天葫芦或称安达葫芦，"它可以收伏妖魔鬼怪，妖魔鬼怪被装进去后，如果三天三夜不拿出来，就会化成脓水"④。老三星交给阿布凯赫赫⑤两个水葫芦，一葫芦是清水，一葫芦是浊水。敖钦大神开两条天河，只要把这两葫芦水倒进天河里，天上就会有水了。四个火葫芦是老三星交给阿布卡巴图的，用来破冰山救阿布凯赫赫，僧格恩都力和五克倍恩都力打洞救出阿布凯赫赫。

《神魔大战》讲到，天宫大战结束后，阿布凯赫赫拜别师弟阿布凯巴图和天上诸神，带着身边的 300 女神跟老三星到第二层去了。老三星带领阿布凯赫赫和 300 女神离开以后，阿布凯巴图接任阿布凯赫赫掌管天宫，改称阿布凯恩都力，天宫从此由女性神天母掌管变为由男性神天神掌管，这是天宫历史的一个大变动。⑥

《天宫大战》及其异文中有多个独特的概念：

---

① 富育光讲述，荆文礼整理：《天宫大战·西林安班玛发》，吉林人民出版社 2009 年版，第 77 页。

② 刘亚虎：《南方史诗论》，内蒙古大学出版社 1999 年版，第 120 页。

③ 同上书，第 183 页。

④ 富育光讲述，荆文礼整理：《天宫大战·西林安班玛发》，吉林人民出版社 2009 年版，第 106 页。

⑤ 阿布凯赫赫同阿布卡赫赫，满语为 abka hehe。

⑥ 富育光讲述，荆文礼整理：《天宫大战·西林安班玛发》，吉林人民出版社 2009 年版，第 128 页。

1. 石头罐子

世间动物最初由生活在石头罐子中的天兽变成。《阿布凯赫赫创造天地人》中提到："赛音妈妈拿出自己的十个石头罐子，准备把天兽放出来。其中五个罐子放到天宫，五个罐子放到大地。她刚要把往大地放的罐子打开，打开，阿布卡赫赫阻止说：'你先别打开，我用七彩神土先给放到地上的天兽安上生殖器，让它们在大地上能够继续繁衍后代。'""这样，阿布凯赫赫给在大地放出的天兽安上生殖器，动物从此有雌雄之分。从此，大地有了百兽，有了水陆两栖动物，就有了胎、卵、湿、化的生育方法。"①

2. 世界树

石罐中孕育了地上的生灵，当数量日渐增多后，石罐、陶罐再也容纳不了这些生灵，只好向阿布卡赫赫求救。"阿布卡赫赫一狠心，把天上一棵生长万物的大神树砍倒，扔在大地的洪水中。大树遇到洪水，不住地生长壮大。那些生灵从石罐、陶罐中爬出来，在大树枝上生存下去。从此以后，生物越来越多，他们沿着树枝、树丫，分散着发展，这才有了各种各类生物，才有了各个氏族的分支"②。《佛赫妈妈和乌申阔玛发》中提到人类的繁衍，讲得比较详细，甚至提到了各种生物在世界树上的分布："树大分枝，不可能哪个地方都一样。有的占据的树枝好一些，便有吃有喝，生活安康。有的占据的那一枝要啥没啥，他们就穷一些。虽说是四对亲姊妹，也为争树枝闹过多次争斗。结果老大一对夫妻繁殖的人类占了上风，兽类其次；只有带翅膀的那一支，因为占不着好树枝，只能到处飞；没有脚的那一支，只能往地下钻，连树枝都没占着。"③到《阿布凯恩都力创世》中就简略得多："可是年深日久，人类越繁衍越多，石罐就装不下了。再加上大水没有退净，人群就无处居住。

---

① 富育光讲述，荆文礼整理：《天宫大战·西林安班玛发》，吉林人民出版社 2009 年版，第 101 页。
② 同上书，第 82 页。
③ 同上。

阿布凯恩都力想出一个办法：他砍倒一棵大天树，扔到地上，人群就沿着树枝的分权，向四面八方发展下去。从此以后，地上国就出现了各种人类。"① 由此看来，从罐中生人发展到天树生人，是满族祖先对世界认知的变化。

3. 灵魂山

萨满教认为人的灵魂可以和身体分离，可被安放在其他的地方。在天宫中灵魂山专门安放灵魂，一共17层，第一层是神仙层，有三层：大神层、散仙层、蛮尼层；第二层是平民层，分善事层，忠烈层和贫民层；第三层是国君层；第四层是贫民层；第五层是歹徒层，凡是奸淫烧杀的恶人安排在这层；第六层是畜层，凡是畜类的灵魂安排在这一层；第七层是卵生层；等等。② "灵魂山有洞，叫灵洞。"在与耶鲁里斗争时，阿布卡赫赫"把老三星给她的神衣神帽拿了出来。神衣神帽越变越大，将阿布卡赫赫和那300女神保护起来。由于阿布卡赫赫在耶鲁里攻来之前就有所防范，让女神们撕下一块衣裳的里襟，男神剪下一片长袍，盖住了灵魂山，才使得冰川袭来之时，灵魂山没受侵害，保护住了这里所有的灵魂"。

4. 各种宝物和灵物

除了葫芦外，老三星有神衣神帽，这个宝物由阿布凯巴图交给阿布卡赫赫。这是天上的镇妖之宝，遇到水淹不着，遇到火烧不着，遇到冰冻不着，遇到危险穿上防身。这个宝贝后来流传到民间后变成萨满的神衣神帽。九顶神帽也是镇天之宝，老三星给安楚拉九顶神帽，只要使用者念咒，神帽就可大可小，可以罩住神仙、魔鬼魔王，甚至罩住人和鬼，世间的一切凡是有灵气的都可以罩住。安楚拉用这九顶神帽拯救了天宫众神及人类，第七和第八顶神帽交给了海伦妈妈，让她传给人间的萨满即鹰神帽和鹿帽。

---

① 富育光讲述，荆文礼整理：《天宫大战·西林安班玛发》，吉林人民出版社2009年版，第85页。

② 《再造天宫》，载徐昌翰主编，傅英仁口述《宁古塔满族萨满神话》，未刊稿，第104—105页。

　　萨满神洞就像时空隧道，可知过去和未来的历史。阿布凯赫赫在老三星练功的时候，"走遍了二十七个神洞。这二十七个神洞里头画着人类以后万代的历史图画。老三星一边带她看，一边给她讲解指点。她从中看到了老三星是怎样创造了世界；又看到了老三星怎样裂生出她们五个师兄弟；还看到了以后人类社会历史发展阶段将会发生的某些重大事件与变迁"①。老三星将二徒弟阿布凯巴图召回身边，"领着他来到第十八、十九个洞，让他看看未来的世界是什么样？应该怎样防御耶鲁里？怎样重整天宫？最后，老三星一再嘱咐阿布凯巴图，不要对任何神说自己在这两个洞中看到的一切"②。佛托妈妈让堂白太罗带着48个萨满看神洞，神洞有三个大洞，21个小洞，只允许萨满们看三个小洞。第一个洞是混沌初分，一直到三星创世的历史；第二个洞是从阿布凯赫赫到阿布凯恩都力掌管天宫历史，神魔大战的整个过程；第三个洞是阿布凯恩都力男性神掌握天下的历史，人们对应的是元朝侵略大宋朝。③ 这些神洞还可修炼，阿布凯巴图在未成为阿布凯恩都力时，需要修炼提升自身的能力，他被大光星安排在第23个洞里，天天看图修炼功法打开慧眼，开天目后，来到一个金色的水池变成九头六手，成为金刚金身、永不变的、真正的阿布凯额真（天神）了。大光星还传授阿布凯巴图十观大法，即观星辰、观水、观土地、观山、观结冰、观树、观生死、观法、观神祇、观圆满成天神。具备这些能力，阿布凯恩都力才能打败耶鲁里和几位魔王，神魔大战后成为天宫的主宰。

　　《天宫大战》及其异文内容略有不同，神灵关系有些混乱，有时前后矛盾，人物关系、神灵关系提法不一致。《天宫大战》相较异文

---

　　① 《阿布凯赫赫造天地造人造万物》，载徐昌翰主编，傅英仁口述《宁古塔满族萨满神话》，未刊稿。

　　② 《大魔王耶鲁里》，载徐昌翰主编，傅英仁口述《宁古塔满族萨满神话》，未刊稿，第38页。

　　③ 同上书，第119页。

产生时代相对久远，各种异文方由该文本衍生开来。

二 《天宫大战》与异文的比较

傅英仁讲述的天宫大战比富育光承继的复杂一些，《宁古塔满族萨满神话》从神魔大战开始讲起，神魔大战分为两个阶段：第一阶段是阿布卡赫赫同耶鲁里的斗争，以阿布卡赫赫被压在冰山下告终；第二阶段是阿布凯恩都力同大魔王耶鲁里的斗争，以平定耶鲁里作乱，天宫、人间得到真正的太平结束。神魔大战包含三星创世、裂生诸神、阿布卡赫赫造人造万物、大魔王耶鲁里、神魔交战、阿布凯恩都力重整天宫六部分。傅英仁讲述的神话与其他异文的差别，详见表2－1。

表2－1　　　　　　　　傅英仁讲述的神话及其异文情况①

	满族萨满神话	黑龙江民间神话	宁古塔满族萨满神话	宁安民间故事集成	傅英仁满族故事	备注
老三星创世	老三星创世	老三星创世	三星创世			
佛赫妈妈和乌申阔玛发	佛赫妈妈和乌申阔玛发	佛赫妈妈和乌申阔玛发	佛赫妈妈和乌申阔玛发	佛赫妈妈和乌申阔玛发	佛赫妈妈和乌申阔玛发	
天宫大战				天宫大战	天宫大战	
八主治世				八主治世	八主治世	
神魔大战	神魔大战	神魔大战	神魔交战			
再造天宫			再造天宫			
裂生诸神			裂生诸神			
阿布凯赫赫创造天地人	阿布凯赫赫创造天地人	阿布凯赫赫创造天地人	阿布凯赫赫造天地人造万物			老三星裂生弟子第一位
阿布凯恩都力	天神阿布凯恩都力	阿布凯恩都力创世	阿布凯恩都力			第二位

------

① 关于表格中提到的神灵名不统一的问题，皆因在不同的文本其用法不一，现尊重原文，不做统一。

续表

	满族萨满神话	黑龙江民间神话	宁古塔满族萨满神话	宁安民间故事集成	傅英仁满族故事	备注
阿布凯恩都力重整天宫			阿布凯恩都力重整天宫			
敖钦大神	敖钦大神		敖钦大神		金翅大鹏	第四位
大魔鬼耶路哩	大魔鬼耶路哩	大魔鬼耶路哩	大魔王耶路哩			第五位
歌舞之神乌春切德利妈妈	歌舞之神乌春切德利妈妈	歌舞之神乌春切德利妈妈	乌春切德利妈妈			阿布凯赫赫的大弟子
海兰妈妈	海兰妈妈		海兰妈妈			阿布凯赫赫二弟子
海伦妈妈的故事	海伦妈妈的故事		海伦妈妈			阿布凯赫赫弟子
镇海神突忽烈妈妈	镇海神突忽烈妈妈		突忽烈妈妈			阿布凯赫赫五弟子
堂白太罗	堂白太罗	堂白太罗	堂白太罗		礼节祭祀规矩	七星首星新三星
佛托妈妈	佛托妈妈	佛托妈妈	佛托妈妈		佛托妈妈	新三星
纳丹岱珲和纳尔浑先初	纳丹岱珲和纳尔浑先初	爱情婚姻生育神纳丹岱珲和纳尔浑先初	纳丹岱珲和纳尔浑先楚		闭灯祭主神，鸭绿江部	新三星，第七个星斗
四方神	四方神		四方神			金翅大鹏
窝集国大罕德风阿	窝集国大罕德风阿	勿吉部守护神德风阿	德风阿	大年初一祭祀带着肉壳	掌管东方天界的纳尔德真恩都力	启明星星主
蒙爷南多让阿勒乌起死回生	蒙爷南多让阿勒乌起死回生	蒙耶南多让阿勒乌起死回生	蒙爷南多			北斗七星第二任星主
阿里色夫	阿里色夫		阿里色夫		海伦妈妈的关门弟子	鸡尾翎
安楚拉妈妈的九顶神帽	安楚拉妈妈的九顶神帽	安楚拉妈妈和九顶神帽	安楚拉妈妈		安楚拉妈妈	第四代裂生神，佛托妈妈弟子
芍药恩德	美丽的芍药花		芍药恩德			
人的尾巴和人的智慧	人的尾巴和人的智慧		人的尾巴和人的智慧		人的尾	僧格恩都力，智慧星，星神

续表

	满族萨满神话	黑龙江民间神话	宁古塔满族萨满神话	宁安民间故事集成	傅英仁满族故事	备注
萨满玛发利学法术	萨满玛发利学法术	萨满玛发利学法术	萨满玛发利			
卓尔欢钟依两次被贬	卓尔欢钟依两次被贬		卓尔欢钟依			爱新觉罗供奉神,佛托妈妈大弟子
胡达哩玛发和蒙乌妈妈	胡达哩玛发和蒙乌妈妈		胡达哩玛发和蒙乌妈妈		纳丹威虎哩的徒弟,东斗四星	乌春山白鹭治病
懒惰的乌春蛮达变成布谷鸟	懒惰的乌春蛮达变成布谷鸟		古说不可妈妈			
依兰岱珲的故事	依兰岱珲的故事		依兰岱珲		布库里雍顺	爱新觉罗安车骨妈妈
关公贝色	关公贝色		关公贝色			
石头公公	石头公公		神石		那木都鲁人	祖先神
豆满贝子	豆满贝子	豆满贝子	豆满贝子		勿吉国第三代王爷的儿子	治病
朱烟朱吞和索库索呼	朱烟朱吞和索库索呼	织布格格朱烟朱吞和索库索呼	朱烟朱吞和索库索呼	织布格格(二)	织布恩都力,织布格格	
纳丹威虎哩尝百草	纳丹威虎哩尝百草	纳丹威虎哩尝百草	纳丹威虎哩	药草和毒草	肯拉窝集	

　　我们发现,老三星最初裂生出五位弟子,唯有第三位巴纳姆恩都力没有专门的神话,他应该是《天宫大战》中巴那姆赫赫转化成的男性天神。其余神话彼此间有一定体系和关联。

　　傅英仁掌握的异文有独特的传承脉络,世界宇宙的最初形态为水这一点是相同的。在他们的讲述中,最初世界都是水,神灵在水中生出来。《天宫大战》中提到:"世上最古最古的时候是不分天、不分地的水泡泡,天像水,水像天,天水相连,像水一样流溢不定。水泡渐渐长,水泡渐渐多,水泡里生出阿布卡赫赫。她像水泡那么小，可她越长越大。有水的地方，有水泡的地方，都有阿布卡赫赫。她小小的像水珠，她长长的高过寰宇，她大得变成天穹。她身轻能漂浮空宇"①。《老三星创世》认为"萨满教认为，最早的宇宙间什么也没有，只有水充斥宇宙空间。宇宙间混混沌沌，一片汪洋。当时那个水和现在人间的水不一样，萨满教称之为'巴纳姆水'，也叫'真水'。'巴纳姆水'是满语，翻译成汉语叫'地水'。这种水能产生和消灭万物。这种巴纳姆水里面是由两种不同的水组成的。比较重的是巴纳姆水；比较轻的就叫水。这一重一轻的两种水在一起开始不停地互相撞击，产生了许许多多大小不等的水花；这些水花再互相撞击，又产生了许许多多大小的水泡；这些大大小小的水泡再互相撞击，又产生了许许多多大大小小的水球；再后来，这些大小不等的水球又互相撞击就产生了火花。……这种火花又不知撞击了多少年，从小火花、中火花、大火花直至产生了大火球。大火球之间又经历许多年的互相撞击，宇宙间就出现了两颗巨星，一个是大水星，一个是大火星。……就产生了大光星。从此，混沌的宇宙便产生了三种灵气：水、光、火……由混沌的划分，产生了'创世之神'老三星。又过了很多很多年，老三星成神了，成了宇宙间的三位古神，也可以说成了三位原古神。这三位原古神，经常是合成一个星体，即含有水、火、光三种灵气的一个神，但仍称其为老三星。"② 能成神的水不是普通的水，水是万物之源，水亦能生火，亦能成为有灵性的神。

《天宫大战》中，当天神与耶鲁里斗争胜利后，阿布卡恩都力取代阿布卡赫赫执掌天界。不同之处在于：

1. 神灵关系脉络

创世古神是由巴纳姆水和真水互相撞击而成水花，水花撞击形成

---

① 富育光讲述，荆文礼整理：《天宫大战·西林安班玛发》，吉林人民出版社 2009 年版，第 9 页。

② 傅英仁讲述，张爱云整理：《满族萨满神话》，黑龙江人民出版社 2005 年版，第 10—11 页。

水泡，水泡撞击再形成水球，水球撞击而成火花，火花不断撞击，形成大火球，最后形成两颗巨星大水星和大火星，最后又形成了老三星。神灵的繁衍方法有五种，即裂生、湿生、化生、胎生和卵生。而老三星之后还有新三星。第二代神老三星裂生出五个徒弟，阿布卡赫赫是大徒弟，她创造了天、地、人，创造了万物。阿布卡赫赫在老三星那里学习许多法术，还收了十个徒弟。其关系比较繁复，应为后世萨满不断加工而成。

天神神话讲述开天辟地、天神诞生、创造天宫、神魔大战等内容，体系严谨完整，众神之间有着非常明确而固定的上下尊卑等级关系。神话描写了天上众女神与恶神耶鲁里之间发生的激烈战争。阿布凯赫赫率领众神，与耶鲁里展开了激战。各动物神也来助战。众神战胜了耶鲁里，他逃入地下。这是善与恶两大神系的较量，阿布凯赫赫第一次与耶鲁里交战失败后，"在天宫执掌了三个小劫后让位给男性天神阿布卡恩都力。带领300女神随老三星到第二层天去了。阿布凯恩都力已经执掌了24个小劫直到现在"①。

其余四位徒弟分别为阿布凯恩都力②、巴纳姆恩都力、敖钦大神和耶鲁里。敖钦大神的任务就是帮助阿布卡赫赫建造天宫，耶鲁里是老三星的徒弟。《天宫大战》中，耶鲁里由阿布卡赫赫的两个女神妹妹创造而成，本为敖钦女神，后来变成两性神，能够自生自育，最后发展为恶神。

第三代神为第二代神的徒弟。阿布卡赫赫在老三星那里学了许多法术，收了十个徒弟，分别为佛托妈妈佛哩佛托赫、海兰妈妈、安车

---

① 富育光讲述，荆文礼整理：《天宫大战·西林安班玛发》，吉林人民出版社 2009 年版，第 102 页。

② 阿布凯巴图是阿布凯恩都力未成神前的名字，他给人间立了"十二大神功"：从魔火中救出阿布凯赫赫；在魔水袭击天宫时救出阿布凯赫赫，保住了天宫；用第二个头驱妖除怪，保护人类；神魔大战时，带领天兵天将，把耶鲁里赶到冰山后面；为阻止耶鲁里伺机到地上国作乱，用第四个头堵住地下国；倡导惩恶扬善、因果报应；将单纯的裂生神发展到五种繁衍方式，加快了神、人的繁育过程；没让耶鲁里繁衍后代，保证了世间的安宁；完成了让动物变成人类，人类也能变成动物的转换轮回；重整了人类生存的地上国；将野生动物驯服成家畜、家禽；赦免了盗天火的小徒弟，从此人间开始用火。

骨妈妈、海伦妈妈、突忽烈妈妈、赛音妈妈、萨哈连妈妈、粟末妈妈、漠里罕妈妈、完达罕妈妈。阿布凯恩都力的弟子有堂白太罗①、乌龙贝子、僧格恩都力和长白山主,堂白太罗为裂生的神,为七星中的首星,敖钦大神的徒弟则为恩图色阿。佛托妈妈、堂白太罗和纳丹岱珲后来成为新三星。佛托妈妈又称鄂漠西佛哩佛托赫,为"最古老的神",有时还叫鄂漠西妈妈,专管人间的生死存亡、六道轮回,是三魂七魄的通天大师。

第四代神有佛托妈妈的小弟子裂生的神安楚拉妈妈,佛托妈妈的弟子还有卓尔欢钟依、歌舞之神乌春切德利妈妈,粟末妈妈的弟子则有纳丹岱珲和纳尔浑先初。

神还在人间收了很多徒弟,突忽烈妈妈在依兰县土伦部落收突忽烈玛发为其徒弟,教授他们各种武艺,同耶鲁里作战,保护人间安全。

2. 天的分层

《天宫大战》中提到阿布卡恩都力高卧九层天上;在傅英仁的异文中,天也是分层的,他在《天神创世·天和地》中提到"天,有十七层;地,有九层"。② 乌丙安认为"这种天地多层的原始宇宙观,具有十分古老的萨满教天地信仰观念的特征。宁古塔满族天体神话的天层与邻近的鄂温克族、蒙古族、达斡尔族及赫哲族神话中的层数不同。这些兄弟民族所常说的天层,多采用三、五、七、九的数字"③。这些异文应比《天宫大战》产生的时间晚,《天宫大战》仅仅提到了萨满的由来,没有涉及萨满的很多观念。傅英仁讲述的神话应是其自1945年搜集大量神话后的重新讲述。

3. 造人神话

关振川讲述的造人神话为《佛赫妈妈和乌申阔玛发》和《阿布

---

① 他的主要贡献是建立人间的礼节、祭祀等规矩和习俗,在萨满信仰、家庭伦理、朋友交往、氏族和部落维系上,有十大功绩:祭天地、孝父母、爱兄弟、分长幼、别婚姻、立家长、严赏罚、懂礼节、重友情、立部落。

② 傅英仁讲述,荆文礼搜集整理:《满族神话》,吉林人民出版社2017年版,第1页。

③ 乌丙安:《满族神话探索——天地层·地震鱼·世界树》,《满族研究》1985年第1期。

凯恩都力创世》。佛赫妈妈就是柳神，民众也称之为佛托妈妈，柳神能育人。男女的区别也是由神来决定的，"大徒弟问了他俩的名字，便拿出男女生殖器，端详半天，不知安在哪个地方好。有心安在头上，又怕风吹日晒，有心安在脚下，又怕路远磨损，便安在两个生灵身体的中间部位，还教会他俩男女之情，称他俩为佛赫妈妈和乌申阔玛发"①。他们生了四男四女，"这四男四女长得完全不一样：第一对长得四脚五官都很端正；第二对是尖嘴，一身羽毛，两只翅膀；第三对只有四只脚，人头，浑身披毛；第四对没手没脚，身长头小。因为孩子是女人生的，所以什么事都是佛赫说了算"②。阿布凯赫赫的四对儿女成了夫妻之后，成为满族及其先民的始祖神，这在瓜尔佳、伊尔根觉罗、乌苏哩、富察四个家族的神谕中都有记载。"阿布凯恩都力派大弟子和三弟子，到人间收了不少徒弟，教给他们法术，叫他们专门降妖捉怪，治病救人，人间这才有了各户族的萨满。"

佛赫妈妈到一层天后被称为恩都力，佛赫自从执掌天界以后，大家公认她是阿布卡赫赫。《天宫大战》中未提过佛赫妈妈。阿布凯恩都力看到人和动物不会传宗接代，就派三弟子到一层天向佛赫妈妈讨教。《阿布凯恩都力创世》中介绍了人、动物乃至神都不会交配的情况："自从天宫大战以后，地上国的很多动物绝了种，只留下今天的兽类，还有水里的鱼类。人群比野兽和鱼类聪明，但也留下了许多残疾人。更令天神担心的，是那些人和动物，不会传宗接代。多亏造人时剩下两堆神土，一堆丢在柳树下，一堆放在神杆旁，天长日久，这两堆神土按柳树叶和神杆的样子，生出许许多多的小神。"③ 神土能自发生育神灵。《阿布凯赫赫创造天地人》中，阿布凯赫赫用七彩神土为"大地上的百兽安上了生殖器，使它们有了雌雄之分。从此，大地上才有了

---

① 富育光讲述，荆文礼整理：《天宫大战》附录一"佛赫妈妈和乌申阔玛发"，吉林人民出版社 2009 年版，第 78 页。

② 同上。

③ 傅英仁讲述，荆文礼搜集整理：《满族神话》，吉林人民出版社 2017 年版，第16 页。

百兽的繁衍不断，才有了水陆两栖动物，有了胎、卵、湿、化的生育方法"①。汉族神话"女娲造人"不仅讲述了女娲造人的过程，也解释了残疾人的由来。《阿布凯恩都力创世》中提到"人群比野兽和鱼类聪明，但也留下许多残疾人"。因为耶鲁里"偷出盛土盛水的天葫芦……倒在地上国的国土上……洪水流向四面八方，瘟疫横行……有的受了伤，有的缺了胳膊断了腿，这就留下来残疾人"②。几乎每个民族都有对其祖先繁衍方式的解读。在满族文化中，人类的繁衍方式与神灵的繁衍方式有相似之处，老三星让阿布凯赫赫"从动物群中选出能够站立行走的聪明的那一种，请佛托妈妈装上人的灵魂，便形成了现在的人类"③。这也跟萨满教的灵魂观念有关。

《天宫大战》中女人先被造出来，"阿布卡赫赫和卧勒多赫赫两神造人。最先生出来的全是女的，所以女人心慈性烈"。而男人是巴那姆赫赫"忙三迭四不耐烦地顺手抓下一把肩胛骨和腋毛，和姐妹的慈肉、烈肉，揉成了一个男人，所以男人性烈、心慈，还比女人身强力壮，因是骨头做的"④。巴那姆赫赫从身边的野熊胯下，要了个"索索"安在了男性形体的胯下，由此产生男女身体结构差异。除男女外，女神们还合力创造了九头八臂的敖钦女神。敖钦女神由阿布卡赫赫身上的肉变成，或说阿布卡赫赫的慈肉和卧勒多赫赫身上、脚上的肉合成的，敖钦女神后来变成了九头恶魔耶鲁里。

4. 神灵的繁衍方式

《天宫大战》中主要提到裂生和化生两种繁衍方式，异文中提到天上传宗接代的繁衍方法有五种，即裂生、湿生、化生、胎生和卵生。裂生就是由原来的一个，多年后分裂成两个、三个……无数个；

---

① 《阿布凯赫赫创造天地人》，载傅英仁讲述，荆文礼搜集整理《满族神话》，吉林人民出版社 2017 年版，第 13 页。

② 富育光讲述，荆文礼整理：《天宫大战》附录二"佛赫妈妈和乌申阔玛发"，吉林人民出版社 2009 年版，第 84 页。

③ 富育光讲述，荆文礼整理：《天宫大战·西林安班玛发》，吉林人民出版社 2009 年版，第 102 页。

④ 同上书，第 16—18 页。

湿生就是凡是潮湿的地方都能产生小动物；化生就是根据宇宙的变化，从一种生物变成另一种生物；胎生、卵生好理解。这五种繁育方法是萨满教的观点。① 裂生的神比较多，老三星裂生出五个徒弟即阿布卡赫赫、阿布凯恩都力、巴纳姆恩都力、敖钦大神和耶鲁里；佛托妈妈也是裂生的，还能裂生出无数的小灵牲；堂白太罗是裂生的神；突忽烈妈妈是阿布凯赫赫在鲸海一带裂生出的大鲸鱼，修炼为人体后成为海神的。裂生的神永远不死，除非老三星使用一种神术分解后才能消亡。神灵被分解后，到一定的时间还会合成，这是一种很奇怪的神仙繁殖方式。天上裂生的神永远不死，分解后再生出来的神为再生神。敖钦大神的尸骨变成大地上的山川、石峰后，灵魂又回到天上去了。再经过多年的修炼，变成了金翅大鹏，掌管着西北天空的四分之一，人间的萨满死后都归到他的心脏里。湿生和化生而成的神，神话中没有单独介绍；胎生的神只提到了拜满章京。

5. 耶鲁里的身份

《天宫大战》中，耶鲁里由阿布卡赫赫的两个女神妹妹造就而成，本为敖钦女神，后来变成两性神，能够自生自育，最后发展为恶神。傅英仁讲述的异文中敖钦大神与耶鲁里是两个不同的神，在《老三星创世》中，耶鲁里是老三星裂生出的徒弟："第一位神是阿布凯赫赫，翻译成汉语是'天母'，是女性神……第二位是阿布凯恩都力，翻译成汉语是'天神'，这是位男性神……第三位是巴纳姆恩都力，翻译成汉语是'地神'……第四位是敖钦大神，这位神力大无穷，能搬动高山大地，最后累死在人间，尸骨分解后化成了大地上的山川河流。第五位是耶鲁里，他和前面四位大神完全不同，是一个大魔鬼。"② 《阿布凯恩都力创世》中耶鲁里是阿布卡恩都里的二弟子："他的法力仅次于师父阿布凯恩都力，但他心术不正。他呢，是狗改不了吃屎，表面上恭恭敬敬，心里却嘀咕：'不用你看不上我，有朝

---

① 富育光讲述，荆文礼整理：《天宫大战·西林安班玛发》，吉林人民出版社 2009 年版，第 102 页。

② 同上书，第 90—91 页。

一日，我非夺了你的天位不可！'"① 不论是哪种身份，耶鲁里都与最高的天神有关联。

大魔鬼耶鲁里与其他四位原古神不同，四位原古神裂生的时候都有七彩神光保护，唯独耶鲁里裂生时是一团黑气，是一个大魔鬼。② 这团黑气暗指耶鲁里的魔性。

在《天宫大战》中，最大的魔王是耶鲁里。傅英仁讲述的神话《老三星创世》提到耶鲁里有一位师傅扫帚星主。扫帚星给人间带来的是灾难和毁灭，"在宇宙间，有一个专门和天上人间作对的星座，萨满教称作扫帚星。这个扫帚星能够破坏一切，不管是什么星座，只要一碰到扫帚星，就会体无完肤乃至毁灭。所以，灵气时时保护着天上人间不被扫帚星伤害。后来，地上国出现的邪魔也和扫帚星有关。"③《大魔鬼耶鲁里》中耶鲁里拜扫帚星主为师，扫帚星主教给他12种魔法。扫帚星的形象奇特，"说是神吧又不是神，浑身都长着尾巴，有长有短，五个手指头一伸很长很长，一双脚也很长很长"，坐在一个用冰做成的椅子上。耶鲁里到地下国修炼，后又到六个恶鬼区调用恶鬼练兵反天宫。阿布凯赫赫曾帮助过耶鲁里三次，在某种程度上助纣为虐，导致更大的劫难。"一场天宫大劫就此开始了，在这以后，女天神让位给男天神。"④ 耶鲁里师从扫帚星主后，自然就有反心，理由众多，其中之一就是未被邀请赴宴。"造完地上的生物之后，阿布凯恩都力召开一次全天大宴，庆祝大功告成。但却没让二弟子耶鲁里赴宴。耶鲁里气得咬牙切齿，暗地里把群妖纠集在一起，先抢天库，盗出天上的兵器，又偷出盛土盛水的天葫芦，揭开盖子，把尘土和水一股脑儿倒在地上国的国土上。这一下子，地上国可就乱了：尘

---

① 富育光讲述，荆文礼整理：《天宫大战·西林安班玛发》，吉林人民出版社2009年版，第84页。

② 同上书，第103页。

③ 傅英仁讲述，张爱云整理：《满族萨满神话》，黑龙江人民出版社2005年版，第11页。

④ 富育光讲述，荆文礼整理：《天宫大战·西林安班玛发》，吉林人民出版社2009年版，第111页。

土遮天盖日，洪水流向四面八方，瘟疫横行，动物和人群，东躲西藏，叫苦连天"①。

因阿布凯恩都力跟耶鲁里大战时，消灭灵魂的神袋被妖火烧掉了，所以只能消灭妖魔鬼怪的形体，无法消灭他们的灵魂。耶鲁里和妖魔鬼怪的灵魂便逃进了地下国，当看守他们的天神弟子疏忽时就溜出来害人。《阿布凯恩都力创世》中提到："阿布凯恩都力派大弟子和三弟子，到人间收了不少徒弟，教给他们法术，叫他们专门降妖捉怪，治病救人，人间这才有了各户族的萨满。"②

经过神魔大战和天宫重建，天宫彻底改变了过去的模样。天上再也不叫"洞""寨"了，而改成了殿、宫、阁。过去使用的旧名词"大寨""小寨"也都废弃不用了。从那以后满族和北方的其他民族都把地上的神分配到各个哈拉供奉着，所以各户都有他自己的神名（老佛爷名）。老佛爷名据估计，不下一千位。这就形成了满族的大神和满族的家神。③

与《天宫大战》中耶鲁里单兵作战不同，异文中耶鲁里跟阿布卡赫赫争战时，队伍中有五魔、五鬼、五妖，还有各路妖魔。

阿布凯赫赫俨然一个萨满，《神魔大战》中，她和300女神被耶鲁里封在由扫帚星星主制造的冰山里，恩都力和僧格恩都力也未能救出赫赫。这是天上第一场劫难，扫帚星的魔头从扫帚星中搬来冰，耶鲁里把阿布卡赫赫及300女神压到冰山下后，占领了天宫。阿布凯巴图、朱烟朱吞、呼拉拉贝子及超哈斋爷加入战斗，最后老三星将耶鲁里压在冰山下。④《天宫大战》中耶鲁里两次将阿布卡赫赫困在冰雪中。第一次是九色花翅大嘴巨鸭把阿布卡赫赫从被囚困的冰水中背上蓝天，躲过灾难。第二次是多喀霍女神温暖了阿布卡赫赫，赫赫啃巨

---

① 富育光讲述，荆文礼整理：《天宫大战·西林安班玛发》，吉林人民出版社2009年版，第84页。
② 同上书，第85页。
③ 同上书，第129页。
④ 同上书，第116—127页。

石充饥致浑身发热烤化了雪山。

　　神魔大战也是阿布卡赫赫被阿布凯恩都力取代的过程，这一点在《天宫大战》中没有特别的说明，傅英仁讲述的神话中则多次提到阿布凯巴图与耶鲁里的魔王交手。耶鲁里及三个魔王用搬山法搬山，结果被敖钦大神踢走的三座大山直接踢到地上国了。三个魔王中的大魔王被阿布凯巴图用第三座山的石头砸掉了两个脚趾头；二魔头喷火被阿布凯巴图打败，后者喷一口真水削去二魔王一半尾巴；大魔王与朱烟朱吞比金蝉脱壳，却被套在网兜里，三魔王和大魔王都被关在灵魂山。阿布凯巴图与耶鲁里进行多次比试，如改头换面、大卸八块装进石罐子里、坐在火堆上、推冰大战，这些比试耶鲁里都失败了。超哈斋爷与两个魔王比试佯败，两个魔王反被阿布凯巴图压在灵魂山下。

　　在神魔大战中，阿布凯巴图得到老三星的重用，变身为九头六臂金甲大天神，救出师姐阿布卡赫赫，从而取得了天界的统治权。

　　白蒙古传承的《天宫大战》与傅英仁传承的相关异文差异较大，傅英仁传承的异文受萨满教影响极大。傅英仁讲述的《佛托妈妈》，笔者认为也应属于《天宫大战》的异文。

　　郎樱曾总括《天宫大战》的独特性："以萨满神为内容的民间故事就更多了，比较典型的是《天宫大战》。它描写的是天上众神与恶神耶鲁里之间发生的激烈战争。由于恶神耶鲁里在人间肆意滋事，又去天界向神挑战，女天神阿布凯赫赫率领天界众神，与凶悍的恶魔耶鲁里进行了激战。天上的虎神、豹神、蛇神、鹰神、水獭神等动物神也来助战。众神战胜了耶鲁里，他逃入地下。天宫大战中受伤的天神，留在了人间，他们成为部分满族部落与氏族之祖。《天宫大战》的情节生动，气势恢宏。过去，一般人是不可以随便讲述《天宫大战》的，只有大萨满才能向民众讲此神话，其神圣性可见一斑"①。

----

　　① 傅英仁口述，张爱云整理：《傅英仁满族故事》，黑龙江人民出版社2006年版，第6页。

第三节　满族先民东海奋斗史：《恩切布库》《西林安班玛发》

在没有出版之前，《西林安班玛发》仅有零星的介绍。从玛发（mafa，祖，祖辈；老翁）一词来看，肯定是关于男萨满的故事。西林安班玛发，俗称西林大萨满，是满族西林觉罗氏传承的萨满神话故事。王宏刚应看过该文本，他曾概括其内容：该萨满相传有飞天本领，在跳神时他的灵魂可以出壳，凭借神力可以在寰宇间寻找善神或恶神，为族人赢得吉祥和幸福。一次，他为了拯救一个女人的灵魂，魂魄飞天达十日行程，到东海女神乌里色里居住的金楼祈请神助。相传乌里色里就是专司魂魄的女神。在她的各种"魂荷包"中装有各种魂魄，是东海太阳神的小妹妹。但因她住地相当遥远，一般神祇都难飞渡其洞。所以，世上的魂魄极为珍贵。西林安班玛发萨满能到达这里，足见其神威无双。西林安班玛发在同元朝喇嘛斗法时也是靠其魂游斗神高一筹，使三十喇嘛懊丧败北。他祛邪扶正，为民驱魔，成为氏族守护神。[①]

出版的《西林安班玛发》中没有以下内容：

（1）《西林安班玛发》文本中没有出现"乌里色里"女神，也没有拯救魂魄之事。其主要内容为：西林安班玛发为医治疾患，到天上求访古老的众神；西林安班玛发发明了弓箭；西林安班玛发为族众找到广袤的苦乌（苦乌应该是库页岛[②]）；西林安班玛发成为世代奉祀

---

① 富育光：《萨满教与神话》，吉林人民出版社 1990 年版，第 287 页。

② 库页岛，俄罗斯称为"萨哈林岛"（英文为 Sakhalin；俄文为 Сахалин），是俄罗斯联邦最大的岛屿，属萨哈林州管辖。历史上曾为中国领土，1860 年沙皇俄国通过《中俄北京条约》逼迫清政府割让该岛。1905 年和 1918—1925 年间，日本曾统治库页岛全境。1945年，苏联发动八月风暴军事行动，夺得库页岛全境。库页岛的名称来自于满语 sahaliyan ula angga hada（黑江嘴顶），俄文音译为 Сахалин（萨哈林），皆是满语"黑"的意思。库页岛在中国唐代称"窟说"（说音悦）或"屈设"；元代称"骨嵬"；明代称"苦夷""苦兀"；清代称"库叶""库野""库页"。在爱努语中，该岛称为"kamuy kar put ya mosir"，该名称的含义为"神在河口创造的岛"。日本称库页岛为"北虾夷地"或"桦太"，其中"桦太"是"kar put"的音译，也就是"河口"的意思。

的东海神。

（2）《西林安班玛发》中未提及与喇嘛斗法这一情节，《尼山萨满》的异文中有尼山萨满与喇嘛斗法的情节。

（3）《西林安班玛发》文本内容比较丰富，描述了西林安班玛发从神到人的转变，西林安班玛发为查彦哈喇培养萨满，帮助族众迁徙等上天入地为族众寻药，发明弓箭狩猎①等。

满族民众认为《恩切布库》为"天宫大战"中的"恩切布库女神"火柱神话，黑龙江省孙吴县四季屯满族农民白蒙元（即白蒙古）说唱过该说部，讲唱时间约在 1940 年前后，正是日伪时期。据富育光介绍："《恩切布库》说部故事最初的传播发源地是在萨哈连乌拉（即黑龙江以北）精奇里江（即俄国结雅河）一带，至今已有数百余年的传承历史，可能远传自辽金时代，并在女真后裔满族诸姓中传讲，并得到不断的充实、丰富、发展和完善。"②

《恩切布库》被称为红柱神话，可能是火山神话的形象化。这一点可从地图上知晓在萨哈连乌拉流传红柱神话的原因。精奇里江地带并没有火山，但在堪察加半岛有一火山名为克柳切夫火山，在千岛群岛较大的岛屿上也分布着大大小小的火山。1995 年被命名的西锡霍特—阿林火山带，从日本海沿岸向东北延伸，长达 5000 米以上，宽40—70 千米，受西锡霍特—阿林构造缝合线和阿尔先耶夫构造缝合线的控制，这两条构造缝合线将兴凯湖与锡霍特—阿林分开。大兴凯湖由 6500 万年前的火山喷发造成地壳陷落而形成。6000 多年前，满族祖先肃慎人就在兴凯湖繁衍生息，应看过该地火山喷发的景象。《恩切布库》形象地描写了火山喷发景象："有一束光焰溢射的柱天红烛。那是闻名遐迩的'纽浑托林'，俗称'苍天上的火浆。'它是一座凶啸雄伟的古老火山。"③《恩切布库》主要流传在堪扎阿林，也源自于东海堪扎阿林，"德乌咧——我的神歌神话来自哪里？它来自

① 白蒙元即白蒙古，也是《天宫大战》的讲唱者，此处富育光用的白蒙元，故保留。
② 富育光讲述，王慧新整理：《恩切布库》，吉林人民出版社 2009 年版，第 2 页。
③ 同上书，第 6 页。

东海堪扎阿林火山的最底层。德乌咧——我的神歌神话是谁传诵？它发自东海堪扎阿林火山地母神的心声"。① 《雪妃娘娘和包鲁嘎汗》中介绍堪扎阿林的情况，"从萨哈连的下游直抵入海处，这一段在地理上又叫混同江，萨哈连的水从这里流进闻名的鞑靼海峡，海峡那边就是古老的库兀岛……在萨哈连入海处东部有两个临海高山统称堪扎阿林。堪扎阿林分大堪扎阿林和小堪扎阿林"②。据此判断，堪扎阿林应在库页岛上。恩切布库带领族众发现火山上洞窟中居住的野人，把他们带到堪扎阿林生活并组成新的艾曼"菲格艾曼"。③

《恩切布库》既是红柱神话，也是海神神话。富育光认为："海神神话是这一区域（指东海——笔者注）各民族共同的主题。在满族东海女真人世代保存的萨满神谕中，记载着东海女神神话：东海女真德里给奥木妈妈，鱼首人身，掌管整个东海海域，她降临时能带来甘雨，百禾孳壮，东海女神所居之地在很远很远的'吉里精海'中，那里是'鱼神世界，有女无男'，鱼神显灵'巨首如山岩，能装满大海的水'。"④

《恩切布库》和《西林安班玛发》讲述了满族先民在东海生活奋斗的历史，从内容上看有诸多共同之处。

1. 共同生活的地域

富育光曾指出：明清之际，散居于边远地区的女真诸部落，没有加入满族共同体，形成了现在的鄂伦春族、鄂温克族、赫哲族和居住在黑龙江以北、外兴安岭以南、东至海滨（包括库页岛）俄罗斯境内的各土著民族埃文基、鄂伦奇、那乃和尼福赫等。⑤ 而《恩

---

① 富育光讲述，王慧新整理：《恩切布库》，吉林人民出版社2009年版，第2页。

② 富育光讲述，王慧新记录整理：《雪妃娘娘和包鲁嘎汗》，吉林人民出版社2007年版，第354页。

③ 富育光讲述，王慧新整理：《恩切布库》，吉林人民出版社2009年版，第137—138页。

④ 富育光：《鲸海文化初探》，载《富育光民俗文化论集》，吉林大学出版社2005年版，第476页。

⑤ 同上书，第472页。

切布库》和《西林安班玛发》提到的各氏族就生活在这一地域。

《恩切布库》和《西林安班玛发》中提到的北海为鄂霍次克海，东海指日本海。"中国古代东北的东部疆域是与日本海相连的，史称东海。亘古以来满族先世肃慎、挹娄、勿吉、靺鞨、女真人中，在不同的历史时期，都有一些部族栖息于日本海西海岸，即今俄罗斯滨海地区。……生活在东北的满族众姓中，不少姓氏的祖先便是东海滨的土著居民。满族与东海的隔绝，仅仅是近代才出现的现实状况。"① 《恩切布库》中讲述者"虔诚地迎请我们的神母恩切布库女神和众神灵，降临我们的神堂，跟阖族们一起共享那北海千斤的冬鱼宴"。② 《恩切布库》中提到的大靴子岛从地图上看其形状的确像一只高跟靴子。《西林安班玛发》讲述了大靴子岛的来历："阿布卡赫赫为驱逐恶魔耶鲁里，一连几天几夜，双方争杀犹酣。天女竟不慎将自己一只战靴丢落东海中。从此，天母战靴化成了今日的海中长岛。……岛形至今酷似一只长长的女靴子，深砌在大海中。"③ "东进越海沟，登上大靴子岛"，"大岛长如靴形，土民不多"，"大靴子岛名虽传古久，然而，西林色夫和族众为刻记土民馈赐救命良方，惠及百代。把这座郁郁葱葱的海中胜境，亲昵地称曰'苦乌'或称'苦兀'"④。这个苦乌、库兀、苦兀岛就是库页岛。

2. 祭祀海神

富育光在《萨满教与神话》中提到东海女真人的海祭大典：

据已掌握的海祭手抄萨满神谕可见，东海女真各部敬祀的海神达数十位。有主管东海海域的东海女神德里给奥木妈妈；引导渔民海上探海，以免触礁的东海海底女神吉姆吉妈妈；主司渔船

---

① 富育光：《鲸海文化初探》，载《富育光民俗文化论集》，吉林大学出版社2005年版，第472页。
② 富育光讲述，王慧新整理：《恩切布库》，吉林人民出版社2009年版，第5页。
③ 富育光讲述，荆文礼整理：《天宫大战·西林安班玛发》，吉林人民出版社2009年版，第230页。
④ 同上书，第252页。

平安，预告海上风暴、旋风来临的东海福勒岛九女神；主管收摄海中亡魂的塔希图离妈妈等等。凡遇大事，如祈求渔业丰盈、出海吉顺、征伐平安，都要祭祀众神，育子、丧葬亦要祭神。祭时，由萨满往海中扬撒活性祭品，如鸡、鸭、豕、鹿及偶像替身、日常器皿、衣物等等。……当新酋长继位和女大萨满长逝时举行的海上祝祭大典更为雄伟，宏阔。①

以上数十位神祇，我们仅知东海女神。但海祭却是两部说部中较为重要的祭礼。恩切布库教授族众伐木造筏，伐木刮舟，有了交通工具船，征服了大海；教会族众海上分辨方向，从海上获取圣药，百病不生；海祭时将"一箩箩鱼虾、野花、珊瑚，抛向大海，诚愿神灵和亡灵品享。从此，世上留下了向大海抛掷供品的习俗。海祭常用陆上野牲、野果敬神，又留下了向大海投撒鲜牲、鲜禽之习"②。

西林安班玛发带领诸萨满举行盛大的海祭："神堂摆满供果、鲜鱼，西林色夫威严地穿起萨玛东海百卉神服，头戴九鹰日月大神帽……西林色夫三位爱徒……紧随师傅也都穿上各自鹰蟒鲸骨大神服……击鼓助祭，感谢东海众神庇佑。"③西林色夫帮助族人"学会巧制甩石球、陷阱、兽套等技艺"，还发明了弓箭，甚至还有毒箭，发展了航海业，发明了帆布，有了帆布，莎吉巴那的扎卡大舟可远航。待他回归东海后，满族民间"萨满祭祀，不论大祭或小祭，祭坛上都摆块光辉灿烂的海石，称'蒙温色安班玛发'，后世也有用木刻成银色长鬈长发玛发，供于神案上"④。

恩切布库和西林安班玛发带领氏族族众生活在东海，为了适应东

---

① 富育光：《萨满教与神话》，辽宁大学出版社1990年版，第118—125页。
② 富育光讲述，王慧新整理：《恩切布库》，吉林人民出版社2009年版，第138—139页。
③ 同上书，第182页。
④ 富育光讲述，荆文礼整理：《天宫大战·西林安班玛发》，吉林人民出版社2009年版，第268页。

海的自然环境，学会各种本领，从大海中获取生产生活资料，并进行祭祀，即海祭。

两部说部文本情况如下：

《恩切布库》分为"序歌"和 7 个诗章，《西林安班玛发》有"头歌"、"引子"、7 个诗章和"尾歌"。

《恩切布库》"序歌"部分介绍讲唱者突染疾病受命成为萨满，学会讲唱恩切布库阿林的故事。他是在"依尔呼兰太奶的昂阿中，知晓了一桩奇妙的红柱神话"，就是已经传讲了数百余年的恩切布库妈妈故事，至今已唱了 78 年。其他正文如下：（1）"火山之歌"。主要介绍讲唱《恩切布库》的祭祀场景及红柱神话的由来，火山沉寂之后，恩切布库阿林改头换面，变得娇秀欲滴、丰妆百媚、日渐壮美。（2）"光耀的经历"。主要讲述恩切布库在野人们遇到危机之时重生来到人间，做了大量的事情获得了野人们的尊敬和信任。（3）"头辈达妈妈"。讲述恩切布库带领布尔丹比拉的野人们立起图喇柱，成立部落舒克都哩艾曼，恩切布库是部落第一位首领头辈达妈妈，也是满族最古老的祖先、最古老的萨满神。妈妈窝依然保留自己的名称，成为众小艾曼的组成部分。恩切布库确立了祭祀制度，发明了鼓，举办"赊夫纳仁"盛会选首领、选萨满，最后选出夹昆妈妈、塔思哈妈妈和木克妈妈。但是耶鲁里派来的土拨鼠使头辈达妈妈和艾曼的人都上了当，耶鲁里引发的洪水最后被妈妈们合力退去，但族众受了很大的损失。（4）"开拓新天地"。夹昆妈妈及两位妈妈几经征战，打败了熊罴、蟒蛇、色尔丹比拉大魔怪、双头魔怪、九尾貂、五毒蝎。她们帮助艾曼找到了适合居住之地，建立了树屋。（5）"传下了婚规和籽种"。为了使部落的人真正强壮起来，抓好婚育之事成为重中之重，恩切布库严行男女禁性，不是一个妈妈窝的男女方可互选配偶。婚配问题解决后，人口繁衍生存问题便成为恩切布库需考虑之事。农业生产由长尾花斑银翅鸟衔来谷种，恩切布库教族众做各种石制工具。（6）"创制约法"。恩切布库使神通让三个互不友好的部落信服，制定了神判戒规，以神明判定公正，由神明裁决善恶，最终"人人恪守，人人践行"。（7）"魂归天国"。恩切布库为部落做了诸多事情：教族众建造舟船成为海的主人；征服五名女罕，组成新的艾曼；为逝去的魂灵举行海葬；为艾曼的人寻医问药；驯养狗和马。耶鲁里为三耳野魔复仇，喷出了"黑风恶水，天昏地暗，地动山摇"，在恶战中，三个妈妈或死于惨祸，或葬于大海，或囚困于莽林，恩切布库将自己的眼睛、头发抛向天穹，打败了耶鲁里。三耳野魔得到了宽恕，恩切布库却"闭上了双眼，魂魄重返天母阿布卡赫赫身边"。

　　《西林安班玛发》"头歌"介绍讲唱场合，"在这个很美好的日子里，我打起手鼓，敲起抬鼓，唱起神歌""西林大玛发……是古老的长歌，萨满神堂上唱的歌。""引子"简单提到该说部流传地域，"广阔无垠的大漠北啊……这是玛发汗滴浇灌的家乡……先世英名永勿忘"。其正文部分如下：（1）"西林安班玛发，他从东海里走来。"主要讲述查彦部落被嘎纽古伦部落欺压，走投无路时向神灵求救，于是从东海里跃出了一位赤膊小神人，他脖子上围着金丝圈，金色圈上串着九个小骨人，集司掌宇宙的九位大神于一身，得名"西林色夫"。（2）"查彦哈喇部，有了自己的萨满。"西林色夫召唤鹰群、熊、豹、猪打进了嘎纽古伦部落，将九个部落联合成强大的莎吉巴那。西林色夫从部落中选择了30位年轻赫赫，最后三位赫赫获得神物成为新选萨满。她们成为"莎吉巴那查彦都鲁部落的主祭大萨满，也称查彦都鲁哈最初的额真"，从此有了神谱、神歌。西林玛发率领部落制定了制度和戒规，族规三则，图喇三则。（3）"千岁玛发啊，安能久栖大海之中。"西林玛发教会莎吉巴那和查彦部落男女老少"认识和学会采集当地的百种土药、草药……洗净晾晒、研磨、切割、蒸、煮，采取种种不同的炮制技艺，教给族人针灸、按摩、医药"①，改变了"送活人葬"的古俗。

---

　　①　富育光讲述，荆文礼整理：《天宫大战·西林安班玛发》，吉林人民出版社2009年版，第171—172页。

经过五载，各个部落都有了萨满，创立了例祭族规；部落人都能丰衣足食，新女主执掌部族大权。西林色夫通过梦境告知萨满们选定一个吉日良辰，由萨满祈祷，率族众乘九只独木舟进东海迎接他。于是，西林色夫再生成为西林安班玛发。（4）"西林色夫为医治病患，到天上求访古老的众神。"西林色夫制草药治疗天花，两次灵魂出游寻找治疗地方怪症的办法，这怪症"一是白痴呆傻或哑不能言；一是头大、胸隆鼓、双腿双臂短小，成人像十岁童子，走路双腿如罗环"①。他遍访多位神灵，最后在女神的提示下决定自己去寻找答案，才有了他化身鼹鼠探查地下各层土质情况，带领莎吉巴那各族族众迁到了东海滨，解决了这一难题。（5）"西林色夫，帮助创造了弓箭。"为对抗黑熊等强敌，改变俯首被擒的命运，西林安班玛发教族众学会一些捕猎技巧，如设陷阱，发明弓箭（还有毒箭）。从此，东海人成为狩猎能手。（6）"西林色夫为族众，找到广袤的'苦乌'。"西林安班玛发带着族众乘坐方舟寻找合适居住之所，恳求熟悉山野的众牲帮忙，在黑熊神的帮助下找到了齐集湖。在这片土地上，遭遇了虎群、狼群、熊群、狐群的攻击，西林色夫带领族众打败了它们，在这片土地上建起了连绵地室。后来连天暴雨，地室遭灾，人死如漂叶，西林色夫向德里给奥木妈妈求救，后来请教了当地小毛人，用"苦乌毛"熬水祛除了湿瘟。西林色夫和族众把这座岛称为苦乌岛。（7）"西林色夫，世代奉祀的东海神。"西林色夫教授族众建起扎卡大舟及配套的帆篷、信风雀等，大大提升了航海能力。但因西林色夫擅用海水淹没"苦乌"，违犯神规，被东海女神召回海宫。"尾歌"部分，西林安班玛发作为生存神、智慧神、技艺神、医药神，在东海海祭中与东海女神并位奉祀。

两部说部介绍了恩切布库和西林安班玛发降世的原因、光辉的历

---

① 富育光讲述，荆文礼整理：《天宫大战·西林安班玛发》，吉林人民出版社2009年版，第186—187页。

程，他们带领族众开拓新天地，迁徙到适合族众居住之处，为族众治病，发明各种工具，最后魂归天国，成为人间祭祀的神灵。

第四节　征服东海的女英雄：乌布西奔妈妈

《乌布西奔妈妈》在流传过程中形成大量异文，现在有印刷出版的文本、鲁连坤老人讲述的满语文本和汉语文本、《洞窟乌春》满音汉字的版本等。富育光记录了满语文本之间的对应关系及满语文本在流传过程中的异文情况。

乌布西奔妈妈本身即为大萨满，她讲述开天辟地神话，教会人类掌握生存技能。乌布西奔妈妈跳神祭祀，其仪规因所请神灵不同，萨满所跳舞蹈亦不同，如野猪神舞、蟒神，这些舞蹈、神歌演唱、祭祀仪礼作为示范留给后人。其他如骨簪卜筮、绘形、独特的海葬，东海人的海祭都作为重要的民俗事象保留下来。

《乌布西奔妈妈》与萨满神歌、萨满神话、创世神话有关。天上的善神与恶神的争斗延续到人间，人间的争斗仍与此有关。

乌布西奔妈妈的故事不只在满族民众中流传，戴光宇认为在赫哲族中有相似的故事《武步奇五》[①]。从语言角度分析，乌布西奔，满文 umesi（很，特别）ben（本事），赫哲语 ebucikuli 是"很"的意思。《武步奇五》是比较典型的莫尔根故事，故事应发生在蒙古灭金之时。《乌布西奔妈妈》和《武步奇五》具有满族、赫哲族特质。若从母题角度分析"伊玛堪"通常的母题有：莫日根的出身；莫日根的身世；莫日根的助手和朋友：莫日根、阔力、萨满神；复仇；遇敌、战斗；英雄的计策、魔力；求婚；婚礼；返回家乡；祭祀神灵；死而复生。"窝车库乌勒本"的母题则是神奇诞生、苦难的童年、征战辛劳的一生和魂归天国。从这个层面上来看，两个故

---

① 参见凌纯声《松花江下游的赫哲族》，中国台湾南天书局 1978 年版，第 516—535 页。

事完全不同。

《乌布西奔妈妈》的文本概略如下：

"引曲"与"尾歌"基本相同，意思是大地上的一切都是乌布西奔妈妈赐予的。

"头歌"概述乌布西奔妈妈的伟绩及其被世代祭祀的缘由。

"创世歌"介绍火燕如何化成东海，其神羽所变白莲莲瓣上九权化成九个部落。九个部落虽各居福地，但"争吵、贪战、厮杀，欲念放纵，无休无止"，渴望"堪称东海创世的圣罕"降世。

"哑女的歌"。德里给奥姆妈妈感念东海民众生活艰辛，派爱女塔其乌离到人世间执掌东海。因迎日女神和托日女神靠塔其乌离监督，于是德里给奥姆妈妈便让她把嗓音留下，初到人世间先为哑女。

"古德玛发的歌"。古德罕嫌弃哑女由蛋中生，一直未曾重用她。而黄獐子部却因接纳哑女后势力大涨。古德玛发意识到哑女确是天赐神女后，定要迎回乌布西奔，"让鹅头脖子易主乌布林"。乌布西奔妈妈重回乌布林后获乌布西奔萨满称号。

"女海魔们战舞歌"。乌布西奔妈妈向大家讲述天宫大战的故事。乌布西奔妈妈如何获得九颗睛珠的伟业。

"找啊，找太阳神的歌"。乌布西奔妈妈要寻找太阳，四次出征东海。

"德里给奥姆女神迎回乌布西奔——乌布林海祭葬歌"。乌布西奔妈妈从野人处得到传诵百代的天落宝石。第五次东征时，海上遇风暴，乌布西奔妈妈魂归故里，乌布林的萨满们为妈妈举行了盛大的海祭仪式。

"德烟阿林不息的鲸鼓声"。特尔沁、特尔滨、都尔芹女酋将妈妈的故事用图符记述铭刻在锡霍特山的洞窟里，代代祭祀。德烟阿林不息的鲸鼓声传遍了锡霍特山。

《乌布西奔妈妈》满语版本与汉文版本之间略有差异（详见表 2－2），富育光记录下来的已翻译为汉语的满语文本：有头歌、创世歌、女海魔们战舞歌、哑女的歌、乌布林海葬祭歌。头歌中没有将引子单独引出，从头歌到尾歌形成一个完整的文本。头歌的前8行就是《乌布西奔妈妈》的引子。

表2-2 "创世歌"的满语文本和汉文文本

满文	满文对译	汉语
jalan ombi ucun		创世歌
de u le le, je u le le	德乌勒勒哲乌勒勒	德乌勒勒哲乌勒勒
de u liyei li, je liyei	德乌咧哩，哲咧	德乌咧哩，哲咧
ilha adarame fushumbi	花 怎么 绽开	鲜花为什么开
šun i elden fosome bime	太阳的光 照射着 有着	是有太阳的光照
tanggū moo adarame niowanggiyan	百 树 怎么 绿	百树为什么繁绿
na muke i yumbume bimbi	地 水的 浸润着 有	是有地水的滋润
dergi mederi adarame onco	东 海 怎么 宽	东海为什么浩阔
abka hehe ijime tanggū sekiyen yarume	天 女人 梳着 百 源 引导着	是天母梳妆召来的百源
maru adarame mukdeme	鱼群 怎么 旺盛着	鱼群为什么旺游
abka hehe dabkūri hūsun i hūlame	天 女人 重叠的 力以 叫着	是天母造化的生机
aniya biya i duleke maka bime	年 月的过了 不知 有着	在不知岁月、不知年代的古昔
dergi mederi dalin ilha tubihe akū	东 海 岸 花 果 没有	东海滨没有花果
birgan akū, bujan akū	溪流没有 树林没有	没有涧溪，没有树木
urui emkešudume suwayan boihon	只是一个 铲着 黄 土	只有一抔凋败的黄土
fundehun simacuka	冷清 萧条	无声无息
olhon mailasun gese	干 柏树 似的	像枯瘪的柏枝
layaname cibsen buceme gese	蔫枯去着静寂 死着 似的	死一样沉寂
maka udu inenggi dobori ališame	不知几 日 夜 苦闷着	又不知熬过多少日落日出
abka nimarame	天 下雪着	忽然，天降白冰
juhe be alin norame	冰 把山 堆垛着	冰厚如山

满文	满文对译	汉语
juhe birašahūrun wehe	冰 河 寒 石	银色的苦寒世纪 如晶明的寒岩 照射天穹阔宇
tumen minggan muduri jabjan gese	万 千 龙 蟒 似的	
emu inenggi gaihari tonjin akjaname	一 日 突然击水赶鱼打雷去着	一天，东天忽然响起滚滚的雷声，雷声里
emu aisin amba giyahūn	一 金 大 鹰	一只金色的巨鹰
deri dergi deyeme jihe	从 天 飞着来了	从天而唉
ošoho gehun i umhan tukiyeme	爪 鲜明的 蛋 举着	鹰爪紧抱着一颗比如明镜的鸟卵"乌莫罕"
udu fuka šurdeme	几 圈 转着	巨鹰在冰川上盘旋数周
menggun hešensabarame	银 纲 抛撒着	将白卵"乌莫罕"抛地
sabingga elden jerkišeme gerišefi	祥 光 耀眼争光 闪烁后	顿时耀眼的光芒闪聚
ere eldengge nimanggi wehe be wengke	这 光辉的 雪 石 把 化了	这光芒迅即将雪岩
emke getuken birgan furime	一个明澈的 溪流 潜入着	融化出一汪清水
birgan mudan hoo seme	溪流 弯子 浩浩道着	水声汩汩
labdungge menggun nicuhe maksin bulhūme	许多的 银 珠 舞 涌着	喷起堆堆的水泡银珠
menggun nicuhe i dolo emu tuwacabin banjire（原作 šunggeri deyeme）	银珠 的 里头 一 火 燕 生（优雅 飞着）	水泡中跃起火燕一只
angga funggaha ošoho gubci fulgiyan	嘴 羽 爪 全 红	红嘴红羽红爪
juhe bira i sidende deyeme	冰 河的 中间 飞着	在冰川中穿梭不息
sukdun beikuwen biganšahūrun	气 冷 原 寒	寒凝冻野
juhe gida nimanggi niru	冰 枪 雪 箭	冰枪雪箭
horon tuwacabin gidame	威 火 燕 压着	威压火燕
tuwacabin getuken šeri šumci dosime	火燕 清 泉 深陷入 进着	火燕被清泉荡涤
funggaha fulahūn der seme	羽 红 很白的样子	毛羽净消
emu nimaha beye fulahūn hehe	一 鱼 身 裸 女	化成一位鱼面裸体的美女
nimaha hehe tule（？）ba	鱼 女 外头 地方	鱼面美女
juhe muke fuhešeme	冰 水 滚着	随冰水滚动
hab halhūn beye hoo seme	热热的 身体 滔滔道着	灼热身躯使冰河越融越宽
juhe muke wenehe	冰 水 融化了	

续表

满文	满文对译	汉语
tumen elden yasa be biyarišame muk-deme	万 光 眼睛把 刺眼着 升腾	幻成万道耀眼的霞光
juhe abka juhe na elbeme	冰 天 冰 地 苫盖着	覆盖冰野之巅
juhe alin juhe bira	冰山 冰河	冰山、冰河
juhe moo juhe wehe	冰 树 冰 石	冰岩、冰滩
juhe birgan elbeme	冰 原 苫盖着	
nimaha beye fulahūn fiyangga saikan	鱼 身 裸 绚丽	因她是裸体鱼面人身神女
emkešumingge	一个 深邃的	
beikuwen mederi gūwaliyame	冷 海 变化着	
tere amargi jecen cirume	她 北 界 枕着	头仰北方
julergi mederi uncehen fehume	南 海 尾 踏着	足踏南海
sihote alin wargi dedume	锡霍特山 西 躺着	
aimaka amgara i saikan hehe mohome tuwame	好像 要睡 的 美丽 女人 疲倦着 看着	
er e inu inenggi dobori jalan	这 是 日 夜 世	
huhuri saikan dergi mederi	乳（儿）美丽东　　海	东海

通过对比满文记录和最后翻译为汉文的部分，我们发现差异并不大，但汉语部分并未一一对应满文，汉语翻译多处缺失未译，有的翻译则增加了些许内容。

富育光记录的满文和 1983 年秋在珲春县征集到的《洞窟乌春》两个文本，因《洞窟乌春》仅存"创世歌"部分，本文主要比较"创世歌"部分（详见表 2-3）。

首先，从形制上，《洞窟乌春》为汉语记录满音，《乌布西奔妈妈》是富育光记录鲁连坤老人的满文讲述本，已译为汉语。

其次，《洞窟乌春》仅存"创世歌"部分，富育光记录的满文现在翻译出来的有六部分。

表 2-3　　《乌布西奔妈妈》和《洞窟乌春》的满文比较

《乌布西奔妈妈》	《洞窟乌春》
de u le le, je u le le, de u liyei li je liyei	de u le le, je u le le, de u liyei li, u je liyei
德乌勒勒哲乌勒勒　德乌咧哩　哲　咧	德乌勒勒哲乌勒勒　德乌咧哩　乌哲咧
bana i šun omolo, ba na i šun omolo	ba na jui šun omolo, ba na jui šun omolo
大地的太阳 孙　大地的太阳　孙	巴那吉 舜 窝莫洛 巴那吉 舜　窝莫洛
eldengge, eldengge	dedun, dedun
光辉的　光辉的	德顿恩 德顿恩
enduri gasha eldengge bi	enduri　gaha dedun bi
神　　鸟 光辉的　有	恩都力 嘎哈 德顿恩 比
enduri gasha eldengge bi	enduri　gaha dedun bi
神　　鸟 光辉的　有	恩都力 嘎哈 德顿恩 比
šanyan eldengge bi	šanyan ulden dedun ba na bi
白　光辉的 有	珊延 窝尔顿 德顿巴那 比
eldenggeba na bi	
光辉的　大地 有	
umesiben mama bumbi	umesiben mama bumbi
乌布西奔妈妈　给	乌布西奔 妈妈 布米
de u le le, je u le le, de u liyei li, je liyei	de u le le, je u le le, de u liyei li, je liyei
德乌勒勒哲乌勒勒德乌咧哩　哲 咧	德乌勒勒　哲乌勒勒 德乌咧哩　　哲 咧
geren gasha dergi mederi dele fisehei	geren gasha dergi mederi dele fisekei
众　　鸟 东　海上头只管俯冲溅水	格勒 嘎思哈 德勒给莫德利　德勒 菲涩克
namarame	namarame
争添着	纳木勒莫
gio i deberen fusen hoton huhuri	gio i　deberen be fuseke hojo huhuri
狍 的崽子 孳生 城 (吃) 乳的	焦 衣 德泊勒莫佛恩 (思) 卡霍春呼呼哩
mederi colkon	mederi coo niohon
海　　大浪	莫德利 超　妞浑
aisin jubki dele tebeliyeme	aisin jubki dele tebeliyedembi
金 洲上头　扑抱着	艾新 朱巴刻德勒 德泊离垫妹
geren hada i dele dunggu hibsu ejen	geren emu hada i dele dunggu hibsu ejen
众　峰 的上头洞　　蜜蜂	格勒莫霍逵(达)衣德勒冬库里(黑)巴出
feye gese	feye gese
窝似的	热佛热格色
usiha biya dele tugi mederi niohon	usiha biya dele tugi mederi nioron
星　月 上头云 海　 松绿	乌西哈比亚 德勒 突给衣莫德利 纽伦
boljon biretei fosome	boljon biretei wašame (ušame)
浪　普遍 照射着	布拉春 比勒泰 沃索莫

续表

《乌布西奔妈妈》	《洞窟乌春》
umesiben mama baita, umesiben mama	umesiben mama baita, umesiben mama
乌布西奔 妈妈 事情 乌布西奔 妈妈	乌布西奔 妈妈 泊特 乌布西奔 妈妈
gisurere， umesiben mama badaraha	gisurere， umesiben mama badaraka
（要）说的 乌布西奔 妈妈 广开了的	给苏勒勒 乌布西奔 妈妈 泊特勒渴
umesiben mama （mergen） ulhisu	umesiben mama mergen ulhisu
乌布西奔妈妈 智 慧	乌布西奔 妈妈 莫勒根 乌拉布苏
usiha biya gemu tugi mederi niohon uju ome	usiha biya gemu tugi mederi niohon uju ome
星 月 都 云 海 松绿 头成着	乌西哈比亚 格木突给衣莫得利 纽浑 乌朱沃莫
bi nimaha sukū i enduri tungken fitheme bi	bi nimaha sukū i enduri tungken fitheme bi
我 鱼 皮 的 神 鼓 弹着有	比 尼玛哈苏呼衣 恩都力 通肯 菲特痕 比
gurgu giranggi ici wasihūn ashan	gurgu giranggi ici wasihūn ashan
兽 骨 右下方 佩	古鲁古 黑勒恩克 依其 瓦西浑 阿斯罕
urkin šumin mederi menggun buren	urkin šumin mederi menggun buren
响声深 海 银 螺	汪勒给恩 苏敏 莫德里 芒滚 布勒
fulgiyehei burdeme bi	fulgiyehei burdeme bi
只管吹 吹螺着 有	夫勒给热克 布勒德恩 比
abka hehe banilahai ucun buhe	abkai hehe banilahai ucun buhe
天 女人 只管率性 歌 给了	阿布凯格赫 巴尼勒克 乌春 布哈
mini kai cejen dergi omo buhe	mini kai cejen dergi omo buhe
我的 咳 胸膛 东海 给了	米尼克 色陈 德勒给 沃莫 布哈
mini kai juru akū oori hūsun banaji eme buhe	mini kai akū oori hūsun banaji eme buhe
我的 咳 双 没有 精 力 土地神 母亲 给了	米尼 克 阿库 瓦里 霍顺 巴纳给 额莫 布哈
mini kai jilgan dergi abkai ayan edun buhe	umlin bira julge gese
我的 咳声 东 天 大 风 给了	乌木林 比拉 米（朱）勒格 赫色
saman sure fayangga enduri tušan bume	gashan jobolon nimekulehe
萨满 聪明 魂 神 职 给着	嘎恩（思）罕 米（朱）薄论 尼莫呼勒哈
julge jalan ome senggi tušame ucu （n jil） gan	aiman darubumbi, neome ilinjarakū
古 代 成着 血 遭逢着 歌声	艾曼 搭鲁簿米 能莫 依林扎拉库
enduri eme amba gungge gingge ucu （n jil） gan	šanyan meifen i gasha abka （de）
神 母亲 大 功 （廉）洁 歌声	沙延 梅革 衣 嘎思哈阿布卡

续表

《乌布西奔妈妈》	《洞窟乌春》
umesiben mama amba gungge	abka gese boco niowanggiyan
乌布西奔妈妈 大 功	阿布卡 赫色 簿出 嫩哈
helmehen sirge gese akūme bahanarakū	labdu gasha dergi mederi dele fisekei namarame
蜘蛛 丝 似的 尽着 不能	拉布都嘎思哈德勒给莫德里 德勒 菲色克 那玛拉莫
golmin nioron uju dele den gese	gio deberen fusen hoton huhuri mederi colkon
长 虹 头上头 高 似的	焦 得箔勒恩 佛申 浩吞 呼呼里 莫得里超 勒昆
huweki（bigan）boconggo tugi	aisin jubki dele tebeliyeme
肥沃 原野 彩色的 云	爱新 朱布克衣 德勒 特布利耶莫
bigan yalu akū（gese aššaha）	labdu alin dele dunggu hibsu ejen feye fisin
原野 地边 没有（似的 动了）	拉布都 阿林 德勒 洞古 希布苏 因 佛耶 菲新
bethe fejile gese niohon colkon tumen ba buten akū	usiha biya dele tugi mederi niohon
脚 下 似的 松绿 大浪 万 里衣裙边没有	乌西哈 毕亚 德勒 突给衣 莫德里 纽昏
	boljon bireme fosome
	布拉春 毕拉莫 否索莫
	umlin bira oci abka hehe i gu gohon
	乌木林毕拉 窝其 阿布卡 赫 衣 古 郭浑
	šanyan tugi fulgiyan jaksan abka jecen
	沙延 突给衣 夫里甘 扎克珊 阿布卡 则陈
	deyeme debsime saniyaha
	德热莫 德箔西莫 沙尼雅哈
	seke fajiran ula dalin eleke minggan
	色克 法吉兰 乌拉 逨（达）林 额勒刻 明安
	guksen nenden
	呼克申 浓顿
	gio fajiran bujan ulan dolo tanggū
	给约 法吉兰 布占 乌兰 多罗 唐古
	guksen menggun ilha
	呼克申 蒙滚 依拉哈

《乌布西奔妈妈》	《洞窟乌春》
	dedun suwayan morin wahan jilgan ula
	德顿　刷延　莫林 瓦能 吉里岗 乌拉
	dalin dasiha
	逵（达）林逵（达）心哈
	suwayan morin golmin delun tugi mederi
	刷延　莫林 果勒敏 德伦 突给 莫德力
	uruldehe
	乌鲁拉德哈
	ubušun gašan golmin saniyaha
	乌布逊 噶珊 果勒敏 沙尼雅哈
	šun i ergengge, niohon abka kesi
	舜 衣 额勒痕克　妞昏　阿布卡 克西
	fulahūn nadan tanggū gurun
	伏勒浑　那丹　唐古　扈伦
	akarakū bime gasarakū i indehe
	阿卡勒库　比莫 卡洒勒库 衣 音特哈
	juru han gurun dergi de bi
	珠鲁 罕 扈伦 德里给德 比
	abka fejergi ubušun gurun amargi
	阿布卡 菲则勒给乌布逊 扈伦 阿玛勒给
	wehe selmin akjan takūršaha
	倭赫 涩拉敏　阿颠 塔库勒沙哈
	tanggū gurgu ukame feksihe hergen
	唐古　古鲁古 乌卡莫 菲克希哈 喝勒痕
	helmehen sirge i gese ijingga
	喝勒门　西勒克 赫色 衣扬嘎
	akūme bahanarakū
	阿昆莫 巴哈纳拉库
	hetu lasha golmin nioron uju dele den gese
	喝突 拉思哈 果勒敏 妞伦 乌米（朱）德勒 德 赫色

续表

《乌布西奔妈妈》	《洞窟乌春》
	huweki bigan boconggo tugi
	话给　比干　普春库　突给
	bigan yalu akū gese aššaha
	比干　壹拉　阿库　赫色　阿沙沙哈
	bethe fejile gese niohon tumen ba buten akū
	薄特曷　佛则勒　赫色　妞浑　图门　巴　布特恩阿库
	bi enduri eme ohode ergen buhe
	比　恩都里　额姆奥霍德额尔根布哈
	bi ergen inenggi dobori gemu ucun gisurere
	比　额尔根　浓给　托色（包）里格木　乌春　给孙勒了
	umesiben mama enduri ulabun i fukjin ucun gisurere
	乌布西奔　妈妈　恩都里　乌勒本　衣　伏克金　乌春　给孙勒勒
	abkai eme wei niyalma tumen niyalma ergen
	阿布凯　额姆　委　尼雅玛　图门　尼雅玛额尔根
	dergi mederi giltari niowari sikse ucun gisurerakū
	德里给　莫德力　给勒搭里　纽瓦里　西克涩　乌春　给孙勒拉库
	bi nimaha sukū i enduri tungken fitheme bi
	比　尼玛哈　苏库　衣　恩都里　通肯　菲特痕姆比
	gurgu giranggi ici i wesihun ashan
	古鲁古　给浪衣　衣其　衣　窝西浑　阿思罕
	urkingge šumin mederi menggun buren
	乌尔肯克音　苏敏　莫德利　蒙温布勒恩
	gurume fulgiyehei sireneme bi
	古鲁莫　傅勒给任刻　希尔德姆　比
	mini kai abka hehe 希哈
	米尼　克　阿布卡赫赫　希哈

通过比较，我们发现两者有大段的不同，《乌布西奔妈妈》部分有大量文本的缺失。其原因可能有如下几点：第一，在流传过程中有多篇异文，鲁连坤讲述的内容存在差异；鲁连坤用满语讲述，《洞窟乌春》为汉语记录满文的发音。第二，流传地也不同，东宁和珲春分处两地，应该分别吸收了当地广为接受的异文。第三，《洞窟乌春》文本长度与《乌布西奔妈妈》不同。

第五节 驯化马匹的女英雄：
奥克敦妈妈

由富育光讲述、王卓整理的《奥克敦妈妈》，又称《奥都妈妈》或《七人八马的故事》。在满族众姓世代虔诚信仰的萨满原始祭礼中，除日月星辰及达拉呆敏鹰神等诸种自然和天禽神祇之外，奥克敦妈妈被列为祖先人神之首，是萨满神坛上出现较早的唯一一位女性大神。富育光指出，《奥克敦妈妈》与《恩切布库》《西林安班玛发》并列为《天宫大战》原始创世神话中所属的三大神话，讴歌各怀非凡神功和神职的宇宙三尊远古大神。

奥都妈妈有时与奥克敦妈妈稍有混淆，如"恩切布库女神又尊为奥都妈妈"，[①] 恩切布库女神双目失明，骑着双骥，奔走在宇内为人类操劳。马给她光明，给她力量，后人为了纪念她，尊敬地称她为"奥都妈妈"。"奥都妈妈是一些满族人家共祭的一位女性战神。相传她体健敏慧，箭法神妙。每当出征，必骑双乘神骥，夜驰八百，昼行千里。奥都，满语意为射箭坚实或骑马稳定坚实，保佑征战时人马平安。1964 年笔者（指富育光）在敦化采风，满族老人传讲奥都妈妈是渤海国阿克敦城女罕阿克敦妈妈，因建寨统一诸部有功，奉祀为神。实非一人。奥都妈妈为居住东北的原先不同部族的满族先世共祭，证实其年代古远。她当是母系氏族后期、部落争

---

① 富育光讲述，王慧新整理：《恩切布库》，吉林人民出版社 2009 年版，第 148 页。

战中出现的一位英武女酋，被后世奉为本族守护神，像希腊神话中雅典娜一样，庇护着本族出兵旅次的安宁"①。"相传奥克敦妈妈与日月同庚，天地同岁，有九个乳峰，四海生人永远吃不完她那甘甜的奶汁；她有无数妈妈的慧心，饲育万千童儿个个肥胖健壮；她持家有方，智勇双全，是管家神、畜牧神、保婴神、无畏的战神。"②"为纪念奥克敦妈妈，都在灶房西墙上高挂木雕的'七人八马'③，她身骑两匹烈马，巡行天地之间"④。

吉林省九台市其塔木镇满族石姓家族的祭祀中，专有《奥都妈妈》神歌，其神词为："奥都妈妈，身居兵营，双骥胯下骑。日行千里，夜行八百，来去如飞，紧急而行。战骑英俊强壮，驰骋沃野，各处太平吉祥。"⑤ 偶体是一位木刻女神像，骑着两匹马，是满族普遍祭祀的女神。神位在房屋的东北角上，曾被录像。那么，恩切布库、奥都妈妈、奥克敦妈妈关系如何？恩切布库可能为后人附会，因其降临人间时，带来了莫林马和喜鹊，并教会舒克都哩艾曼的众人学会养育驯化马匹；而奥都妈妈一贯的形象即是骑双马。《奥克敦妈妈》"序歌"部分有一处提到"祖先们，要传诵伟大的先人——奥都妈妈的伟业。"若从满语的角度分析，奥克敦和奥都满语应为一个，笔者推测或为"udu（几个）"或"akdun（保护）"。她们虽然在不同家族中有所不同，但必为骑双马的形象。

奥克敦妈妈原来没有名号，本为巴那吉额姆的侍女，一直在巴那吉额姆姊妹身边，在与耶鲁里斗争中做出了贡献，因为她"忠贞勤勉"，"品格殊伦"，"凡事务谋昌盛"，被赐予这一名号。她"双目似火，能洞彻万重妖雾"，"满脸皱纹如山峦叠嶂，镌刻着无穷的阅历和智谋"。"奥克敦妈妈襄助三神，战胜耶鲁里有功。姊妹们最后商

---

① 富育光：《满族萨满教女神神话初探》，载《富育光民俗文化论集》，吉林大学出版社 2005 年版，第 289 页。

② 富育光讲述，王卓整理：《奥克敦妈妈》，吉林人民出版社 2018 年版，第 1 页。

③ 同上书，第 140 页。

④ 同上书，第 142 页。

⑤ 宋和平：《满族萨满神歌译注》，社会科学文献出版社 1993 年版，第 267 页。

妥，怜惜飘渺散失的、遭恶魔蹂躏垂亡的——百花、百兽、百鱼、百虫——残魄香魂，用神光，抚慰召拢一起，像厚礼，送给奥克敦老姐姐"。① 从此她长生不老，成为"聪慧、贤德、勤勉、多谋的不死奉侍大神"。

在"奥克敦妈妈燃起智慧之光"部分，第 735 行，奥克敦妈妈第一次出现，第 3416 行她就回归天国了，2000 余行诗讲述了奥克敦妈妈的功绩。

《奥克敦妈妈》"引歌""序歌""乌米亚罕最有能耐""古老的尼雅玛乌春"部分，讲述了以下内容：迎接奥克敦妈妈的准备；萨哈连萨满祭祀奥克敦妈妈时要讲述奥克敦妈妈的伟业；阿布卡赫赫三姊妹赋予人类七功八能，耶鲁里使用各种手段不断搞破坏都未得逞，人类最终诞生；三女神亲自装点大地，为人类生存提供条件，但人类相较于其他动物生存能力弱，需要合适的人来调教人类，巴那吉额姆建议由智慧无穷的奥克敦妈妈来当尼雅玛的裸娘，也为奥克敦妈妈的出场做好铺垫。

奥克敦妈妈带着沙克沙和莫林泪别阿布卡赫赫三姊妹，来到人世间通过多次努力，最终取得人类的信任。奥克敦妈妈教会人类多种本领：教他们首先要团结成群，其次要"跟着陆地众牲、跟着水里众牲学本领"，教尼雅玛"择穴而居、结绳为衣、认草医病、钻木熟食、初识礼仪、晓悟团聚"，使尼雅玛"成为众生中不敢侵犯的集群、通万事的能手、知叵测的精灵、最有智能的人"；然后教他们"学会选址，懂得分辨方位，可以广栖大地"，熟识火性，可以"双石击生火，双木钻生火，鸣雷震生火"，用石盆蓄火、石罐存火，尼雅玛不再穴居，而是穴室火炕，地上架屋；开始利用方位时日记载发生的事件。告知他们要知老敬老，尊重老者，集群谋饱安，求靠群抱团儿；以血缘为纽带，分出族系、长老、穆昆、各血缘统系，并以千古祖先发端、创世、荣辱、承袭、祀神、崇仰激励众人；用巨木雕镂九庹图

---

① 富育光讲述，王卓整理：《奥克敦妈妈》，吉林人民出版社 2018 年版，第 33 页。

喇柱，魁伟壮观，蠹据一方，遥互呼应，傲视苍穹，视若远祖，笑掬百代，护爱子孙，源远绵长。从此，尼雅玛的足迹走向荒寒的漠北、北海、库页岛、亘滚河、萨哈连、松阿里都有了尼雅玛祖先。

人类学会了多种本领，足迹遍及众多地域，定居下来就必须学会农耕。奥克敦妈妈派遣小喜鹊带领成群车其克"喙来无数谷穗子，教会尼雅玛辨识豆子和谷子"；教尼雅玛用石柄石盘，捻压一捆捆黄色金穗子；又教尼雅玛学会垦荒，撒下第一把谷籽。从此"谷粒归仓，尼雅玛世代有了米粮"。

开始农业生产后，人们的口粮得到了保证，但是还不能抵御动物和相邻部落的欺凌。奥克敦妈妈"伸臂踢腿，抱胸滚翻，忽而攀高，忽而越涧"，"捡石块，带领尼雅玛，天天磨石球"；"率领尼雅玛们，采集藤草，编成长长的石兜子，教尼雅玛们，装上石球，用臂力猛甩"，成了世上最强的人；教尼雅玛勤动脑，"磨制石针、骨箭、骨矛头，也锋芒无比"。有了大木弓、石板箭，就能斗虎豹，驱熊黑；有了防身无敌武器，周围部落不敢欺，真正做到扬眉吐气，部族兴旺起来。

婚配制度是人类走向文明非常重要的一步，为此"奥克敦妈妈立下严苛规矩"。因为尼雅玛"自古不懂长幼辈分"，婚姻状态比较混乱，结果就有"众多、惨不忍睹的畸态怪孩儿"，奥克敦妈妈治好了这些病孩儿。之后，奥克敦妈妈要求尼雅玛"男女伦操必守制，改弦更张重配偶"。"各妈妈窝，雕镂不同的图喇柱。凡同一图喇柱下人等，均属同一血缘。男女老少皆兄弟，严禁再同房。凡外部各不相同图喇柱男女，血缘各异，可应时应节，配偶成婚。恪守此戒，千载不移，违约活埋，绝不姑息。""创立了艾曼制度，同艾曼哈喇严禁婚娶"，于是才有了部落和噶珊。"从此学分辨事物，知晓其特性和功效，聪明的人才学会为己所用。"

奥克敦妈妈帮助人驯化骏马，使马成为人类的伙伴。"山中跑来一个小怪物"讲述尼雅玛使莫林（morin，马）成为自己的帮手。尼雅玛喜爱"阿布卡赐予的陆地神驹莫林"，莫林"对主人天生忠诚，最富有坚韧毅力，顽强不屈秉性"。"莫林能骑乘，能拉车，有了莫林，尼雅玛，就有了穿林过涧的飞毛腿！"奥克敦妈妈帮助尼雅玛约束莫林，使得莫林成为尼雅玛最亲密的伙伴。

"芒嘎拉霍通之战"讲述背灯祭祀的由来，奥克敦妈妈先是派沙克沙了解三大强盗野人部落——狗艾曼、熊艾曼、鹿艾曼的情况，最后通过火攻打败这几个部落，并将他们与尼雅玛艾曼融在一起，共同治理芒嘎拉霍通。"奥克敦妈妈传授弯弓盘马"讲述了奥克敦妈妈使计让莫林长留人间，并留下"御马歌诀"。

尾篇就是"奥克敦妈妈常留人间"。大洪水来临时，奥克敦妈妈星夜离开世人，急返天宫，参与驱魔鏖战之事。她成为满族萨满祭礼世代敬祀的妈妈主神及威武战神。

从奥克敦妈妈帮助满族先祖定居、学会农耕、学会各种本领、驯化马匹，建立良好的婚配制度、图腾制度、常规的背灯祭祀等来看，《奥克敦妈妈》的出现应比《恩切布库》《西林安班玛发》稍晚一些。

小　结

本章我们逐一分析了"窝车库乌勒本"文本的内容，介绍了《尼山萨满》的文本及研究现状，《天宫大战》及其异文间异同的分析；另四部史诗的文本亦逐一做了介绍。由此，我们认为除《尼山萨满》外的五部"窝车库乌勒本"皆为史诗，从其内容看都反映了满族先民对东海和太阳的崇拜，恩切布库、乌布西奔妈妈都曾去寻找太阳。"窝车库乌勒本"以唱为主，围绕着主人公展开了一系列的叙事，讲述主人公完成来到世间的任务又回到天庭的故事。"窝车库乌勒本"在不同地域、不同时期的民众中流传，存在不同的异文，也有多种载体如满语、汉语、满音汉字。我们已很难知道文本最初的形态，也不知道每一个文本在文本化过程的一些变动。

第三章

"窝车库乌勒本"与
满族文化关系

除《尼山萨满》之外的五部"窝车库乌勒本"为萨满英雄史诗，因其产生的特殊年代，文本保留了很多与满族文化相关的内容，更与满族信奉的萨满教有着密切的关系，五部史诗记录了满族先民生活的方方面面。本章重点探讨"窝车库乌勒本"与萨满文化的关系、"窝车库乌勒本"中的满族历史、文本之间的互文性。

第一节　"窝车库乌勒本"与萨满文化

满族萨满教保留了相对完整的自然宗教特点，具有鲜明的北国地域特色。从某种程度而言，它是该区域古代文化的聚合体，几乎囊括了其先民史前宗教、历史、经济、哲学、婚姻制度、道德规范、文学、艺术、体育、民俗等各个方面的文化成就；天文、地理、医学知识以及采集、渔猎、游牧、农耕、航运、手工业等生产技术也在萨满教中传承和发展。① 满族说部被誉为北方民族的百科全书，萨满教对该文类影响深远，正如关纪新所言："千百年来，满族初民主要依赖自然物产为衣食之源，人与大自然的关系是压倒一切的要务。因为生产力低下，人们谙知不可以去与自然力量冒昧抗衡，遂在民族心理的

---

① 王宏刚：《满族与萨满文化》，中央民族大学出版社 2002 年版，第 8 页。

深处生就了敬畏大自然、崇尚大自然、亲近大自然的特有心态。他们的原始宗教——萨满教信仰，认定世间万物有灵，就是由此而生成的精神依托。民族先人笃信以自然崇拜、图腾崇拜和祖先崇拜为基准的原始宗教'萨满教'，祖祖辈辈流传的体现原始萨满教的精神理念，使得讲述世间万千神灵故事的艺术思维，尤其地丰富发达与摇曳多姿。这不仅造就了该民族对于外部世界异乎寻常的想象力，也使其族众世代不败地葆有追逐带有奇思异想的叙事文学的嗜好。满族初民将'万物有灵'观念渗透到世间想象中间，其口承文化作品，情节激荡磅礴，色彩神奇诡异，充斥着原始艺术的无羁与张力。"①

"窝车库乌勒本"由萨满讲述并世代传承，保留了大量萨满教神话与历世萨满祖师们的非凡神迹与伟业的故事。"窝车库乌勒本"较为完整地展现了萨满教从遴选萨满到各种祭祀仪轨的过程，祭祀都有其独特的功能，而主人公在梦中获得神谕更是神奇。

一　萨满的遴选

《天宫大战》讲述了第一位女萨满在洪水来临人类濒危时是如何成长的。民众普遍认为，第一代萨满是女性，"黑龙江省、吉林省有五个姓有女萨满，多数是新学的，这些也只是特例。根据各姓所传，第一代萨满都是女性，在不远的前数代，也有出名的女萨满。这表明男萨满的出现发生在后期，而且经过漫长的传承过程才得以占据绝对优势。但时至今日女萨满并未绝迹，某些祭礼中男萨满还必须按女性打扮，仿女人声音，步女人舞姿，特别是在请某些妈妈神（女神）的时候常有此举"②。

恩切布库、乌布西奔妈妈、西林安班玛发都是萨满，恩切布库受天母之命，从山梨树中重生，重返人间做新传世的萨满；乌布西奔妈

---

① 关纪新：《文脉贯今古　源头活水来——满族说部的文化价值不宜低估》，《东北史地》2011年第5期。

② 富育光、孟慧英：《满族萨满教研究》，北京大学出版社1991年版，第118页。

妈从梦里知晓德里给奥姆妈妈传来的谕言，她是乌布逊部落萨满；西林安班玛发是千年萨满；奥克敦妈妈穿戴起萨满神服迎战三大野人部，她多年培育的萨满成为族众的顶梁柱。

在史诗或神话中，最早的萨满是人与鹰的结合，有其神圣性，这种萨满教观念影响到后世，出现神选（或神抓）萨满。在各说部中，遴选萨满都是非常神圣的事情。

为选出合适的萨满，恩切布库举办选能人的盛会"山音赊夫纳仁"，从各位妈妈神中选择最合适的一位。夹昆妈妈是鹰神派来的使者；塔思哈妈妈是天母阿布卡赫赫身边的坐骑，受天母之命重返尘世，为的是惩恶扬善，扶威驱邪；木克妈妈是天母阿布卡赫赫身边的东海卫士，统驭东海所有的海疆及海上的生命；各位小精灵、小妈妈们，能够通风报信、驱除瘟疫、预见灾害并治疗疾病。[①]

《西林安班玛发》中详细介绍了成为萨满的过程：祭祀后，经过比试上树、入海跳舞、火中跳舞，最终获得神选信物的人方可成为萨满。

第一步，准备祭祀物品，其过程较为详尽：

> 西林安班玛发命部落的人，进山捕三头公野猪、三只梅花鹿、三只穆林阿林的雪兔、三条东海九度白皮海鲸，此外，还有东海沿岸众多南北纵横溪流盛产的水獭、细鳞、鲤鱼、鲶鱼、鳇鱼、江蟹、河虾、勾辛……供物如山，满目琳琅一派生气！在莎吉巴那东山腰，松林环绕的草坪上，开满了红花、白芍药，族众堆土垒石，摆设高大的祭坛。西林安班玛发主坛，族众环绕四周，用穆林阿林的野玫瑰、黄瓜香、香草、野苏子制成"安巴年期先"，人人都抱一束薪柴放入九堆篝火中燃烧，又在大石臼中点起"安巴年期先"，香烟缭绕，直冲霄汉。这是昭示神灵周知，请众神灵

---

① 富育光讲述，王慧新整理：《恩切布库》，吉林人民出版社 2009 年版，第 76—77 页。

庇佑，迎请最聪慧、最无敌的萨满，降临"莎吉巴那"。①

第二步，挑选可能成为萨满的人选：按照西林安班玛发传授的古老授神法选出萨满在人间的替身，在部落中择选有条件充任萨满的男女老少共三十人：

让他们净身、沐浴，然后离开自己的部落，远到清幽的海滨山谷之中，在三十株大树上架起了三十座树屋。每人进驻一屋，那里早已备办好水和肉，宿住上面，不准下来。在多日的求梦中，验证自己是否受到穆林阿林山灵和东海女神的眷顾？谁梦到自己手中有东海女神萨满信物？经过主祭大萨满——西林安班玛发验证认可后，确认萨满仪式才算最终完结。②

第三步，神选萨满产生：

在西林安班玛发率领下，边杀牲，边献血，边燃篝火，边烧芬芳的"安巴年期先"。西林安班玛发指导族众做的九面鲸皮"安巴通肯③"，用虎骨槌敲得震天响，族人众手敲响了十数面马鹿、野猪、山羊皮蒙成的"尼玛琴"和"小手鼓"……一连过了七个日落星出，三十棵树屋依旧静悄悄；又迎来两次早霞，仍很安详；又过三天，西山坡古杨树的树屋人传报得梦，喜得东海女神赐的礼品——萨满信物。不久，东山冈，南山冈，西山冈上，古槐、古柳、古桦树上屋中人，频频传报东海女神赐给神物。西林安班玛发方命鼓声停止。④

――――――――――――

① 富育光讲述，荆文礼整理：《天宫大战·西林安班玛发》，吉林人民出版社2009年版，第155—156页。
② 同上书，第156—157页。
③ 安巴通肯，满语为amba tongken，汉译为萨满祭祀专用的大抬鼓。
④ 富育光讲述，荆文礼整理：《天宫大战·西林安班玛发》，吉林人民出版社2009年版，第158—159页。

　　经过上树、入海跳舞、火中跳舞的比试后，萨满就诞生了。他们都有神选信物——布勒、刷烟窝尔霍、奥莫窝赫①。此三种信物各有意义：东海古俗认为布勒是大海的象征，生活在穆林阿林的人，有了"布勒"，便可在大海中自由自在地航行，象征吉祥永在身边；刷烟窝尔霍，是生活富庶的象征，预示生活在海滩的人总会丰衣足食；奥莫窝赫，是大地最高权力的象征，只有手握海石，占有大海礁石、岛屿，才能成为大海的主人。这三位萨满获得神物，意味着已被神选。②

　　《乌布西奔妈妈》中萨满遴选相对简单，乌布西奔妈妈在梦中找到神授萨满乌布勒恩，"她是乌布逊部落百里看林人，有奇特非凡的殊荣。传她是从千载古松瘿包中裂生，鹰母貂父山狸是舅公，性喜树尖行走如飞蝇。任何高树细枝，都能驮住不坠落摔疼。坐在枝梢和小鸟们合唱，鸟儿不逃不散，身轻若风。十三岁便会咏唱神歌，乌布西奔梦中得识神童，众侍林中寻求九十九回，找回大帐，收为爱徒——最贴心侍人。古德罕王重病缠身，也甚喜乌布勒恩才智，极力荐举她协助乌布西奔主掌乌布逊，井井有条，众心诚服。"③其他几位萨满特尔沁、特尔滨、都尔芹、都尔根，"都是女罕身随有年的心上侍人，都是她亲口传授的得意萨满。"④

　　《奥克敦妈妈》并未言明遴选萨满的过程，只提到了萨满的存在："分支大小萨满十几位，成为尼雅玛主心骨，犹如众星捧月。"⑤

---

　　① 布勒，满语为 bure，海螺之义。刷烟窝尔霍，满语为 suwayan orho，黄色的草。奥莫窝赫，满语为 omo wehe，海石。
　　② 富育光讲述，荆文礼整理：《天宫大战·西林安班玛发》，吉林人民出版社2009年版，第164页。
　　③ 鲁连坤讲述，富育光译注整理：《乌布西奔妈妈》，吉林人民出版社2007年版，第137—138页。
　　④ 同上书，第188页。
　　⑤ 富育光讲述，王卓整理：《奥克敦妈妈》，吉林人民出版社2018年版，第132页。

　　奥克敦妈妈，召集尼雅玛，特传来，多年提携培育的，几位深孚众望的萨满——走后御灾的栋梁啊，告知——集议抗争萨哈连、松阿里洪患的良策，并告知关键时刻，自己受命离开艾曼，降魔远征。①

　　奥克敦妈妈，梦授各图喇柱的众哈喇，说道："图喇——就是黑夜的明灯；图喇——就是浪涛的轻舟。众志成城心不乱，萨满们，该成艾曼的主心骨。"②

　　恩切布库妈妈是主祭萨满，通过"赊夫纳仁"③ 盛会选出来夹昆妈妈、它思哈妈妈、木克妈妈、众位小精灵、小妈妈们等神能百技的萨满神，除此没有更多详细的描述。

　　不同于"窝车库乌勒本"中的萨满遴选，后世萨满要经历严格的考核，像跑火池、钻冰眼、走刀梯等：

　　　从前，满族公开的领神仪式包括候选者从烧着的炭块上走过去这个过程。倘若蹈火者能够自由支配他声称自己所拥有的那些神灵，蹈火时他就可以安然无恙。如今，这个仪式已经很少举行，据说萨满们的本领已经大不如前。满族还有另一种领神的严峻考验。冬天，在冰河、湖上凿九个洞，让候选者从第一个洞潜入水中，再从第二个洞中浮上来；接着再潜入第二个洞，从第三个洞中浮上来，按此顺序则九个冰洞中依次潜下浮上一遍。④

------

① 富育光讲述，王卓整理：《奥克敦妈妈》，吉林人民出版社2018年版，第127—128页。
② 同上书，第131页。
③ 一说"奥米纳仁"，"奥米纳仁"为鄂伦春族举族盛事，每个萨满要经过多次"奥米纳仁"才能真正取得萨满资格。
④ Micrea Eliade, *Shamanism-Archaic Techniques of Ecstasy*, Princeton University Press, 1974, pp. 111 – 113.

1910 年冬季，吉林市九台市石姓家族的萨满石殿峰"钻冰眼"的仪式在小韩屯萨满贵海的组织下举行。在石殿峰"钻冰眼"之前，贵海萨满先检查在松花江上凿出的九个冰眼的周边环境，然后将石殿峰的身上缠满白布，以免被冰碴刮伤。在贵海萨满的引领下，石殿峰从一个冰窟窿钻进去，从另一个冰窟窿钻出来。① "跑火池"是石姓头辈太爷表演的舞蹈技巧，相关介绍较少。

二 萨满祭祀

萨满祭拜的神灵很多，不同仪式请不同的神，不同姓氏供奉的神灵也有所不同。"窝车库乌勒本"中保留了较为古老的祭祀，如海祭、火祭等。祭祀仪式最初比较简单，《恩切布库》中简略提到三大祭礼。

《恩切布库》中提到了海祭，"为了祭奠死去的亲灵，她率众举行了盛况空前的海祭，拜祭淫威肆虐的海神，拜祭拯救生灵的鱼神，祭拜吹拂恩爱的风神，祭拜为征服海域遇难的珊音赫赫、珊音哈哈。恩切布库女神和族众敲响鼙鼓，跳起裸舞，长筏火旺，拍肘豪歌，拿起一箩箩鱼虾、野花、珊瑚，抛向大海，诚愿神灵和亡灵品享。从此，世上留下了向大海投掷供品的习俗。海祭常用陆上野牲、野果敬神，又留下了向大海投撒鲜牲、鲜禽之习。千百年来，永不更改"②。

萨满常祭规定了祭祀时间和祭祀仪轨，《西林安班玛发》提到了例祭："各部不仅都有了萨满，还创立了例祭族规，日夜鼓声歌声，此起彼伏，气息浓烈，渔猎所获，堆满了部落的洞窟和地仓。丰衣足食，载歌载舞。"③

当鼓被发明以后，祭祀的过程就较为繁复了。

---

① 于洋等：《满族石姓龙年办谱与祭祀活动考察》，社会科学文献出版社 2014 年版，第 67 页。

② 富育光讲述，王慧新整理：《恩切布库》，吉林人民出版社 2009 年版，第 138—139 页。

③ 富育光讲述，荆文礼整理：《天宫大战·西林安班玛发》，吉林人民出版社 2009 年版，第 177 页。

莎吉巴那最盛大的祭礼是庆祝西林安班玛发重生，萨满们身着萨满服、点燃年期香、唱起神歌等，此时鼓已经发明：

> 萨满们击鼓咏唱，以激昂悠美的神歌相迎。"安巴年期先"燃得更加浓烈，清香烟味熏得人们无比振奋。……"神堂摆满供果、鲜鱼，西林色夫威严地穿起萨满东海百卉神服，头戴九鹰日月大神帽，簇簇彩铃嘤嘤悦耳，无数骨饰偶像千奇百态，象征自己是统御寰宇的最高神主。西林色夫三位爱徒，——莎吉巴那三位女萨满紧随师傅也都穿上各自鹰蟒鲸骨大神服，众侍神男女萨满身围虎皮、豹皮、熊皮、狼皮，击鼓助祭，感谢东海众神庇佑，同贺千岁萨满重返人间，萨满光辉代代永续，神歌万古长存。三位女萨满紧随着西林色夫的步履，神舞一同跳动起来，手鼓一同敲起来。几大部落的族人们，都为西林色夫再生复苏，向大海撒采来的野花和山果，围上来，唱起来。"①

这是阔族的欢庆场面。

祭祀时有了鼓的加入，尤其是用各种动物皮做成的神鼓，场面变得热闹壮观。恩切布库率领舒克都哩所有萨满，在堪扎阿林高崖上设神坛祭祷时的场面极为壮观：

> 他们把豹皮熟成白板，在白板皮上彩绘九面大旗：日旗、月旗、云旗、雷旗、风旗、鹰旗、虎旗、熊旗、蟒旗，把全部族的人召集到神旗之下，用熊白板皮做大小九十九面神鼓，用鲸鱼白板皮做大小九十九面神鼓，用海象白板皮做大小九十九面神鼓，用海狮白板皮做大小九十九面神鼓，用海豹白板皮做大小九十九面神鼓，用海牛白板皮做大小九十九面神鼓，用驼鹿白板皮做大

---

① 富育光讲述，荆文礼整理：《天宫大战·西林安班玛发》，吉林人民出版社 2009 年版，第 182—183 页。

小九十九面神鼓。九十九面撼天雷，九十九面开天鼓，九十九面
震魔刀，九十九面排妖铲。这是最叱咤风云的神灵，这是最凶悍
无比的降魔。敲响宇内大地，震住恶魔凶焰，激唤族众心魄，收
伏魔怪恶魂。猖嚣一时的色尔丹比拉大魔怪，失去往日的狰狞，
拜伏叩地，乖乖就擒。①

《奥克敦妈妈》中，面临洪水危难时，翁克勒老萨满敲起鲸皮神
鼓举行祭祀：

> 这时，翁克勒老萨满，受命敲起了，他的鲸皮神鼓。这神
鼓，就像请来世界上最神奇的郎中。鼓声——比针灸，比草药
都神奇灵验，马上治好了，逃难人的恐水症；马上安抚了，逃
难人的懦弱心。洪水围困的萨哈连，重新泛起高歌；洪水围困
的松阿里，重新人欢马嘶。十几天不见的——生气回来了！十
几天不见的——炊烟升起了！十几天闻不到的——菜香飘出来
了！十几天听不到的——婴儿哭声传开了！翁克勒老萨满，跳
神迎请——驱邪救灾的奥都妈妈。献上——猪、羊、鹿、鱼，
山果堆如山；献上——阖族的虔诚祈愿：让洪水速速退净，让
族众重建家园，世世安宁，福寿永康。这昊天的呼唤，这震天
的鼓声，这虔诚的祈愿，这赤诚的敬盼。都在祈请，满族世代
的神母——阿布卡赫赫最挚爱的侍女，千万年智慧的化身，哺
育万牲的护神啊——威武无敌的奥都妈妈。在翁克勒老萨满
的——鲸皮神鼓声中，在老穆昆的——祈求声中，在八十岁老
妈妈的——叩拜声中，忽然江涛中跑来了成千匹银蹄银鬃白龙
马。白龙马，顿时变成——阖族的水上龙驹，将洪涛中的灾民，
转眼间——全驮至安全的高岗上。②

---

① 富育光讲述，王慧新整理：《恩切布库》，吉林人民出版社 2009 年版，第 101 页。
② 富育光讲述，王卓整理：《奥克敦妈妈》，吉林人民出版社 2018 年版，第 138—139 页。

　　满族先世祭祀时的歌舞，传至当下有很多已经散失了，我们可在"窝车库乌勒本"中看到各种祭祀歌舞。乌布西奔找太阳神出征前跳东海谢祭古舞，"在壮阔的神鼓声中，乌布西奔率众萨满与族众，开始气势磅礴的东海谢祭古舞。玛克辛古舞繁复，传世者稀稀。歌中传记数类，概略也"①。据传被记录下来的还有牲血舞、野猪神降舞、蟒神降舞、妈妈乳神舞等。而牲血舞非常壮观，"萨玛与众，娱神缅神共舞，盛景壮观"。牲血舞骨木凿器，两面似盆，中连长柄。柄内乘牲鱼鲜血，双手持舞。萨满着神服血舞外，众女彩妆花饰，众男衣鱼兽裘衣舞。柄头垂长穗，穗有数小铃。舞式：蹲身，呐喊有节。跳跃，雄壮凌厉有拍。姿分单跃式，单腿跳；环手式，聚散跳，两人或众人对舞圈跳。亦有跨越式，几组，穿梭作舞。野猪神降舞——撩猪态、小猪态、拱食态、瞭哨态、怒恐态。蟒神降舞——仿发吱吱声，仰栖舞、拧身舞、缠抱舞、卧地舞，仰身动移进舞。牲血舞世求人鼓相配，声舞相配，节韵悠扬，融洽和谐。原舞更是头、背、颈、指、腕、胸、腰、乳、臀、腿、足、胯、胫、仰、蹲、卧、滚、跃诸姿相揉，活泼百态。除此之外，有妈妈乳神舞。②

　　乌布西奔妈妈带领四位萨满徒弟，教授各种舞蹈，而这些舞蹈在服魔女时起到了重要作用，即以舞治舞。在降魔女时，乌布西奔妈妈跳多种舞蹈，引来各神灵相助，也迷醉了魔女们：

　　　　乌布西奔妈妈在神鼓声中盘旋作舞……鼓声中，她默请来风神为她吹拂神服，云神为她翩然助舞，鹰神为她振翼飞旋，日神使她金光夺目，海神伴起四海银涛飞浪，地神派来林涛在她头顶上鸣唱，银丝雀、九纹雀、黄蜜雀、小蜂雀、白袍雀，不知惊吓，不怕晃动，落满降神痴舞的乌布西奔身上。③

　　① 鲁连坤讲述，富育光译注整理：《乌布西奔妈妈》，吉林人民出版社2007年版，第132页。
　　② 同上。
　　③ 同上书，第95页。

全岛魔女翘首顿足，融入玛克辛欢乐情海中，唱着，跳着，
学着，跟随乌布西奔和四徒跳起党新玛克辛。乌布西奔妈妈还将
神授的优美胡浑玛克辛传授众人。①

"乌布西奔从此创下名垂千古的朱勒格玛克辛，朱勒格乌春。众
徒敏学乌布西奔传授的窝陈玛克辛，多伦玛克辛，乌布逊玛克辛"②。
萨满歌舞有多种，如"乌布西奔跳起了德勒玛克辛，四徒相随；乌布
西奔跳起了乌朱玛克辛，四徒相随乌布西奔跳起了飞沙玛克辛，四徒
相随；乌布西奔领四徒跳激越的顿吉玛克辛。"③满族的祭礼中保留
了相当多的原始舞蹈，有手持金晃铃、银晃铃、铁晃铃蹁跹起舞的玛
苏密舞，玛苏密或称玛克依瞒尼，即舞蹈神，她的舞蹈典雅秀美；有
手持双槌飞舞的蛮特舞，蛮特是洪荒初的创业始祖神，其舞蹈古朴强
劲，有代表安昂瞒尼的托里舞，安昂瞒尼是祖先英雄神的首神，功勋
卓著，托里即萨满的神器铜镜，女真镜舞在辽金时就已著名；有旌旗
招招、兵器闪亮的巴图鲁瞒尼舞，即勇士舞；有萨满持马叉舞的多霍
洛瞒尼舞，多霍洛是祖先神中的一位孤胆英雄，舞蹈表现他的高超武
艺。这些舞蹈都是歌颂祖先英雄神的神威，动律大，舞姿别致，充满
了传奇色彩和尚武精神。④

萨满舞蹈中最有意思的是那些类比神兽灵禽的动物舞，因各姓氏供
奉的图腾和动物神祇不同，常见的有鹰神舞、雕神舞、鸠神舞、蟒神
舞、虎神舞、野猪神舞、金钱豹神舞、火龙神舞、熊神舞、水獭神舞
等。这些舞蹈把各种动物的动态神姿表现得惟妙惟肖、个性鲜明。⑤满
族说部传承人傅英仁青年时学过萨满舞蹈，后来还记得《蟒式舞（九

① 鲁连坤讲述，富育光译注整理：《乌布西奔妈妈》，吉林人民出版社2007年版，第
96—97页。
② 同上书，第93页。
③ 同上书，第96—97页。
④ 王宏刚、于国华：《满族萨满教》，台北东大图书公司2002年版，第181页。
⑤ 参见王宏刚、于国华《满族萨满教》，台北东大图书公司2002年版，第179—
181页。

折十八式)》《五奎舞》《扬烈舞》《猎熊舞》《起喜舞》等。

不同家族中萨满祭祀时，都有严格的仪轨。

三 萨满梦中得神谕

《天宫大战》因属天神间的争斗，不涉及人间萨满得神谕之事。其他四部说部主人公都曾在梦中获得神灵的谕告，提醒他们重大事件的发生。恩切布库睡倒在祭坛上，于梦中得到阿布卡赫赫的叮嘱：

> 天母阿布卡赫赫殷嘱道："恩切布库，不可遗忘，现在的宇内并不平安，耶鲁里时刻都没有将他罪孽之心收敛。他正往返于天地间滋事寻衅，冰雹虐雪，暴雨风波，洪涛酷暑，唆人犯科，病症痘瘟，残杀永年。所有的污秽罪恶，都来自耶鲁里的渊薮。你不要骄傲自恃，不要粗心麻痹，要牢记我的嘱托。"天母又关切地说："恩切布库，你放心地回去吧。你的白鹤妹妹，阿嘎妹妹，木克妹妹，阿克珊妹妹，已到你身边。她们都是神能百艺的萨满，她们都是知心贴己的勇将，你们要同心同德，同御魔力……"①

阿布卡赫赫提前得知耶鲁里要给人间带来灾难，于梦中告知恩切布库，提醒她做好返回天庭的准备。

梦里给乌布西奔妈妈带来神谕的第一位神灵是东海女神德里给奥姆妈妈，② 东海女神受阿布卡赫赫三姊妹之命来传达神谕：

> 晓知德里给奥姆妈妈传来谕言，乌布西奔是乌布逊萨满，就是乌布逊的人，乌布林的儿女，乌布林的孩子，神光惠照……德里给奥姆大神，受天女三姊妹之命，向众宣谕：乌布林毕拉吉祥

---

① 富育光讲述，王慧新整理：《恩切布库》，吉林人民出版社 2009 年版，第66—67页。

② 在《乌布西奔妈妈》中，东海女神如此称呼，与其他文本中"德里给奥木妈妈"不同，此处未作统一。

之地，古德罕一生慈诚。今让我的爱女——乌布西奔助众复兴图强。勿生猜忌，勿生妒念，相亲相爱，敬诚共勉，乌布林雄鸡报晓开新天。①

东海女神传达的神谕确立了乌布西奔妈妈的地位。

乌布西奔于睡梦中，感觉有只白鹰展翅拖她疾走。身临广袤的海涛，寒气袭人战栗，两耳风声呼啸。她见到了德里给奥姆女神，女神站在面前告诉她：

> 海岛之敌，狡兔三窟，相互隐匿，难破其巢。穷图无益，远远内海，有迎日之岛。岛有海鬼，助其兵刃衣药，其域之大有万万千庹之遥，飞鸟十日难窥其奥。汝应以情求友，以义济众泯恶。海盗多为内陆被歼之后裔，远徙外岛谋生之浪子。枝须荡海，落叶归根。联友、安顺、招抚，太平万载，东海不老。②

乌布西奔妈妈受命去东海除海盗，女神特别告知需用联友、安顺、招抚等方法来除海盗。

乌布西奔第二次梦中获神谕，传达神谕的是阿布卡赫赫。阿布卡赫赫还赠予乌布西奔妈妈两支玉雀骨簪：

> 阿布卡赫赫勒住神骥，缓步走来，把她扶起说："离我经年，始终不渝。垦拓海域，功高益宇。咼哉，尚有瀚漠冻海，虎兽豺狼嚣世。不谙人性，不晓火食。嗜杀无度，仁爱广布。"乌布西奔跪而答曰："萨满神鼓，天母亲予。恩谕四海，八方络绎。情忘春华生计，为东海抛捐腔忠躯。"阿布卡赫赫从头上摘下两支玉雀骨簪，说："我的东海之主啊，展翅玉雀簪，预晓天下事。

---

① 鲁连坤讲述，富育光译注整理：《乌布西奔妈妈》，吉林人民出版社 2007 年版，第64—65 页。

② 同上书，第 113 页。

展翅玉雀簪，护佑你六方咎祸永避。梳翅玉雀簪，助佑你四海祈愿如意。"说完，驱车神骥，远上九天无影迹。①

乌布西奔呆呆望着没有蜜蜂大小的骨簪凝神，哈哈大笑说："尊贵的天母啊，德咧哩，哲恩，诺小的骨簪，怎会有通天神功？"女罕一阵爽朗笑语声，全帐侍女都被惊动，以为英明女罕偶染病，围过来俯身探询。乌布西奔也被自己的笑声惊醒，原来依旧躺在珍珊瑚礁鱼骨彩舟中，方知南柯一梦。她坐起来，猛然想到两个玉雀骨簪。细看时，玉簪果然握在手中，使她惊奇不已，率侍人们跪谢苍穹。众侍人们被金光闪闪骨簪吸引，从此，乌布西奔身边除有众侍女，侍男外，又有两根骨簪随从。每有征伐、祭神，必先鸥鸟、骨簪卜筮，百验百灵。②

跟乌布西奔妈妈一样，西林安班玛发也于梦中收到了东海女神德里给奥姆妈妈发出的指令：

> 速速敕命风神带路，吹抚东海八方四隅，要仔细遍寻广袤沃野，普天之下，率土之滨，难道找不到莎吉巴那的居址？莎吉巴那必获自己世居之处。我即准允了虎狼猖啸东海，也准让尼雅玛在东海生衍逍遥！③

东海女神令西林安班玛发为莎吉巴那寻找适合世代定居之所：

> 西林安班玛发谨遵神谕，夜色中化作一绺清风，吹向四野，飞翔在千山万水，寻觅适宜于莎吉巴那部落安生之所。他在天宇

---

① 鲁连坤讲述，富育光译注整理：《乌布西奔妈妈》，吉林人民出版社 2007 年版，第125—126 页。

② 同上书，第 127 页。

③ 富育光讲述，荆文礼整理：《天宫大战·西林安班玛发》，吉林人民出版社 2009 年版，第 227 页。

间徘徊时久，也没找见可心沃域。于是，急中生智，便去求熟悉山野的众牲帮助。西林安班玛发先去造访巨蟒神，巨蟒神谦恭地说："我终日盘卧青山顶上，鼠目寸光啊。"西林安班玛发再访河鱼神，河鱼神无奈地说："我奉命驻守牛满江，孤陋寡闻噢。"西林安班玛发诚请黑熊神，黑熊神哈哈乐说："太巧喽，我刚从齐集湖回来，那里世外桃源，百鸟鸣喧。鸟神姊妹周游各地，必会听得最多佳音，快快去问它们吧！"于是，风神将西林安班玛发送到风光宜人的齐集湖。群鸟见风神驭使者来访，一齐都围拢过来问候。西林安班玛发表述衷情，询问湖上鸟群，鸬鹚、天鹅、老鹤最慈祥，相互争抢着说道："齐集湖东方海沟外就有亘古闻名的海中福地。那里有闻名的大靴子岛，层林葱翠，碧海无涯，百花竞艳，百兽天堂。在世世代代'乌勒本窝车姑'传咏中，有个动听的故事。相传，开天辟地时，阿布卡赫赫为驱逐恶魔耶鲁里，一连几天几夜，双方争杀犹酣。天母竟不慎将自己一只战靴丢落东海中。从此，天母战靴化成了今日的海中长岛。因为这座长岛是天母神靴幻化而成，岛形至今酷似一只长长的女靴子，深砌在大海中。北为长宽的靴腰，南为尖细的靴底和靴跟，伸展陈放，栩栩如生，令人浮想联翩，美丽富庶甲天下！我们鸟族啊，喜爱大靴岛，三天三夜都飞不出它的疆界。"西林安班玛发当夜探明消息，回来与族众商议："俗话说，百鸟择林居，百兽恋名山。阿布卡赫赫赐予莎吉巴那福地，只有不怕艰辛的人才能求得。"①

　　西林安班玛发不负众望，找到了福地大靴子岛，也是我们前文提到的库页岛。

　　奥克敦妈妈在睡梦中梦到下界之初带来的喜鹊沙克沙向她报上灾情，让她返回天宫与耶鲁里作战：

---

① 富育光讲述，荆文礼整理：《天宫大战·西林安班玛发》，吉林人民出版社 2009 年版，第 227—231 页。

就在奥克敦妈妈，帮助尼雅玛，伐木筑建新艾曼时，忙碌中，熟睡过去。恍然觉得，沙克沙飞来了。奥克敦妈妈，走出帐篷，见到松枝上，落只白脖花喜鹊。奥克敦妈妈高兴地说："好姑娘，我正惦念你呢，你怎么回来啦?"沙克沙格格说："奥克敦妈妈啊，天母传命：耶鲁里乘机肆虐，近期漠北必生洪害。命你速返天宫扶持三神母，擒伏恶魔耶鲁里。尼雅玛的安危，你走前要安排妥。这里将成泽国，务须百倍防范，好自为之。"沙克沙报完信，向奥克敦妈妈鸣叫道别，扇开长翅，飞入云端……奥克敦妈妈惊醒，方知沙克沙格格，在酣梦中，急报灾情。①

这些梦谕指令的发出者为阿布卡赫赫、东海女神，传话者有东海女神或者沙克沙，得到指令的主人公听到神谕后，都及时行动，完成指令要求的任务。

四 萨满祭祀的功能

《天宫大战》中简略讲述了第一位萨满的故事，其他几部"窝车库乌勒本"都或详或略地讲述择选萨满过程，萨满制定部落宗教生活的规矩。祭祀多由萨满主持，祭祀不仅是择选萨满的必备规程，祭拜各种神灵也是让其继续保佑本部落的重要手段。

有了萨满，部落里就有了正常的发展，萨满通常是部落领导者首选。莎吉巴那统领东海查彦都鲁、格杜尔钦、班达尔查、古敏乌尖、其卡尔、布尔堪、打胡杜里、巴布其泰、小嘎吉等大小九个部落。其中，数查彦都鲁部落最有声威。在西林安班玛发倡议下，由查彦安班妈妈担任阖族总穆昆达，查彦吉妈妈和查彦依兰妈妈为助手。他们率领着老少族众，一年四季，风风雨雨，山林、海上、湖

---

① 富育光讲述，王卓整理：《奥克敦妈妈》，吉林人民出版社 2018 年版，第 126—127 页。

滩、江河、野猪圈，脚步从不闲着，网鱼、捕猎、采集、育畜，噶珊步入了富庶。①

举行祭祀通常要达成某种意愿，检索文本我们发现萨满祭祀功能如下：

1. 萨满祭祀可降魔

在收伏色尔丹比拉时，舒克都哩艾曼所有萨满，在堪扎阿林高崖上设神坛祭祷。他们把豹皮熟成白板，在白板皮上彩绘九面大旗：日旗……这是最叱咤风云的神灵，这是最凶悍无比的降魔。敲响宇内大地，震住恶魔凶焰，激唤族众心魄，收伏魔怪恶魂。猖嚣一时的色尔丹比拉大魔怪，失去往日的狰狞，拜伏扣地，乖乖就擒。②

2. 萨满祭祀可祭奠亡灵

为了祭奠死去的亲灵，恩切布库举行海祭。

（恩切布库）率众举行了盛况空前的海祭，拜祭淫威肆虐的海神，拜祭拯救生灵的鱼神，祭拜吹拂恩爱的风神，祭拜为征服海域遇难的珊音赫赫、珊音哈哈。恩切布库女神和族众敲响鼙鼓，跳起裸舞，长筏火旺，拍肘豪歌，拿起一箩箩鱼虾、野花、珊瑚，抛向大海，诚愿神灵和亡灵品享。从此，世上留下了向大海投掷供品的习俗。海祭常用陆上野牲、野果敬神，又留下了向大海投撒鲜牲、鲜禽之习。千百年来，永不更改。③

3. 萨满祭祀可占卜

西林安班玛发率萨满在海边设神坛祈神，白鲸皮神鼓声中德里给奥姆妈妈降临唱道："莎吉巴那萨满衣尼雅顿吉哈，霍屯扎发莫，猛温色莫德离安巴爱呼莫阿里哈！"西林安班玛发在神案前献上千岁大

<hr>

① 富育光讲述，荆文礼整理：《天宫大战·西林安班玛发》，吉林人民出版社2009年版，第165—166页。
② 富育光讲述，王慧新整理：《恩切布库》，吉林人民出版社2009年版，第101页。
③ 同上书，第138—139页。

海龟，血取龟板灸卜，火中裂生团纹：兆象显示——"贵人内求"。
西林安班玛发析卜："内求者——小毛人。"①

4. 萨满祭祀亦能寻人

为寻找古德罕的下落，乌布西奔妈妈升起獾油灯叩请东海神明：

> 她命三猎手面东跪应，虔诚洗漱击鼓默祷，手举天鹅血杯颂歌
> 长吟……乌布西奔喃喃抖身——体态似乎唱咏，乌布西奔翩翩臂
> 舞，——手语似乎唱咏。神鼓劲敲声传百里远，——侍神人伴唱：
> "大白鹰快降临！" "大白鹰快降临！" ……侍神人跪唱颂神歌：
> "喳，喳，从天飞降像风雷电闪，喳，喳，从山飞下像金光照眼，
> 喳，左翅膀扇开遮住太阳，喳，右翅膀扇开挡住月亮，你前爪尖搭
> 在松阿里乌拉，你后爪尖钩在东海巴卡锡霍洛，你双眼看透万里云
> 雾，你叱咤鸣叫声震寰宇，请助我寻找一下吧，那个祸害黎民的糊
> 涂罕王，那个不顾众难逃之夭夭的有罪罕王，那个乌布林的罕啊，
> 名叫古德贝子，古德玛发，古德罕，在哪？在哪？嗅到他的身味了
> 么？见到他的身影了么？听到他的声音了么？察到他的动静了么？
> 他的猎人正蒙受在血的灾祸里，他的亲人正不能瞑目在火海里，他
> 的弟兄正如无主的蜜蜂，无头的岩羊，找不到洞穴的蚂蚁，任人屠
> 宰的鹿羔，苦难啊，悲怆啊，哦勒勒，可悯啊，可叹啊，哦勒勒，
> 阿布卡赫赫命你迅速找到喀，哦勒勒。" ……忽然，乌布西奔跃身
> 舞双鼓，举过长发鹰展翅，双鼓慢合拢，向南亭立。这是神鹰传
> 报，"寻人在南，有水之邦，黄犬相伴，可见其王"②。
>
> 祭杀三只梅鹿、三只天鹅、三尾两杆长的红翅鲨鱼，血洒四
> 野，围众捧上九色野花，插满祭坛，有勇有谋有斗志，平安穿过
> 雕阵。

---

① 富育光讲述，荆文礼整理：《天宫大战·西林安班玛发》，吉林人民出版社 2009 年
版，第 249—250 页。

② 鲁连坤讲述，富育光译注整理：《乌布西奔妈妈》，吉林人民出版社 2007 年版，第
52—55 页。

　　乌布西奔敲鼓吟咏。忽然，神灵降身，乌布西奔从花床跳起，口吟哑女之歌。她边敲鼓，边像飞翔一般，跳到祭坛中央的古德罕面前，轻轻把鼓顶在头顶，双手一举把古德罕举了起来，轻轻一扔，古德罕不知不觉却站到了火塘前边，乌布西奔头顶的神鼓平稳如初，气不长吁，面不改色。众人皆屏声暗叹，敬佩乌布西奔的神风。

　　乌布西奔皮鼓疾速旋转，敲出鸟啄声节，作舞述语，娓娓动听。随身几个女侍神萨满，边看边高声唱道："古德罕、哈哈济，端吉给孙勒勒——古德罕小子，你恭恭敬敬听啊！我是奶奶神主佛伦丹珠其妈妈，奉塔其乌离星神赶来劝尔行：乌布逊乌咧哩，祖宗基业乌咧哩，熊鹿獐狍乌咧哩，旷古沃原乌咧哩，穴屋暖帐乌咧哩，鱼肥船满乌咧哩，福禄之野乌咧哩，尔享祖荫乌咧哩，安能惰怠乌咧哩，前谴刻铭乌咧哩，尔有我佑乌咧哩，志在更新乌咧哩，速过火海、水潭、鹰窝乌咧，乌咧哩，亲族后裔乌咧哩，助佑古德乌咧哩，勿惧关山乌咧哩，众志成城乌咧哩，余信尔诚乌咧哩，福寿永昌乌咧哩。"①

　　萨满祭礼日益繁复，发展到《乌布西奔妈妈》时，已开始设立神坛："乌布西奔萨满啊，遵奉神的意愿，得到古德罕的特允，在乌布林毕拉荒芜的莽原，规创宏图，选址筑就神坛、神位、神柱、神棚，立坛拜神、颂神。往日，乌布逊部人是断线风筝，居无定址，斗殴胡混。而今啊，神坛学礼，和睦相亲。"② 乌布西奔萨满在乌布林建起 11 座神殿，神殿像 11 座金楼，矗立云天，引百部来朝。

　　祭坛是"萨满教最原始筑就的自然界众神降临人间的居所，也就

────────────

　　① 鲁连坤讲述，富育光译注整理：《乌布西奔妈妈》，吉林人民出版社 2007 年版，第60—61 页。
　　② 同上书，第68 页。

是人神交往的圣地,即萨满教的神圣祭坛"①。"萨满祭坛,在满族等北方诸民族传统的萨满教信仰中,世代秉承着原始的天穹崇拜及对日月星云雷电山川的诸种自然现象的膜拜。此外,萨满信仰崇拜人类世代的祖先及其为氏族作出丰功伟绩的英雄们。"② 其他说部并未提到祭坛的存在。

在日益繁复的祭祀中,萨满扮演着越来越重要的角色,更多地参与部落的日常生活管理。萨满还有另外一个身份,即部落的医生。四部说部中,萨满都掌握着所谓的"秘药",多半指神奇的草药。

当面临天花的危险时,乌布西奔妈妈"急领侍女多名,进锡霍特阿林山洞,采狼毒茶、耗子尾巴草、土瓜蒌、乌头草根,亲身筛研,蚌炊调浸,迅治老弱婴孕七症,创下神方十三宗。力倡病家息躲深渊大谷,远避患地腐尸臭瘟。彻沐肯四十多个日夜,青青峻谷搭病棚,萧萧慑祸匿消遒。从此,传下东海躲病之俗,山魁野叟保命经"③。

"菲格"五姐妹告诉恩切布库女神,她们住过的海岛有各种神奇草药。她们久居岛上,与外界没有联系,全仗吃这些神奇草药,才治愈各种疾病,救活人众。"菲格"五姐妹领着艾曼的人,摇着海舟到数百里的深海,一个海岛一个海岛地采集圣药。海中很多珍贵植物、矿物和鱼类,都是宝贵的药材,可以医治百病,屡用不爽。"蔓可星"可以治昏厥,"色尔丹"可以治疖疬,"都布辣"治难产,"留松"治骨折,"狼毒"治癫痫,"板吉坎"可以使人长寿,"美立它"治小儿聋哑。夏天采"蔓可星""留松""都布辣",秋天采"美立它""板吉坎",四季皆可采集"狼毒"和海中的百宝。恩切布库女神领着众人除了采集海中生物的肉骨皮毛之外,还采集海藻、海草、海卉、石胆、珊瑚、海虫,加工晾晒,炮制成药。艾曼的人众吃了海

---

① 富育光:《萨满艺术论》,学苑出版社 2009 年版,第 271 页。
② 同上书,第 270 页。
③ 鲁连坤讲述,富育光译注整理:《乌布西奔妈妈》,吉林人民出版社 2007 年版,第 96 页。

中圣药，百病不生，寿命增加，齐赞女神救世神功。①

西林安班玛发拜访尼莫吉妈妈，尼莫吉妈妈向西林色夫传授了雪屋、雪疗、冰灸、冰丸、冰床、雪被，医治霍乱、伤寒、腐烂、热症、癫痫等杂症。

《奥克敦妈妈》中极少提到奥克敦妈妈如何为部落人找药医病，仅提到一句"病来早备药"，但何种药不得而知。

"窝车库乌勒本"本为在萨满祭祀时讲述的神本子，与萨满文化有着密切的联系，"窝车库乌勒本"保留了如此多的萨满教资料，为我们更好地研究萨满文化提供了依据。

第二节　"窝车库乌勒本"与满族历史

"窝车库乌勒本"《天宫大战》保留了大量创世神话内容，《恩切布库》《奥克敦妈妈》《西林安班玛发》《乌布西奔妈妈》保留了满族及其先世的历史和文化，或称野人或称朱申或具体某一部落或艾曼的族众，如乌布林部落，舒克都哩艾曼。这些民众经历了从自然界讨生活，与自然灾害、自然界的各种力量的较量，后渐渐发明了骨制石制工具、学会使用火，解决了吃、住、行基本的生活问题，创制子孙后代繁衍的规则，制定族规，到《乌布西奔妈妈》开始创制文字、征服大海，寻找太阳神。萨满祭祀满足了族众的精神世界，族众还需遵守规约，遇到难以解决的问题需依赖神判大法解决，说部主人公身为萨满，要为部落遴选培养出杰出的萨满。

一　满族古老文化传统的保留

"窝车库乌勒本"中野人们的"妈妈窝"是母系社会中极为重要的特征。在家庭的早期形态与亲属关系中，说部中的人们"过着杂交

---

① 富育光讲述，王慧新整理：《恩切布库》，吉林人民出版社 2009 年版，第 140—141 页。

的原始群的生活；没有家庭；在这里只有母权能够起作用"①。"窝车库乌勒本"《恩切布库》《奥克敦妈妈》《西林安班玛发》都讲述了"妈妈窝"的生活状况：

> 数百年来，妈妈们像野鹿带着小鹿，老山鸡带着小山鸡一样，艰难度日。他们东奔西跑，刨土找食，常常因误入虎狼之穴而被吞噬，常常因地动雷击而被拆散，常常因山洪野火家破人亡，常常因挨饿受冻苦度残生。每个妈妈窝拥有数不尽的妻离子散，每个妈妈窝也常因强弱不同，互相倾轧吞并。大欺小，众欺寡。各妈妈窝不得安宁，到处传来悲哀之泣。各妈妈窝互相抢人，抢年轻力壮的男孩，"索索"如骨，勃挺强健，孕生壮崽，啼声如虎。只有这样，妈妈窝才会越来越壮大，才能越来越无敌，才能不被别的妈妈窝所欺负。②

> 山南沟北，有上百妈妈窝。独树一帜——妈妈窝，各有严峻——妈妈规。生死驱逐自裁决，同气相求同柱徽。③

> 艾曼生来沿旧习：自古不懂长幼辈分。妈妈窝里，历来是——同喝一灶粥，同睡一铺炕。
> 不仅，妈妈肚子生出的——男女，小小大大，紧挨睡在一铺炕；外来男女，只要谁入妈妈窝，就同宿一个地窖子，属一个艾曼，一个部落。男女从来不避讳，久而久之，习以为常。④

---

① 毛巧晖、王宪昭、郭翠潇主编：《马克思 恩格斯 列宁 斯大林论民族民间文学》，中国社会科学出版社 2013 年版，第 24 页。
② 富育光讲述，王慧新整理：《恩切布库》，吉林人民出版社 2009 年版，第 59—60 页。
③ 富育光讲述，王卓整理：《奥克敦妈妈》，吉林人民出版社 2018 年版，第 40—41 页。
④ 同上书，第 81 页。

　　他们野人部落女人当家。女人多，男人少；生女人多，生男人少。而且，任何女人身边都有几个男人。①

　　在只知母亲、不知父亲的状况下，人们近亲结婚，不知血缘亲近者间的避讳，诞生了很多畸形的孩子：

　　生母推为首，壮男争其宠。子嗣唯知母，孕子视为天。亘古不识父，代代成自然。不知长幼，不晓年辈。不忌母子，不忌父女，不忌兄妹，不忌姐弟。"妈妈窝"一炕男女，朝朝暮暮，随之而动。畸形怪胎，瘦羸癫痴，陋态矮人。部落衰危，艾曼重负。人要真正强壮起来，就必须抓好婚育之事。②

　　为了改变混乱的婚姻状况，恩切布库提出了解决方案："凡每年春暖花开之时，在阔野溪边，鸟语花香之地，搭建'花屋'、'草堂'、'皮篷'，编织'婚床'、'婚帐'。恩切布库女神分给各艾曼适龄男女每人一片彩色翎羽。男女双方在互唱情歌时，将彩翎插在中意人头上，倾吐爱慕之情，携手进入'花屋'相交。各艾曼的男女，在欢乐的野合中相合相配，留下自己的后代。于是，在艾曼中留下了许多野合的歌舞，野合的'花屋'。"③纵欲和违欲要遭到族人的唾弃和谴责，被视为可耻。从此，人人恪守野合规则，不敢违拗，沿袭下来。"互相间只要有中意的人，便可以摆手作舞，双方欢聚数日。亦有常住经年，生了儿女以后，男随父，女随母，到亲人的艾曼生存，或者另选新地居住下来。儿女长成人，也可自立门户，加入新的艾曼，又可依照父母之俗，成人男女再相会，重寻野合之欢。"④

---

　　① 富育光讲述，荆文礼整理：《天宫大战·西林安班玛发》，吉林人民出版社 2009 年版，第 142 页。
　　② 富育光讲述，王慧新整理：《恩切布库》，吉林人民出版社 2009 年版，第 108—109 页。
　　③ 同上书，第 113—114 页。
　　④ 同上书，第 115 页。

《奥克敦妈妈》也有同样的情况:"传诵多少怪胎奇闻:沟壑常听弃儿哭——豁嘴孩,痴傻孩,聋哑孩,司空见惯。"① 奥克敦妈妈为了改变这一陋习,严格要求"各妈妈窝,雕镂不同的图喇柱。凡同一图喇柱下人等,均属同一血缘。男女老少皆兄弟,严禁再同房。凡外部各不相同图喇柱男女,血缘各异,可应时应节,配偶成婚。恪守此戒,千载不移,违约活埋,绝不姑息。"②

《乌布西奔妈妈》中乌布逊部落也经历同一状况:"锡霍特阿林的部落啊,世世代代,像野兽一样愚鲁。不分男女长幼,祖宗传下来的古俗,每到春天,百兽发情,林谷鼎沸,人啊,男女相抱,不分部族亲疏,随意相处。老鹿可以爬小鹿,小母獾子可被五个公獾追逐。乌布西奔自主权柄以来,医治残脚、无肚脐怪人,聋哑呆痴,啼号难睹,德里给奥姆妈妈降神,警示乌布逊。……留下体魄聪健的儿孙,东海青春永驻。早年,海盗抢女生育,个个聪明伶俐。远亲相交,儿孙健如虎。近亲相交,儿孙弱如鼠。"乌布西奔女罕提出了相应的对策:"亲定每年春秋,各部自荐男女成丁,寨前立成丁牌符。再由各部萨满妈妈,将本部羽翎、牌位,发给成丁男女。萨满妈妈分率各党男女,届时同聚列寨郊游处,以各部羽翎、牌位为号记,男女相互接触,自陈妙龄身世,交友、对咏、互换牌符。禁忌本部内通婚,只能与外部羽翎、牌位相合,方可婚住。合意者可搭连理花棚,岩岭野合,亲者不阻不睹。女罕苦心执管六个春秋,严谕力导,违者焚杀不恕。沧海桑田,陋风剪除,子孙感悟,尊规不忤。乌布逊与四邻部落,相互举荐男女,互换成婚,才有各部男女竞歌之俗。乌布逊人丁兴旺,体魄康健,男女俊俏,长寿妪叟无计数。"③ 乌布西奔有爱侍琪尔扬考,乌布西奔对他疼爱有加,视他为"海宝",女罕与他心心相印,日夜谈唠。

---

① 富育光讲述,王卓整理:《奥克敦妈妈》,吉林人民出版社2018年版,第82页。
② 同上书,第84—85页。
③ 鲁连坤讲述,富育光译注整理:《乌布西奔妈妈》,吉林人民出版社2007年版,第115—116页。

《西林安班玛发》基本未涉及男女婚配之事。

《东海窝集传》中母系氏族时男女之间的婚恋关系大致类似：男人要嫁给女人，每年的九月初九男女在最大的神树下举行神树招亲仪式。萨满祭祀神树后，择婚选偶正式开始，男的找女的，女的找男的，他们寻找各自心目中情投意合的伴侣。一旦确定选择对象，他们一对对到东海老女王面前跳，让女王认同。其实也隐含了从杂交到对偶制家庭，为后世专偶制家庭的萌芽。

为了向大自然寻求立足之地，学习制作工具非常必要，不过限于当时的社会条件，制作的工具主要是石器和骨器。摩尔根提到野蛮期中级阶段的主要工具："石器时代早期的粗制的、未加磨制的石器，即所谓旧石器时代的石器（这些石器完全属于或大部分属于这一阶段）遍布于一切大陆上，就是这一移居的证据。新移居的地带，以及不断的活跃的探索欲，加上掌握了摩擦取火的本领，就提供了新的食物；在热灰和烧穴（地灶）中煨烤的淀粉质的根茎和块根，以及随着最初即棍棒和标枪的发明而间或取得的附加食物——猎物"。[1] 恩切布库带领夹昆妈妈、塔思哈妈妈、木克妈妈和大小艾曼的人，"选石块，磨石块，做尖矛，削劈刀，攒石蛋。教艾曼的人砍坚木，做棍棒，捆上刃石、尖石，锋利无比，齐向洞窟魔怪厮拼"[2]。

摩尔根认为高级阶段从"弓箭的发明开始。由于有了弓箭，猎物便成了日常的食物，而打猎也成了普通的劳动部门之一。弓、弦、箭已经是很复杂的工具，发明这些工具需要有长期的积累和较发达的智力，因而也要同时熟悉其他许多发明。如果把已经知道弓箭，但还不知道制陶术（摩尔根认为向野蛮时代的过渡就是从制陶术开始）的各民族，彼此对照一下，我们的确就可以看到，已经有定居而成村落的某些萌芽，以及对生活资料生产的某种程度的掌握，如：木制的容器和用具，用木质纤维作成的手工织物（没有织机），用树皮或芦苇

---

① 《马克思恩格斯全集》第21卷，人民出版社1965年版，第33页。
② 富育光讲述，王慧新整理：《恩切布库》，吉林人民出版社2009年版，第90页。

编成的篮子，以及磨制的（新石器时代的）石器。火和石斧通常已经使人能够制造独木舟，有的地方已经使人能够用木材和木板来建筑房屋了"。①

西林色夫受林中飞豹在树林间追赶各种小动物的启发，发明了弓箭。其过程如下："从山里砍来各种湿木的树干，用野火煨烤生弯，又取来野猪、马鹿、黑熊的皮革，刮掉皮上的毛，在盐水中浸泡、槌软，然后切成无数条长长细丝，又将细丝互相编织成为粗壮的皮绳，又用这些皮绳，将已经煨烤的弯木勒成弓形，用磨尖的石块，插在选好的细枝上，将它放在那把有皮绳的弓弦上，猛力后拉，然后突然放手……"，② 弓箭发明后，西林色夫用乌头、毒蛇的胆、蟾蜍的背液泡喂箭头，又发明了毒箭。

人与动物在争夺大自然的资源时，人类取得胜利皆因善用智慧：用蜜蜂引诱熊罴，然后用鹰占领南山洞窟，使其被成为夹昆艾曼的地盘；用火攻撵走北山洞窟中的蟒蛇，使其被塔思哈艾曼的族众占据；用水攻逼东山水滨的动物们逃出洞穴，木克艾曼族众顺利在此居住；用烈火烧尽了西山洞中的蜈蚣、蚰蜒和地蝲蛄，精灵艾曼的人们也住进了古洞。从此，"有了不怕风吹日晒、不怕霜寒雪打，温暖舒适的家园。往昔的野人，有了新的称号——'堪扎洞主'"。③

说部中提到人类曾居住过夏巢、冬窟、洞穴等，乌布西奔妈妈等带领族人改善居住条件，说部中都或详尽或简略地提到：

> 黄獐子部族临海广栖树巢，代代捞鱼蟹、捕海鸟。夏住巢屋，攀高崖桦椴树上竖室，远望，像累累巨果在高枝上飘摇。④

---

① 《马克思恩格斯全集》第21卷，人民出版社1965年版，第34页。
② 富育光讲述，荆文礼整理：《天宫大战·西林安班玛发》，吉林人民出版社2009年版，第220页。
③ 富育光讲述，王慧新整理：《恩切布库》，吉林人民出版社2009年版，第93页。
④ 鲁连坤讲述，富育光译注整理：《乌布西奔妈妈》，吉林人民出版社2007年版，第35页。

族众夏住巢屋（应指树屋），冬宿崖穴。族众"夏住巢屋，攀高崖桦椴树上竖室，远望，像累累巨果在高枝上飘摇。……海风吹拂，夏巢不怕烈日，如子夜温馨，乌咧哩，冬宿崖穴，凿洞深深，悠梯出进，洞中有洞，洞洞相连，各有梯门，乌咧哩，兽皮、羽褥、茅葛、席枕，冬暖如春"①。

恩切布库最初让人们进入洞穴安居，后又建立树屋。"黝黑而深邃的洞窟，伸手不见指掌，寒冰瑟瑟，且被成群的猛兽和巨蟒——耶鲁里的化形'古鲁古'魔王霸据着，不用之地又释放毒气，野氓们哪敢靠近"。② 人类使用计策才进入洞窟居住，可是居住地屋使人"瘘背、骨痛、酸软乏力，双眼迷茫失明，难与野兽拼争"。③ "地室总是将人们和阳光隔绝，空气不通畅，且常有沼气袭人。"④ 于是，"恩切布库女神和众位妈妈，共同仿学禽鸟鹰隼之能，引导艾曼的族众在树上筑巢、筑屋，这就是赫赫有名的树屋。族人们选择百余年的古树，在古树上筑起大小不等的各种房屋，有的粗壮的树上搭有两到三个不同的小屋，都绑钉与地面相通的软梯子"。⑤ 后来，"树屋越建越多，越建越完美。后来又出现了单巢、双巢、连环巢"⑥。

奥克敦妈妈教族众选居住的地址，发现"宜居之所，不独洞穴。高岗朝阳，草木遮风。夏树冬窟，均属良居"。⑦ 夏树冬窟，跟《乌布西奔妈妈》相同，不过介绍更为简略。

西林安班玛发则带领族众造火炕，"搭盖房舍，营造火炕，再不

---

① 鲁连坤讲述，富育光译注整理：《乌布西奔妈妈》，吉林人民出版社2007年版，第35页。

② 富育光讲述，王慧新整理：《恩切布库》，吉林人民出版社2009年版，第88页。

③ 同上书，第94页。

④ 同上书，第95页。

⑤ 同上。

⑥ 同上。

⑦ 富育光讲述，王卓整理：《奥克敦妈妈》，吉林人民出版社2018年版，第58页。

畏惧低潮、地湿、天寒，生活从此快乐舒心"①。"新登陆的这片土地，亘古以来是无名荒原，自从西林色夫大玛发率人问津这里，算真正有了人迹，西林色夫大玛发教授族人就用野猪豁开的土地，稍加平整，用火焚烧，用石墩木棒凿实，又从山谷找来白粉石压成粉末，扬在地表上，再以水浇之，地室坚固如石板，墙壁四周搅出无数洞窟，设仓房、粮食、育兔鼠、鹌鹑、禽鸟等笼舍。除此，还专辟屋室为幼婴间，中间硬地上再挖火塘，供生活做饭之用。一切安排妥善，在一人深的穴室四周，再采石垒墙，外围以土堤，使石墙坚固避风。一切就绪后，再伐来柞桦榆柳椴槐藤柏，纵横地室之上为棚，上面覆以干草枝叶，高崇如小山，为避风吹毁，压以木石，每个穴室门，在顶上部，架梯内外通行，凡家族血亲人口多者则穴室尤大，故大室顶上门亦多，俗有北室'大家至接九梯'之说。古地室，为取暖避风，为防外族袭扰，常常是几家、十几家、数十家、甚百余家麇集一起。为此，部落地室自古多优选林密茂盛的丘陵山地，树木林密，可避风雪，可防水患，冬秋落叶厚如绒毡，便在这空气清幽的林莽中，一排排、一行行、一座座地室相连，左右相助，南北呼应，成为北方古代的原始土堡，再加上高树上专设有瞭望哨，瞭望人发现疑情，便随时击以石钟、鸣号角示警。从此，莎吉巴那在原来的土地上，在自己部落外又有开垦的土地，建起连绵地室。"②

由居住条件论，西林安班玛发发明的火炕应比较晚近，且比较适合东北地区的气候条件，一直到新中国成立后几十年间，东北人仍在使用火炕。

随着人口的增多和实力的增强，人们通过和平的或者征战的方式将艾曼集合在一起：如奥克敦妈妈带领野人征服了强大的狗艾曼、熊艾曼和鹿艾曼，最后"尼雅玛艾曼，更强大了，与原来的野人部，融入一起，共同治理芒嘎拉霍通"。乌布西奔妈妈不停地征服各个部落，

---

① 富育光讲述，荆文礼整理：《天宫大战·西林安班玛发》，吉林人民出版社 2009 年版，第 210 页。

② 同上书，第 243—245 页。

曾以舞蹈征服女海魔们。

满族先世从小艾曼发展到部落联盟，那些神或神灵下凡的领导者，他们有强大的萨满阵容、广博的胸怀、聪明睿智的头脑、勇于牺牲自我的精神，唯有如此才能成为部落联盟的首领。

二　互助、兄弟的观念

人类祖先面对重重危机，自然界的力量神秘莫测，猛兽环伺，单个个体很难生存，只有合作互助才能够生存下去。"窝车库乌勒本"反复彰显以下原则：

1. 互助和火

《恩切布库》中提到"阿布卡赫赫赐给人两宗宝——互助和火"。"要懂得同心，要懂得忍让，要懂得理解，要懂得相帮。遇到双倍的艰难，也不可相互妒杀。残害同类，欺凌同类，就在残害自己，就在欺凌自己，就必走自绝之路。弄懂这个道理，人类就会强壮，人类就会兴旺，人类就会所向披靡，无任何力量可阻挡。"[1]

2. 和解和宽容

西林色夫打起征旗冲回查彦都鲁阿林故地，打败了早年欺压不少部落的仇人霸主，但是仍然认同和解和宽容。"在西林色夫率领下，让查彦都鲁哈拉的人，以宽大仁爱为怀，仇家部落既然认罪，就以友相亲，同是查彦都鲁阿林的东海故人。居住着欢欢乐乐的各个部落的族人，同是东海女神的子孙，冤家宜解不宜结，和睦相亲，携手千年。从此，东海滨各个部落再没有了嫉妒和杀戮。"[2]

3. 宽宏和睦

恩切布库女神说："凡事都要容人分辨，凡事都要容人思索，凡事都要心能容人，凡事都要大度宽宏。有光明的地方，才会招来厌恶

---

① 富育光讲述，王慧新整理：《恩切布库》，吉林人民出版社 2009 年版，第 17—18 页。

② 富育光讲述，荆文礼整理：《天宫大战·西林安班玛发》，吉林人民出版社 2009 年版，第 172—173 页。

黑暗的人。好兄弟，好姊妹，用我们和睦的胸襟，感召他们的心灵。"

恩切布库击退耶鲁里后，耶鲁里"使了个缩身法，从恩切布库的法绳里挣脱出来，逃进地牢"。三耳野魔被舒克都哩艾曼的人众团团围住。舒克都哩艾曼的人发誓要为夹昆妈妈、塔思哈妈妈、所有受害的弟兄们报仇，"恨不得喝其血、食其肉，将他剁成肉泥"。恩切布库女神以慈爱之心，怜悯之情，婉言阻劝："住手吧！仇越结越深，火越烧越旺。怨恨宜解不宜结，新仇宜消不宜记。不管是雪岛的族众，还是堪扎阿林的族众，都是阿布卡赫赫的好儿女，都是手足相亲的好兄弟。咱们要团结和睦，永世和好，世世代代相提携，世世代代息戈戒兵。咱们不能再手足相残，不能再做亲者痛、仇者快的事了。"[1]

4. 团结互助是旺族之根

乌布西奔还是哑女时，她用拳语嘱告法吉族众："滴水汇集江流，才能育养千亩万牲；绿木汇集密林，才能遮蔽呼啸海风；才能提举木石百钧。黄獐子部与珠鲁本属亲手足、同根藤，就该和睦相集，心心相印。忌恋干戈，永抛积怨，兄弟常依依，携手退顽敌，何惧争掠成性的乌布林。"[2] 黄獐子部、珠鲁部率领九路神速无敌的狗军，专听乌布西奔和法吉妈妈口令，蒙天神眷怜，屡败乌布林古德罕的寻衅。只有当乌布西奔真正到了乌布逊，乌布逊才能"盗首个个抱头摄唤，毒瘟顿时烟消云散，天空立刻晴天万里"。由此，乌布西奔萨满大名百世流传。

团结互助得有"主心骨""领头羊"，俗语讲"群龙全靠龙头带，群虎全凭虎王领"。"堪扎阿林的野人们清楚了一个道理：大家要抱成团，不能有半点的迟疑，不能有无谓的彷徨。不能再像往昔那样，

---

[1] 富育光讲述，王慧新整理：《恩切布库》，吉林人民出版社 2009 年版，第 146 页。
[2] 鲁连坤讲述，富育光译注整理：《乌布西奔妈妈》，吉林人民出版社 2007 年版，第 47 页。

没有勇猛智慧的首领，被灾难追随着到处逃命奔跑。到头来，将是泪水、悲哀和死亡"①。勇猛智慧的首领一般由萨满担当。当奥克敦妈妈离开后，她培养的"分支大小萨满十几位，成为尼雅玛主心骨，犹如众星捧月"。西林安班玛发选出三位神选的萨满查彦安班妈妈、查彦吉妈妈、查彦依兰妈妈"辅佐主持部落，从此，萨吉巴那有了权威的首领，执掌天下。西林色夫又领着查彦部制定了制度和戒规"，使得萨吉巴那越来越强大。

《乌布西奔妈妈》中各部落征战后，失败一方的人不再像《恩切布库》一样歃血为盟，而是成为奴丁。法吉妈妈命侍兵解开古德罕索绳，说道："黄獐子部，有天鹅的心肠，有棕熊的豪强，乌布林再休要凌弱恃强，我们懂得阿布卡赫赫的宽宏，仁爱大度，饶恕尔等，所俘乌布林人作我獐子部奴丁，所有马匹、军刀全收归我所用。"② 乌布西奔妈妈胸襟广阔，环顾众人说："动辄就施暴，踏平，狭隘胸襟不该算是乌布逊人。乌布逊自古怜悯四邻异族，收养过'它里卡古洞'三百啼饥号寒的男女老幼，躲避'山塔哈'厄运，拯救过啼泪的兄弟们。"③

黄獐子部额真法吉妈妈宽宏仁慈，使部落日渐强大，"族众同甘共苦，相助相亲，外来逃人，都收养怜悯，部落虽小，团结心诚，一呼百应，众志成城"④。黄獐子部强大后，与其他部落结成联盟，引起了其他部落首领的不满。"黄獐子部同珠鲁部众重归旧好，学得荆药蒸烤秘术擅造乌头箭，山林扩延，部族强悍，欲废掉黄獐子旧徽号，更换棕熊大纛壮门面。珠鲁部三世罕图耶玛发气不平，暴跳如雷，七窍生烟，哪容忍小黄獐子部得势张狂，让法吉女罕傲慢逞强，点派七百架鹰奴攻罚法吉罕。法吉罕闻风怯缩，焚弃棕熊

---

① 富育光讲述，王慧新整理：《恩切布库》，吉林人民出版社 2009 年版，第 58 页。
② 鲁连坤讲述，富育光译注整理：《乌布西奔妈妈》，吉林人民出版社 2007 年版，第 42 页。
③ 同上书，第 91 页。
④ 同上书，第 36 页。

大纛，申扬黄獐子旗幡永不降。然而，法吉罕雄心不泯，暗誓必除剪图耶罕。"① 由此可见，部落之间的斗争还是很惨烈的，并非所有的部落都坚守这一点，但"窝车库乌勒本"的主人公信奉此规，取得了一次又一次的成功。

正是因为得到广泛认同的团结互助、宽宏和睦等观点，氏族发展成部落再到部落联盟，得人心者成功也。

第三节 "窝车库乌勒本"的互文性

互文性又作"文本互联""文本间性"，指文本间的互涉关系。也就是说，一切文学文本都必然是一种"互涉文本"（intertext）；任何一个文本都是以另一个文本为依存的存在。因此，重要的是文本之间的关系依靠批评活动而产生意义。互文性作为一种重要属性，不仅大量地存在于口头传统中，而且发挥着很大的作用。② 在"窝车库乌勒本"中，互文性体现在神灵体系、说部主人公之间的关联，不仅互相呼应，互相印证，且互相补充。

1. 黑龙江流域吟唱的歌

我们知道，人类早期都喜逐水而居，像母亲河黄河、长江自古以来养育了我们的祖先，形成了华夏文明；两河流域、尼罗河流域的文明也是如此。满族先民选择的居住地以黑龙江流域的大小支流为主。

《天宫大战》提到"在大地上出现了无数条又粗又宽、又长又弯的道口江河和沟岔，有像毕拉一样的河，像乌拉一样的江，像岔儿汉一样的小支流，养育着阿布卡赫赫的子孙——人类"。③ 该文本主要流传于黑龙江下游，"从萨哈连下游的东方，走来骑九叉神鹿的博额

---

① 鲁连坤讲述，富育光译注整理：《乌布西奔妈妈》，吉林人民出版社 2007 年版，第 46—47 页。

② 朝戈金：《口传史诗诗学：冉皮勒〈江格尔〉程式句法研究》，广西人民出版社 2000 年版，第 16 页。

③ 富育光讲述，荆文礼整理：《天宫大战·西林安班玛发》，吉林人民出版社 2009 年版，第 72 页。

德音姆萨满——天上彩霞闪光的时候，萨哈连（今黑龙江）跳着浪花的时候……从萨哈连下游的东头，走来了骑着九叉神鹿的博额德音姆萨满"。①《西林安班玛发》中唱道，兴根里阿林大无疆，萨哈连乌拉东流奔海洋，广阔无垠的大漠北啊，这是妈妈乳汁哺育的热土，是玛发汗滴浇灌的家乡。② 恩切布库被称为萨哈连黑水女真人家喻户晓的尊贵的女神。《乌布西奔妈妈》在锡霍特山脉中流传。《奥克敦妈妈》中唱道："萨哈连乌拉，是一条淌着白银的河啊；萨哈连乌拉，是一条淌着黄金的河啊。萨哈连乌拉，是妈妈河啊；萨哈连乌拉，是朱申人生命的大宝库啊。萨哈连乌拉，生来脾气暴啊，宽江怒水，日日涌荡凶涛。"③ 黑龙江是女真人生活的地方，也是《奥克敦妈妈》流传的地方。

《恩切布库》里提到的神山堪扎阿林，应该是座火山。堪察加半岛"火山遍布全境，达 160 余座，其中活火山 28 座。……除了它的地质特征外，堪察加火山还以它的优美景观和众多的野生动物著称于世"。"被火山袭扰的堪扎阿林，终日烟雾缭绕。随着雷鸣，喷出熊熊的火焰，随着火焰，滚出浓浓的岩浆。山间的石头被烧成红色，林中的树木被烧成灰烬。堪扎阿林荡漾着难闻的沼气，不少人因毒气而窒息，不少人因地火而毙命。"④ "在堪察加半岛上几乎所有的河流中，尤其是那些未被污染过的，都生活着大马哈鱼"，恩切布库中提到"大马哈鱼的鱼肉红嫩鲜美，大马哈鱼的鱼子又大又香，它是当地野人重要的口粮。大马哈鱼可以生吃，可以炖吃，可以烤吃。只要一烤起生鱼片，香气就会招来数十只棕熊"⑤。

"窝车库乌勒本"中提到的东海就是日本海，在《乌布西奔妈妈》中，火燕幻化的鱼面裸体美女形成东海。"鱼面美女随冰水滚

---

① 富育光讲述，荆文礼整理：《天宫大战·西林安班玛发》，吉林人民出版社 2009 年版，第 5 页。
② 同上书，第 138 页。
③ 富育光讲述，王卓整理：《奥克敦妈妈》，吉林人民出版社 2018 年版，第 3 页。
④ 富育光讲述，王慧新整理：《恩切布库》，吉林人民出版社 2009 年版，第 41 页。
⑤ 同上书，第 97 页。

动，灼热身躯使冰河越融越宽，幻成万道耀眼的霞光，覆盖冰野之巅。照化冰山、冰河、冰岩、冰滩……寒苦的北方，从此凝生一条狭长无垠的狂涛。因她是裸体鱼面人身神女，疲累中，头仰北方，足踏南海，在陆地上化成了一条橄榄形奔腾的海洋——东海"①。

东海女神"德里给奥姆妈妈是众神对她的尊称。她同太阳相随相伴，主管着天上的太阳，黎明旭日升入高天巡行，傍晚落入大海胸怀安歇。主管着寰宇永世，兴旺、温暖、康寿、吉祥。主管着世人禀赋与心胸，万物全凭依她的恩养，才世代绵延永恒。……她平时喜化形女身裸体，鱼首丰乳，安坐鼓上，这是崇拜人、鱼、海、鼓的幻化神像"。②乌布西奔妈妈所居之地就是东海，此地也流传与阿布卡赫赫有关的传说。"诵传，天地初开，沧海无极。阿布卡赫赫澄清寰宇，终伏恶魔耶鲁里。争杀百代，疲累难支。众神拥戴返回天际，临行时，偶生溲溺，洒润在东海石。东海石下聚生黄壳海蜊，小蜊遍生海滨多如沙砾，性癖栖海凝沙以安巢居，故享有美名'古德蜊'，誉其世代有固堤卫海之功，而躯壳却被激涛陨为粉齑，朝朝暮暮，万世已已。也算是古德蜊蒙福造化，一蜊享灵溺蜕幻人躯，迎风长三尺一，迎日长三尺一，迎雷猛增三尺一。由此亘古荒滩见人迹，一位臂撼巨岩女力士，自号'古德西'，啸聚裸毛野氓，闯海，拧筏，罥海豹、海鲸、海狮，生儿育女，由此东海不寂，人丁日聚。古德西创'乌布林艾曼'，凿'五鹰图喇'划界地，威名山海皆知。"③

西林安班玛发本来为石雕萨满，为了给族众选择一个宜居之地，他变成一只小鼹鼠，探查东海。他"去探究地下各层土质的情况，探知地下潮湿寒度。……从大海地下的地层，一直钻探到远离海滨的穆林阿林地下所有山谷洼地。……对东海了如指掌。从此，他知道东海

① 鲁连坤讲述，富育光译注整理：《乌布西奔妈妈》，吉林人民出版社 2007 年版，第8—9 页。

② 同上书，第 17 页。

③ 同上书，第 30—31 页。

一带山林多，高山峻岭，山洞甚多，四季阴森，寒冷潮湿，只是海滨地带，气候宜人，夏季凉爽，冬季温暖，最适宜人们安居乐业"①。

"大海是太阳出生之地，大海是鱼虾、盐药供应之所，大海是乘风破浪的习武之地，大海是我们的水上乐园，我们要像海鸥一样，把大海作为自己的窝巢"②。所以满族先民迷恋东海，他们"不仅迷恋东海，更要征服东海。在恩切布库女神的鼓励下，人们再不怕海的咆哮，再不厌海的怒涛，再不惧海的深澈，再不畏海的凶潮。恩切布库女神教授族众伐木造筏，伐木刮舟。从此，有了交通工具——舟船，千里海疆，往来如梭。……人成了海的挚友，人成了海的主人"③。部落族众因掌握各种工具成了顺风耳、千里眼，晓测星云，不差分厘。乌布西奔妈妈也是"性癖东海情，女罕水军悍勇令各部惊魂。琪尔扬考助她认海流、识海性，造驾海皮筏，训'木陈扎卡'、'朱噜扎卡'神兵，阿布卡赫赫赐予神翼，造访海中太阳神宫"④。在乌布西奔属意下，乌布林人五次东征东海，其足迹或跨过白令海峡到达北美洲。乌布西奔穿戴上萨满神服，乌布林和东海，震响起乌布西奔的神鼓、神鞭、神铃、神板、神钟，神佩万响，日夜相连，嘤嘤不绝。乌布西奔向乌布林族人传谕神的古趣儿，讲颂神殿的威容。

2. 天神与恶神斗争

《天宫大战》故事以不同方式出现在另几部"乌勒本"中，尤其是阿布卡赫赫神系与耶鲁里斗争的故事。

每一部"窝车库乌勒本"都会出现耶鲁里及其喽啰，《天宫大战》神魔斗争结局是耶鲁里败逃人间，恩切布库与奥克敦妈妈就是因耶鲁里死心不改想掌握大权，被三女神派到人间的。西林安班玛发的来历也跟阿布卡赫赫与耶鲁里的斗争有关。"天地开创不久，天母阿

---

① 富育光讲述，荆文礼整理：《天宫大战·西林安班玛发》，吉林人民出版社 2009 年版，第 207—208 页。
② 富育光讲述，王慧新整理：《恩切布库》，吉林人民出版社 2009 年版，第 132 页。
③ 同上书，第 134 页。
④ 鲁连坤讲述，富育光译注整理：《乌布西奔妈妈》，吉林人民出版社 2007 年版，第 129 页。

布卡赫赫与地母巴那姆赫赫，见此地一片荒芜，各林莽生灵只是弱肉强食，互相残害，毫无礼数，便商定，此地应有萨满治世。巴那姆赫赫嘱咐阿布卡赫赫，必设法选一位最精深造诣之师为萨满，才能治理好此山此水。阿布卡赫赫用与耶鲁里争杀时穿戴身上的石球，摘下了一颗，化作石雕萨满模样，称其名曰'西林萨满'。'西林'即含'精细'、'高深'之义。"①

恩切布库作为阿布卡赫赫的侍女，是一位"头顶蓝天，脚踏大地，金光闪耀，美貌无比的裸体女神"，她在阿布卡赫赫与耶鲁里斗争的危急关头出现：阿布卡赫赫"抵御不住耶鲁里亿万年的地狱恶寒。天云中的阿布卡赫赫痛得周身慑栗。……在这万分危急时刻，随着'轰隆隆'一声鸣响，地上升起一个土丘。土丘越升越高……霎时一座高山直插云巅，突然，一声惊雷震撼，山尖上喷出了火焰。……大地重见光明，万牲享得平安。耶鲁里被这突来的烈焰烧得焦头烂额，猖狂逃窜，溜回地下。他再不能贻害万物，他再不能兴妖作乱"②。

因阿布卡赫赫同耶鲁里拼争时曾歇息在乌布林山巅的卧石亭，饱享了山巅上的美儿荃，山巅上有天落宝石，这些都被冠上了神圣的意味。

很多地名与两大神系的战斗有关，如银子峰、曼君乌延哈达。"银子峰是当年天地初开时，阿布卡赫赫同恶魔耶鲁里厮拼，被耶鲁里骗入银白的雪山，全仗众神襄助，阿布卡赫赫才逃劫难。这座银子峰就是当年九十九座天大雪山融剩下的最高峰。它直插云霄，无际无涯，是世上最寒冷的白银世界"③。"在萨哈连之北，有神山名曼君乌延哈达。其峰尖在云际，山中终年存雪，唯夏间融化挂溪，湍流声啸数十里。射猎、罟渔、捕貂鹰之属皆以曼君乌延之雪，度卜天年。天

---

① 富育光讲述，荆文礼整理：《天宫大战·西林安班玛发》，吉林人民出版社 2009 年版，第 179 页。

② 富育光讲述，王慧新整理：《恩切布库》，吉林人民出版社 2009 年版，第 11—12 页。

③ 富育光讲述，荆文礼整理：《天宫大战·西林安班玛发》，吉林人民出版社 2009 年版，第 191 页。

穹初开时，阿布卡赫赫与耶鲁里争雄，此山为卧勒多赫赫布星阵中之巨星。"①

　　靴子岛与耶鲁里有关，《西林安班玛发》中提到"齐集湖东方海沟外就有亘古闻名的海中福地。那里有著名的大靴子岛，层林葱翠，碧海无涯，百花竞艳，百兽天堂。在世世代代'乌勒本窝车姑'传咏中，有个动听的故事。相传，开天辟地时，阿布卡赫赫为追逐恶魔耶鲁里，一连几天几夜，双方争杀犹酣。天母竟不慎将自己一只战靴丢落东海中。从此，天母战靴化成了今日的海中长岛。因为这座长岛是天母神靴幻化而成，岛形至今酷似一只长长的女靴子，深砌在大海中。北为长宽的靴腰，南为细细的靴底和靴根，伸展陈放，栩栩如生"②。谷颖认为"齐集湖"应位于鞑靼海峡西岸，"混同江"为今黑龙江与松花江合流处下迄乌苏里江口的一段，而齐集湖又位于混同江以东，靠近鞑靼海峡方向。③《飞啸三巧传奇》曾多次提及齐集湖：老掌柜"是黑水车陵部落的人，原来在牛满江流进黑龙江的对岸，是满洲乌拉扎氏。乌拉扎氏在黑龙江的下游，他们的姓氏分布比较多，是满族的一个大望族。自古以来，黑龙江下游混同江那块，是他们的故乡。后来，老人那一支，就迁居到齐集湖一带。过了鞑靼海峡，对岸就是库页岛"④。参照《中国历史地图集》⑤，我们发现元时所设的辽阳行省有一地点为"奇集湖"，位于北纬51°，东经140°附近，在黑龙江下游"拨儿滨站"以东。所以"齐集湖"为"奇集湖"的可能性极大。

　　3. 宇宙起源

　　"窝车库乌勒本"讲述日月星辰、火神等神话。依兰乌西哈在

---

① 富育光讲述，荆文礼整理：《天宫大战·西林安班玛发》，吉林人民出版社 2009 年版，第 31 页。

② 同上书，第 229—230 页。

③ 谷颖：《满族说部〈西林安班玛发〉史诗性辨析》，《中南大学学报》（社会科学版）2010 年第 4 期。

④ 富育光讲述，荆文礼记录整理：《飞啸三巧传奇》，吉林人民出版社 2007 年版，第257 页。

⑤ 谭其骧主编：《中国历史地图集·元·明时期》，中国地图出版社 1996 年版，第13 页。

《天宫大战》只出现了寥寥几句:"突姆火神临危不惧,用自己身上的火光毛发,抛到黑空里化成依兰乌西哈、那丹乌西哈、明安乌西哈、图门乌西哈,帮助了卧勒多赫赫布星。然而突姆火神却全身精光,变成光秃秃、赤裸裸的白石头,吊在依兰乌西哈星星上,从东到西悠来悠去。"[①]《西林安班玛发》详尽描述了依兰乌西哈的由来:"依兰乌西哈,阿布卡赫赫跟恶魔耶鲁里,争夺天宇的主宰权时,耶鲁里凭着他有九头、自生自育的威力,变化出无穷尽的耶鲁里,把阿布卡赫赫缠得寸步难行,甚至憋得窒息。在阿布卡赫赫万分危难之时,全仗了妹妹卧勒多赫赫,紧急派来依兰乌西哈,带着她身边上万颗小亮星——依兰乌西哈的儿女们,一起用光芒的银针刺向九头恶魔耶鲁里,使它无法睁开魔眼,疼得耶鲁里声嘶力竭地怪叫,只好放开被困的阿布卡赫赫,逃进地下,躲藏起来。然而,凶恶无比的耶鲁里,虽然双眼暂时失明,魔怪的毒气却伤害了无数小星神,就连依兰乌西哈,也被魔气所伤,坠落大海,化成海中冲天的暗礁。阿布卡赫赫感激她的忠勇、顽强,与妹妹卧勒多商议,又从自己的披肩中,摘下三块宝石,交给卧勒多赫赫。由布星神卧勒多赫赫按照依兰乌西哈的模样,重造依兰乌西哈。新生的依兰乌西哈,在卧勒多布星袋中安睡百日。有了光芒和神力,有了无穷的光辉,被卧勒多赫赫重新撒上天庭。从此,天域补上穹宇中被失去的依兰乌西哈。这位依兰乌西哈就是此次西林色夫拜访的显赫星神。星神的名字,叫董乐多妈妈。她是卧勒多赫赫给起的亲昵的名讳。由她专管世间人类的繁衍。"[②]在《西林安班玛发》中交代明安乌西哈、图门乌西哈是"辛勤管理宇宙中千牲、万牲的勤劳牧神"。

火神神话比较常见,以《乌布西奔妈妈》和《奥克敦妈妈》为例:

---

① 富育光讲述,荆文礼整理:《天宫大战·西林安班玛发》,吉林人民出版社 2009 年版,第48—49页。

② 同上书,第196—198页。

火是闪着来，

火是笑着来，

火是蹦着来，

火是树上来，

火是雨中来，

火是雷里来，

火是风里来，

火是火中来。①

火是雷中来，

火是雨中来，

火是蹦着来，

火是跳着来，

火是笑着来。②

《天宫大战》中讲述了拖亚拉哈女神的故事，拖亚拉哈原为其其旦女神，她"见大地冰厚齐天，无法育子，便私盗阿布卡恩都力的心中神火临凡，怕神火熄灭，她便把神火吞进肚里，嫌两脚行走太慢，便以手为足助驰。天长日久，她终于在运火中，被神火烧成虎目、虎耳、豹头、豹须、獾身、鹰爪、猞猁尾的一只怪兽，变成拖亚拉哈大神，她四爪踏火云，巨口喷烈焰，驱冰雪，逐寒霜，驰如电闪，光照群山，为大地和人类送来了火种，招来了春天"③。突姆（tuwa，火）火神长在巴那姆心上，身上的火光毛发，变成依兰乌西哈、那丹乌西哈、明安乌西哈和图门乌西哈。《乌布西奔妈妈》则讲述其侍女古尔

---

① 鲁连坤讲述，富育光译注整理：《乌布西奔妈妈》，吉林人民出版社 2009 年版，第 209 页。

② 富育光讲述，王卓整理：《奥克敦妈妈》，吉林人民出版社 2018 年版，第 59 页。

③ 富育光讲述，荆文礼整理：《天宫大战·西林安班玛发》，吉林人民出版社 2009 年版，第 75—76 页。

苔受命取太阳光坠落冰山，钻出冰山，取回神火温暖了土地。而她困在冰山中，误食耶鲁里吐出的乌草穗，含恨死去后化做黑乌，为世间山寨巡夜传警。《恩切布库》中提到："当人类和拖亚拉哈女神世代相依为命时，当生命之火与人类朝夕共存之时，宇宙比任何时候都更加活跃而有生气。""互助的心歌渐被遗忘，互助的心声渐被冷寂。拖亚拉哈女神含恨离去，大地重又变得寒苦凄凄。孤贫窃据凡间，互助远离人世。"恩切布库女神从火山中生出，"不仅教野人们会用火，认识各种各样的火，还教他们怎么保护火，怎么抵御火，怎么驾驭火，怎么保留火种"。奥克敦妈妈教人用钻木取火熟食，"双石击生火，双木钻生火，鸣雷震生火"。从此，尼雅玛学会用石盆蓄火、石罐存火。乌布西奔妈妈传教乌布逊"生火、留火、熏肉烤吃"。

五部文本中的互文性还体现在很多方面，在此我们不一一列举。

小　结

"窝车库乌勒本"本为萨满祭祀时讲述或演唱的神本子，与萨满文化有着密切的联系，萨满的遴选、萨满祭祀和其独特的功能、主人公在梦中得到神谕等，都在"窝车库乌勒本"中很好地保留下来。

"窝车库乌勒本"讲述较为久远时代人类面临来自大自然严酷的环境、凶猛动物的威胁和周边氏族聚落的压力，通过制作各种工具、改善居住环境等，逐渐形成了互助合作团结的观念，并在部落联盟过程中取得周围部落的认同。

这五部"窝车库乌勒本"大致产生、流传于黑龙江、库页岛、北海、锡霍特山脉一带，主人公崇拜太阳，渴望征服东海。其他四部文本都与《天宫大战》有关，应为《天宫大战》衍生文本，每一位主人公都与阿布卡赫赫或东海女神有关，《天宫大战》中较为简略的讲述在这些文本中得以扩展。

作为唯一的男萨满，西林安班玛发发明了弓箭。依据摩尔根的分析，我们是否可以推测，《西林安班玛发》是较晚产生的说部呢？与乌布西奔妈妈创制文字相比，似乎《乌布西奔妈妈》更晚近一些。如果要得出这样的结论，可能还需要其他资料的支撑。

作为萨满史诗，"窝车库乌勒本"中的确有很多与史诗相契合之处，也有难以辨别之处，毕竟史诗与史实是有区别的。

第四章

天庭秩序：女神获胜

在中国北方少数民族神话或史诗中，女性神灵通常有神奇的本领，她们本身就是女萨满，有的会飞，有的会变形，比较典型的就是赫哲族"伊玛堪"中女性可以变成阔力（即鹰）。据不完全统计，在满族说部"窝车库乌勒本"《乌布西奔妈妈》《天宫大战》《恩切布库》《西林安班玛发》《奥克敦妈妈》中有近300位女神。《萨满教女神》提到这三百女神中较为重要的女神有：天地三姊妹尊神阿布卡赫赫、巴那姆赫赫①、卧勒多赫赫；生命女神多喀霍；突姆女神；太阳女神顺；月亮女神毕牙；百草女神雅格哈；花神依尔哈；护眼女神者固鲁；迎日女神兴恶里；登高女神德登；大力女神福特锦；九彩神乌昆哲勒；大鹰星嘎思哈；西方女神洼勒格；东方女神德里格；北方女神阿玛勒格；南方女神朱勒格；中位女神都伦巴；女门神都凯；计时女神塔其妈妈；鱼星神西离妈妈；天母侍女白腹号鸟、白脖厚嘴号鸟；九色花翅大嘴巨鸭；人类始母神女大萨满；盗火女神其其旦。她们形象鲜明，性格迥异。

通过研读文本，我们发现：女神有不同的层级，形成完整的体系；女神经过与男神激烈的斗争，从而奠定了天庭和人间的秩序；尊重女神、女萨满、女性，是满族文化中较为独特的现象，并延续到后世成为满族人生活中的常态，在文学作品中有充分的体现。在不同文本中出现的女神可互相补充，互为印证。

---

① 在《天宫大战》中，此神为巴那姆赫赫；在《奥克敦妈妈》中为巴那吉额姆；在《恩切布库》中为巴那吉额莫。

第一节　三百女神神谱

三百女神并非确指，有的形象鲜明，有的男女难辨，有的仅简化为一个名字，有的更湮没在神话中。"窝车库乌勒本"文本保留女神的原初状貌，女神之间的关系比较独特，女神可分为三个层级。

第一层级为开天辟地时的三女神，也是最早的女神，天母阿布卡赫赫（满语 abka hehe，即天女）和她的姐妹地母巴那吉额母（bana，土地之义）、星神卧勒多赫赫。有时还会加入东海女神德里给奥姆妈妈①。

关于阿布卡赫赫出生有两种观点：一为水泡说，在《天宫大战》中在"世上最古最古的时候，是不分天、不分地的水泡泡，天像水，水像天，天水相连，像水一样流溢不定。水泡渐渐长，水泡渐渐多，水泡里生出阿布卡赫赫"②。一为柳生说。"阿布卡赫赫的早期形象即为一个巨大的孕生万物的女阴，而柳就是女阴的象征，由此就派生出柳生人类和宇宙万物的神话。"③佛赫妈妈就是柳神，民众也称之为佛托妈妈。

巴那吉额母、卧勒多赫赫的出生比较一致，阿布卡赫赫上身裂生出卧勒多赫赫，下身裂生出地母巴那吉额母。

被民众称为第四位母神的东海奥姆赫赫女神，在《乌布西奔妈妈》和《西林安班玛发》中被称为德里给奥姆妈妈，她主要统治海洋、生死和光明。德里给奥姆妈妈④由地母巴那吉赫赫⑤口水化生而

---

① 在《乌布西奔妈妈》中，乌布西奔讲述了"月、星、光三神，和乌鸦、喜鹊、天鸠三侍女神，共计六位尊神"。

② 富育光讲述，荆文礼整理：《天宫大战·西林安班玛发》，吉林人民出版社 2009 年版，第 9 页。

③ 富育光、孟慧英：《满族萨满教研究》，北京大学出版社 1991 年版，第 203 页。

④ 德里给奥姆，满语 dergi eme，东方妈妈神。东海奥姆赫赫是汉语东海加上满语 eme hehe 合在一起的复合称呼。表示的内容一致。

⑤ 巴那吉赫赫即为巴纳吉额母。

成，又由阿布卡赫赫炯炯日火凝生。天地初开时，阿布卡赫赫鏖战恶魔耶鲁里，不慎被耶鲁里擒缉。在最危难时刻，地母巴那吉赫赫用口水喷射耶鲁里，化形出一位半坐在鼓上的鱼首裸女大神——德里给奥姆妈妈。故此，她具有地母、天母，双神的体魂、慧目、慈心，无上神威神圣，永世给人类播送热和光明。在她身边有十三位女神，最得力的助手便是托日神与迎日神。还有"海熊神、鱼神、龟神、海蛇神、蛙神、海风神、礁石神、海乌草卉神、晰蜴神、岛龟值日神"。

三女神创造了多种自然现象："阿布卡气生云雷，巴纳姆肌生谷泉，卧勒多用阿布卡赫赫眼睛发布生顺、毕牙、那丹那拉呼"①。

第二个层级是女神的子女，她们或是化生或是裂生。

阿布卡赫赫的爱女西斯林女神，统管天宇的风气，能小则小，能大则大，背着装满星云的桦皮口袋②。这位女神与耶鲁里一样男女同体，既是男神，又是女神。这位男女同体的神后来又称之为风神西斯林。作为风神，他是阿布卡恩都力的爱子，由阿布卡恩都力的两双巨脚化生、风驰电掣；他还被称为雷神，是阿布卡恩都力鼾声化形而成的巨神，喜驰游寰宇，声啸裂地劈天，勇不可当。西斯林因为"贪睡，惹出大祸，被三女神驱逐出天地之外，夺去了她的女神神牌"③。西斯林改变神形后成为耶鲁里伙下的男性野神。放荡不羁，撼山摇月，成为万物一害。男女同体，可由女神变为男神，或许是在母系社会向父系社会过渡阶段较为混乱的记忆吧！

德登女神原为阿布卡赫赫的一只脚，其职责是守视天穹。

阿布卡赫赫生出的神有气生云雷，腋毛变成水龙，即木刻恩都力；身上的香肉变成者固鲁女神，即刺猬神；依尔哈女神由阿布卡赫

---

① 富育光讲述，荆文礼整理：《天宫大战·西林安班玛发》，吉林人民出版社2009年版，第11页。顺，满语，šun，太阳；毕牙，满语biya，月亮之义；那丹那拉呼，满语na-dan naihū，七星。

② 富育光讲述，荆文礼整理：《天宫大战·西林安班玛发》，吉林人民出版社2009年版，第43页。

③ 同上书，第54页。

· 170 ·

赫身上的香肉变成。阿布卡赫赫从身上搓下来的泥做成无数米亚卡小神能伸能缩；身上搓落成泥又生出兴恶里女神，能在黑暗里钻行，迎接和引导太阳的光芒照进暗夜，即鼠星神祇。

像盘古化生一样，阿布卡赫赫的肌肤血液、眼睛，头发、牙齿、骨头、精液、汗水生成人世间万物景象，头发变成森林，汗水变成了溪河。

巴那姆赫赫的女儿福特锦力神，"生得四头六臂八足的大力神，与德登女神同样是身高齐天，只不过她不守视天穹，而是护视九层天穹的下三层。四头分视四方，眼睛能观察到鸟虫也飞不到的地方，能看穿岩土峦岳。她的六臂能够托天摇地，拔山撼树，能缚捉住千里之外的飞鸟奔兔，闭眼伸手就能采摘野果，辨别百草，她长着人脚、兽腿、鸟爪、百虫的足，跑起来连风也追不到。她的身姿与姊妹神德登女神正相反，粗矮雄阔，像一座横亘千里的峰岩"①。突姆火神长在巴那姆赫赫心上。巴那姆赫赫有亲随二十七位，《乌布西奔妈妈》中将东海女神视为其得力女神。其他神灵多为自然现象神、动植物神。

卧勒多赫赫的后代未见提起，其星袋中的神为那丹女神，可化为无数星星。在《乌布西奔妈妈》中提到她人身鸟翅，身边亲随女神十二位，但未提及具体神名。卧勒多赫赫人身鸟翅，身背装满星辰的小皮口袋，主管天宇、星辰、星路、星桥，身边亲随女神 41 位，她们共同辅佐星母。

第三个层级是女神的侍女或其他动物神。

阿布卡赫赫身边的女神②有霍洛浑和霍洛昆女神、大侍女喜鹊、

---

① 富育光讲述，荆文礼整理：《天宫大战·西林安班玛发》，吉林人民出版社 2009 年版，第 64 页。

② 阿布卡赫赫显赫亲随女神 39 位，辅佑天母。德林天女，温金天女，布罕天女，美梅天女，秋罕天女，察林天女，布雅天女，留肯天女，齐齐天女，顿顿天女，主管上天；其敏天女，木林天女，乌达天女，麦阿天女，文兴天女，缶由天女，岔布天女，曼音天女，徐运天女，乌鲁天女，主管中天；夹加天女，巴那天女，乌林天女，音达天女，没音天女，瓦卡天女，顿云天女，毕钦天女，布温天女，萨林天女，主管下天；满鲁赫，达其布，乌布锦，达林布，其雅其，木民吉，忙嘎亚等九女神为巡天大神。

二侍女刺猬、三侍女奥朵西①（小姑娘）。动物神有侍女嘎思哈（白鹊女神），夹昆妈妈——开天辟地的鸟神，塔思哈——虎神②（阿布卡赫赫的坐骑）。这些神灵分居于九天九股之地："通天桥路分九股，九天九股住着宇宙神，都是耶鲁里从地上赶上来的。九股分住着三十妈妈神：一九雷雪三十位，二九溪涧三十位，三九鱼鳖三十位，四九天鸟长翼神，五九地鸟短翼神，六九水鸟肥脚神，七九蛇猬迫日神，八九百兽金洞神，九九柳芍银花神。"③ 阿嘎妈妈执掌宇宙的雨水，额顿妈妈执掌宇宙的游风，她们都是阿布卡赫赫的侍女。④ 窝米纳女神主管宇宙间百虫草木的精灵。⑤ 阿布卡赫赫的忠实侍女古尔苔，"受命取太阳光坠落冰山，千辛万苦钻出冰山，取回神火温暖了土地。宇宙复苏，万物生机，古尔苔神女困在冰山中，饥饿难耐，误吃耶鲁里吐出的乌草穗，含恨死去，化作黑鸟，周身变成没有太阳的颜色，黑爪、壮嘴、号叫不息，奋飞世间山寨，巡夜传警，千年不惰，万年忠职"⑥。恩切布库自陈是阿布卡赫赫的侍女，万年前，为了惩治恶魔耶鲁里，化成烈焰，埋在了堪扎阿林的山下。

　　阿布卡赫赫平定四方后，新的神形成（西方神为洼勒格女神，东方神为德里格女神，北方神为阿玛勒格女神，南方神为朱勒格女神，中位神为都伦巴女神），其他还有自然现象神⑦、动植物神、文化神。

---

　　① 奥朵西掌管七彩云兽，是放云马的神女。天河中的各色云兽都是按奥朵西的意愿奔行。参见富育光讲述，荆文礼整理《天宫大战·西林安班玛发》，吉林人民出版社2009年版，第33页。

　　② 塔思哈为了驱赶耶鲁里，化成金虎吞吃洞穴中的魔怪，又受天母之命，永居洞窟中生活。参见富育光讲述，王慧新整理《恩切布库》，吉林人民出版社2009年版，第71页。

　　③ 富育光讲述，荆文礼整理：《天宫大战·西林安班玛发》，吉林人民出版社2009年版，第57—58页。

　　④ 富育光讲述，王慧新整理：《恩切布库》，吉林人民出版社2009年版，第30页。

　　⑤ 同上书，第34页。

　　⑥ 鲁连坤讲述，富育光译注整理：《乌布西奔妈妈》，吉林人民出版社2007年版，第190—191页。

　　⑦ 在《乌布西奔妈妈》中提到自然现象神有41位："山、云、雷、闪、雪、冰、风、雹、霁、雾、尘埃、露、雨、蚀、潮、浪、冻、淞、凌、浴、流、泉、氮、虹、炬、灶、洋、洲、霉、霄、霓、霜、霞、灵三十四位大神与山、云、雷、闪、雪、雨、虹七位辅神，共计四十一位尊神。"

傅英仁讲述巴那姆①生出天禽、地兽、土虫。西离妈妈女神为星神，鲤鱼拐子星；云母神变成塔其妈妈星神；护眼女神后来变成芍单乌西哈；管门女神都凯女神。德里给奥姆妈妈受三女神之命，为了把太阳光辉世世代代普照万物生灵，将自己的心灵火光，吐出一块，凝生成光芒万丈的新日。它常栖居在万物的心灵中，使万物聪慧、照明，总能识途，不会迷茫。它自称查拉芬妈妈神群，统辖主宰女寿神、男寿神、老寿神、小寿神，兽寿神、禽寿神，万花万草万木万鱼万虫万万生命的护寿神。

有些神话很少提及阿布卡赫赫这一女神形象，取而代之的是男性大神阿布卡恩都力。西斯林本是阿布卡赫赫的女儿，后因犯错被逐出天宫成为耶鲁里的帮凶。之后变成阿布卡恩都力的爱子，由阿布卡恩都力的两双巨脚化生而成，风驰电掣。而雷神西斯林是阿布卡恩都力鼾声化形而成的巨神。其其旦女神的情况更是将风神和雷神混在一起。其其旦女神本是阿布卡恩都力额上突生红瘤化成的美女，嫁给雷神为妻。风神盗走其其旦，打算与其媾孕子孙，播送大地，使人类得以延续。其其旦盗走阿布卡恩都力的心中神火，她被烧成一只怪兽，即拖亚拉哈女神。

人间的瞒尼神也与阿布卡赫赫无关，阿布卡恩都力送给人间92位瞒尼神，包括战神、箭神、石神、瘟神、瘸神、头疼神、噬血神、大力神、受力神、穴居神、飞涧神、舟筏神、育婴神、产运神、媾交神、断事神、卜算神、驭火神、唤水神、山雪神、乌春神、玛克辛神、说谷神、瞒爷神等，传播古史子嗣故事。

---

① "巴那吉额姆显赫亲随女神二十七位，辅佐地母。其中，最亲要属大神，首推执宰东海的光明神——德里给奥姆妈妈，乃东海生命之光、之源、之基。德里给奥姆妈妈下属十二位尊神：追日神、送日神、海豹神、海熊神、鱼神、海蛇神、蛙神、海风神、礁石神、海鸟草卉神、蜥蜴神、岛鬼值日神。巴那吉额姆身边亲随女神还有：班达妈妈玛发、谷壑神、洞窟神、鬼府神、山巅神、河流神、江湖神、山峦神、林莽神、指路神、沙丘神、雪域神、碱滩神、石林神、地火神、旱神、虫神、地瘟神、土运神、地藏神、植育神、地被神、窝棚神、穴室神、窖神、树神、万牲万禽神。"参见鲁连坤讲述，富育光译注整理《乌布西奔妈妈》，吉林人民出版社2007年版，第74页。

对此现象，有的学者解读为：到了满族父系社会，男性大神阿布卡恩都里（天神）成了天穹、宇宙的主宰，但关于他的神话里，仍然杂糅着在母系社会产生的柳崇拜的宗教意识。……随着父权社会的建立与巩固，一方面原始女神相应地得以保留，有的被新的观念加以改造；另一方面出现了一批男性神祇，男性神祇所涉及的信仰方面，不亚于女神，有创世宇宙大神、大力神、氏族祖先英雄神等……"阿布卡朱色，天神意，即宇宙神。它源于阿布卡赫赫，即创世女神，后由女变男，亦称阿布卡恩都力。"① 女神阿布卡赫赫变为男性天神阿布卡恩都力。……阿布卡恩都力的神话相当丰富，但并不是重复阿布卡赫赫的内容，而是一种全新的创造，阿布卡赫赫神话中那种质朴、天真和直观的象征意义，在阿布卡恩都力神话中渐淡，而天神支配、调动、封许或家族关系方面的因素加强，人文观念渐浓。② 笔者认同该观点，此处不再赘述。有趣的是阿布卡恩都力大神像巴那姆赫赫一样性喜酣睡，所以北地朔野寒天，冰河覆地，雪海无垠，万物不生。我们可以理解为在女神崇拜之后对男神的重新建构。

第二节　善神与恶神之争

伊朗神话最突出的特点就是鲜明的善、恶二元论色彩。不论是古老的琐罗亚斯德教神话，还是后起的摩尼教神话，都特别强调"善"与"恶"两大本原的尖锐对立和斗争。③ 满族神话中善恶相对的两大阵营是以阿布卡赫赫为代表的天神及以耶鲁里为代表的恶神。令人不可思议的是耶鲁里与天神的关系。他由三女神共同创造，最终被巴那姆赫赫用山碴子打成九头八臂的两性怪神。

---

① 富育光、孟慧英：《满族萨满教研究》，北京大学出版社 1991 年版，第 81 页。
② 同上书，第 246 页。
③ 张玉安、陈岗龙等：《东方民间文学概论》，昆仑出版社 2006 年版，第 15 页。

阿布卡赫赫见世上光生女人，就从身上揪块肉做个敖钦女神，生九头，这样就可以有的头睡觉，有的头不睡觉。还从卧勒多女神身上要的肉，给她做了八个臂，有的手累了歇息，有的手不累辛勤劳碌，让她侍守在巴那姆赫赫身旁，使巴那姆赫赫总被推摇，酣不成眠。①

敖钦女神九个头颅，想的事超过百禽百兽，眼睛时时有睁着的，耳朵时时有听着的，鼻子时时有闻着的，嘴时时有吃东西的。所以她把百禽百兽的智慧和能耐都学通了，她的手时时推摇巴那姆赫赫，练得力撼山岳，猛劲无穷。她总看守巴那姆赫赫，也甚觉没趣，有时就发怒吼闹。因她身子来自阿布卡赫赫和卧勒多赫赫吐出的云气和烈火，更伤害巴那姆赫赫的宁静。巴那姆赫赫本来就烦恶敖钦女神，一气之下用山上的两大块山砬子打过去，一块山尖变成了敖钦女神头上的一只角，直插天穹；另一块大山尖，压在敖钦女神肚下，变成了"索索"。敖钦女神被两块山尖一打，马上变了神形，一角九头八臂的两性怪神。她自己有"索索"，能自生自育，又有阿布卡赫赫、卧勒多赫赫、巴那姆赫赫身上的骨肉魂魄，又有九头学到百能百技，有利角可刺破天穹大地，刺伤巴那姆赫赫，钻进巴那姆赫赫肚子里。她自生自育，生出无数跟她一样的怪神。它就是九头恶魔神，无往不胜的耶鲁里大神。②

与女神神系相对立的是恶神耶鲁里神系，他统辖都托、豪托、托欧、多威、曾吉、角亢、安俄、德林、卡妞、胡突、沙林、玛呼、喝荣、博诺、窝浑、苏棲等91位神灵，与女神神系势均力敌。女神们经过

---

① 富育光讲述，荆文礼整理：《天宫大战·西林安班玛发》，吉林人民出版社2009年版，第15—16页。

② 同上书，第21—22页。

艰苦的鏖战，才使人类有了这个充满了阳光的新世界。① 跟随耶鲁里的神还有西斯林，"巴那姆赫赫身边还生活着许多喜欢穿穴而居的生命，如蝼蚁、穿山甲、地鼠等等，耶鲁里的败魂还时常出世脱化瞒尼、满盖，践害人间"②。"耶鲁里常潜出施毒烟害人，疮疖、天花灭室穴生命。"③ 耶鲁里逃跑后放散的魔气化成了山冈恶瘴、疫病，从此留到了人间，贻害无穷。④ 在恩切布库到人间之前，耶鲁里试图施展诡计，向其喷吐黑风污水，但被阿嘎女神收入水罐中，他幻化成的癞蛤蟆险些崩裂粉碎。

在与耶鲁里的战争中或天庭秩序的确立中，阿布卡赫赫不是完全凭借自己的神威战胜耶鲁里，每一次斗争都得到了其他女神的帮助。富育光和孟慧英指出："在萨满教众多的天穹神话中，有一批聪明、美貌、智慧而显赫无比的女神组成的神群，她们统驭着天穹并踞于神坛中心，为族人所敬祀、膜拜。这些女神虽然成了萨满教天穹的主神，但她们不是人类跨入阶级社会以后出现的'女王'在天上的翻版，还没有一神教倾向。她们往往以群体出现，常常是双神、三神、七神同体，极少有一个女神主权的神话。在萨满神话中，还出现一个女神生三头八臂九足的宇宙为神，神威能摇撼宇宙，飞行九层天如在步中。"⑤ 九头八臂，三头八臂九足应比喻其神本领高强。"三头六臂"原为佛家语，指佛的法相，后比喻神奇的本领。

---

① 富育光、王宏刚：《萨满教女神》，辽宁人民出版社1995年版，第8页。对于具体恶神的情况，在《乌布西奔妈妈》第79到80页有详细的解读："耶鲁里化形亿亿海砂，粒粒幻砂兴恶氛。都托是窃贼神，豪托是谎言神，托欧是骗语神，多威是奸诡神，曾吉是危宅神，角亢是地陷神，安俄是夜噬神，德林是伪善神，卡妞是怪鬼神，胡突是魔妖神，沙林是无头美女神，玛呼是迷人神，喝荣是暗算神，博诺是冻鬼神，窝浑是臭味神，苏棲是嘻膈神，达巴奇是抢掠神，都岗是瘦鬼神，果尼是思症神，茹薄是戏谑神，拨其是撒癫神，哈雅是淫荡神，德化是离心神，莫诺是瘫神，亚顿是吼病神，衣嘎是天花神，库孙是膨闷神，河督是疥神，莫若是水痘神，哈它是痘毒神，喝勒是哑巴神，门棍是愚傻神，杨桑是唠叨神，拉齐是软瘫神，顺郭是哭神，麻占是矬神，牙里土是肥胖神，克里是麻子神，俄脱是丑鬼神，黑亚里是斜眼神，图伦是万祸神。"
② 同上书，第69页。
③ 富育光讲述，荆文礼整理：《天宫大战·西林安班玛发》，吉林人民出版社2009年版，第73页。
④ 同上书，第65页。
⑤ 富育光、孟慧英：《满族萨满教研究》，北京大学出版社1991年版，第182页。

一 耶鲁里多次尝试终败北

在争夺天庭统治权的过程中，耶鲁里采取了很多办法，如发洪水，利用雪山和火山，跟阿布卡赫赫打赌、比试，借助变形迷惑神灵，更有甚者耶鲁里还试图调戏阿布卡赫赫。

1. 耶鲁里变形

耶鲁里把九个头变成九个亮星，卧勒多赫赫用桦皮兜装星星却被他带入地下，成了俘虏囚在地下。可是，卧勒多赫赫的光芒照得耶鲁里九个头上的眼睛全部失明，头晕地旋，将桦皮兜抛出来。

在与阿布卡赫赫的斗争中，耶鲁里的九头曾被打掉过，"阿布卡赫赫驱赶恶魔耶鲁里时，从头上摘下的玉坠打向耶鲁里，耶鲁里的头被打掉了一颗掉在地上，那块玉坠也被打碎，落在耶鲁里掉下来的头上，变成了一座玉石山，包围住了那颗魔头。可是耶鲁里神技无敌，马上把掉下头的地方，一连凸出六个同样的大山。阿布卡赫赫和巴那姆赫赫来找那颗魔头，已经难以觅寻，在七个大山和周围的小山丘中，无法再找到耶鲁里的头。耶鲁里从地下偷偷把那颗头找到安到自己的头上"。①

耶鲁里还曾"乔装成一个赶鹅的老太太，掉下来的头还可再安回去，与阿布卡恩都力拄着个木杖吆吆喝喝地走来。天鹅不怕天风，将翅一合钻进草香莺啼的小溪里。老太太用斗篷把头一裹，躲过暴风，也随鹅来到小溪旁。鹅，乍开起只是三只，突然鹅生鹅、鹅变鹅，越变越多，不大功夫遍野全是，白花花、嘎嘎怪叫的大鹅。老太太的拐杖一下子变成开沟镐，把百树、百草、花坛都给豁成了山谷深涧。阿布卡赫赫正安静睡觉，忽然觉得全身被白网拴着，越拴越紧。原来白鹅变成了拴阿布卡赫赫的白筋绳子，木拐杖原来正是恶魔耶鲁里的又凶又大的顶天触角，刺扎得阿布卡赫赫遍体鳞伤"②。可见，女神对

---

① 富育光讲述，荆文礼整理：《天宫大战·西林安班玛发》，吉林人民出版社 2009 年版，第 36 页。

② 同上书，第 51—52 页。

耶鲁里的化形毫无防备。

2. 多次打赌、比试

（1）比试分辨天地能力

耶鲁里建议谁最有能耐寻找到光明，最先分辨出天是什么颜色，地是什么颜色，谁就可以掌控天庭。比试过程中，阿布卡赫赫被耶鲁里从白海背来的冰山囚住。巴那姆赫赫派去九色花翅大嘴巨鸭，把阿布卡赫赫从冰水中背上蓝天躲过灾难。

（2）比试速度

阿布卡赫赫追不上耶鲁里，奥朵西把藤草变成白马借给耶鲁里。耶鲁里骑上白马后被藤草缠住，阿布卡赫赫将其捉住。求饶后阿布卡赫赫放了耶鲁里。

（3）比试飞速

耶鲁里找阿布卡赫赫比试飞速，他若输情愿做阿布卡赫赫的侍卫。耶鲁里化成无数耶鲁里，阿布卡赫赫上当被他压到一座座雪山下。阿布卡赫赫啃巨石充饥，将多喀霍女神吞进腹内。多喀霍女神是光明和火的化身，热力烧得阿布卡赫赫坐立不宁，浑身充满巨力，烤化了雪山，冲上天穹。热火烧得阿布卡赫赫肢身融解，眼睛变成了日、月，头发变成了森林，汗水变成了溪河……①这一段变成化生神话。

（4）为乌米亚罕而比试

耶鲁里想把三女神创造出的乌米亚罕毁掉，于是就跟阿布卡赫赫打赌比试本领。这次阿布卡赫赫觉察到耶鲁里又在玩诡计，在哄骗她们姊妹，没有轻易上当。她清楚地意识到必须在斗智中增长擒魔经验。耶鲁里妄想借风力淹没三神，将三女神造出来的乌米亚罕一并窒息在沙雪之中。但是，他喷出的"白粉寒雪毒雾，黄粉荒沙死狱"，被三女神姊妹的一身正气和红光驱逐、焚烧净尽，连同耶鲁里一起逃入地下，再不敢显露其魔鬼真容。

---

① 富育光讲述，荆文礼整理：《天宫大战·西林安班玛发》，吉林人民出版社 2009 年版，第 46 页。

3. 耶鲁里调戏阿布卡赫赫

耶鲁里见阿布卡赫赫身披九彩云光衫，姿貌秀美，便想调戏她，并想得到她。阿布卡赫赫忙让众侍女轰走他。大侍女、二侍女、三侍女都去赶他。三侍女奥朵西将七彩云马赶进了耶鲁里的眼睛里，耶鲁里疼得双目一十八只眼睛，都变成了黑雾虫噬，被赶跑了。可是耶鲁里眼睛里被裹走了许多天马，天的颜色从此不再是九个颜色，而变成七色了。

耶鲁里无论采取什么方式，都无法摆脱其失败的命运。

二 小神灵 大作用

以阿布卡赫赫为代表的天神在与耶鲁里的反复斗争中，一些小神起到了关键性的作用。讲述者并未详尽地描述阿布卡赫赫本身的能力，反而突出小神的形象，它们对善恶对决的结果有极大的影响。

1. 突姆火神的出现

突姆①火神牺牲小我，"耶鲁里闯出地窟，又逞凶到天穹，要吃掉阿布卡赫赫和众善神。耶鲁里喷出的恶风黑雾，蔽住了天穹，暗里无光，黑龙似的顶天立地的黑风卷起了天上的星辰和彩云，卷走了巴那姆赫赫身上的百禽百兽。突姆火神临危不惧，用自己身上的火光毛发，抛到黑空里化成依兰乌西哈、那丹乌西哈、明安乌西哈、图门乌西哈，帮助了卧勒多赫赫布星。然而突姆火神却全身精光，变成光秃秃、赤裸裸的白石头，吊在依兰乌西哈星星上，从东到西悠来悠去。从白石头上还发出微光，照彻大地和万物，用生命的最后火光，为生灵造福。"②

2. 西斯林失职，者固鲁女神拯救天神

因守护赫赫的西斯林女神贪恋睡觉，没用飓风扇动天魔，被耶鲁里装扮成的老太太破坏了风阵。因风阵被破坏，"阿布卡赫赫被抓，

---

① 突姆，满语为 tuwa，即为火。

② 富育光讲述，荆文礼整理：《天宫大战·西林安班玛发》，吉林人民出版社 2009 年版，第 48—49 页。

天要塌陷了，天摇地晃，日月马上暗淡无光。天上的神禽，地上的神
兽相继死亡，阿布卡赫赫的两个妹妹吓得手足无措。三姊妹同根同
存，一个若是被杀死，两个妹妹也就随着窒息。大难眼看临头，耶鲁
里要执掌穹宇，众魔手舞足蹈，争霸天地间的星房地窟。"[1] 这时，
护眼女神者固鲁女神变成芍丹乌西哈，光芒四射。九头恶魔耶鲁里一
见这朵奇妙的神花，爱不释手。恶魔们争抢着摘白花，谁知白花突然
变成千条万条光箭，直射耶鲁里的眼睛，疼得耶鲁里闭目打滚，吼叫
震天，捂着九头逃回地穴之中。阿布卡赫赫被拯救了，天地被拯
救了。[2]

3. 米亚卡小神变蚯蚓

为了对付耶鲁里的无敌长角，阿布赫搓下身上的泥变出无数米
亚卡小神。他们"钻进了耶鲁里的九头独角里。耶鲁里又痒痒又头
痛，冲到天上，独角让米亚卡神给钻了一半，再不像过去那样又长
又尖了。耶鲁里的角掉在地上，正巧赶上野猪拱地成沟，要咬耶鲁
里，结果那个掉下的角一下子扎在野猪的嘴上，从此野猪长出了又
长又灵的獠牙，比百兽都厉害。……耶鲁里疼得在天上打滚，见到
三百女神向它扑来，便随着黑风逃到了一条大河河底下，化成小小
曲蛇（即蚯蚓），藏进了泥水里。三九天上的鱼母神，见此情景追
进水里，变成个机灵敏捷的小鲤鱼拐子，找到了耶鲁里，从泥里咬
住了耶鲁里化形的小蚯蚓尾巴，蚯蚓身子一缩掀起大浪泥沙，搅浑
了清水，鱼母神松口，耶鲁里化阵恶风又逃之夭夭"[3]。这个情节和
《西游记》里孙悟空与杨戬比试变形很相似：孙悟空先变麻雀，杨
戬变老鹰，孙悟空变小鱼，杨戬变鱼鹰，孙悟空变水蛇，杨戬变灰
鹤，孙悟空变花鸨，杨戬变回原样拿弹弓打，孙悟空假装掉落变土
地庙，杨戬识破用三尖两刃刀捅孙悟空的眼睛，孙悟空逃跑到灌江

---

[1] 富育光讲述，荆文礼整理：《天宫大战·西林安班玛发》，吉林人民出版社 2009 年
版，第 52—53 页。

[2] 同上书，第 53—54 页。

[3] 同上书，第 58—59 页。

口，变作杨戬的样子。虽然耶鲁里的变形仅有一次，但与鱼母神的交锋生动有趣。

4. 九云母神变作计时星

耶鲁里凭借西斯林的风威，将光明吞进肚里，天宇又变成黑漆无光。恶风呼啸，尘沙弥漫，企图把天上三百女神吹昏头脑，追踪不到它的身迹。阿布卡赫赫便让一九云母神变作一个永世计时星，嘱她一定要永世侧身而行，不要让耶鲁里认出来，因为耶鲁里有西斯林的飓风，刮起来云母神不能久停。云母神化做卧勒多赫赫布星神属下的一位忠于职守的塔其妈妈星神，昼夜为众神计时，再狂的恶风黑夜，也骗不了众神的眼睛。可是耶鲁里总抓不住她，也认不出来。所以，耶鲁里永远不能辨时辨方向，不如阿布卡赫赫畅行自如。[1]

5. 德登女神来帮忙

九头恶魔（耶鲁里）"屡战屡败，恼羞万分，便找西斯林风魔送去口信，要一对一地比试高低。双方都不要带帮手，谁胜了谁就是执掌寰天的额真达爷。万物都要由他领辖，由他创造，由他衍生更替"[2]。卧勒多用布星的神工将星群列成战阵，连成一片，供阿布卡赫赫藏身歇脚；银光长翅可为阿布卡打闪照路；把星海堆成山峦沟谷川壑阻挡耶鲁里的逃遁和施展淫威。耶鲁里被者固鲁女神光衫刺射，神力难支，想在星斗上歇脚，却被德登女神拽进地心巴纳吉额姆的肚脐眼，被福特锦力神捉住，紧紧掐住耶鲁里的九头，耶鲁里因有气光神功惊慌逃窜。

6. 多喀霍女神出现

因为耶鲁里能自生自育，生出无数小恶魔，耶鲁里连生不灭，比以前更多。多喀霍女神出现，和西斯林女神合作。西斯林女神飞沙走石驱赶魔迹。耶鲁里无处躲身，仓皇逃到地下躲起来。

---

① 富育光讲述，荆文礼整理：《天宫大战·西林安班玛发》，吉林人民出版社 2009 年版，第 60 页。

② 同上书，第 62 页。

7. 依兰乌西哈的大作用

阿布卡赫赫跟恶魔耶鲁里争夺天宇的主宰权时，耶鲁里凭借九头、自生自育的威力，变化出无穷尽的耶鲁里，把阿布卡赫赫纠缠得寸步难行，甚至憋得窒息。在阿布卡赫赫万分危难之时，卧勒多赫赫紧急派来依兰乌西哈，带着她身边上万颗小亮星——依兰乌西哈的儿女们，一起用光芒的银针刺向九头恶魔耶鲁里，使他无法睁开魔眼，疼得耶鲁里声嘶力竭地怪叫，只好放开被困的阿布卡赫赫，逃进地下，躲藏起来。然而，凶恶无比的耶鲁里，虽然双目暂时失明，魔怪的毒气却伤害了无数小星神，就连依兰乌西哈，也被魔气损伤，坠落大海，化成海中冲天的暗礁。①

8. 最后的战争

在最后的战斗中，耶鲁里口喷黑风恶水，淹没穹宇大地，将兴恶里鼠星女神捉住，放走了神鹰，扯下阿布卡赫赫的护身战裙。阿布卡赫赫丢掉了战裙，在众神的保护下，逃回九层天上，疲惫不堪，受了重伤，昏倒在太阳河旁。九彩神鸟用九彩神光把自己的毛羽编织成新的战裙，阿布卡赫赫从此有了无敌于寰宇的神威。

太阳河边有一棵高大的神树，神树上住着一位名叫昆哲勒的九彩神鸟，它扯下自己身上的毛羽，为阿布卡赫赫擦着腰脊上的伤口，用九彩神光编织护腰战裙，又衔来金色的太阳河水，给阿布卡赫赫冲洗着伤口，使阿布卡赫赫很快伤愈如初。阿布卡赫赫身穿九彩神羽战裙，从太阳河水中慢慢苏醒过来。巴那姆赫赫将自己身上生息的虎、豹、熊、鹿、蟒、蛇、狼、野猪、蜥蜴、鹰、雕、江海鱼虾、百虫等魂魄摄来，让每一个兽禽神魂献出一招神技，帮助阿布卡赫赫。又从自己身上献出一块魂骨，由昆哲勒神鸟在太阳河边，用彩羽重新又为阿布卡赫赫编织了护腰战

① 参见富育光讲述，荆文礼整理《天宫大战·西林安班玛发》，吉林人民出版社2009年版，第196—198页。

裙。从此，天才真正成了现在这个颜色，阿布卡赫赫也真正有了无敌于寰宇的神威。①

　　至此，天宫秩序得以确立，女神们获得最后的胜利。但是也埋下了伏笔，耶鲁里败逃地下，和恶神神系其他成员将磨难带到了人间。"姊妹三人在众神禽兽的辅佐之下，打败了九头恶魔耶鲁里，使它变成了一个只会夜间怪号的九头恶鸟，埋在巴那姆赫赫身下的最底层，不能再扰害天穹。可是，巴那姆赫赫身边还生活着许多喜欢穿穴而居的生命，如蝼蚁、穿山甲、地鼠等等，耶鲁里的败魂还时常出世脱化瞒尼、满盖，践害人世。然而，由于阿布卡赫赫打败耶鲁里时，将它九个头上的五个头的双眼取下，使它变成了瞎子，最怕光明和篝火，只要燃放篝火，点取冰灯，照亮暗隅，九头鸟便不敢危害世间了。"②

　　阿布卡赫赫女神不仅有姊妹神相助，还有突姆火神、德登女神、多喀霍女神、芍丹乌西哈、依兰乌西哈、米亚卡小神、九云母神等神关键时刻的相助，经过最后一战，阿布卡赫赫成为一位永远不死、不可战胜的穹宇母神，并传袭百世。

　　虽说耶鲁里"变成了一个只会夜间怪号的九头恶鸟，埋在巴那姆赫赫身下的最底层，不能再扰害天穹"。但在其他"窝车库乌勒本"中，耶鲁里始终不忘给人类带来灾难，发洪水是主要方式。

　　《恩切布库》重述了天宫大战阿布卡赫赫与恶魔耶鲁里的斗争："在那远古洪荒的年代，在刚刚有宇宙、天穹的时候，洪水泛滥，万牲挣扎。天母阿布卡赫赫为拯救人类，同恶魔耶鲁里一决雌雄。恶魔耶鲁里没有人的心肝，不晓得怜爱与善良。他满腹奸诈、卑劣，他满腹冷酷、残恶。他喷出黑风、乌水，将太阳的光辉遮掩。白昼瞬间消失，穹宇黑漆一片，江河无处宣泄，生物无法繁衍。阿布卡赫赫被耶

---

① 参见富育光讲述，荆文礼整理《天宫大战·西林安班玛发》，吉林人民出版社 2009 年版，第 68—69 页。
② 富育光讲述，荆文礼整理：《天宫大战·西林安班玛发》，吉林人民出版社 2009 年版，第 69 页。

鲁里的黑风迷住了双眼，双目涟涟。耶鲁里踌躇满志，得意洋洋，疯狂咆哮，冲了过来，妄想挥撒罗天大网，罩困死阿布卡赫赫，让天庭再无匹敌，让穹宇再无强悍，让慈爱再无临降，让世间再无温暖。幻想统御天母宝座，渴求执掌乾坤大权。他释放的黑风乌水，射向天母，蹂躏着天母善良的心田和芳香的肌体。阿布卡赫赫的光辉，虽像熊焰千卷，虽像烈火万团，却抵御不住耶鲁里亿万年的地狱恶寒。天云中的阿布卡赫赫痛得周身慑栗。汗珠像河流一样洒向大地，洒向高山，洒向峡谷，洒向平川。在这万分危急时刻，随着'轰隆隆'一阵鸣响，地上升起一个土丘。土丘越升越高，越升越高，高过千丈，高过万仞，霎时一座高山直插云巅。突然，一声惊雷震撼，山尖上喷出了火焰。火焰光芒万丈，照亮天边。大地重见光明，万牲享得平安。耶鲁里被这突来的烈焰烧得焦头烂额，猖狂逃窜，溜回地下。他再不能贻害万物，他再不能兴妖作乱。"① 此番讲述，引出恩切布库妈妈。

奥克敦妈妈在梦中被告知："耶鲁里乘机肆虐，近期漠北必生洪害。命你速返天宫扶持三神母，擒伏恶魔耶鲁里。""滚滚洪水天上来，林毁山塌百兽埋。"最后在萨满敲响驱洪鼓声中，治好了"逃难人的恐水症；马上安抚了逃难人的懦弱心。洪水围困的萨哈连，重新泛起高歌；洪水围困的松阿里，重新人欢马嘶"②。

《西林安班玛发》中的滔天海水不是耶鲁里引起的，而是因"苦乌"岛起火引起的。当"岛上的所有生命，将在这弥蒙的火坛中化为焦炭"之时，西林安班玛发"只身飞腾归入东海，化成一只海中的巨蛟，引来巨蛟三千，带着滔天的海水返回'苦乌'，海浪像拍天铺地的水柱，一泻千里，从天上降临'苦乌'，从此，'苦乌'的巨火全熄灭了，'苦乌'所有的生命全被重洗了"③。

---

① 富育光讲述，王慧新整理：《恩切布库》，吉林人民出版社 2009 年版，第 10—12 页。
② 富育光讲述，王卓整理：《奥克敦妈妈》，吉林人民出版社 2018 年版，第 137 页。
③ 富育光讲述，荆文礼整理：《天宫大战 西林安班玛发》，吉林人民出版社 2009 年版，第 259—260 页。

《天宫大战》讲述耶鲁里和女神之间的斗争，很少提及其他恶神，《乌布西奔妈妈》中则列数耶鲁里的同伙 91 位恶神。耶鲁里很善于伪装，即使是天神也容易上当受骗，如在《恩切布库》中，他化身小地鼠，众神都上当了，从而带来了巨大的灾难。

第三节　女神执掌天庭

在《天宫大战》中，以阿布卡赫赫为代表的女神取得了决定性的胜利，从而奠定了女神在天庭的地位。执掌天庭后，阿布卡赫赫没有忘记人世间，特意派神鹰哺育了第一代女大萨满，并派四方女神下来给人类指点方向，使东海有了生灵，江河支流也由阿布卡赫赫化生。恩切布库、乌布西奔妈妈、奥克敦妈妈都是女神派往人间的。

阿布卡赫赫变成阿布卡恩都力大神，人类应已从母系社会已过渡到父系社会，女性主神地位变成了男性主神，男神接替了女神王国。男性天神阿布卡恩都里高卧九层天之上，且懒散慢惰，带有父系氏族社会后期男性酋长的时代特点。他是后世萨满教圣坛上的主神，为人间送来的 92 位瞒尼神多为社会文化英雄神，已在相当程度上脱落了自然崇拜的古老外衣。英雄祖先神大部分已为男性，他们占据了近世萨满教祭坛上的主要位置，祭坛的演化反映了社会形态的变化。

虽然在斗争中失败了，耶鲁里没能夺取天宫，但时常出来为害人间。在人世间，对付耶鲁里作恶的除了主人公外，萨满承担了一部分责任。几部文本都提及萨满的择选、祭祀等，萨满的作用不可忽视。

小　　结

《天宫大战》以女神与男神之间的争斗为主，最终以阿布卡赫赫为代表的女神神系取得胜利，由此确立并奠定了天庭的秩序。阿布卡恩都大神取代阿布卡赫赫的统治地位，即男神替代女神，这也是社会发展的必然规律。对女性的尊重和崇拜在满族的历史和现实生活中处处可见，可从"女人是生命之源，女人是生命之本。艾曼最敬重女人，形成良风，世代沿袭"① 之中窥见一斑。到后世，如曹雪芹在《红楼梦》中对女性的尊重，到《卧虎藏龙》中玉娇龙的形象，再到民间满族女性敢想敢爱、敢作敢为的性格特质，从这种角度讲，"窝车库乌勒本"是满族文学的滥觞。

　　神话中的女神在父系时代并没有完全退出宗教圣坛，最有代表性的是盗火女神拖亚拉哈，为了人类能在冰雪世界中孕育后代，她私盗天神心中神火，将神火吞进肚里，以手为足助驰，被神火烧成怪兽。北方妇女为集体不惜牺牲自己的英雄气魄，其崇高性不亚于古希腊神话中的盗火神普罗米修斯。在近世满族的"火祭"中，我们仍可以看到女萨满再现拖亚拉哈女神临凡的撼人心弦的歌舞，在这里，拖亚拉哈为《天宫大战》神话写下了最凝重最壮丽的结尾。②

---

①　富育光讲述，王慧新整理：《恩切布库》，吉林人民出版社 2009 年版，第 113 页。
②　王宏刚：《满族与萨满文化》，中央民族大学出版社 2002 年版，第 45 页。

第五章

人间秩序：英雄出世

天庭秩序已然确立，神魔大战从天上转移到人间，人间秩序是如何建立的呢？《西林安班玛发》《恩切布库》《奥克敦妈妈》《乌布西奔妈妈》四部文本讲述人间秩序的逐步确立，说部主人公成为主角英雄，以不同方式出世，他们来到人世间的主要任务就是为不同氏族或部落谋福祉。

天庭秩序确立之后，阿布卡赫赫开始关注人间的秩序。造人环节发生在第三腓凌：天母和地母先造女人，所以女人心慈性烈；巴那姆从身上抓下肩胛骨和腋毛，与慈肉、烈肉一起揉成了男人。男人的创造过程非常有趣，巴那姆赫赫"忙三迭四不耐烦地顺手抓下一把肩胛骨和腋毛，和姐妹的慈肉、烈肉，揉成了一个男人，所以男人性烈、心慈，还比女人身强力壮，因是骨头做的。因为是肩胛骨和腋毛合成的，所以，男人身上比女人须发髯毛多。巴那姆躺卧把肩胛骨压在身下，肩胛骨有泥，所以，男人比女人浊泥多，心术比女人叵测。阿布卡赫赫说：男人不同于女人在哪儿啊？卧勒多赫赫也不知男人啥样？巴那姆赫赫想到学天禽、地兽、土虫的模样造男人。男人多一个'索索'，她抓身上一块肉，闭着眼睛一下子摁在山雉乌勒胡玛身上。所以，山鸡屁股上多个鸡尖和一个小肉桩；姐妹说摁错了，她又抓起一块肉，摁进水鸭子肚底下，所以，水鸭类的'索索'都长在肚腔里；姐妹又埋怨摁错了，她抓下一块细骨棒摁到了身边的母鹿肚子底下，母鹿变成了公鹿。从此凡是獐鹿狍犴类雄性的'索索'像利针，常在发情时刺毙母鹿，锋刃无比。

姐妹俩又生气说给安错了，巴那姆赫赫这时才苏醒过来，慌慌忙忙从身边的野熊胯下要了个'索索'，给她们合做成的男人型体的胯下安上了。所以，男人的'索索'，跟熊黑的'索索'长短模样相似，是跟熊身上借来的。所以，兽族百禽比人来到世上早"①。

在阿布卡赫赫与耶鲁里的争斗中，所有生灵灭绝而后重生："在阿布卡赫赫初创宇宙，与耶鲁里争斗宇内大权的时候，遍地汪洋，所有的生灵就要灭绝了。在那最危急的时刻，天母阿布卡赫赫派来了拯救生灵的小海豹——'环吉'妈妈。小海豹游到了在怒涛中拼命挣扎的一对男女身边，将这一男一女送到一个绿岛上。他们找到一个安全舒适的海滨洞穴，栖身住了下来，成了世上唯一的一对夫妻，从此留下了生命。他们生下的第一个小生命是一位女婴，女婴生下来没几天，海水暴涨，把到海边采食的一男一女又卷入海浪之中，冲到另一个无人居住的岛屿。海滩上只留下一个呱呱啼叫的女婴，啼叫声惊动了天母阿布卡赫赫，她派身边的侍女变成一只雄鹰，把女婴叼走，并把女婴抚育成人，成为世上第一位女萨满。"② 其中，海豹、雄鹰都是阿布卡赫赫派来的。不若汉族神话一男一女经历各种考验成为夫妻，满族神话将讲述重点放在第一位女性及女萨满的形成上。

在《奥克敦妈妈》中阿布卡赫赫三女神先是造出有七能八功的乌米亚罕，后在与耶鲁里打赌斗争的时候，阿布卡赫赫将耶鲁里"盖满大地上一蓬蓬老豆秧上的白粉、黄粉"吹散，并"幻化出祥光万道，遍照寰宇，使天宇，恢复一片生机。一蓬蓬老豆秧上，霎时间生长出活跃的小小乌米亚罕，爬出了秧秸，玩耍在大地上……太阳升出东天，霞光普照。乌米亚罕舒展身形，越长越大，越长越高。从此，才有了尼雅玛顶天立地的人！"

三姐妹"合力绥靖穹宇，打败凶恶暴戾的耶鲁里。恶魔，狼狈逃

---

① 富育光讲述，荆文礼整理：《天宫大战·西林安班玛发》，吉林人民出版社 2009 年版，第 16—18 页。

② 富育光讲述，王慧新整理：《恩切布库》，吉林人民出版社 2009 年版，第 132—134 页。

匿地下，再不敢，猖狂作害"。耶鲁里失败后逃到人间，在人间继续作乱。在其他四部中，耶鲁里不断给人间带来灾难，主要是洪水，"轰隆隆一阵巨响，前面的大山裂开了一条缝，从里面涌出来的洪水，像天河水一样，汹涌澎湃，势不可挡"①；"耶鲁里喷出了黑风恶水，天地昏暗，地动山摇"；"滚滚洪水天上来，林毁山塌百兽埋。这是凭空突降的大劫难哪，山岗吞没，遍地汪洋"②。

《奥克敦妈妈》讲述三女神装点大地时的齐心协力："阿布卡赫赫，用骄阳——晒洗苔毒；巴那姆赫赫，用身肌——填平沟壑；卧勒多赫赫，用万星——撒满天灯。三姊妹，同心勠力——装点着大地。"③

第一节　降临人世的萨满英雄

四位主人公身世都很神奇，恩切布库原是天母阿布卡赫赫的侍女，她自述"万年前，我为了惩治恶魔耶鲁里，化成烈焰，埋在了堪扎阿林的山下"④；奥克敦妈妈是巴纳姆额姆的侍女，后被巴纳姆额姆赐名，她因三位女神要寻找适合带领尼雅玛从蛮荒走向文明的神灵，才获得重生的权利来到人间；西林安班玛发是阿布卡赫赫与耶鲁里争杀时穿戴身上的石球，其中的一颗被摘下化作石雕萨满；乌布西奔妈妈本为德里给奥姆妈妈的爱女塔其乌离。他们都隶属于神的层级，或为侍女、爱女、爱子，到人世都是著名的大萨满。

一　因人间有难而下界
当人类失去互助和火这两宗宝之后，恩切布库降临人世，耶鲁里

---

① 富育光讲述，王慧新整理：《恩切布库》，吉林人民出版社 2009 年版，第 82 页。
② 富育光讲述，王卓整理：《奥克敦妈妈》，吉林人民出版社 2018 年版，第 129 页。
③ 同上书，第 22—23 页。
④ 富育光讲述，王慧新整理：《恩切布库》，吉林人民出版社 2009 年版，第 39 页。

"从九层地下悄悄爬出来，无休止地抛下连绵阴雨，平和的大地、沟谷、小溪、丘陵，不见踪影，遍地化成波涛汹涌的巨川，一场劫难降临世上。百兽、百禽、百虫纷纷逃遁，各自寻找存身之所。唯有瘦弱可怜的人儿啊，无力迅跑，不会飞翔，不学土遁，不懂变术，不知所措，悲怆呼号，终成耶鲁里阴雨狂涛中的漂浮物"①。这种灾难"只有恩切布库重返世间，重新释放往昔的神威，天空才清澈湛蓝，四海才涌现碧波，大地才重返静谧，人类才永享安康"②。

在残酷的大自然中人类无法与其他动物竞争，"稚幼嫩弱者，仍属乌米亚罕"。他们"双脚不如兽，扬臂不如鸟，肌体难御寒"，"春夏秋冬，风雷雨雪，岩石树枝——刮得身躯鲜血淋漓；蚊虻虫蚤——咬得周身疮疤痕痕，天暖生涯尚逍遥，尤恨冬雪出洞难"。他们饮食无济留白骨；风霜折磨得顽疾；虎豹狼虫野害欺，僵尸遍地。③ 阿布卡赫赫派遣奥克敦妈妈到人间解救他们。

恩切布库是阿布卡赫赫的光焰从大地上凝聚，翻腾的光焰和白气，在天空中翻滚浓缩变成七色祥光，凝结为寰宇中的白光，化成头顶蓝天、脚踏大地金光闪耀美貌无比的女神。她虽从花苞中生出，却有着金子一般的巧舌，百灵一样的歌喉。

西林安班玛发应查彦部落请求而来，彼时部落日渐衰落，弃儿岛渐多，人渐少，眼看就要被并入其他部落。查彦部落筑起神坛祭祀，请求妈妈及众神灵救命，西林安班玛发从海浪中来：

> 就在一个黎明时分，大家正在呼喊中时，只听东海里一声声雷鸣，海浪高耸入天，在白茫茫钻天的白柱子一样高的浪峰上，恍惚可见，果真从海底深涡中，突然涌喷向天穹一股隆起的巨浪，巨浪托举出一个上身穿小红兜肚、下身系着虎皮绣

---

① 富育光讲述，王慧新整理：《恩切布库》，吉林人民出版社 2009 年版，第 22 页。
② 同上书，第 23 页。
③ 富育光讲述，王卓整理：《奥克敦妈妈》，吉林人民出版社 2018 年版，第 26—27 页。

带、下身穿条金色鳞纹连裆小皮裤，戴着耳珠坠子，光着小红膀子，两个有劲的小胳膊上长有大筋包，头上披着半腰长的黑发，闪光放光。脖子上围着金丝圈，金丝圈上串着九个小骨人①，都是海豹和鲸骨磨出来的，情态峥嵘，栩栩如生，称作"乌云瞒爷"（uyun，九），是著名管天管地管人的大瞒爷，也叫"搜温赊克"。②

美丽的东海由阿布卡赫赫侍女日神幻化而成，可惜火燕在幻化神女时，忘记了阿布卡赫赫的百般叮咛要紧束发髻，不能让其蓬松凌乱。因发髻是日神光毛火发，本可以照穿冰野，豁开海洋，重返天庭神坛。③"神燕羽毛乃天穹侍女，不甘心大地的沉寂，日夜争吵叽叽，互不和睦团聚，厮拼着征掠同伙，希冀着独树雄旗。千载滨海，忧患不息，黄金海滩成为白骨的墓地。"面临此景，德里给奥姆妈妈不忍东海的哀怨，钦定自己身边爱女塔其乌离，派下人寰。降临人世后先为哑女，海鸥学会报时她才能恢复美丽的喉声。这就是乌布西奔妈妈。

奥克敦妈妈亦是临危受命。阿布卡赫赫三姐妹造人后，发现人类无法独自生存，因此派奥克敦妈妈下界。

当然，他们到人世要历经坎坷，恩切布库必须顺利投生到那一棵山梨树才能降生，其间耶鲁里多次阻止；西林安班玛发每一天都是从海里来到部落中晚上又回到海里，经部落人的请求，他要经历从神到人的仪式；而乌布西奔妈妈把声音留给了迎日大神和托日大神报时，因

---

① 九个骨人大瞒爷，是东海女神德里给奥姆妈妈身边侍神，管天的神有"舜都云""比亚都云""都给都云"；管地的神有"阿林都都""渥集都都""窝赫都都"；管人的神有"尼莫格赫""尼亚满格赫""恩都发扬阿格赫"。这些神翻译过来就是——"太阳神""月亮神""云爷爷""山神""岩石神""治病妈妈""心智妈妈""神魂妈妈"。载富育光讲述，荆文礼整理《天宫大战·西林安班玛发》，吉林人民出版社 2009 年版，第 144—145 页。

② 富育光讲述，荆文礼整理：《天宫大战·西林安班玛发》，吉林人民出版社 2009 年版，第 144—146 页。

③ 鲁连坤讲述，富育光译注整理：《乌布西奔妈妈》，吉林人民出版社 2007 年版，第 9 页。

此她降生为哑女，受到了古德罕的不公正对待，经历了各种苦难才开口说话；奥克敦妈妈幻化成拄杖老太婆，带着喜鹊和马飞降大地。

1. 恩切布库重生

恩切布库投生在火山喷发后的山梨树上，"在热岩的红涛中，恩切布库的魂魄化作了光、热、气，冲向地层，追索着细如发丝的山梨树根鬏，向上飞升"。"亿万年前，阿布卡赫赫与耶鲁里征战的时候，阿布卡赫赫滴下的汗珠儿，落在山梨树的枝干上。"① 树枝上长出了一个绿色的小芽苞。小芽苞越长越大，越长越茁壮，长成了一个小花蕊。小花蕊初看像蚂蚁，再看像蜜蜂、像蚕蛹，又看像飞蛾、像小娃。小女孩生而能言，生而能笑，生而能走，生而能知大事。这个小女孩就是我们的恩切布库女神。②

2. 从神到人：西林安班玛发重回人间

西林安班玛发通过梦境，告之查彦部落萨满，让他们选定一个吉日良辰，由萨满们祈祷，率族众乘九只独木舟进东海迎接他。在梦中，他告诉萨满："按我西林安班玛发所指之路，尔等约行三日许，可登一座形如棒槌的小岛，岛上遍生丹株神树，红木常绿不焦，在其两侧丹株层林中，会数到第百株丹株树，在此树下，会见到一个洞穴，进入洞穴中，内存有一椭圆形石棺，棺中藏神器和一石雕萨满。此乃千岁萨满，此即吾身也。"③

三位女萨满得悉后，开始祭祀："焚香进入洞室，将石棺中神器与一尊木雕萨满，小心包裹好，捧出海滨，然后众人乘舟返回莎吉巴那地方，重铸神堂神位。遵照西林安班玛发嘱咐，将木雕萨满偶人，植入木槽盆中。木槽里装满从野地采来的野谷穗，用石臼研压，风吹扬晒，筛出鲜嫩的白小米，装入烧制的陶盆中，再将偶人摆入米中，完全用白小米覆盖，日日润海水十滴，牲血三滴，鱼血

---

① 富育光讲述，王慧新整理：《恩切布库》，吉林人民出版社 2009 年版，第 36 页。
② 同上书，第 36—37 页。
③ 富育光讲述，荆文礼整理：《天宫大战·西林安班玛发》，吉林人民出版社 2009 年版，第 178—179 页。

五滴，鲜花汁水九滴，百日后白小米呈艳红色。日下有光，再经百日，白小米呈金黄色，经旭日阳光普照，再经百日，众族众再视陶盆内白米已经空荡荡，所放的木偶人不知消迹何处，仅余光洁槽盆一具。"[1] 百日后，木偶人就变成了西林安班。

在满族先民中，神偶最初多采用木石刻制、泥土烧塑者居多，偶像崇拜的产生最早源自祖先崇拜观念，族人为了缅怀和求祈祖先护佑族人便制作简单拙朴的神偶，作为祖先的替身和象征。[2] "萨满教崇奉的诸种神偶，其实质成因是萨满教灵魂观念的产物。神偶就是植生于萨满灵魂树上孕生的灵魂观念的形体化，也就是萨满灵魂世界幻象形体的具体表现。"[3] "灵魂，被萨满教原始宗教意识为存在于人的躯体之内——亦可泛指有生物与无生物的躯体之内——而又能支配与主宰躯体的一种精神体。同时，在一定条件下，它又可以游离在躯体之外，与神灵世界交往，它的形态便是一种气态物质，是游动性非常强烈且活跃无比并具有生机的气体。它存在的时间远远超过某种所依附的躯体的存在时间，躯体可以死亡、朽坏和消失，然而灵魂则能在很长时间里不会陨灭。"[4]

神偶变成的西林安班再到人世间就有了称号，即西林安班玛发。海面高高隆起陡峭山峰般的浪涛，直插天云，浪尖上站着西林安班玛发，大浪向海岸倾斜，恰似海中天桥。西林安班玛发在浪涛呜呜风吟之中，从浪桥走到族人之中。他兴高采烈地说："乡亲们啊，你们纯真的赤诚，感动了东海女神，感动了我，我再生了！千年后我重又回到了人间。""你们就叫我西林安班玛发吧！因为我有千岁的高龄啊！"[5]

---

[1] 富育光讲述，荆文礼整理：《天宫大战·西林安班玛发》，吉林人民出版社 2009 年版，第 180—181 页。

[2] 富育光：《论神偶》，载《富育光民俗文化论集》，吉林大学出版社 2005 年版，第 172—175 页。

[3] 同上书，第 179 页。

[4] 同上书，第 180 页。

[5] 富育光讲述，荆文礼整理：《天宫大战·西林安班玛发》，吉林人民出版社 2009 年版，第 181—182 页。

3. 哑女降世被弃，哑女开口说话

乌布西奔妈妈为天降神女，却也是哑女，被古德罕多次抛弃。乌布西奔妈妈最初形体是个小皮蛋，是一只长尾黄莺啄来扔到古德罕的怀里。但古德罕却非常惧怕，命阿哈们把魔蛋远抛布鲁沙尔河扔不动；引来饿狗吞食而狗群望见四散惊遁；抱来干柴焚烧，可是雷雨交加，篝火不燃。最后古德罕万般无奈，命担黄土堆埋，再用枯树、石块，狠压在黄土上面。小皮蛋中出来一个"穿灰狸鼠皮小黄兜兜婴儿"，为天降神女。古德罕疑惑蹊跷，亦畏神祇的遣惩，遵神意抱回女婴，嘱阿哈奶养在香草棚。女婴天聪超人，神速成长，她五日翻身、七日匍行并九日识亲。古德罕终于臣服，并刺额血叩拜："乌布林灾殃深重，难能可贵天降吉星。"①

乌布西奔妈妈重新开口说话的契机始于一个美丽的梦：

乌布西奔大萨满不知疲惫，自来乌布逊部落日理万机，友联黄獐子部和珠鲁罕两部，主持神圣的祭礼联盟，遮萝而眠在星光闪烁的望海亭。她梦里见到了塔其布离星姐，拿着一盘鲜艳的"托盘"和"山里红"，吃得香甜，笑容鼙鼙。她也从盘里抓起一粒托盘，"噗"扔入嘴里仔细尝品。托盘果甜溢蜜津，芳香醉人被甜醒，托盘果咽进了腹中。她匆忙坐起身，桦皮帐外月光透窗棂，明月皎皎，望着她正凝神。乌布西奔脱口说了声："月神啊，多美的月夜呀！"……乌布西奔，从此不再是哑女。②

4. 奥克敦妈妈带俩助手到人间

奥克敦妈妈与巴那吉额姆③惋惜地告别，泪眼难舍难离。巴那吉额姆动情地说："吾何曾舍得尔远行呀，只因，尼雅玛需要告别妈妈。再

---

① 鲁连坤讲述，富育光译注整理：《乌布西奔妈妈》，吉林人民出版社 2007 年版，第26—28 页。

② 同上书，第70—71 页。

③ 巴那吉额姆即巴那姆赫赫，在《奥克敦妈妈》出现的是巴那吉额姆。

赏你沙克沙和莫林①，做你帮手。天地赖尔繁荣，殷祝好自为之!"从此，奥克敦妈妈，带领着机灵的沙克沙和莫林，幻化成蹒跚蹀躞的拄杖老太婆，带俩梳抓髻的小格格，飞降大地，来在尼雅玛之中。

奥克敦妈妈和助手来到人世间，为族众排忧解难，立下了不少功勋，下面笔者重点分析每一位英雄在人间所做的功绩。

二　在人间做出功绩

1. 恩切布库获取野人信任

恩切布库通过多次成功的预言及行为获得野人信任。

第一次：在大雨中转移野人。恩切布库女神领着野人们，以榆柳木为柱、榆柳皮做绳，在山崖下的一片平川，搭起个遮天的榆柳大棚。那些未跟随恩切布库女神的野人们，原以为女神说的是笑谈。暴雨袭来之后，他们也都着了急，从四面八方拥向榆柳大棚。雨水洗涤了野人们的双眼，让野人们明辨了是非，把野人们的心，真正凝聚到了一起。②

第二次：带领野人们摆脱火山熔岩。"恩切布库女神未卜先知，她领着野人们来到了一个安详僻静、空气幽新的高山之中，给他们指定地段，教他们搭屋、盖棚。随恩切布库女神来的野人们，从此躲过了火山熔岩的袭扰，不再受沼气侵害。日日平安，夜夜无事。不少野人都知道恩切布库女神是世上最聪明的萨满，跟随恩切布库就会吉祥如意。就连堪扎阿林的獐、狍、母鹿和熊黑、蟒蛇等，也都愿意追随恩切布库女神。"③

第三次：带领野人们躲避洪水灾害。洪水"淹没了野人们朝夕生活的地方，没有逃走的野人全都葬身水底，再也听不到他们的笑声，再也听不到他们的歌声。逃到对面山上的人，看到那块刚才还

---

① 沙克沙和莫林：满语，喜鹊和马。

② 富育光讲述，王慧新整理：《恩切布库》，吉林人民出版社 2009 年版，第45—47页。

③ 同上书，第48页。

绿荫荫的草地，转眼变成了一片水海，非常恐惧、难受和庆幸"。只有跟随恩切布库的野人才能得平安，恩切布库代表了全知全能的神。

第四次：小鹿报信，恩切布库带野人们躲瘟疫。"在躲灾的路上，恩切布库女神又让野人们采集路边的'卡兰'花草，用卡兰花扎成花环，戴在头上，还让他们吃'卡兰'花草。恩切布库女神说：'这样可以祛除妖邪，祛病壮身。你们还要高歌前行，心情坦荡，乐观忘忧。'途经堪扎阿林瀑布的时候，女神又让野人们都到冰凉的泉水里净净身子，洗洗眼睛，清清口鼻，冲冲手脚。直至走过九个山冈，恩切布库女神才让野人们在一片密林中收住脚，搭锅立帐，住了下来。恩切布库女神对野人们说：'咱们现已躲过了魔鬼的袭扰，来到安详的新址。刚才小鹿向我们传报危情，它们家乡的瘟疫已经使鹿族陨灭。我们多亏躲得及时，才免遭一场无情的祸端。'"①

获得野人们的信任后，恩切布库带领野人收服九尾貂、杀死五毒蝎："恩切布库女神让木克妈妈施展她的萨满神威，调来了天湖和东海水，淹没九尾貂的洞窟。恩切布库女神拿出火珠子，用烈火焚烧九尾貂魔怪。她又让塔思哈妈妈化形出百只猛虎，蹲在九尾貂巢外。……这些世代安逸、肥胖如猪、奔跑无力的群魔们，很快被舒克都哩艾曼的族众杀死、烧死。"② 恩切布库"率领艾曼的勇士们，拿着棍棒、石刀、石矛、骨针，悄悄夜穿林莽，进入堪扎阿林北路宽阔的平野，向五毒蝎洞穴发起攻击：火焚、鹰啄、虎食、狂涛。恩切布库妈妈又请来土拨鼠、刺猬、蝼蛄、蚂蚁、蚯蚓……众精灵打洞，将狂涛、巨火引入五毒蝎居住的洞窟之中。五毒蝎世世代代占洞为王，万万没想到，会有族众敢杀入它的领地。恶贯满盈的恶魔，酣睡中一命呜呼，五毒蝎温暖的洞窟，变成了无声的坟冢"③。"经过恩切布库

---

① 富育光讲述，王慧新整理：《恩切布库》，吉林人民出版社 2009 年版，第53—54 页。
② 同上书，第105—106 页。
③ 同上书，第106—107 页。

女神和族众们的抗争，堪扎阿林广袤的沃土，都归入舒克都哩艾曼掌控之中。所有精灵、魔怪、百兽、众禽尊敬女神妈妈恩切布库，不敢有任何亵渎和傲慢。"①

2. 奥克敦妈妈获得尼雅玛信任

奥克敦妈妈开始时得不到尼雅玛的信任，尼雅玛在奥克敦妈妈亲抚他们的时候惊慌失措，很快都跑远了。奥克敦妈妈无法与尼雅玛沟通，就利用神力询问尼雅玛为何如此惧怕她，尼雅玛解释因原来仰仗的妈妈窝和妈妈规都被破坏了。经过围猎野猪成功等事情，尼雅玛才开始信任奥克敦妈妈。奥克敦妈妈教会尼雅玛撒第一把谷籽开始种植谷物；教会尼雅玛使用"甩头"和弓矛，学会射箭；立下严苛规矩，改变艾曼的结婚陋习，以保证后代健康；将山中跑来的莫林驯化为野人的坐骑；收服三大艾曼，打赢芒嘎拉霍通之战，成立一个大的部落；传授弯弓盘马使野人们提升狩猎本领。后奥克敦妈妈作为背灯祭主神常留人间。

3. 西林安班玛发神游治病

东海人不论男女老少易患两种地方怪症：一是白痴呆傻或哑不能言；二是头大、胸隆鼓、双腿双臂短小，成人像 10 岁童子，走路双腿如罗环，上山下山艰难万分，无法打狸、网鱼、骑马，无法成为强壮的驭手。而且更严重的是，东海人早年寿命短，青壮年就四肢不用，很早离开人世了。②

为了解决这一难题，西林安班玛发灵魂出游遍访神界，寻找祛病法：

> 西林安班玛发告诉莎吉巴那和查彦都鲁哈喇的几位萨满，让他们精心照料好他的身体。他要昏睡在地，灵魂出游，去遍访神界。你们要好心帮助，护理好我。你们也不必劳累，但要静静守

---

① 富育光讲述，王慧新整理：《恩切布库》，吉林人民出版社 2009 年版，第 107 页。
② 富育光讲述，荆文礼整理：《天宫大战·西林安班玛发》，吉林人民出版社 2009 年版，第 186—187 页。

护着我，天天往我嘴里滴三滴海水，用温水轻轻的擦敷我的胸膛心口，不让猫、不让狗或陌生人来碰我，打扰我沉睡的梦乡。①

尼山萨满最为超群的能力就是灵魂出游到下界救回被带走的灵魂。身为大萨满，为解救族众，西林安班玛发灵魂出游，四处访神。

西林安班玛发先访问了北斗七星上的德鲁顿玛发②，后拜访了尼莫吉妈妈③。尼莫吉妈妈向西林安班玛发传授了雪屋、雪疗、冰灸、冰丸、冰床、雪被等治疗法，可医治霍乱、伤寒、祛腐、热症、疯癫等杂症。④ 接着拜访了专管世间人类繁衍的依兰乌西哈妈妈，即董布乐妈妈。第四位拜访的是德里给奥姆妈妈，妈妈让他"凡事得身体力行，多多去品味感受，只有你自己辛苦找出来的任何办法，该是最合理的，最有实用价值的，也可能是世人最需要的。"⑤

西林安班玛发拜访了四位神灵，并未得到祛病之法。回到莎吉巴那、穆林阿林东海后，拟自己探查找出答案，便告别了部落的族人，变成鼹鼠，地下巡游。他嘱咐身边的查彦安巴妈妈等三位女萨满：

---

① 富育光讲述，荆文礼整理：《天宫大战·西林安班玛发》，吉林人民出版社 2009 年版，第 187—188 页。

② 他是千年前穆林阿林的部落首领。因与坎达尔汗——西邻强悍部落的首领征战中被其所带的狼群杀害，族众将他埋在阿林花坛之下，因他生前一心为野人部操劳，感动了阿布卡赫赫，被德里给奥姆妈妈救上了天庭，成为一位光耀的星神。载富育光讲述，荆文礼整理《天宫大战·西林安班玛发》，吉林人民出版社 2009 年版，第 189 页。

③ 银子峰是当年天地初开时，阿布卡赫赫同恶魔耶鲁里厮拼，被耶鲁里骗入银白的雪山，全仗众神襄助，阿布卡赫赫才逃劫难。这座银子峰就是当年九十九连天大雪山中剩下的第一峰。它直插云霄，无际无涯，是世上最寒冷的白银世界。阿布卡赫赫治服耶鲁里之后，她恼恨这块陷她于危难的大雪山，下横心日后一定让世上温暖常驻，永无寒潮，廓清玉宇，扫荡尽冰雪、严寒，让世上生灵再不为寒风瑟瑟，死亡僵尸不见。阿布卡赫赫命额顿妈妈用浑身气力吹散茫茫大雪山。可是，额顿妈妈费了九牛二虎之力好歹才吹剩这最后一座。额顿妈妈后来转变驱除雪山的念头，反而无限钟爱塞北那暴雪和雪山。阿布卡赫赫赐名尼莫吉女神为尼莫吉妈妈，终生终世，执掌塞北冰雪：雪大时，将雪收入她的鹿皮裙裙里；雪小时，将裙裙里的雪撒向人间。载富育光讲述，荆文礼整理《天宫大战·西林安班玛发》，吉林人民出版社 2009 年版，第 191—195 页。

④ 富育光讲述，荆文礼整理：《天宫大战·西林安班玛发》，吉林人民出版社 2009 年版，第 195 页。

⑤ 同上书，第 203 页。

为了探知东海寒苦的土地，使人类永远不至于被土气所害，永远成为这片土地的主人，我要到地下巡游一番。你们要为我严守秘密，不必为我安危担心。只要我在地上沉睡时，你们每天往我口中，滴三滴取自生育过我的东海活水，我就会青春常在，睡眠香甜而安静。再用生长在海边"勃勒格"①阔叶，遮盖我的脸庞，用海石围护我的身躯，日日用深海"尼玛哈"②油脂擦敷我易干燥的皮肤，我便会永生不死。我只要办完了应办的事后，会很快平安回来。我走后，你们要热心护爱族众，不可欺压弱小的族人，互相敬慕团结，你们就会立于不败之地。咱们很快会见面，望你们好自为之。③

三位女萨满焚香、击鼓、祝祷，遵照西林安班玛发的话小心办理，送别了西林安班玛发。西林安班玛发长眠在海石铺床、"勃勒格"搭棚的海滨小屋，由萨满日夜守护。西林安班玛发在专设的神屋中安详地睡着，其魂魄却离开了莎吉巴那。

他情愿化作一只鼹鼠，长得不大，黑绒绒的毛，半尺多长，尖尖的小鼻子，前腿粗壮，最擅能爬土打洞，钻到地底深处，去探究地下各层土质的情况，探知地下各方信息，预测地下潮湿寒度。……西林安班玛发，放弃了千年的神威，甘成地下的小鼹鼠，对东海了如指掌。……西林安班玛发缓缓地睁开了眼睛。他坐了起来，笑得那么甜蜜。他从大地之下回到了莎吉巴那的族众之中，将他所获得的信息传告族众。从此，西林安班玛发

① 勃勒格，相传为女真古语，东海海滨特有的植物，属高大乔木，宽大原叶，叶中保存充足水分，东海人常用此叶储水。
② 尼玛哈，满语为 niyalma，点。
③ 富育光讲述，荆文礼整理：《天宫大战·西林安班玛发》，吉林人民出版社 2009 年版，第 205—206 页。

率领莎吉巴那各族族众，除了这片原居住址外，开始期盼奔赴新的生活居址，开拓新的欢乐家园。他们在三个萨满额真统领组织下，陆续迁到了东海滨，在新的东海沿岸、丛林、山谷、崖边、岛屿、海口等披星戴月，搭盖房舍，营造火炕，再不畏惧地潮、地湿、天寒，生活从此快乐舒心。西林安班玛发率领身边的三个萨满，得天独厚，利用浩渺的大海，肥沃的渔乡，开始勒筏、凿船，往昔，只会追赶林中猛兽的族人，如今又成了"奥姆尼雅玛"学会戏海、娱海、潜海、游海，百百千千"奥姆巴图鲁"扬帆远航，捕鱼谋生。莎吉巴那、查彦都鲁哈喇人们，不仅海鱼堆满了仓廪，不仅鱼油装满了巨池，身上的鱼皮衣、鱼皮帐篷，年年用不完，还帮助了附近弱小的部落，鱼干的芳香味，百里内都能闻到。①

正因西林安班玛发深入地下，了解东海各地情况后，做出迁徙的重大决定，全族人才迁到东海滨开始新生。

4. 九颗睛珠　五次东征

乌布西奔治愈病患得到第一颗睛珠：东海诸地疫症连绵，山大哈痘毒四处蔓延，霍乱病又突袭乌布林。面临这样的问题，乌布西奔选大树排建巢屋，倡饮山川活水，教燔鲜牲兔鹿，传炊腐烂兽尸兽骨，火洁地室潮物，再将"参龟延寿方"广布。从此，数年间病患不生，衣食富足。②

乌布西奔训练野兽战胜辉罕部和彻沐肯部获第二颗睛珠：乌布西奔秘密带着众萨满们，进入幽暗的滴水古洞，驯养百只雄鹰、百只黑熊、百只花狸。给姆尔吉阿玛祈神疗治时，乌布西奔借机利用动物军队征服了暴虐的彻沐肯和辉罕。两部众人重选新主，苦难日子一去不

---

① 富育光讲述，荆文礼整理：《天宫大战·西林安班玛发》，吉林人民出版社 2009 年版，第 205—211 页。

② 鲁连坤讲述，富育光译注整理：《乌布西奔妈妈》，吉林人民出版社 2007 年版，第 103—104 页。

返。乌布逊赢得了西邻、南邻、东邻友爱，使他们成为乌布逊部手足相亲的好兄弟。乌布逊和彻沐肯、辉罕部为女罕冠带镶嵌上第二颗睛珠。①

乌布西奔力惩都沐肯新主，海民献上第三颗睛珠：乌布西奔以偃旗息鼓之策，攀山急奔五百里，横刀立马，劈杀睡梦中的都沐肯新主。迅又擒伏辉罕部新主，再立两新主治政。乌布西奔率师伐木造船，征帆三千入海，直捣南海螯蟹子洞。于海窟生俘虏彻沐肯弟罕和都沐肯姐姐依尔哈娜女魔，使他们跪地涕泪求饶，同意交献蟹岛海，并保证永无叛心。从此，南海海参、海蟹运进乌布逊各部落，使各部恢复了50年前的足食丰衣。②

乌布西奔火烧安查干有了第四颗睛珠：乌布西奔女罕平乱的残敌，远逃安查干陡崖，凭据海中险要山势，霸占东南入海的安查干山寨，掠夺渔船，洗劫海产，堵住通海航行要塞……火龙神兵下山崖，百鸟百兽齐惊骇。乌布西奔不费一兵一卒，顿让尔辈狂徒化为粪土，重饰安查水寨重立帅。乌布西奔女罕，选立新主，主管通海要道安查干古寨。③

乌布西奔降伏外岛三百石窟获得第五颗、第六颗、第七颗睛珠：乌布西奔率部直捣海贼逞嚣的内海双岛十三礁，招抚嗜杀成性的巴特恩图女魔。……巴特恩图被女罕感动，诚服乌布逊，仍为全岛域女酋。外岛三百石窟，散居之盗，深念女罕之恩，洞洞招降。乌布逊与众部落，为女罕冠带上献上海疆千里平安珠、海民安居故里珠，外岛永无仇杀。④

乌布西奔禁止部落内婚得第八颗睛珠：乌布西奔女罕亲定每年春秋，各部自荐男女成丁，寨前立成丁牌符。再由各部落萨满妈妈，将

① 鲁连坤讲述，富育光译注整理：《乌布西奔妈妈》，吉林人民出版社2007年版，第104—108页。
② 同上书，第108—109页。
③ 同上书，第110—111页。
④ 同上书，第112—114页。

本部羽翎、牌位发给成丁男女。萨满妈妈分率自党男女，届时同聚猎寨郊游处，以各部羽翎、牌位为号，男女相互接触，自陈妙龄身世，交友、对咏、互换牌符。禁忌本部通婚，只能与外部羽翎、牌位相合，方可婚住。合意者可搭连理花棚……女罕苦心执管六个春秋，严谕力导，违者焚杀不恕。……乌布逊与四邻部落，相互举荐男女，互换成婚，才有各部男女竞歌之俗。乌布逊人丁兴旺，体魄康健，男女俊俏，长寿妪叟无计数。①

乌布西奔妈妈创制文字获第九颗睛珠：女罕为交往便利，记忆长存，以会意述状或纳世间物象，创下图符百形。坎凿于林莽聚会通渠，间以折枝伴用。乌布西奔普享天聪，记事辨识井然不争，俗称"东海窝稽箠"，经年日久，世代永铭。②

乌布西奔妈妈的五次东征：

第一次东征失败：乌布西奔心爱的男侍琪尔扬考奉命驾船探海，他带着突其肯、突其奔，一连七个日出日落却杳无音信，众噶珊头领亦均不知晓。

第二次东征：乌布西奔大祭十日，祭告天地寰宇，要踏海远行。征船十五艘，一百九十九天便大功告成。③ 乌布西奔出行时，穿上了心爱的征袍④。因有套洛甘玛发带路，船队顺顺当当抵达鹅脖子礁。⑤乌布西奔率领众人，战胜风浪返回鹅脖子礁。套洛甘玛发和扶尼女酋霄霄在海上相迎。乌布西奔自愧没听劝阻遭厄运，倍敬套洛甘玛发，

---

① 鲁连坤讲述，富育光译注整理：《乌布西奔妈妈》，吉林人民出版社 2007 年版，第 115—116 页。

② 同上书，第 116—117 页。

③ 同上书，第 136—137 页。

④ 这征袍由众侍女和爱徒乌布勒恩心血操劳。神服光彩夺目，价值连城，用了九百九十九块东海彩石磨成的珠穗披罩，用了九百九十九颗九彩海贝镶嵌的八宝彩涤，用了九百九十九根海鲸鬐须编成云水星光条，用海葵、海莲叶剪出千幅花卉贴成的巴图鲁绣带围腰，用万年海鱼板皮缝出来的金鹰展翅太阳帽，用云杉的落叶青枝染制的滚龙高靴，用青云香的汁液泡蒸而成的香气四溢的浓云荷包。鲁连坤讲述，富育光译注整理：《乌布西奔妈妈》，吉林人民出版社 2007 年版，第 139—140 页。

⑤ 鲁连坤讲述，富育光译注整理：《乌布西奔妈妈》，吉林人民出版社 2007 年版。

是名副其实的海上通。① 回岸后，乌布西奔不再急于出海东征，日日夜夜操练水军，与众徒苦酌海性。苛求乌布林儿女，不单要成为陆地虎豹，更要成海中蛟龙。沉心熬炼七冬春，誓志扬帆东海寻热土，心系神秘的太阳住地。②

第三次出征，野人们成为俘虏：乌布逊东征军跟随野人的槐盆船，一行五艘大船，驶向大海茫茫深处。野人拿出天落石，用光亮探测方向、航程，谁知一时疏忽不慎将神石落入海中。结果白鸥分散归来，谕告人殇海域；白鸥与乌鸦同归，谕告覆陷暗语。③ 最后瓢船全部罹难。

第四次出征遭遇风暴：前十天是平安的，第十一天出现海上暴风，都尔根萨满遇难。乌布逊部落与窝尔浑姐妹相称，乌布西奔妈妈请求窝尔浑罕王协助东征计划。

第五次出征遭遇火山，乌布西奔妈妈于东征途中病逝。

四位主人公励精图治，都做出了卓越的贡献。"窝车库乌勒本"讲述他们从降临人世到魂归天国的历程；他们为人类做出的贡献，是故事的核心。

第二节　人间除魔、建功立业

四位主人公来到人世就是为了族众过上更好的生活。他们用自己的智慧在与自然界、各种动物、其他部落氏族、以耶鲁里为首的恶魔的斗争中取得了胜利，制定了与生产、生活、婚姻相关的各种制度，使人间的生活进入文明时期并步入正轨。

在物质生活方面，"窝车库乌勒本"中的主人公为改变人类的居住条件、提升生活质量、创制生产工具、提高生活技能做出卓越的贡

---

① 鲁连坤讲述，富育光译注整理：《乌布西奔妈妈》，吉林人民出版社2007年版，第139—145页。
② 同上书，第146页。
③ 同上书，第165页。

献。在精神生活层面，主人公着力改变婚姻制度、规约萨满的祭祀仪轨，制定族规、族约、审判大法等（见表5-1）。

表5-1 四位主人公的功绩

	《恩切布库》	《奥克敦妈妈》	《西林安班玛发》	《乌布西奔妈妈》
居住环境的变化	山洞—地屋—树屋	择穴而居，择址；夏树冬窟；地上架屋、穴室、火炕	树屋，连绵地室[a]	冬凿地室，夏栖树屋
火的使用	教会用火，认识火，保护火，抵御火，驾驭火，保留火种	钻木熟食，双石击、双木钻、鸣雷震生火		生火、留火、熏肉烤吃
萨满祭祀	三祭[b]，海祭（138）	背灯神歌，敬鹊和马神祭礼俗	春秋祭祀例祭	用鸥鸟、骨簪卜筮；海祭[c]
萨满的遴选	"山音赊夫"盛会	初识礼仪	摆祭坛，点年期先；迎请萨满降临；神验萨满	选址筑神坛、神位、神柱、神棚，立坛拜神、颂神
萨满鼓		驱洪鼓	九面鲸皮"安巴通肯"、尼玛琴、小手鼓	鱼皮鼓、鱼皮鸭蛋鼓、雄鲸皮鼓、熊皮鼓
图喇柱	山梨树木桩，女罕柱（阿布卡赫赫的图喇柱）图喇神柱	图巨木雕镂九庹图喇柱	图喇三则[d]	神殿十一座，神坛
神判大法	水火、猛禽、猛兽关			火裁、水裁、鹰裁验古德罕诚心
婚约	婚规[e]	同艾曼哈喇严禁婚娶[f]		禁本部内通婚，各部间男女互换成婚
工具	石棒	磨制石、骨制工具[g]，弓箭；利用石柄和石盘做碾	制作石钩、石斧；发明弓箭，毒箭	踏板雪地行走；鱼骨刺；石弩
种植业	花斑银翅鸟野谷粒，采集	辨识谷穗，种植学会垦荒	野麻织帆篷大布	葡萄
畜牧业	驯狗、驯莫林	设陷阱猎野猪，驯莫林、"御马歌诀"	猎兽；与大型野兽搏斗[h]	狗棚车
航海业	舟船		方舟，划桨诀窍[i]扎卡大舟，铜雀信风雀	驾楼筏船；训练水军

续表

	《恩切布库》	《奥克敦妈妈》	《西林安班玛发》	《乌布西奔妈妈》
寻医药		认草医病	认医药，改变"送活人葬"习俗；治疗天花[j]	草药治病
其他功绩		方位时日	口耳相授，画在山岩上，刻在剥树皮上。望画念神，抚树咏歌	刻木为号记事[k]，圣文[l]；观天象；开商路进行贸易，改变吃人肉陋习

注：a. "用野猪豁开的土地，稍加平整，用火焚烧，用石磴木棒凿实，又从山谷找来白粉石轧成粉末，扬在地表，再以水浇之，地室坚固如石板，墙壁四周搅出无数洞窟，设仓房，粮仓，育兔鼠、鹌鹑、禽鸟等笼舍。除此，还专辟屋室为幼婴间，中间硬地上再挖火塘，供生火做饭之用。……每个穴室门在顶上部，架梯内外通行，凡家族血亲人口多者则穴室尤大，故大室顶上门亦多。"富育光讲述，荆文礼整理：《天宫大战·西林安班玛发》，吉林人民出版社 2009 年版，第 243—244 页。

b. 堪扎阿林的第一祭，是通天地的神树祭及祭拜阿布卡赫赫、巴纳姆额姆的祭礼；第二祭是祭拜堪扎阿林山神、地神的祭礼；第三祭是对东海与布尔丹比拉等湖川江河的祭拜。富育光讲述，王慧新整理：《恩切布库》，吉林人民出版社 2009 年版，第 63 页。

c. 参见《乌布西奔妈妈》，吉林人民出版社 2007 年版，第 201—203 页。

d. "一、图喇永固。族人要像鱼群一样，分秒向群，不学失群野猪，必遭一毙。二、图喇为号。号动人动，号损人亡，号壮人丰。三、图喇即族，族即图喇。同心勠力，视死如归。"富育光讲述，荆文礼整理：《天宫大战·西林安班玛发》，吉林人民出版社 2009 年版，第 168—169 页。

e. 不是一个"妈妈窝"，可以定时互选男女配偶。凡每年春暖花开之时，在阔野溪边，鸟语花香之地，搭建"花屋""草堂""皮篷"、编织"婚床""婚帐"……携手进入"花屋"相交。富育光讲述，王慧新整理：《恩切布库》，吉林人民出版社 2009 年版，第 113 页。

f. 凡外部各不相同图喇柱男女，血缘各异，可应时应节，配偶成婚。富育光讲述，王卓整理：《奥克敦妈妈》，吉林人民出版社 2018 年版。

g. 练习石球，磨制石针、骨箭、骨矛头。

h. 巧制甩石球、陷阱、兽套等技艺，从此，敢于与野猪、熊、獾搏斗。富育光讲述，荆文礼整理：《天宫大战·西林安班玛发》，吉林人民出版社 2009 年版，第 218—219 页。

i. 一要脚蹬紧，二要全力划，三要胆儿壮，四要心儿齐。富育光讲述，荆文礼整理：《天宫大战·西林安班玛发》，吉林人民出版社 2009 年版，第 224 页。

j. 西林安班玛发还创造了按摩术、针灸术、燔烤术、酿酒术，使东海人体态大变，四肢短矮的大骨节症，告别了东海。富育光讲述，荆文礼整理：《天宫大战·西林安班玛发》，吉林人民出版社 2009 年版，第 222 页。

k. 凿削石、革记事，以雁阵、达麻哈汛、野花开败计时。鲁连坤讲述，富育光译注整理：《乌布西奔妈妈》，吉林人民出版社 2007 年版，第 100 页。

l. "将女罕口谕铭刻在海滨马尔卡白树上。乌布西奔女罕谕旨，多保留在马尔卡木板和海石上。其图若虫蠕，若鸟啄痕，多为古画绘形。聪颖的乌布西奔……都命亲随突尔金雕画她自创的画图，深藏在九棵十抱粗的古松树洞中。传诵神秘的乌布逊图画，便是乌布西奔珍贵圣文。"鲁连坤讲述，富育光译注整理：《乌布西奔妈妈》，吉林人民出版社 2007 年版，第 136 页。"女罕命侍人，均一一刻板记绘，一路图木积存如山。"鲁连坤讲述，富育光译注整理：《乌布西奔妈妈》，吉林人民出版社 2007 年版，第 187 页。

一 图喇柱、神判大法——制定规则

富育光认为，萨满信仰中的图喇柱崇拜根深蒂固：

> 中国北方满族等诸民族先民，亘古世居于大小兴安岭莽林之中，依山傍水、渔猎为生。夏则巢居，冬则穴处，世称"林中人"。在千百次化险为夷的生死罹难中，森林和山岩是古人们赖以生栖的最直接庇护所。先人在稚幼的原始多神崇拜观念的长期濡染下，很自然地将身边那些朝夕与共的奇石怪树赋予了神秘特性。故此，萨满神柱崇拜，在萨满信仰中根深蒂固。①

在满族萨满的古祭雪祭、星祭、鹰祭、柳祭中，均雕镂鹰、虎、熊、蟒等庞大而醒目的兽头柱原始艺术造型。

富育光在《萨满艺术论》第七章"萨满玛虎、祭坛与柱徽"中提到"萨满祭坛""萨满柱徽"（图喇柱）。祭坛分海祭、山祭、火祭。《奥克敦妈妈》提到："为使尼雅玛，人丁有序，以血缘为纽带，分出族系、长老、穆昆、各血缘统系，并以千古祖先——发端、创世、荣辱、承袭、祀神、崇仰，激励众人，恭用巨木雕镂——九庹图

---

① 富育光：《萨满艺术论》，学苑出版社 2009 年版，第 284 页。

喇柱，魁伟壮观，矗据一方，遥互呼应，傲视苍穹，视若远祖，笑掬百代，护爱子孙，源远绵长。年湮代久，人丁日旺，出现噶珊屯落榆柳神树祭，与图喇同重。"①

《恩切布库》详细记述了立图喇柱的过程及图喇柱的内容：

> 在平整的草坪上，立起一个山梨树木桩，这就是"图喇柱"，又叫"女罕柱"。柱上镌刻日月星辰和恩切布库女神总首领的尊容。女神长发拖地，腰围柳叶。长发用山羊皮编成，耳、鼻、眼用草把拧成，两个大大的乳房用兔皮煎成，胯下用熊毛拼展，四肢用桦干雕成，这就是阿布卡赫赫的图喇柱。布尔丹比拉的人把自己的血滴在图喇柱上。所有妈妈窝的人叩拜、共饮。恩切布库成了这个图喇柱前众野人当然的首领。大家围着她欢呼雀跃。舒克都哩艾曼的总标识图喇神柱——神柱上镌刻着恩切布库女神的伟业：从野人到创建艾曼，征服双头魔怪，乃至现在威震八方的英雄伟绩。这个图喇柱不单是徽号柱，还是舒克都哩艾曼的英雄柱、镇妖柱。不仅如此，围绕舒克都哩心脏的四周图喇柱，都成为各艾曼的徽号，有的用泥，有的用石，有的用骨，有的用木，雕刻出不同样式，高大挺拔。②

《西林安班玛发》简单提到了图喇柱："在莎吉巴那四周，伐来参天大红松九株，刻成宏伟的图喇柱，雕有活生生的鹰、虎、蟒、熊、长鲸，还有山川的图形，全是莎吉巴那的徽号和象征。"③ 比《恩切布库》更进一步的是，西林安班玛发带领查彦部制定了制度和戒规。《奥克敦妈妈》中以图喇柱区别不同血缘，只有不同血缘的人

---

① 富育光讲述，王卓整理：《奥克敦妈妈》，吉林人民出版社 2018 年版，第 65—66 页。

② 富育光讲述，王慧新整理：《恩切布库》，吉林人民出版社 2009 年版，第 103 页。

③ 富育光讲述，荆文礼整理：《天宫大战·西林安班玛发》，吉林人民出版社 2009 年版，第 153 页。

才能婚配。"各妈妈窝,雕镂不同的图喇柱。凡同一图喇柱下人等,均属同一血缘。男女老少皆兄弟,严禁再同房。凡外部各不相同图喇柱男女,血缘各异,可应时应节,配偶成婚。"①

神判大法也是较为古老的法规。王宏刚提到:神判,或称"神验""神断",是萨满教中一项庄严的祭程。"神判"就是本氏族中所发生所遇到的任何重要事宜,都要经过极其隆重庄严的祭祷仪式,祈神进行公正的裁决评判。神判的祭祀手段,主要通过神卜。尽管方法和形式有许多不同,有通过卜筮占卜,有通过火、水、猛兽等,但其目的只有一个,通过所谓的神帮助人来判断是非吉凶,从而确定行止。②

《恩切布库》中女神留给后世神判大法及神判戒规。"以神明判定公正,以神明裁决善恶。这是舒克都哩艾曼最古老的法规,这是舒克都哩艾曼最古老的公约。"③ 每次神判都由萨满提出并裁定,选定首领和猎达,亦用神判来裁决。若恩切布库女神有过失,也须经过水火、猛禽、猛兽之关。

《乌布西奔妈妈》中古德罕经受神判大法的过程如下:

> 古德罕羞见乌布逊族众,矗立光天化日之下,日阳高煦,自脱全身衣褂,赤膊伫立,仅围条短皮小裤裙,让侍人们抱来柳条棍,狠责自己赤裸的肉身。侍人怎忍怒打,他号叫着命令猛劲抽痛,周身红印,血汁滴淋,咬牙不吭,求告族众勿宽恕,惩罚狠重,迷途知返,痛改前非,牢记血训。要为乌布林重整旗鼓,像年轻古德贝子那样忠恩,要不辜负乌布林父兄系念,像少年古德贝子那样爱群。长寿翁齐齐尔德,手挂鹿骨枝,蹒跚走来,白发如银,活过了七十个春秋。他既是南罗锦妈妈义兄,又是老罕王古德罕阿玛驯狗人,古德罕幼年在他怀抱喂过肉粥、哈什蚂羹,

---

① 富育光讲述,王慧新整理:《恩切布库》,吉林人民出版社 2009 年版,第 84—85 页。
② 王宏刚:《满族与萨满文化》,中央民族大学出版社 2002 年版,第 45 页。
③ 富育光讲述,王慧新整理:《恩切布库》,吉林人民出版社 2009 年版,第 129 页。

怒气冲冲地嚷道："古德你大嚷大叫干什么？黑熊从高树上掉下，照样还要爬树，皮肉挨打，伤疤好了就能忘记痛吗？谁还敢相信你的誓言？按照乌布逊古老的祖训，只有让祖先和神明裁决你的心迹，是真、是假、是虚、是实，我们众人才敢奉你为罕，听你的安排！"在场人同声应对："让神灵显示你的赤心吧！让祖先评断你的忠诚吧！"按祖先规制，评断神迹，必有先人和萨满主持，可是，乌布逊谁能主掌这神圣的大权？①

昨日哑女、今日乌布西奔，胜任古德罕的公判人，闭目坐在神坛前花床上，敲着有德里给奥姆妈妈神像的鲸鱼椭圆大鼓，族众虔诚默求乌布逊众神降临，拯救乌布逊，拯救和宽恕古德罕王，使他头清目明，重蹈光明之路，让乌布逊不能没有罕主啊！

古德罕赤裸上身跪在神坛前，身上抹满献牲的鹿血、鹅血和鱼血，祈告神灵，今天神坛前要经神验的人——就是满身抹着献牲血的罪人，请神明明断、神明明示、神明明裁。

乌布西奔按祖规，用手语嘱告侍神裁力：

第一验示为火裁：设火坛，走九杆长二杆深火堆，让火神验示古德罕的诚心；

第二验示为水裁：设水坛，走九杆长三杆深的水塘，让水神验示古德罕的真心；

第三验示为鹰裁：设鹰坛，走在五只凶隼、四只凶雕之间，鹰雕饥饿三日，让鹰神验示古德罕的诚心。

乌布西奔妈妈在乌布林河和布鲁沙尔河交汇处矗立的毕牙碰子下建神坛，命古德罕不准雇用奴仆，自己刻榆、槐、柳神像三十尊，自

---

① 鲁连坤讲述，富育光译注整理：《乌布西奔妈妈》，吉林人民出版社2007年版，第58—59页。

己编做藤、葛、茅神像三十尊，自己堆做石、砂、红石、黄土兽神九尊，自己树起木桩神柱九尊。古德罕从第一个黎明忙到第七个黎明，赤臂、赤脚汗流浃背，虔诚至极，验考神断，精心自制神位也是神明裁验的重要祖制。当初夜，塔其布离星神升入中天，齐齐尔德玛发率乌布逊族众，齐聚乌布林毕拉河滨神坛前：

祭杀三只梅鹿、三只天鹅、三尾两杆长的红翅鲨鱼，血洒四野，围众捧上九色野花，插满祭坛，有勇有谋有斗志，平安穿过雕阵。

乌布西奔敲敲吟咏。忽然，神灵降身，乌布西奔从花床跳起，口吟哑女之歌。她边敲鼓，边像飞翔一般，跳到祭坛中央的古德罕面前，轻轻把鼓顶在头顶，双手一举把古德罕举了起来，轻轻一扔，古德罕不知不觉却站到了火塘前边，乌布西奔头顶的神鼓平稳如初，气不长吁，面不改色。众人皆屏声暗叹，敬佩乌布西奔的神风。

乌布西奔疾速旋转皮鼓敲出鸟啄声节，随身几个女侍神萨满，边看边高声唱道：

古德罕、哈哈济，端吉给孙勒勒——古德罕小子，你恭恭敬敬听啊！我是奶奶神主佛伦丹珠其妈妈，奉塔其乌离星神赶来劝尔行：乌布逊乌咧哩，祖宗基业乌咧哩，熊鹿獐狍乌咧哩，旷古沃原乌咧哩，穴屋暖帐乌咧哩，鱼肥船满乌咧哩，福禄之野乌咧哩，尔享祖荫乌咧哩，安能惰怠乌咧哩，前谴刻铭乌咧哩，尔有我佑乌咧哩，志在更新乌咧哩，速过火海、水潭、鹰窝乌咧，乌咧哩，亲族后裔乌咧哩，助佑古德乌咧哩，勿惧关山乌咧哩，众志成城乌咧哩，余信尔诚乌咧哩，福寿永昌乌咧哩。①

① 鲁连坤讲述，富育光译注整理：《乌布西奔妈妈》，吉林人民出版社 2007 年版，第60—61 页。

古德罕高喊着早已走过火塘，穿过水潭，安然搏斗吓走鹰雕，大步走到神坛前，大口喝干一坛血酒，跪地叩头，又跪到神明前，听众裁断。乌布西奔做手语，助神女萨满们高声传谕："乌咧哩，乌咧哩，乌布西奔大萨满已问过乌布逊神灵，古德罕是信得过的乌布逊好子孙。神祖问乌布逊族人们，你们是否同意？信赖？应允？古德罕还做你们的罕吗，矢志跟随他，重建乌布逊啊？""答应！珊音！信赖！珊音！应允！珊音！"乌布逊沸腾了！所有的猜忌、仇视、嫉恨抛到九霄云外，古德罕被族众抱起来，抱头哽咽。惊飞起云雀群群，哄跑起松鼠匿洞。族众虔诚挽留乌布西奔，祈请她肯做乌布逊萨满。齐齐尔德老玛发同古德窃窃私议，古德依旧迟疑难允，气得老玛发要打古德，举起了鹿杖。乌布西奔笑而不答，向满地跪着的乌布林族人，让随侍者传音："只要乌布林虔诚敬神，阿布卡赫赫会赐送福讯。今日法吉妈妈需有事相助，晨光普照时我来乌布逊。"说完，与随侍返回黄獐子古林。①

《奥克敦妈妈》《西林安班玛发》中只字未提神判大法，究其原因，西林安班已经制定了一套完整的族规，其制度和戒规留传如下："族规三则：部落届期会议，必来必到，不由一人专断，而要共商大事，共谋良策；部落届期致祭，必来必到，不可抗违，祭为号令，祭为神示，祭为常规；部落共选墓址，共同坟茔，违规者不入坟茔。凡入茔者，部落共祭，萨满祝祷，有功者赐猪牙、獾牙或岩石串饰入葬。""图喇三则：一、图喇永固。族人要像鱼群一样，分秒向群，不学失群野猪，必遭一毙。二、图喇为号。号动人动，号损人亡，号壮人丰。三、图喇即族，族即图喇。同心勠力，视死如归。"② 此族

① 鲁连坤讲述，富育光译注整理：《乌布西奔妈妈》，吉林人民出版社 2007 年版，第62—63 页。
② 富育光讲述，荆文礼整理：《天宫大战·西林安班玛发》，吉林人民出版社 2009 年版，第 167—169 页。

规三则和图喇三则完全可以约束族众。奥克敦妈妈将诸部九庄十八王分支大小十几位萨满培养成部落的主心骨,遇到事情萨满"擂起皮鼓惊天地,振起腰铃鬼神惊。"萨满跳神起到了必要的震慑作用。

二 制作工具 安居乐业

在《家庭、私有制和国家的起源——就路易斯·亨·摩尔根的研究成果而作》中,恩格斯提到人类文明早期的三个阶段中高级阶段的标志,从弓箭的发明开始。"由于有了弓箭,猎物便成了日常的食物,而打猎也成了普通的劳动部门之一。弓、弦、箭已经是很复杂的工具,发明这些工具需要有长期积累的经验和较发达的智力,因而也要同时熟悉其他许多发明。……火和石斧通常已经使人能够制造独木舟,有的地方已经使人能够用木材和木板来建筑房屋了。"[1]

恩切布库发明了鼓,建筑地屋、建造树屋;捕捉、驯养野兽,还驯养"莫林"怪兽,称为莫林马;银翅鸟叼来稻谷,部落的人开始采集狩猎生活。恩切布库还制定了婚规,实行"血缘婚",使氏族避免了"乱婚制"给氏族带来的畸形后代。

西林安班玛发帮助族人学会制作甩石球、陷阱、兽套等,从此族人有了与野猪、熊、獾搏斗的勇气。西林安班玛发与族众磨制扎卡大舟上的铜雀信风鸟——这是航海的向导。在茫茫大海中,不论遇到多大迷雾,不论遇到何等暴风,航桅上的铜雀信风雀都会展翅奋飞,头永远指向固定方向,鸣唱着向航海人勤报方向,从不令大舟在海中徘徊不定,或遇灭顶之灾。[2] 西林玛发制作弓箭,使莎吉巴那真正有了"玻离"和"尼鲁"(弓和箭)。[3] 西林安班玛发又帮助族众把弓做得更加粗壮美观,把箭头磨制得更加锋利,而且,到山中采来乌头、毒蛇的胆、蟾蜍的背液,泡喂箭头,发明了毒箭。

---

① 《马克思恩格斯全集》第21卷,人民出版社1965年版,第32—34页。
② 富育光讲述,荆文礼整理:《天宫大战·西林安班玛发》,吉林人民出版社2009年版,第264—265页。
③ 同上书,第219—221页。

猛兽人畜，中箭立毙。① 族众学会了狩猎，会使刀、枪、棒法，捕捉熊、虎、豹、鹿、野猪，他们的食物丰盈，有了比鱼皮更保暖的皮革，即使有凶狂的暴风雪也无所畏惧。西林安班玛发还创造了按摩术、针灸术、燔烤术、酿酒术，使东海人体态大变，四肢短矮的大骨节症，告别了东海。②

与恩切布库相似，奥克敦妈妈教尼雅玛择穴而居、结绳为衣、认草医病、钻木熟食、初识礼仪、晓悟团聚；帮助尼雅玛成为众生中不敢侵犯的集群、通万事的能手、知叵测的精灵，大地上最有智能的人；教会尼雅玛学会使用储存火，教人种植谷穗；更是将巴那吉额姆赐给的莫林留在人间驯化为人的帮手。奥克敦妈妈教尼雅玛使用火，储存火；磨制石制工具、创制了弓箭；留下了御马术；让野人们意识到年长者的可贵，重老贵老，重视知识的传递；也制定了婚规，同一图喇柱下同一血缘严禁再同房，凡外部各不相同图喇柱男女可应时应节，配偶成婚。但凡族众必须恪守此戒，违约者将被活埋。

乌布西奔妈妈最为重要的发明就是文字，前文已多次提过。

三 从部落（氏族）到部落联盟

史诗发生的时期，大体上看应在部落时期或部落联盟时期。艾曼，满语为 aiman，部落，部族之义；霍通，满语为 hoton，城之义。

《恩切布库》中大都是女人当家做主，"各妈妈窝互相抢人，抢年轻力壮的男孩"，此时尚未形成氏族或部落。当恩切布库得到了野人的信任之后，"堪扎阿林的山下，有了一个庞大的野人集群，名闻天下"。"堪扎阿林附近所有的妈妈们，都携儿率女投靠恩切布库女神……人们都愿成为恩切布库女神手下的亲随。"由此形成了一个大艾曼"舒克都哩艾曼"，恩切布库成为艾曼的总首领，即"乌朱扎兰

① 富育光讲述，荆文礼整理：《天宫大战·西林安班玛发》，吉林人民出版社 2009 年版，第 221 页。
② 同上书，第 221—222 页。

达妈妈",满语为 uju jalan da mama,头辈祖母之义。随着恩切布库收服了布尔丹比拉,"堪扎阿林所有山脉,所有沟沟岭岭,所有大小河川,到处都有舒克都哩艾曼的族众。舒克都哩安班统领就是仁慈、伟大的恩切布库女神。她统领七十二个艾曼,堪扎阿林东南山麓成为舒克都哩艾曼的心脏,周围遍布其他大小艾曼"[①]。

《奥克敦妈妈》率领尼雅玛艾曼收服了狗艾曼、熊艾曼、鹿艾曼。他们先是观察,"悄悄来到芒嘎河上源……秘密观察三大野人部——狗部、熊部、鹿部——的生活,发现三部各有总祀妈妈,是部落的首领。各首领下属,音达浑部——有快捷的狗站;勒付部——有勇猛的熊站;布库部——有喧闹的鹿站。各站井井有条,有专门的一群管差人,精心都分设有,管理饮水、食物的——'布达色夫';管理训练、征战的——'布特哈色夫';训兽有方,所向披靡。"接着准备武器,"亲率尼雅玛艾曼的人,侦察芒嘎拉霍通山势后,制作出征战用的——锐利木棒、飞石、骨刀、石箭、石矛……"然后选择进攻的时间和地点,夜深人静时他们"悄悄运动到芒嘎拉霍通山比较平坦的西坡,攀缘而上,可直捣野人部";进攻部队以"豹头旗引路,鼓声、螺角为号"。尼雅玛艾曼的人,遵照奥克敦妈妈的密令,带着生火的松明、獾油,冲进野人部。这些尼雅玛,分成三伙:一伙冲向布库鹿部;一伙冲向音达浑狗部;一伙冲向勒付熊部。利用松明、獾油,将鹿场、狗窝、熊圈燃烧起来。野人三部落遭此惨败,三大野人部头领音达浑妈妈、勒付大玛发、布库大妈妈,前来叩拜奥克敦妈妈归降。从此,几个部落合在一起,共同治理芒嘎拉霍通。

当部落发展强大以后,就面临一个问题:依靠什么生活。单纯的渔猎已经不能满足较大部落的生活所需,就要发展农业及畜牧业。

西林安班玛发来到查彦部落,这个部落很小,在该部落北部还有一个大部落嘎纽古伦,他们想将查彦部落纳入其中。西林安班玛发用黑熊、野猪、花豹组成的军队,战胜了这一部落,两个部落联

---

① 富育光讲述,王慧新整理:《恩切布库》,吉林人民出版社 2009 年版,第 102 页。

合成强大的部落联盟，即莎吉巴那。

《乌布西奔妈妈》中乌布逊部落被别的部落打败，古德罕诚心改过将乌布西奔妈妈接回乌布逊。黄獐子部、珠鲁罕最初不愿与乌布逊结伙。乌布逊部落力量日渐强大后，"各部拥戴乌布西奔为总祀萨满，各部推拥乌布林古德罕为盟长玛发"。乌布逊征服岛上的魔女们之后，"乌布逊的英名，益加声传百里。附近其他无名岛屿，在乌布逊盛名下，恩威并施，乌布逊海疆跨越三百里，不少无名鬼岛海民，成为乌布逊部落盛宴上一群新姊妹和手足伴侣。"① 由此形成了东海联盟，包括乌布逊、辉罕、彻沐肯、珠鲁等七百个部落。"东有珠鲁罕部落，西有彻沐肯罕部落，南有辉罕部落，北有无敌天下的乌布逊部落，擅使石弩，百兽难逃，统御八方，神谕四海。英明罕是乌布西奔萨满，平定了安查干古寨水盗，收降了内海巴特恩图女魔，荡服了外海三百石岛敌窟。"②

赵展指出："至元朝后期，女真地区过着'射猎为主，农业次之'的生活。随着生产的发展，女真原始社会解体，奴隶制度逐步地确立起来。与此同时，各部之间不断发生掠夺奴隶和财物的战争，致使女真地区出现动荡不安的局面。"③

根据历史文献记载，女真人社会存在奴隶、奴隶主和自由民三个阶级。女真各部之间互相侵略与仇杀，以致"都不得安宁"。奴隶的来源主要依靠掠夺。"然而，像群鸟争食，谁不想争抢高林呢？像群兽争雄，谁不想独占莽林呢？像海中巨鲸，谁不想霸有千顷海域？弱肉强食，争锋恃横，都想在东海青云直上，窃据一隅，无休止地期盼，贪婪地奢求，于是，使往昔一向宁静的东海，开始出现了漩涡，激起了不尽的浪涛，你争我夺，你霸我抢，尔虞我诈，各显其长。任何往昔初有的信誉、诚意、互助、怜悯、扶持、共存，

① 鲁连坤讲述，富育光译注整理：《乌布西奔妈妈》，吉林人民出版社2007年版，第97页。
② 同上书，第119页。
③ 赵展：《满族文化与宗教研究》，辽宁民族出版社1997年版，第11页。

完完全全被一己私欲净抛殆尽。'苦乌'东海再没有了欢乐,时时发生血拼。原来不少相亲的部落,因占据'苦乌'不同的角落,各霸一方,有的虽海业繁盛,有的虽猎业兴旺,但相互间仍为山川、河流、丘陵、海滩发生混乱的抢掠。强欺弱,凶霸小,各部男女老少,常在不休地争锋中成为可怜的亡命徒,生者永世沦为'阿哈朱子',生命毫无保障,尸骨抛撒在'苦乌'的东西南北。"① 西林色夫想要平定争杀,必须把岛上零散的力量组织起来攥成拳头。西林色夫和查彦吉妈妈,带着心腹们,不辞辛苦,百里跋涉,躲过不听训诲的争杀部落,在风雨般的飞箭、烈火中,沿着海滨徒步行走。首先找到海岛北角的穆林部,说服了穆林首领穆林汗玛发的帮助下,平定了海岛南角的莽嘎部。在莽嘎汗的帮助下,收复了海岛中部的依尔哈嘎珊。此刻,海岛西部齐集湖畔,柏母齐泰玛发率海狮军三千,打着火把,乘坐帆舟,骑着骏马,蹚过海沟,冲进"苦乌"。②

相较而言,史诗《恩切布库》《奥克敦妈妈》产生的时间最早,其次是《西林安班玛发》,《乌布西奔妈妈》最为晚近。

四 与恶魔争斗

在《天宫大战》中,耶鲁里与阿布卡赫赫代表的女神之间的斗争很残酷,耶鲁里采取多种斗争方式都未取胜。《天宫大战》中提及耶鲁里到人间作乱的可能,在四部"窝车库乌勒本"中,各主人公带领他们的族众与耶鲁里展开了殊死搏斗。

1. 耶鲁里变身土拨鼠小精灵,使众人上当

万年前,耶鲁里被阿布卡赫赫打入地狱,地母巴那吉控守地牢。土拨鼠小精灵受巴纳吉额姆之命,成为地下的狱卒,看管和监视耶鲁

---

① 富育光讲述,荆文礼整理:《天宫大战·西林安班玛发》,吉林人民出版社 2009 年版,第 255 页。

② 同上书,第 257—258 页。

里。土拨鼠小精灵忠于职守，尽职尽责，得到天母的称赞。①

　　突然间，天一下黑下来了，伸手不见五指。紧接着，乌云翻滚，电闪雷鸣，恶风呼啸，飞沙走石，天上下起了倾盆大雨。龙卷风般的飓风，向人们袭来，吹得人睁不开眼睛。众人非常惊奇，不知道发生了什么事。突然，轰隆隆一声巨响，前面的大山裂开了一条缝，从里面涌出来的洪水，像天河水一样，汹涌澎湃，势不可挡。艾曼的人们惊恐万状，不知所措，不少人被洪水冲走。就在人们呼喊、挣扎的时候，天空响起一声炸雷，闪电中出现了恶魔耶鲁里的身影。耶鲁里顶天立地，张着血盆大口，在飓风中狂笑着："恩切布库、夹昆、塔思哈、木克，你们上当了！哈！哈！哈！哈！我不是什么土拨鼠，我是威武勇猛的耶鲁里。你们以为堪扎阿林成了你们的吗？哼！你们得意得太早了，我这次来就是要收拾你们的。哈！哈！哈！哈！"众人这才知道上了当，原来他们见到的土拨鼠，并不是真正的温和可爱的小土拨鼠，而是恶魔耶鲁里的变形。恩切布库恨自己太疏忽、太大意了，辜负了天母对自己的嘱托，辜负了族人对自己的信赖。她感到非常后悔，一面赶紧传告艾曼的人们，快快向高山上逃，向树林里躲，一面又变成一个滚动着的小火珠。火珠呜呜直响，越滚越大，越滚越圆，滚成一个顶天立地的大火球。火球散发出的无穷热量，像太阳一样光芒四射，照彻了宇宙，照亮了大地。暴雨、洪水被熊熊的热焰蒸发了。大地露出了容颜，太阳露出了笑脸。可是恶魔耶鲁里已经把一些族众引进了一条深谷绝境，因为有高山阻挡，火球的光芒照射不到，所以那里还是汪洋一片，不少族众仍被淹没在洪水之中。②

①　富育光讲述，王慧新整理：《恩切布库》，吉林人民出版社 2009 年版，第 78 页。
②　同上书，第 82—84 页。

一片汪洋中，恩切布库女神暴怒，她变成的火球飞起直射天空。在天空施威的耶鲁里一见火球向他袭来，吓得慌忙逃窜，火球在后面紧追不放。这时，夹昆妈妈化成千百只雄鹰，飞翔而下，抓走在水中挣扎着的族众们。塔思哈妈妈也显出自己的神形，变成千万只猛虎，驮走在水中狂叫的族众们。木克妈妈变成千万只水獭和龟鳖，驮走在水中挣扎着的族众们。恩切布库女神用自己变成的火球，追烧着恶魔耶鲁里。耶鲁里被烈火烧得吱哇乱叫，猖狂逃进地窟。大地上的洪水干涸了，大地上的森林重现了，艾曼的族众得救了，一场灾难被平息了。恶魔耶鲁里虽然又被撵到了地下，可各艾曼的族众已被洪涛吞噬无数。各艾曼衣食用物荡然无存。① 耶鲁里带来的这场灾难是灭绝性的。

2. 与耶鲁里心腹满凯斗争

《恩切布库》中，美丽的富饶之地色尔丹比拉"被凶恶的魔鬼艾曼霸占。艾曼的首领是双头怪，名叫满凯。满凯长得恐怖奇丑，两个脑袋，两个身子，是个双身怪魔。满凯的两个怪脑，智慧超过常人。他吃人肉，喝人血，成了堪扎阿林一带凶残野蛮、杀人成性的大魔怪，他是恶魔耶鲁里的得意心腹。恶魔耶鲁里庇护他兴妖作乱，助他执掌色尔丹比拉。恶魔耶鲁里自从败北后，时刻幻想重返尘世，唆使双头魔怪满凯，时时派出大小魔怪，抢掠舒克都哩艾曼的獐、狍、野鹿、野兔、山鸡，向布尔丹比拉上游释放瘟毒，使舒克都哩艾曼的族众腹泻、体虚、瘦弱而死"②。

面对满凯带来的苦难，舒克都哩艾曼所有萨满都在堪扎阿林高崖上设神坛祭祷。他们把豹皮熟成白板，在白板皮上彩绘九面大旗：日旗……这是最叱咤风云的神灵，这是最凶悍无比的降魔。敲响宇内大地，震住恶魔凶焰，激唤族众心魄，收伏魔怪恶魂。猖嚣一时的色尔丹比拉大魔怪，失去往日的狰狞，拜伏叩地，乖乖就擒。③

① 富育光讲述，王慧新整理：《恩切布库》，吉林人民出版社2009年版，第85页。
② 同上书，第100页。
③ 同上书，第101页。

3. 战胜三耳野魔和耶鲁里

耶鲁里败逃人间之后，与帮手一起给人带来了颇多灾难，三耳野魔是其中之一。"话说海中有一棒槌长岛，地处高山之巅，冬日冰封百里，素有'雪岛'之称……当年，恩切布库女神率众征服堪扎阿林一带，被追杀的三耳野魔逃到了棒槌长岛。"① 三耳野魔仅在《奥克敦妈妈》中出现，翻检文本，未见前事。"他们制服了雪岛上的奇民，霸占了棒槌长岛。三耳野魔时刻记着恩切布库女神对自己的征杀，念念不忘报仇雪恨。恶魔耶鲁里虽被恩切布库女神化形的火球追烧，狼狈逃进地窟，但他贼心不死，日夜企盼重返世间，重新把恩切布库女神打入地心。他获悉三耳野魔之事，欲助其一臂之力，以解自己心头之恨。"② "这天夜半三更时分，雪岛三耳野魔率族众杀向舒克都哩艾曼，耶鲁里喷出了黑风恶水，天地昏暗，地动山摇。艾曼处处像炸了营的蜂巢，艾曼处处像乱了阵的蚁穴，欢乐的舒克都哩艾曼顿时一片狼藉，富饶的舒克都哩艾曼顿时一片凋零。夹昆妈妈死于惨祸，塔思哈妈妈丧于大海，木克妈妈和众精灵妈妈被囚困在莽林。血腥与泪水在艾曼横溢。"③ 恩切布库牺牲了自己才战胜了三耳野魔。

《恩切布库》中，野人不敢进洞窟安居，因洞窟被成群的猛兽和巨蟒霸占着，且充满毒气。巨蟒是耶鲁里的化形"古鲁古"魔王。

《奥克敦妈妈》中，耶鲁里试图在阿布卡赫赫三女神创造出乌米亚罕之后，利用打赌的方式让阿布卡赫赫再次上当。但阿布卡赫赫在妹妹们的劝阻提醒下，做了充足的准备，粉碎了耶鲁里的妄想，反而使乌米亚罕正式变成尼雅玛。奥克敦妈妈在人间帮艾曼迁徙到适合生存的地方之后，梦中得知耶鲁里又要和天神抗争，于是告别尼雅玛回天宫降魔去了。

值得探究的是，《天宫大战》中女神与恶神间的争斗，你来我往，女神最后取得胜利。《恩切布库》《奥克敦妈妈》中，耶鲁里及其帮

---

① 富育光讲述，王慧新整理：《恩切布库》，吉林人民出版社 2009 年版，第 141 页。
② 同上书，第 141—142 页。
③ 同上书，第 143—144 页。

手肆虐一时，恩切布库牺牲自己才能解决灾难，奥克敦妈妈却依然扮演除魔角色。

第三节　英雄的结局

"窝车库乌勒本"中四位主人公作为萨满，作为英雄降临人世，到人世间除魔，建功立业。后来又返回天庭或东海，他们离开的方式各异。

恩切布库为了部族烧光了自己，后世称为奥都妈妈，永世得到祭祀。

在这万分危急时刻，恩切布库骑着双骏从高天走来，从容不迫，向三耳野魔宣战。恩切布库女神为了战胜三耳野魔，不顾疼痛，把自己的眼睛抛向了天空。恩切布库女神的眼睛是太阳的化身，是地心火焰熬炼而成。温暖的阳光照彻大地，蒸发了耶鲁里的污浊恶水。大地重见光明，大地重又温暖。恩切布库女神又把自己的头发抛向了天穹。女神的头发乃是地火、浓烟熬炼而成。头发变成了一道道顶天立地的挡风墙和收风袋，把耶鲁里喷出的恶风挡在墙外，收入收风袋。大地顿时没有飞沙走石，没有雷鸣电闪。恶魔耶鲁里被黑发绳索捆绑，无法挣脱，眼看就要被擒。他急中生智，使了个缩身法，从恩切布库的法绳里挣脱出来逃进地牢。三耳野魔没有耶鲁里撑腰，顿时像泄了气的皮球。舒克都哩艾曼的人众越战越勇，最后，将三耳野魔及剩下的少数喽啰团团包围。愤怒的舒克都哩的人众发誓要为夹昆妈妈报仇，为塔思哈妈妈报仇，为舒克都哩艾曼所有受害的弟兄们报仇。他们举着燃烧的火把，拿起锐利的石矛、石斧、石枪、石刀，找出尖利的木矛、骨针，杀向三耳野魔，恨不得喝其血、食其肉，将他剁成肉泥。雪岛的族众为了保卫自己的首领，摩拳擦掌，怒目横眉，剑拔弩张，要与舒克都哩艾曼的族众决一死战。……舒克都哩艾曼的族众宽恕了三耳野魔，他们握手言和，相互拥抱……这时，恩切布库女神双眼变成的两个太阳，能量已经烧完，天空昏暗下来。恩切布库女神的体魄开始消失，恩切布库女神的心灵之火全部耗尽。令人尊敬的恩切布库女神为了拯救人类，献出了自己的全部心血和生命之火。在艾曼重归于好、兄弟欢聚的时候，恩切布库女神闭上了双眼，魂魄重返天母阿布卡赫赫身边。她离开了舒克都哩艾曼的族众，离开了所有善良的人、正义的人。艾曼人齐为恩切布库女神悲伤，艾曼人齐为恩切布库女神痛哭。恩切布库女神双目失明，骑着双骥，奔走在宇内为人类操劳。马给她光明，给她力量。后人为了纪念她，尊敬地称她为"奥都妈妈"。在萨满的圣祭中，在萨满的神坛上，神鼓不停，奉祀不息……恩切布库女神，又尊为奥都妈妈，千秋万代，活在北方民众心中。①

奥克敦妈妈返回天宫后，翁克勒老萨满跳神迎请她下来帮助驱邪救灾。他们"献上——猪、羊、鹿、鱼，山果堆如山；献上——阖族的虔诚祈愿：让洪水速速退净，让族众重建家园，世世安宁，福寿永康。这昊天的呼唤，这震天的鼓声，这虔诚的祈愿，这赤诚的敬盼。都在祈请，满族世代的神母——阿布卡赫赫最挚爱的侍女，千万年智慧的化身，哺育万牲的护神啊——威武无敌的奥都妈妈。在翁克勒老萨满的——鲸皮神鼓声中，在老穆昆的——祈求声中，在八十岁老妈妈的——叩拜声中，忽然江涛中跑来了成千匹银蹄银鬃白龙马。白龙马，顿时变成——阖族的水上龙驹，将洪涛中的灾民，转眼间——全驮至安全的高岗上"。②

沿萨哈连和她的子孙河生活的满族诸姓，各哈拉年年奉祭慈祥勤勉的奥克敦妈妈。

---

① 富育光讲述，王慧新整理：《恩切布库》，吉林人民出版社2009年版，第144—148页。
② 富育光讲述，王卓整理：《奥克敦妈妈》，吉林人民出版社2018年版，第138—139页。

奥克敦妈妈，是世代敬祀的妈妈主神，是疾恶如仇的威武战神。她与佛里佛多卧莫西妈妈，同属姊妹尊神，总理吉星高照，社会安定，福寿绵绵，人丁老幼，无忧无虑，无病无灾。猪羊牛马骡驴、鸡鸭鹅狗众牲，茁壮兴隆。满族众姓，为纪念奥克敦妈妈，都在灶房西墙上，高挂木雕的"七人八马"，象征她星夜离开世人，急返天宫，参与驱魔鏖战。奥克敦妈妈，是光明神，是驱夜神。相传魔鬼耶鲁里，惧怕光明，总在黑夜作祟。故每当祭祀，都在夜深，迎请奥克敦妈妈降临神堂，享受族人的献酹。尼雅玛，为永世牢记奥克敦妈妈、沙克沙、莫林的恩情，又世世代代，在萨满神祭中，传袭神圣的敬鹊和马神祭礼俗。各族各姓，祭前制索莫杆，上装锡斗谷穗，敬祀乌鹊。在群马中，精选最健壮骏马，备作祭用马，尾上挂绸条，阖族虔诚饲养，献奥克敦妈妈骑用。萨满——马祭，乌鹊祭，永祀不衰。人类擅驭骏马，奥克敦妈妈传授。欲想缩减大地距离的奥秘，就要学好驯驭骏马足速的胆识。像奥克敦妈妈一样，身骑两匹烈马，巡行天地之间。奥克敦妈妈是畜牧神，是兴旺神，是理财神，是保家神。神威无敌的奥克敦妈妈！①

西林安班玛发因用海水淹没"苦乌"灭火，被德里给奥姆妈妈责罚：

白海鸥神鸟传报：东海女神德里给奥姆妈妈，恼怒西林安班玛发擅用海水淹漫"苦乌"，万灵遭难，违犯神规，速速敕令——急返海宫受命。西林安班玛发在一片悲声中，叩拜众位乡亲，告别难舍难离的族人，从此永世离开了莎吉巴那。白海鸥神鸟陪同西林安班玛发，乘坐风车，转瞬回到海宫，拜见东海女神德里给奥姆妈妈。女神说："我把你派到人间，是为拯救万牲逃

---

① 富育光讲述，王卓整理：《奥克敦妈妈》，吉林人民出版社2018年版，第140—142页。

脱苦海。你该深悟吾意，精心为民谋福，处处爱民、怜民、体民、护民，民有小疵，诱之，导之，谅之，安可为一时之急，枉施神力？神威岂可滥施，民何以哉？惩治无辜，使多少生灵被你洪涛淹没，悲兮，痛兮。不能再留你在人间，做一个镇海石吧，长久静待海中去阻碍大海的风涛。"从此，西林安班玛发重归大海，成为海底镇海石，无声无闻，百世千秋。①

西林安班玛发成为东海窝稽部、满族众姓萨满神堂奉祀不衰的一位主神。在祖先祭祀、祭天、祭礼中，在隆重而盛大的东海海祭中，他与东海女神德里给奥姆妈妈并位奉祀。西林安班玛发是生存神、智慧神、技艺神、医药神，东海至尊至上的神祇。②

乌布西奔妈妈在第五次东征途中病逝：

乌布西奔女罕选择了第二年六月初夏，乌布西奔女罕，为广谕东海，以自创凿木刻记法传令。凡事小刻记浅纹，凡事大刻记深纹。事事各有刻记符标，愚氓野民睹板悉明。相隔遥遥，递捷迅迅。诸岛传刻板以达情理，海内生民心心相通。乌布西奔女罕延请扶尼、窝尔浑众岛首领，商询出海良策。③

乌布西奔女罕恍惚中见到了北天达其布离神辰，又见到星辰化作了一位女神，她好像本来就非常熟悉的姊妹，过来，拉起她的手说："妹妹，我们接你来了，你该回家了，回家了！"乌布西奔女罕轻声说着"回家了，回家了"，便溘然长眠了。特尔沁、特尔滨听

① 富育光讲述，荆文礼整理：《天宫大战·西林安班玛发》，吉林人民出版社 2009 年版，第 266—268 页。
② 同上书，第 269 页。
③ 鲁连坤讲述，富育光译注整理：《乌布西奔妈妈》，吉林人民出版社 2007 年版，第 185—186 页。

到了"色木得离"的声音——微弱如蚊声，女罕不再呼吸，已经安详长逝……①德里给奥姆妈妈将她接回太阳的故乡，将来她还要重返星空，塔其林离星辰，便是妈妈的神容……每晚她都要出来，为人们指点方向和时辰。②

乌布西奔妈妈死后，三位萨满为她举行了隆重的海葬：

> 特尔沁第一次穿上了妈妈的征海神服，特尔滨第一次穿上了妈妈的报祭神服，都尔芹第一次敲响了妈妈爱用的九铃九鸟九金环的海豹皮、鲸鱼鼓圈的椭圆大鼓，鼓上绘着妈妈亲笔画的德里给奥姆妈妈神容。族众跪在海滩、海中、海中岛上向妈妈拜别、泪别——人众层层，无边无际，海浪汹涌，不少送别的人，互相搂抱着，跪在海中，只见浪涛中哭喊着的众头，只见浪涛中摇摆着的双手。一阵鼓，长筏离岸；二阵鼓，长筏进入深海，鲜花供果撒进海面；三阵鼓，长筏远入内海，岸上鼓、筏上鼓、山上鼓、陪舟三百面鼓，震撼四野海面，惊心动魄，这是神的脚步，妈妈步履，海涛般的脚步啊！突然四阵鼓，从筏上传来。四周拜鼓也跟着敲响，这是送妈妈回海宫的送神鼓响。妈妈从葬筏抬下来，葬筏四周巨石捆绑。槽形榻是石盒雕成，妈妈葬眠槽中，有盖石、鲜花、供果，在鼓乐声中跪送深海，迅速沉入深海。妈妈，万寿，万寿，妈妈，我们跪叩，一路安宁——妈妈离——妈妈离——妈妈离——③

> 在五阵鼓中，众海葬筏返航。特尔沁、特尔滨、都尔芹敲响神鼓，唱送神曲、招魂曲、安葬曲。热泪中，三人昏倒在筏上，众助神人跪下，击鼓助唱。半晌，三人醒来，重敲神鼓，木筏缓靠海岸。按祭俗，木筏在海滩火化，海祭人同眠海滨，燔烤牺

---

① 鲁连坤讲述，富育光译注整理：《乌布西奔妈妈》，吉林人民出版社2007年版，第193—195页。

② 同上书，第204页。

③ 同上书，第201—202页。

牲，守夜祭神。特尔沁三人夜深还要击鼓七唱招魂、安魂神歌。族众伴唱伴舞，一连三个日夜，吃住海滩，海葬才圆满告终。①

主人公虽返回天庭或东海，仍然得到部落的祭祀。乌布西奔妈妈死后，其生前业绩用图符记述，被"铭刻在锡霍特阿林的洞窟里，年年祀祭，代代香烟缭绕"。三位萨满"经过五个冬春，日夜不辍，矢志不移，特尔滨、都尔芹劳累过度，相继病死在洞窟边，埋在小白桦树下。特尔沁终于完成夙愿，已长发披肩如稀雪，返回故乡，驼背躬腰，精编万句长经，依图颂唱，数年后亦与世长辞。特尔沁、特尔滨的弟子们，秉承师训，拜祭德烟阿林，年年盛祭不衰……"②

小　结

《天宫大战》完全是女神与男神之间的争斗，最终以阿布卡赫赫为代表的女神神系取得胜利，奠定了天庭的秩序；奥克敦妈妈、恩切布库、乌布西奔妈妈和西林安班玛发，因人间苦难无法解决遂被派到人间，他们帮助人间建立了各项秩序，教会人们生活、生产等，最后又返回神界。恩切布库为救族众而死，变成奥都妈妈，受到祭祀；奥克敦妈妈在梦中得信息返天宫，参与驱魔鏖战，后在背灯祭时成为主神；西林安班玛发受到东海女神的责罚，成为镇海石，作为神获祀；乌布西奔妈妈东征病死，魂升天际，其事迹被刻在锡霍特山上。

《奥克敦妈妈》《恩切布库》《西林安班玛发》《乌布西奔妈妈》的内容都与东海有关，《奥克敦妈妈》《恩切布库》延续了天宫大战的很多内容，从内容上似与《天宫大战》的渊源更为密切；乌布西奔妈妈主要任务是开拓疆土，恩切布库虽然多次提到要"关爱我们的寸寸海域，探取大海为我们提供的衣食之源"，但并没有像乌布西奔

---

① 鲁连坤讲述，富育光译注整理：《乌布西奔妈妈》，吉林人民出版社 2007 年版，第 203 页。

② 同上书，第 205 页。

妈妈那样组织五次东征探东海；西林安班玛发为莎吉巴那寻找安居之地甘愿变作鼹鼠到地下探寻适宜之地，部落的生产生活为其主要思考的问题；奥克敦妈妈的主要任务就是带领野人艾曼改变旧有生活状态，帮助他们提高各项生活技能，驯马、射箭、农业生产必不可少。

天庭秩序的确立是女神与男神之间的斗争中女神最后取得胜利，人间秩序的确立也是女神派身边的侍女或儿子到人间，为部落时期的民众逐步奠定生活基础——在衣食住行生产生活方面形成一定之规，得以在人世间立足并繁衍生息，顺利完成任务后返回神界。

第六章

富育光与"窝车库乌勒本"

被记诵的异文变成了真理，变成了正统，而你就变成了"权威"。

——杰克·古迪

　　"窝车库乌勒本"由富育光讲述或整理，其来源有三，分别为家传、其父亲搜集整理后传承下来、富育光搜集所得。《西林安班玛发》《奥克敦妈妈》是祖母富察美容讲述的，为家传；《天宫大战》较为复杂，为富希陆搜集记录的白蒙古版本；《恩切布库》为白蒙古讲述的版本，1966年富希陆到长春曾讲述给多位好友；《乌布西奔妈妈》是富育光搜集而得。据笔者所知，富育光共掌握满族说部22部，其中家传的有6部，分别为《奥克敦妈妈》、《萨大人传》、《飞啸三巧传奇》、《东海沉冤录》、《苏木妈妈》、《顺康秘录》（或称《扎忽泰妈妈》）；由他人说唱，富希陆记录、整理的有4部，为《天宫大战》、《恩切布库》、《雪妃娘娘和包鲁嘎汗》、《西林安班玛发》（四季屯臧姓萨满），这些都先后传给了富育光①；富育光搜集12部，为《乌布西奔妈妈》、《鳌拜巴图鲁》、《两世罕

---

　　① 富育光对《萨大人传》和《雪妃娘娘和包鲁嘎汗》还进行了有意识的后续调查和搜集。富育光搜集的《七彩神火》中有赵法师讲述的关于康熙东巡时的故事，与萨布素也有一点儿关系，后来他将这三篇故事加入其讲述的《萨大人传》中（参见富育光讲述，于敏整理《萨大人传》，吉林人民出版社2007年版，第631—636页）。1983年，富育光又到爱辉镇西岗子村，听叶福昌讲萨布素传奇故事，他认为这是富察氏家族的传本，叶福昌老人讲的是雅克萨战争中萨布素的英勇表现。

王传》、《忠烈罕王遗事》、《傅恒大学士与窦尔墩》、《松水凤楼传》、《雪山罕王传》、《金兀术传》、《萨哈连船王传》（或称《萨哈连老船王》）、《鳇鱼贡》、《兴安野叟传》、《莉坤珠逃婚记》。如此巨量的说部集于一身，引起人们的关注，学者希望能了解如下问题：富育光为什么能够传承如此多的说部？富育光讲述的说部是否会被满族人接受，其中有无不合理之处？富育光搜集了说部12部，大家为何愿意将说部交给他呢？又是如何传承下来的呢？发展至今天，说部将如何传承呢？

富育光为人所知的身份是萨满文化研究专家，数十年来致力于中国萨满教研究，许多论著在美、德、匈、日、韩等国家及我国台湾等地区发表，多次获得国家和省部级科研奖励。他曾承担和主持国家"七五""九五"萨满教研究课题和由辽宁人民出版社承担的国家"八五""九五"萨满教重点图书项目。他参与过国家"十五"社会科学项目《满族萨满史诗〈乌布西奔妈妈〉的研究》。曾与他人合作出版萨满文化研究专著6部、民族文化研究编著21部、论文70余篇。他还有一长串的头衔，如中国民间文艺家协会会员，曾为吉林省民间文艺家协会理事、副理事长。现为吉林省民族研究所研究员，中国社会科学院民族文学研究所萨满文化研究中心学术顾问，沈阳满族佟氏家族研究会顾问，吉林市满族文化研究会顾问，伊通满族博物馆筹建策展顾问，吉林省民俗学会名誉理事长。如此颇有声望的研究人员，却积极地选择成为满族说部的传承人，有什么深层次的原因呢？面对时而出现的质疑之声，富育光曾如此表达：

> 学者或艺术家与民族文化继承人和传承人双层职能合二为一者，往往是一个民族或集群在一定社会的特殊环境和条件下形成的，是社会发展中很必然和很普遍的现象，何足为奇。原胎文化由原胎民族后裔的文化人士参与抢救与承袭，更易守其纯真性。这种现象，恰说明文化承袭事业的普及和深化，乃民族文化之幸事。而满族有悠久文化历史渊源，因有特殊历史缘故，建国后又

遇多年"左"的干扰，各地文化知情人谢世甚众，文化链呈现出严重断裂态势，抢救文化倍显重要。①

富育光积极选择成为满族说部传承人，因他将传承满族文化视为最重要的目的，其传承意义很大。基于像富育光这样的传承人日益增多，笔者提出"书写型传承人"这一类型。

第一节　金子的嘴、赤子的心：以传承民族文化为己任

满族及其先民，很早便将根植于祖先崇拜观念沃土中哺育而成的说部艺术，称为"乌勒本"。满族说部影响着自古生活在黑龙江以北、乌苏里江以东所有阿尔泰语系通古斯语系诸民族。这些民族都曾信仰萨满教且时至今日仍信仰萨满教，如前文所述，"窝车库乌勒本"的传承与萨满教密切相关。讲述古代氏族英雄的传说故事也依托萨满教的流传。对于研究"窝车库乌勒本"的文化内涵，满族及其先民世代传承的宗教及文化具有独特意义。

即便退休后，富育光依然放不下满族说部，录音、整理、传播满族说部成为其工作核心。他讲述的说部一半源于自己的家族，另一部分与其对满族文化的热忱及不间断的调研，尤其是他自幼生活于浓郁满族文化氛围的地域有密切的关系。他为每一部说部都撰写了详尽的调查始末或传承概述，为了解其来龙去脉提供了很好的资料。

一　地域的影响

我国东北乃至黑龙江以北广袤沃土，是远古人类很早便涉足的领域，世代居住着满族、赫哲族、鄂伦春族、鄂温克族的先世。黑龙江

---

① 富育光：《谈满族说部的传承特征》，载《金子一样的嘴——满族传统说部文集》，学苑出版社 2009 年版，第 247 页。

流域乌苏里江流域及东海窝集部等是满族及其先世世代生活之处，他们创造并流传下来很多关于本民族祖先的神话传说等，最突出的就是满族说部。

富育光自述其一辈子的学术轨迹都与幼时生活地域有密切的关系：

> 我自幼就生长在黑龙江畔大五家子满族聚居村，祖父母、父母及众长辈均操满语，就是在这种温馨而浓郁的生活氛围中，度过难忘的少年和青年时代，受民族文化熏陶，养成自小爱讲《萨大人传》等说部，受长辈夸赞。及长，迷醉于民族悠远文化，立志进入高等学府深造，回报于本民族。我是幸运儿，我的大半生确实是沿这条路走的。①

一直以来，富育光未曾停下对满族文化的搜集、整理，其重心因工作岗位变动而有差异。当记者时他到处跑，以采风为主；在吉林省社科院工作时，重心为"访萨采红"②，兼及其他说部；到民族研究所工作后，其重心是调查东北少数民族的萨满遗存。他曾带领学术团队成员多次到北方民族地区采录萨满祭祀神歌，其间也遇到很多波折，除萨满藏有咏唱用的神本外，从民众手中很难得到神本子。这又有多方面原因。除了萨满神本自身神秘性之外，社会上对萨满教存在长期的误解甚至非难，致使萨满歌曲蒙上"大神巫歌"之冤外，还有重要的地理条件、民族语言的隔阂等诸多方面的原因。③ 20 世纪 80 年代后，吉林省民族文化工作者（主要指富育光带领的团队）在佟冬院长的极力倡导和殷切指导之下，"学习延安精神，背起行囊，徒步深入吉林、黑龙江、辽宁的满族聚居的大小村落，同族人同吃、同

---

① 富育光：《谈满族说部的传承特征》，载《金子一样的嘴——满族传统说部文集》，学苑出版社 2009 年版，第 246—247 页。

② 萨指与萨布素有关的传说故事，红指与红罗女有关的传说故事。

③ 富育光：《萨满艺术论》，学苑出版社 2009 年版，第 210 页。

住、同劳动，在访贫问苦、田野劳动中得到群众的感动和信任。他们从树洞、地窖和墓地中为我们拿出珍藏多年的萨满祭祀神本、宗族谱牒、说部手抄本和满文书籍、笔记、'二人转'唱本等等。除此，还收集了许多往昔的民俗遗物"①。经过数年锲而不舍的艰苦努力，富育光的研究团队结交了众多淳朴可亲的各民族文化人士，他们是在家族中深受族人敬仰的民族文化中坚，他们专心致志地记录、传讲和保存着本家族积存多年的满族说部。他们是满族说部的存藏人，又是说部故事的唱讲人和传播人。在他们的口里，满族说部是那么生动活泼、栩栩如生、脍炙人口。

黑龙江省瑗珲、孙吴、逊克地区，世代为满族和达斡尔族聚居之地，有清以来出现过许多满学大家。满族说部四个传承圈皆在东北，满族说部丛书出版共54部，其中22部与富育光有关，另有傅英仁8部，马亚川5部，赵东升4部，其他如赵迎林、完颜玺、穆晔骏、郑向东、祁学俊、赵峥、关长荣、石盈儿、爱新觉罗·毓嶦等人，讲述者多生活在东北，个别在河北石家庄。

富育光回忆他少年时代，在家乡听过满族吴扎拉氏80多岁高龄的托呼保太爷爷讲唱满语《尼姜萨满》，《尼姜萨满》就是民间启蒙教科书。早年，瑗珲和大五家子满族人都有老习惯，逢年过节、婚嫁、祭礼等喜庆吉日，大小车辆接迎南北四屯的亲朋，欢聚一堂听唱说部故事。②

　　《恩切布库》说部故事最初的传播发源地是在萨哈连哈拉（黑龙江）以北精奇里江（即俄国结雅河）一带，至今已有数百余年的传承历史，可能远传自辽金时代，并在女真后裔即满族诸姓中传讲，并得到不断的充实、丰富、发展和完善，从而形成现在这样的文字结构形式。据老人讲，最早讲唱完全是满语满歌，

---

① 富育光：《再论"乌勒本"》，载富育光主编《金子一样的嘴——满族传统说部文集》，学苑出版社2009年版，第173页。

② 荆文礼、富育光汇编：《尼山萨满传》上，吉林人民出版社2007年版，第84页。

而且有优美高亢的声腔曲调。正因独具这一艺术特点和魅力,使其在族众中产生强烈的影响,便于记忆和传播,为广大族众所接受,成为满族及其相邻民族如鄂伦春、鄂温克、赫哲、达斡尔族等须臾难以离弃的生活余兴。①

可以说,在富育光大脑中有一份满族说部的分布图,也有一张萨满教的分布图。他亲自调查、考察呼玛县白银纳乡和塔河县十八站乡鄂伦春族萨满文化遗存情况,多次采访女萨满关扣尼及她的丈夫孟玉林,访问了一批老人,如魏跃杰、关扣杰、关永尼等人,他们了解 20 世纪 30—40 年代该地区的萨满活动,察看了萨满神衣、神帽、神鼓、神器、供品等实物,并对孟金福、关扣尼的跳神祭祀活动进行实地调查。② 他与其他单位合作拍摄了《鄂温克族萨满祭祀》和《达斡尔族萨满祭祀》,在呼伦贝尔草原录制了达斡尔族女萨满平果祭神电视资料。③

富育光多年从事萨满教研究的经历,对其传承满族说部有一定影响。

二 家族的影响

富育光自述其家族为满洲望族,他从小深受家族祖先及长辈的影响。从祖父母到父母及家族的长辈们,都将"乌勒本"视为"祖制家规":

> 我们家族属金代黑号姓浦察氏,即富察氏,祖籍宁古塔(今宁安市),清康熙朝为抵御沙俄南侵,奉旨北固边疆,永戍黑龙江瑷珲的。自康熙朝第一任黑龙江将军起,至雍、乾、嘉、道皆

---

① 王慧新:《〈恩切布库〉传承概述》,载富育光讲述,王慧新整理《恩切布库》,吉林人民出版社 2009 年版。

② 富育光:《鄂伦春萨满调查》,载《富育光民俗文化论集》,吉林大学出版社 2005 年版,第 239 页。

③ 富育光:《论萨满职能》,载《富育光民俗文化论集》,吉林大学出版社 2005 年版,第 202 页。

有为官或任武职者。家藏除满文宗谱、文档及珍贵的历史文化史料外，讲述满族传统说部"乌勒本"是全家族世代祖制家规。①

作为长子长孙，富育光受长辈的影响很大，自幼便将学唱"乌勒本"视为需承担的责任。祖母富察美容强调有"金子一般的嘴，一颗爱族的心"，这句话他牢记一辈子，并以实际行动践行此言：

> 我从小在奶奶、父母和族中长辈膝前长大，直到22岁考入大学，才远离黑龙江畔大五家子故乡。那里地处边陲，保持着满族人固有的语言和习俗。想当年最诱人的盛举，就是聆听妈妈、玛发、萨满和族中推选的师傅们讲唱说部"乌勒本"，沁人肺腑，听也听不够。我就是在那温馨、古朴的氛围中被熏陶，度过难忘的少年和青年时代。我受长辈影响，非常尊敬为家族讲唱说部的人，把他们看成圣人，跟随学说学唱"乌勒本"。那时，只要尽心，机会很多。因为家族隔三岔五就有盛会，不仅阖族乐聚，就连附近的鄂伦春、达斡尔、汉族叔叔大爷们，都划船、骑马赶来，热闹异常。凡有此事，我都在奶奶怀里专心默记古歌古闫。我打小聪明伶俐，痴迷学习，总像个小大人一样努力仿效，学说"乌勒本"，晚上睡觉奶奶从我衣裳里掏出不少提示助记用的小石子，备受奶奶、爸爸的宠爱。又因为我从小在奶奶身边长大，对我影响甚大。我非常崇拜奶奶，她是全家族德高望重的满族说部"乌勒本"传人。她每逢说唱说部，总喜欢我在身边。奶奶出身名门，记忆力和口才好，能歌善舞，从她娘家带过来几部满族说部。我父亲富希陆先生，从小受她教育，不图官宦，安守农村，用满文为同族写谱书和萨满神本、讲唱"乌勒本"。她的二女婿、我的二姑父张石头，在她的培养下也是"乌勒本"说部传人，在瑷珲和

---

① 富育光：《谈满族说部的传承特征》，载《金子一样的嘴——满族传统说部文集》，学苑出版社2009年版，第246—247页。

孙吴两县颇有名气。我就是在这样的家庭中成长起来，从小会说《音姜萨满》和《萨大人传》说部段子，受到本族二叔和叔叔们夸奖。在逢年过节的风雪天，我跟随大人们坐上大马爬犁去外屯说唱说部。1946 年春—1947 年春，我在去黑河中学读书离开故乡前，在大五家子、小五家子、蓝旗沟、下马厂村屯，都参与过族内或族外的年节歌会，讲唱满族说部各种段子。我学会压场子、转调、单挑儿，被公认是族中擅讲满族"乌勒本"的"小涉夫"（小师傅），成为其中一员，直到 1950 年我在黑河完小当教员后，族里每有重大活动还找我回去一块儿说满族说部。我热心于满族说部，是牢记奶奶曾说："学说乌勒本，要有金子一样的嘴，有一颗爱族的心。"我暗下决心，像父辈一样，献身于民族文化。①

从富察家族世代传诵的满族说部来看，其内容广泛宏富，历史时限跨度亦很久远：上自远古神话，下至辽金时期契丹和完颜部金源故事、渤海时期故事、前明朱元璋讨元及开国故事，以及清朝 300 余年长城内外的风云故事。这众多故事，全被糅入其家族世代传讲的"乌勒本"说部之中，其情节与富察家族先世的兴亡发轫和英雄业绩融会一起，成为家藏传世的传统说部，并以此实例训育子孙、彰显本族的荣耀和源远流长。②

富育光讲述的说部《飞啸三巧传奇》《雪妃娘娘和包鲁嘎汗》《莉坤珠逃婚记》《西林安班玛发》《奥克敦妈妈》皆传承于祖母：

奶奶擅长歌舞，记忆力好，口才好，知晓满洲"乌勒本"书段子最多。祖母在 20 世纪 30 年代前后，为黑龙江畔瑷珲一带满、汉、达斡尔、鄂伦春等民族所熟知，是当地著名的满族

---

① 富育光申报第四批非物质文化遗产国家级传承人文档，2013 年 1 月 28 日笔者在富育光家中记录。
② 富育光：《富察氏家族与满族传统说部》，载《满族古老记忆的当代解读——满族传统说部论集（第一辑）》，长春出版社 2012 年版。

说部"乌勒本"讲唱色夫。她承继其父祖传咏唱下来的满族说部"乌勒本"《飞啸三巧传奇》《雪妃娘娘和包鲁嘎汗》《莉坤珠逃婚记》《西林安班玛发》《奥克敦妈妈》等，都是由富察·美容奶奶传讲留传下来的。逢年节时，奶奶最繁忙。车来马去，到处迎请大奶奶过府去讲"乌勒本"。她的日程排得很紧，送上门的红字烫金请帖总有十数张，由爷爷看后，挑选名门或有商旅往还的至交中无法推辞者，命总管家人和女眷护送前往。这可是最光彩的露面！奶奶声名远扬，瑷珲和省城卜奎（齐齐哈尔）都知富察·美容大名。故此，奶奶备受阖族上下敬慕。

富育光在"《奥克敦妈妈》的传承概述"中记录了富察美容传承该说部的情况：

> 我瑷珲富察哈喇家族，传讲起满洲给孙乌春"乌勒本"《奥克敦妈妈》，缘起于清光绪末年祖母富察·美容之口。祖母姓郭络罗氏，名美容，满洲正白旗，生于清同治十年辛未（1871），乃卜奎商贾名门之女，其先世伯父、爷爷均是卜奎当地有名气的萨满。后来，美容奶奶出嫁到大五家子托克索，嫁于富察哈喇望族穆昆达富察·德连为妻，便将她掌握的民族文化珍贵遗产带到了我们家族。①

　　1940年，应其独生爱子先父富希陆之请，奶奶赴先父在任的孙吴县四季屯居住三年，为四季屯满族人家讲唱了多部"乌勒本"，先父皆做详记。1944年春，奶奶返回故乡大五家子二姑家。当年旧历腊月，奶奶突然病重，先父希陆接信急速由已调任的孙吴镇兴隆村小学乘车返回故乡，探视母病。其间，奶奶偶尔

---

① 富育光讲述，王卓整理：《奥克敦妈妈》，吉林人民出版社2018年版，第1页。

心情兴奋，便愿唱讲各部"乌勒本"选段，以消病缠，其情其韵不减当年。先父与其二姐富察小容及姐夫张石头并其子女月娥、胜斌、胜奎一家，泪听"乌勒本"。这便是先父后来常常追忆的肝肠痛事。奶奶最后一次卧炕讲述《奥克敦妈妈》，就是在黑龙江畔大五家子富察氏老屋。1946 年春奶奶病逝，《奥克敦妈妈》竟成永久留念。①

《西林安班玛发》也是由祖母讲唱后传承下来的：

> 本篇是由满族郭霍洛家族传承下来的萨满咏唱长歌。这个长歌的传承人就是郭霍洛·美荣。她一生最喜欢满族"唐库玛克辛"（众舞）和"诺诺革乌春"（古谣），还传授给我的母亲等村内男女数十人。她是满族古老文化可敬的传承者和深受大家喜爱的民间艺术家。……我在童年时，也常听奶奶用满语讲"乌春"，记得也有不少屯里屯外亲戚们来听。本篇《西林安班玛发》据先父回忆，为庆本家族立新房基，恰逢喜迎 1930 年（庚午）除夕，我奶奶唱的，父亲追记的。②

《莉坤珠逃婚记》（又名《姻缘传》）是 1935—1946 年间，富察美容及其女婿张石头讲唱的口述轶文，原为满语讲唱。

富育光童年时听祖母多次在族中讲述《兴安野叟传》。"奶奶告诉长辈们，她讲述的文本最初是听她的老公公、瑷珲副都统衙门委哨官伊朗阿将军传讲下来的。因故事曲折生动，备受听者启迪联想，回味无穷。如故事中保留许多'扣子'，耐人寻味。"③

---

① 富育光讲述，王卓整理：《奥克敦妈妈》，吉林人民出版社 2018 年版，第 3 页。
② 富育光：《满族萨满创世神话〈西林安班玛发〉传承概述》，载富育光讲述，荆文礼整理《天宫大战·西林安班玛发》，吉林人民出版社 2009 年版，第 136 页。
③ 富育光：《满族传统说部——〈兴安野叟传〉传承概述》，载富育光讲述，曹保明整理《兴安野叟传》，吉林人民出版社 2018 年版，第 2 页。

　　富育光的父亲富希陆①在满族文化传承过程中起到承上启下的作用，他"因自幼受家族、父母、长辈、民族文化的熏染，深感满族古老文化长期被社会遗忘，无限惋惜，从小就有一股为民族文化复兴的志向。所以，他立志有了文化之后，不到外地做官经商，而是要久住民家，联合有志之士，为将灿烂的民族文化弘扬出去，献出自己的微薄之力。从上世纪二三十年代，就在农村当小学教员时期，除教学以外，他很长时间都和同族父老耕种、牧猎、生活在一起，体察民情，记录民歌、民谣、民俗和各种轶闻故事。他同瑷珲、孙吴、逊克等地区北方诸友——吴纪贤、程林元、郭荣恩、郭文昌、吴老师（绰号吴大个）等诸先生，长期结伴同行，奔走于大五家子、四季屯、下马厂、黄旗营子、瑷珲、兰旗沟、前后拉腰子屯、吴家堡、曾家堡、大桦树林子、霍尔莫津、哈达彦、车陆、奇克、逊克等地村屯。在一起草记了《富察哈喇礼序跳神录》《瑷珲祖风拾遗》《吴氏我射库祭谱》《满洲神位发微》《瑷珲十里长江俗记》等等。所撰内容，不求公之于世，只求传世备忘"（富育光所记——笔者注）。富希陆将满族文化有意识地记录整理下来，并传给了富育光。很多资料就是这样从富希陆和先哲手中获取的，且多为孤本手抄本。这些资料被富育光很好地保存并运用于研究之中，也为他提供了继续调查的线索。《天宫大战》《恩切布库》《雪妃娘娘和包鲁嘎汗》《西林安班玛发》四部皆为富希陆采录而成，他悉心结交那些地方学者、文化人、说部传承人杨青山、白蒙古等，并将这一文化遗产交给富育光。

　　先父自幼受祖父母的教诲，酷爱民族文化遗产，因他从小通晓满文满语，与瑷珲地区属于阿尔泰语系满语支的鄂伦春、鄂温克、赫哲族老少兄弟，促膝谈心，经年累月，与各族猎民交友至深，帮助整理家传轶文笔记，记录众多民歌、民谣和讲唱数日数

---

　　① 富希陆（1910—1980），字伯严，满洲正黄旗，出身名胄，晚清授业于本乡满洲官学，民国年间毕业于齐齐哈尔省立中学堂。

月的长篇口碑传说。先父的采风情怀，对我们兄弟影响甚深。我与弟弟妹妹们，有时也能帮助先父收藏和归拢零散的文稿，成为我们生活中的乐趣。①

先父在农村供销社繁忙的工作之余，始终牢记慈母生前的叮嘱，常常忘记歇息，一有空隙，便从未疏忘对满族"乌勒本"遗文的钩沉和追记。凡有暇时，便找自己二姐夫张石头和本屯老友杨青山等知音，互相启迪、回忆和切磋说部文本诸多遗忘的关键细节，使不少古传文本得以激活。我钦敬这些民族文化守望者，他们对于"乌勒本"的留存功莫大焉。其中，满族传统说部给孙"乌勒本"《奥克敦妈妈》，就是先父与青山爷爷老哥俩，共同追忆、记录、整理重生的。②

1980年又请老人复述，记录下来，卡片始终存我处，此稿便是依据此卡片誊抄而就的。在我们的一再请求和鼓励之下，父亲于1982年春节团聚时，在四家子村小屋只将文字较短的《苏木妈妈》给回忆抄写出来。父亲还一再谦虚地说："你奶奶的调儿特别好听，可惜一点也学不上来了。故事记得差不多少，不过时间一长，词就只能想出这些啦。"③

《恩切布库》唱本出自黑龙江省孙吴县满族农民白蒙元，外号"白蒙古"之口。……能吟唱众多满族的民谣小调和讲述数不清的满族神话故事。他一生中除了在田间劳作或有病卧炕不起之外，剩下的所有时间都在自己的茅草房中、黑龙江边、兴安岭密林中，边喝酒，边烧烤鱼干、兔肉、野鸡、鹌鹑等，弹着自己用

---

① 富育光：《满族传统给孙乌春"乌勒本"——〈奥克敦妈妈〉传承概述》，载富育光讲述、王卓整理《奥克敦妈妈》，吉林人民出版社2018年版，第3页。
② 同上。
③ 富育光：《满族给孙乌春"乌勒本"〈苏木妈妈〉传承概述》，载富育光讲述，荆文礼整理《苏木妈妈》，吉林人民出版社2009年版。

桦木和狍筋做的琴，边喝边唱，所以在当地不少人除叫他"白蒙古"外，还叫他"疯阿古"。白蒙元讲唱此说部时是在 1940 年前后，正是日伪时期，富育光先生的父亲富希陆老人是该村的小学教员。此说部由富希陆老人记录下来，并保存至今。①

　　青山大爷外号"穷杨"，奶奶传下的"乌勒本"教他最多。他嗓音甜美洪亮，最有表演天分，凡是奶奶的说唱他听了一遍就全能记住，再由他嘴里讲出来，故事可就绘声绘色、娓娓动听，仿若身临其境，展翅翱翔了。族里讲"乌勒本"有个老规矩，必须满怀敬崇之心，不准有半点儿妄说，而走了样儿。青山色夫就有这股子能耐，没黑没白，如饥似渴，忘我琢磨入心，讲起来犹如行云流水，学啥像啥，扮谁像谁，活灵活现，能让你哭、让你笑，让你的双眼和全身心随着他动，最能拿人啦，颇有名气。青山大爷为人乐观忠厚，从不驳族人面子，有邀必到。②

富育光受祖辈及父辈影响，加之自己也很努力，大学毕业后他便担负起这份责任：

　　1954 年秋，蒙全村推荐，送我调干考大学，得到所在单位黑河专员公署总工会党委特批。天遂人愿，我没有给故乡丢脸，考上了东北人民大学，毕业后按我的志愿从事民族文化抢救大业。童年时代的影响，青年时代训诲，多少慈祥可敬的面孔和声音，朝夕鞭策我，不可偷闲地去为传承民族文化苦斗。往昔经历给我打下刻骨记忆。所以，在我投身于中国民族学研究中，总是向组织向同人大声疾呼，不懈努力，把我从童年时候就积聚起来的中

---

① 王慧新：《〈恩切布库〉传承概述》，载富育光讲述，王慧新整理《恩切布库》，吉林人民出版社 2009 年版，第 2 页。
② 富育光申报第四批非物质文化遗产国家级传承人文档，2013 年 1 月 28 日笔者在富育光家中记录。

国北方生存记忆史，全部口述出来，记录下来。欣逢盛世，为我开拓了平坦大道，三十多年来我风雨无阻地一直向前走着。[①]

　　时维 1958 年春，我即将于本年秋 10 月大学四年毕业。回故乡省亲，先父喜迎我这个归乡学子。故乡有了大学生，全族长辈们齐来看望，家舍充盈着从没出现的喜庆声。父亲多么兴奋啊！老人按照富察氏家族故有的传统旧俗，每逢喜庆必说讲满族说部"乌勒本"，何况族中长老和父亲都知我从小就喜欢说唱"乌勒本"，是出了名的小传讲人。这次，父亲特意把他的老哥哥、爱辉诸屯颇有名气的"乌勒本"安班色夫杨青山爷爷邀来了，为阖族助兴。青山爷爷是我最敬重的"乌勒本"说唱尼雅玛，也是我的授业色夫，因我的长大和学成归来，他欢喜得落泪。[②]

从 20 世纪 70 年代开始，富育光的足迹遍及吉林、黑龙江、辽宁、北京、河北、四川等满族聚居的村、屯，调查满族说部的流传情况，继承其父之事业，"一个屯、一个屯地走"。在搜集的同时，他还做了非常详尽的民族学记录。这些记录包括完整的调查提纲、时间安排、田野日记、对实物的描绘，留下了非常珍贵的资料。更为重要的是，他对其中的任何一部都进行反复调查取证，不仅注重口碑的历史，还注重史官所记是否与之相和，不断地整理说部并修改，从而形成现在讲述的文本。从他撰写的说部传承、采录情况的文章中，我们可看出这一点。富育光幼时曾居住过的四季屯、大五家子、桦树屯等地更是他反复去过的地方，因他反复到访，当地知识分子的积极性也被调动起来，为满族文化的保存起到了很重要的作用。

　　经过多年调研，富育光在瑷珲、孙吴地区，发现近世满族说部的

---

　　① 富育光申报第四批非物质文化遗产国家级传承人文档，2013 年 1 月 28 日笔者在富育光家中记录。

　　② 富育光：《满族传统给孙乌春"乌勒本"——〈奥克敦妈妈〉传承概述》，载富育光讲述，王卓整理《奥克敦妈妈》，吉林人民出版社 2018 年版，第 3 页。

传承人，其中几位不仅通晓汉文且满文亦很好，如祁世和、何荣恩、程林元、富希陆、徐昶兴、孟晓光（女）等人士。他们虽然姓氏不同，从家族血缘关系论，都与富察家族有亲戚关系，其中不少是富察家族的几代姑婿，有的从小就在富察家族延请的师傅处习学满学，富察家族的传统说部也传授给他们。黑龙江省孙吴县四季屯村何世环老人已是耄耋之年，至今能讲流畅满语，皆因其幼年时在大五家子富察家族私塾学习满文。其父何蔼如先生更是满汉齐通，曾为瑷珲下马场村小学校长，非常重视家族中孩子的教育。

富育光将从家族中继承的说部牢记在心，其中童年的记忆尤为深刻。

满族传统说部《恩切布库》长诗早在富育光先生的童年时代就曾在自己的故乡爱辉县大五家子村多次听奶奶郭霍美容、母亲郭霍景霞给他的弟弟妹妹们讲过。恩切布库美丽的姿容、聪慧的头脑、勇敢的性格，成为满族及其先世女真人精神的向往和美的象征。人人爱听恩切布库，人人爱讲恩切布库，听了恩切布库就增加无穷的欢乐和智慧，并从中得到信心和力量。所以，在富育光先生的童年记忆里，打下了深深的烙印。在他大学毕业、投入新闻工作后，总是向他的朋友和满族兄弟们传讲恩切布库。①

"文革"期间受父亲牵连被下放到桦甸县八道河子，富育光仍未间断对满族说部的搜集。《松水凤楼传》《乌布西奔妈妈》就是此段时间搜集的。"《松水凤楼传》是20世纪60年代、70年代'文革'开始之前到'文革'以后这一段时间，社会比较乱，我到下面去弄满族的东西，在吉林乌拉街搜集的。"② 1972年春节，富育光到东宁地方采访，在狼洞沟、小乌蛇沟、祁家沟，走访满族遗老和汉族群

① 王慧新：《〈恩切布库〉传承概述》，载富育光讲述，王慧新整理《恩切布库》，吉林人民出版社2009年版，第1页。
② 笔者于2006年1月12日在吉林省长春市富育光家中对其的访谈内容。

众，又到大肚川、闹枝子沟，认识了刘秉文。后者介绍他认识了鲁连坤老人，并记录了《白姑姑》的长歌，即《乌布西奔妈妈》；之后到1975 年 11 月，富育光与鲁老有过四次叙谈。

第二节　口述、记忆的"窝车库乌勒本"

满族说部是满族及其先民世代生存记忆的口述史，是对先贤和氏族英雄的礼赞，不同于一般讲"朱奔"（瞎话古曲），崇高而神圣。

对说部传承人富育光来说，书面文学和口承文学的影响并重，他兼通满汉两种文化。他以研究者的身份来搜集、整理说部，之后又将其传承下来，从而改变了说部的传承方式。富育光在说部中的角色也是多重的，他首先是说部的搜集整理者；其次是说部讲述者；再次是协助搜集和出版说部的中间人；最后是阐释研究者，说部的界定和分类标准多以其研究为准。他同样是现存说部传承人中的连接者和信息提供者。而他能够传承 22 部说部，自有他独特的手段，这些方法有效地协助其记忆长篇大套的说部。

一　独特记忆法

笔者发现民间故事家特别是那些杰出的故事家，其共性为记忆力、表达能力超群。若想成为说部传承人，培养记忆力至关重要。尤其是三种能力的培养：见物可清晰描述的能力；日常锻炼对周围事物的记忆能力；锤炼口才。另外还要掌握一定的技法、秘窍及口诀。

其中三大技法为"布亚昂卡"（小口）、"安巴昂卡"（大口）、"它莫突"（记忆符号）。[1] 富育光曾回忆他学会这三大技法后的说唱：

> 每次，他（杨青山）都喜欢带我去"开锣打场子"。不管雷
> 雨山路多么凶险，他总是那么精力饱满，边跑边唱，满山林子都

---

[1]　高荷红：《口述与书写：满族说部传承研究》，暨南大学出版社 2017 年版，第 119 页。

听到了，鼓励我跟住他狠劲儿磨炼精气神。我们赶去各家外屯从没违约违时过，还尽情满足乡亲们的点唱要求。我在为亲人们反复说唱中，对奶奶遗训渐渐地有了深切的感悟，也慢慢地领会了奶奶那些语重心长的嘱咐所蕴含着的深远奥妙。奶奶谆谆强调"长记性""长眼睛""事事留心皆学问"，是告诫每一位要想成为受族人敬重的合格"乌勒本"色夫，要博闻广识，善于洞察事物，牢记"事事留心皆学问"的古谚。①

富希陆教给富育光学唱说部的秘窍："学说或记忆说部，万变不离其宗，一定牢记'抓骨、入心、葡萄蔓'。"②富育光祖辈传承满族说部过程中总结出这样的诀窍，跟口头诗学中艺人的学艺过程相似，也可佐证富育光能将篇幅如此宏大的说部讲述记录传承下来的原因。

笔者曾问过富育光："傅英仁老师跟您记故事一样吗？"富育光回答："他记几件大事，没有我们瑷珲老富家记得细。他弄不了这些东西，他那些故事都非常生动，他还教我呢。我说我爸爸教我葡萄蔓，他说那个琐碎，记不住。我看着图讲就清楚。满族说部为啥这么生动，记忆力非常好。汉族也好，说书人记忆力非常好，脑袋迟钝的人讲不了。我现在背书还行呢。就这样一点一点就成熟了。"③

富育光回忆他20岁左右不断讲唱说部的经历：

1950—1952年，我在黑河参加工作后，还曾遵长辈之命，在故乡腊月迎春时，冒着风雪，乘坐马爬犁奔驰在数十里江道，走村串户，讲唱满族祖先"乌勒本"，因勤学苦练，熟能生巧，学会了压场子、转调儿、巧妙加"岔子"，氛围与族众融洽一心。因"乌勒本"说部本子每部书都很长，要在正、二月里说上两月，为了族人和外族朋友想能听全，各屯还都想接续听，不漏掉

---

① 富育光、朱立春：《琐谈记忆文化的抢救、传承和保护》，未刊稿。
② 高荷红：《口述与书写：满族说部传承研究》，暨南大学出版社2017年版，第130页。
③ 2013年1月30日笔者在吉林省长春市富育光家中调查。

情节，连贯过瘾，我们可谓是费尽了心思！更何况族人们又分散住在瑷珲沿江上下许多小村落，相隔三里、五里、十里不等，便按族众心愿，选定某一部"乌勒本"后，便制定周密路线。我们坐上马爬犁挨屯跑，马不歇，人不歇，屯屯讲几段，往返不迭。各屯父老听后个个欢天喜地，脸上洋溢着笑容，只是苦了讲唱者日夜不闲。尽管如此，我们仍个个精神抖擞，乐此不疲。

记得 1979 年春节，我被邀参加大五家子村和黄旗营子村联合活动。两村千多口人，有满族、达斡尔族、回族、汉族和少数鄂伦春族和白俄人。我们团队是以大五家子村满族讲唱"乌勒本"众师傅为核心组成的。本族富万林大哥是地区供销社副主任，威信高，有组织才能，趁他春节放假回家，推举他做领队，先在本村，后到小五家子屯、坤河等屯讲唱。我们带着冻饺子，饿了就煮了吃，不误事，赶到坤河达斡尔村已星斗满天，按全村听过的进程，我上场讲了"雪妃黑水寻儿夜困熊窝洞"惊魂一段儿，讲完已临子夜时分，人人听了意犹未尽。我们急匆匆坐上马爬犁告别，屯中族人不舍，也套上马爬犁追随，十里相送，风雪中飞驰进入冰封的江道。马铃铛声声悦耳，雪月中遥遥传来悠扬的达斡尔人乌春谣，不知不觉中我们已飞奔闯入江湾中哈达彦小屯葛福玛发暖烘烘的长筒子大房子前。这时族众早已挤满了全炕、全地和满外屋子，正盼着我们的到来。接着，鼓声响起，一片掌声中迎出杨青山大爷，他开讲该屯爱听的《雪妃娘娘和包鲁嘎汗》选段，讲完，东天已现朝霞……①

二 助记手段

满族说部强调说唱结合，以说为主，古有蛇、鸟、鱼、狍皮蒙成之花鼓、扎板、口弦（给督罕）伴奏，佐以堆石、结绳、积木等法助记。

---

① 富育光、朱立春：《琐谈记忆文化的抢救、传承和保护》，未刊稿。

手抄本也成为助记手段。随着社会的发展，氏族中文化人的增多，"妈妈本"逐渐用满文、汉文或汉文标音满文来简写提纲和萨满祭祀时赞颂祖先业绩的"神本子"。讲述人凭着提纲和记忆，发挥讲唱天赋，形成洋洋巨篇。①

富育光传承下来的说部基本都有手抄本，我们择其中几部一一说明：

《飞啸三巧传奇》有关氏传本、刘氏传本、祁氏传本、孟氏本、郭氏本，富育光的奶奶富察·美容就继承了郭氏本。富察·美容多次讲这些段子，并由她的儿子富希陆记录于1928年前后，后来经过多次整理，就慢慢传了下来。②

《萨大人传》是20世纪20年代瑷珲大五家子富察氏家族总穆昆、说部总领富察·德连先生承继的祖传珍藏本。这个古老的本子，自康熙朝果拉查起，经历朝已有二百七十余年传承史……德连公于民国年间病故，传给其子富希陆和其侄富安禄、富荣禄，由富希陆收藏。此时社会动荡，家族已经没有祭礼和讲唱说部之举了。新中国成立后，经土地改革和路线教育，说部卷匣儿及文稿陆续被收。"文革"期间，富希陆手中之残稿被焚，1980年秋病危时，电召我速归故里。我当即由长春返回故乡。老人危病中仍系念祖传《萨大人传》，命儿不要偷闲，一边躺在炕上调病饮汤药，一边吃力地吟述《萨大人传》，我含泪边听边一字一字记录。③

《天宫大战》是吴纪贤和富希陆两位先生于20世纪30年代，

---

① 《试论满族说部》，载富育光主编《金子一样的嘴——满族传统说部文集》，学苑出版社2009年版。
② 富育光：《〈飞啸三巧传奇〉流传情况》，载富育光讲述，荆文礼整理《飞啸三巧传奇》，吉林人民出版社2007年版，第1—2页。
③ 富育光：《〈萨大人传〉传承情况》，载富育光讲述，于敏整理《萨大人传》，吉林人民出版社2007年版，第7页。

在孙吴县四季屯听白蒙古咏唱记录下来的。富希陆先生慎重珍藏。[①]

恰逢喜迎 1930 年除夕，我奶奶唱（《西林安班玛发》），父亲追记的。1958 年夏天，爱辉县文化馆访问我父亲，要看此内容，于是我父又将已散失的唱词，重新追忆写了出来。1960 年我从父亲处听讲并记录下来。[②]

白蒙古讲唱此说部（《恩切布库》）是在 1940 年前后，正是日伪时期，富育光先生的父亲富希陆老人是该村的小学教员。此说部由富希陆老人记录下来，保存至今。[③]

1940 年，应其独生爱子、先父富希陆之请，奶奶赴先父在任的孙吴县四季屯居住三年，为四季屯满族人家讲唱了多部"乌勒本"，先父皆做详记。……其中，满族传统说部给孙"乌勒本"《奥克敦妈妈》，就是先父与青山爷爷老哥俩，共同追忆、记录、整理重生的。[④]

庚子俄难，富察氏家族在瑷珲城的房舍和不少财产被焚，其中就有萨布素将军的墨宝、文档和伊郎阿将军在北方书记的《雪山罕王传》等珍贵遗物。民国年间，其长子德连，已是本族穆昆达，为了在忌日恭祭其父伊郎阿将军勋业，曾偕同族中满汉齐通者追忆《雪山罕王传》故事，命人完全复录下来。书稿全用茅头

---

① 富育光：《满族萨满创世神话〈天宫大战〉的流传与传承情况》，载富育光讲述，荆文礼整理《天宫大战·西林安班玛发》，吉林人民出版社 2009 年版，第 5 页。

② 富育光：《满族创世神话〈西林安班玛发〉的传承情况》，载富育光讲述，荆文礼整理《天宫大战·西林安班玛发》，吉林人民出版社 2009 年版，第 136 页。

③ 王慧新：《〈恩切布库〉传承概述》，载富育光讲述，王慧新整理《恩切布库》，吉林人民出版社 2009 年版，第 2 页。

④ 富育光：《满族传统给孙"乌勒本"说部——〈奥克敦妈妈〉传承概述》，吉林人民出版社 2018 年版，第 2 页。

纸抄录装订而就。德连公复录该部《雪山罕王传》时，社会早已经重用汉文，满文已不畅行，所以便以汉文为主，兼有少量满文，由此留下了一部满汉混用的《雪山罕王传》抄本全书。进入日伪初期，匪患猖獗，抢金银，砸大户，避难中火灾，满汉书稿终遭焚失。1948—1954 年间依郎阿之孙希陆，常忆先母遗训，有暇时便追思太爷之《雪山罕王传》残稿，在大五家子农闲空隙，与二子世光整理残稿，终因生活拮据，农事且繁忙，无力沉浸于残稿之中，便将残稿长期存放于住在黑河市的长女倩华处，倩华脑溢血多年病逝，长兄育光 2004—2009 年含泪整理祖上遗文。①

据父亲（富希陆）在世时回忆，因祖母当时讲述没有即时记录，祖母去世后无法再完整追记下来。在我们一再请求和鼓励之下，父亲于 1982 年春节团聚时，在四家子村小屋只将文字较短的《苏木妈妈》给回忆抄写出来。②

该说部是黑龙江省瑷珲县大五家子村杨青山的爷爷从乌德林老玛发那里继承下来的，又传给其叔父，杨青山从叔父口中传袭并学会唱讲《雪妃娘娘和包鲁嘎汗》，多年来他常在各村屯中无偿为当地满族、达斡尔、鄂伦春人讲唱本说部。1950 年冬，杨青山便将《雪妃娘娘和包鲁嘎汗》传授给他的农村挚友富希陆先生，由富希陆逐字逐句记录下来，并定名《雪妃娘娘和包鲁嘎汗》收藏起来。后来富希陆将其传给富育光，富育光又对此做了许多调查工作③，

---

① 富育光：《满族传统说部〈雪山罕王传〉的传承概述》，载富育光讲述，曹保明整理《雪山罕王传》，吉林人民出版社 2017 年版，第 4—5 页。

② 富育光：《满族给孙乌春"乌勒本"〈苏木妈妈〉传承概述》，载富育光讲述，荆文礼整理《苏木妈妈》，吉林人民出版社 2009 年版。

③ 1980 年春，富育光又对《雪妃娘娘和包鲁嘎汗》说部，认真通读并赴辽宁新宾、内蒙古哲里木盟和郭尔罗斯查干花等地做进一步调查访问，对说部中的年代与几处地名做了核对。但对已在俄国境内的"卢莱巴那""堪扎阿林"等地名，不便核证，依如所讲，保存下来。

且听了诸多的异文①。

1952 年春节时，富育光在蓝旗沟村小学专听青山爷爷口述《萨哈连老船王》全部故事，做过详细笔录。②

（1972 年，富育光到鲁连坤老人家，听老人唱《乌布西奔妈妈》）我在聆听和速记鲁老唱述时，确被故事吸引了，感动了，迷醉了。……鲁老熟记很多满语，但终因岁月久远，老人家又长年不讲，数千行的满语长歌，经反复思索回忆，仅讲《头歌》《创世歌》《哑女的歌》诸段落，其余满语歌词已追忆不清。为保持全诗完整性，在鲁老提议和指导下，我除用汉字记录了前几段满语内容外，又记录了鲁老汉语讲述的完整的《乌布西奔妈妈》。③

1978 年回黑河市爱辉区四家子探亲，富育光记录下其父富希陆口述的《东海沉冤录》，后经多次的询问与充实。④

此次回忆《兴安野叟传》，是我在翻阅从前的东北各地的民情采访录时，发现了一本多年前的采风资源记录，认真梳理、钩沉，以无限肃穆崇仰之情，将早年流传在黑龙江省瑷珲一带满族耆老口中的脍炙人口的这部长篇"乌勒本"说部《兴安野叟传》，认真地记录出来。⑤

---

① 1953 年后，富育光访问黑河职工干部学校教师徐昶兴、下马场祁世和穆昆、大五家子吴宝顺村长等人，对该说部做了核对，并听过他们传承故事的不同讲述。

② 富育光讲述，曹保明整理：《萨哈连船王》，吉林人民出版社 2017 年版，第 3 页。

③ 富育光：《〈乌布西奔妈妈〉的流传及采录始末》，载鲁连坤讲述，富育光译注整理《乌布西奔妈妈》，吉林人民出版社 2007 年版。

④ 富育光：《〈东海沉冤录〉传承情况》，载富育光讲述，于敏记录整理《东海沉冤录》，吉林人民出版社 2007 年版，第 4 页。

⑤ 富育光：《满族传统说部——〈兴安野叟传〉传承概述》，载富育光讲述，曹保明整理《兴安野叟传》，吉林人民出版社 2018 年版，第 1 页。

富育光掌握的 22 部说部，每一部都有用文字书写下来编着序号的厚本子。满族说部丛书编委会采录前两批说部时都有录音记录本。在家中富育光焚香净手，对着录音机讲述这些说部。第三批说部整理时，富育光将手写稿交由他人，如将《兴安野叟传》交给曹保明进一步修润整理，《奥克敦妈妈》则交与王卓整理。

从富育光撰写的说部传承概述中，笔者发现一个有趣的现象，富育光对其幼时讲唱说部时场景的描述颇具情感。场景的视觉冲击力应比文字的力量更为强大，如他幼时家传说部《恩切布库》《奥克敦妈妈》《雪山罕王传》的讲唱场景：

> 当时讲唱《恩切布库》的是氏族德高望重的萨满或氏族众位奶奶和玛发，并有七八位年轻美貌的萨里甘居，脚蹬金丝白底寸子鞋，身穿彩蝶翩飞的红绸旗袍，脖围白绢丝长彩带，手拿小花香扇，头戴镶有金色菊花、缀有红绒长珠穗的京头，翩翩伴舞，倍增《恩切布库》之诱人美妙之处，使人陶醉。①

> 我终生难忘这一天，在故乡大五家子百年西厢房东暖阁富察氏家族老宅，亲友来得很多，一边饮酒吃鳇鱼馅饺子，一边喜听青山爷爷讲唱"乌勒本"。众长辈兴起，一定让青山爷爷再露一口，多长时间没有听到他洪亮的嗓音啦！青山爷爷也因我回来，不知何日能有这种机遇。老人家高兴地说："好，好！那我唱《奥克敦妈妈》吧！这可是我从你们的奶奶富察老太君那儿学来最拿手的满洲窝车库给孙'乌勒本'美丽神话啊！"②

> 阖族上下喜迎由京师载誉归来的富察氏家族额真、总枝穆

---

① 王慧新：《〈恩切布库〉传承概述》，载富育光讲述，王慧新整理《恩切布库》，吉林人民出版社 2009 年版，第 1 页。

② 富育光：《满族传统给孙"乌勒本"说部——〈奥克敦妈妈〉传承概述》，载富育光讲述，王卓整理《奥克敦妈妈》，吉林人民出版社 2018 年版，第 3—4 页。

昆达伊郎阿将军，从家屋直到后沟小河道路两旁，站满了族众
和乡亲，个个喜气洋洋，锣鼓喧天，众珊延哈哈济和美貌的沙
里甘居们，头梳钿花大镜头，穿着鲜艳夺目的旗袍，外罩宝珠
盘花、彩蝶翩跹、玲珑小坎肩，男子身着各式箭袖旗袍，腰扎
巴图鲁彩带，挎着腰刀箭袋，满室众人身上挂着的香草荷包，
香风四溢。族人们唱着乌勒滚乌春，跳着吉祥如意的迎亲玛克
辛舞，这是阖族自咸丰末年老穆昆达发福凌阿老玛发告老还
乡，由京师荣归故里，阖族上下踏歌相迎以来，又一次激动人
心的最热烈场面。①

富育光调查搜集说部更多依赖于他记录的小本子及反复地实地调
查，他在很多处都提到：

自幼生长在黑水之滨，朝夕聆听优美的《萨哈连乌春》古歌
长大的："萨哈连乌拉衣朱棍，萨克达扎呼台罕，亚鲁莫内喝。
德里给，莫德里，德克勒克，德克勒克，萨哈连扎呼台必喝。"

上个世纪 50 年代，在黑河专员公署职工干校任职时，在父
辈的引荐下，曾多次拜访王老船达，请他讲述《萨哈连船王》的
传承源流。据王喜春老人介绍，《萨哈连船王》故事是他的阿玛，
早先年听瑷珲城当地老人们传讲下来的。……据王喜春老舵工
讲，他和黑龙江上许多船家，在平日里传唱《萨哈连船王》时，
都千真万确地相信，萨哈连船王实有其人。

1952 年春节时，我在蓝旗沟小学专听青山爷爷口述全部故
事，做过详细笔录。1954 年秋，我考入长春东北人民大学，离
开了故乡，但满族传统乌勒本说部《萨大人传》《东海沉冤录》
《飞啸三巧传奇》《雪妃娘娘和包鲁嘎汗》《萨哈连船王》等，

① 富育光：《满族传统说部〈雪山罕王传〉的传承概述》，载富育光讲述，曹保明整理《雪山罕王传》，吉林人民出版社 2017 年版，第 1 页。

却永远萦绕在我的脑际，一时一刻都没有疏淡和遗忘过。1958—1983 年，我在吉林省社会科学院从事中国北方民族民间文化挖掘、抢救、翻译、整理与研究事业，有幸率队多次赴长白、抚松、安图、珲春及长白山区与松花江源访问和踏查，接触众多基层民众和摘抄吉林地域历史文化资料和素材，极大地丰富了我所掌握的资料。

笔者采访富育光先生时，曾问到富育光讲述时那些小本子的作用，他的回答是：

> 在我原来能讲成什么样的时候，就是小本那样，但是人在讲话的过程中，每次讲都有不同，每次都大相径庭，一般都是这样的。有时候讲的跟周围环境、气氛都有关系。你要写我的时候依靠本子，我的本子为主，我为啥有本子，我的本子不是原来的概念，我就是想把满族说部留下。这里有没有我的东西，和我的文化层次、历史阅历，完全糅到其中。虽然说起来是我爸爸的、我奶奶的，杨青山的，张石头的，但是最后根本上来说是我富育光的东西。而且现在是，大胆地讲这不是隐晦的东西，捅破了就是这样在民间文学故事里，规律就是这个规律，传承人什么样就是什么样，本身就是这么回事。傅英仁的故事就是傅英仁的故事，马亚川就是马亚川的，都不一样。①

> 讲述重要啊，讲述靠讲述人的智慧，讲述人的素质，讲述人的生活阅历，讲述人的口才，几方面综合在一起才形成他的讲述风格。它都是这样。但是在讲故事中间呢，常和社会因素、周围环境的因素紧密相关。你写的时候注意这个，你的情绪跟周围的环境情况有关，我就有这样的体会，我最大体会是啥呢，就是环

---

① 2013 年 1 月 30 日，笔者在吉林省长春市富育光家中调查所得。

境非常重要，虽然你有这素质有这条件……还有一个啥呢，讲述时也与环境有关系，讲述的环境创造的气氛，使他心情舒畅的，见着很高兴，想讲愿意讲，讲述极限度极致到什么程度可以无限，有时候故事相当好，愿意讲想讲，想讲透，把这心里话都掏出来，越讲越生动，极致到什么程度呢，可以无限，有的故事相当好，有的故事说实在的三言两语就结束了。①

富育光讲述受周围环境、听众反馈的影响非常大；讲述本与手写本的差异较大；与其他讲述者不同，讲述时带有浓郁的个人特色。笔者认为，富育光的讲述风格融合在他的书写特质中。

第三节　书写特质与"窝车库乌勒本"

从无文字到有文字，满族说部的传承方式不断发生变化。有文字之后记录本、手抄本成为重要的方式。家族对传承人的培养和要求也有相应的规定。

据富希陆回忆，富察家族之所以能够世代传讲"乌勒本"说部，代代有传承人，关键是历代穆昆达忠实遵照祖先遗训，很好地管理祖先传下来的各式各样的大小说部传本，不使其毁坏或遗失。故此，每届的总穆昆达们，均按祖制做好每届的交接事宜，经宗族族长亲点之后，陈放于专制做的神匣内，登记入册，委以专人存藏，并定期晾晒、撒药，严防虫蛀鼠咬。阖族亦格外敬重祖上说部传本，视如家珍，为防范散失，任何族人不经总穆昆达允许，都无权擅自外传全族说部存本。如从清朝以来富察家族就有不少戒规："传本因由'色夫'缮写讲用，允许专人保管在手，若遇疾患、病逝等情，传本统归族理；传本若有删补、歧义等纷争，依族长议决，惟恪守祖宗原貌至要；学讲'乌勒本'乃大公大德之举，阖族护爱，实有拮据者应享族银微济；弟

---

①　2013 年 1 月 30 日，笔者在吉林省长春市富育光家中调查所得。

子族内拔优公推；传本彰祖宗之迹，族人无权外传。"① 满族大户望族早年都有此类大同小异的约束，对说部留存起了保护作用。

恰是倚仗这些文化人的努力，满族说部才能够传承下来，他们甘心为家族的文化传承付出全部心血。② 而那些没有流传下来的家族，可能跟该家族不重视培养传承人，没有文化水平较高的文化人有关。

东北少数民族世代均用本族语言传承本民族历史和文化，但后来渐渐使用汉语。数百年来，形成一整套丰富唯有萨满和部落首领才能通晓的秘规，其他人均无法理解。

一 满语满文的余韵

富育光传承讲述并书写下来的传本有悠久的传统，从中可看到富察家族祖辈们对满语手抄本的强烈诉求：

> 伊郎阿竟然住进看守渔网的乞列迷老人白桦窝棚里四十天，用满语速记下来了洋洋巨篇《雪山罕王传》，将记录歌唱的白桦皮足足有一大背囊，背回故乡。额真回来之后，利用休息时候就逐字重新抄录，形成了说部唱本。伊郎阿初始听此长歌，原来还没有《雪山罕王传》这个名字。当时，乞列迷人都管它叫作"果勒敏乌春"，即长歌，或叫"妈妈离乌春"，即奶奶的歌，也就是祖先创世歌。伊郎阿听老人讲唱后，说："你们唱的长歌，不是歌颂你们的遥远祖先雪山罕王吗？"乞列迷人答："是的，我们祖先叫长歌。"伊郎阿回来后，给族人们讲唱，为了表达清晰，他给起名叫《雪山罕王传》，从此留下这个名字。③

---

① 1962 年夏，富育光赴爱辉大五家子和兰旗沟村，录记说部《雪妃娘娘和包鲁嘎汗》时，传承人杨青山讲话记录。
② 像瑷珲大五家子富察氏，世世代代都修谱，讲述家族的历史，还出钱让氏族中的人去学习文化来继承本氏族的说部。
③ 富育光：《满族传统说部——〈雪山罕王传〉传承概述》，吉林人民出版社 2018 年版，第 2—3 页。

德连公复录该部《雪山罕王传》时，社会早已经重用汉文，满文已不畅行，所以便以汉文为主，兼有少量满文，由此留下了一部满汉混用的《雪山罕王传》抄本全书。这是非常珍贵的文本。进入日伪初期，匪患猖獗，抢金银，砸大户，避难中火灾，满汉书稿终遭焚失。解放后，1948—1954年间，伊郎阿之孙希陆，常记先母遗训，有暇之时便追思太爷爷《雪山罕王传》残稿。[1]

《奥克敦妈妈》原为满语，因屯里说满语的年轻人渐习用汉语，说满语的人越来越少，上个世纪30年代中叶起，由奶奶改说汉语，听讲者尤众。[2]

《恩切布库》最早讲唱时完全是满语，且有优美高亢的声腔曲调；《乌布西奔妈妈》的满语仅记录保留了鲁连坤讲唱的《头歌》《创世歌》《哑女的歌》诸段落；富育光将富希陆记录的《天宫大战》文本以诗体形式公布出来，还将当年记录时所记述的汉字标音满语也整理出来，可惜多有散失。《西林安班玛发》的头歌保留了一段满语，我们来看这一段：

额勒 窝莫西 莎音 衣能给
ere umesi sain inenggi
这个 很 美好 日子

比 衣 尼玛琴 箔 德恩哈
bi i imcin be tunha
我的 鼓 把 打起

---

[1] 富育光：《满族传统说部——〈雪山罕王传〉传承概述》，吉林人民出版社2018年版，第4—5页。

[2] 富育光：《满族传统给孙"乌勒本"说部——〈奥克敦妈妈〉传承概述》，吉林人民出版社2018年版，第4页。

通肯　安布拉 乌拉哈
tungken ambula uraha
抬鼓　　大　敲响

恩都力 乌春 乌春勒赫
enduri　ucun　uculeke
神　　　歌　　唱起

各穆　 妈妈　玛发　阿玛哈 阿浑 德
gemu　mama　mafa　amha　ahun　de
各位　 奶奶　爷爷　公公　兄弟　在

阿古　西 莎音 毕　依浓哈
agu　si　sain　bi　inenggi
阿哥 你们 好　有 今天

西林　安班　玛发　给孙衣勒勒
silin　amba　mafa　gisunrere
西林　安班　玛发　要说的话

额发萨　 额给萨　端吉布哈
wesihun　ekisaka　donjibuha
盛大　　 静静地　　听

额勒 朱勒格 萨克达 衣 果勒敏 乌春 朱鲁
ere　julergi　sakda　i　golmin　ucun juru
这　 以前 古老 的 长　　歌　 对

萨满　朱克敦 德勒 恩都力 乌春 乌春勒莫
saman　jukten dere　enduri　ucun　uculeme
萨满　 祭祀 桌　神　　歌　 唱

《乌布西奔妈妈》"引曲"和"尾歌"也保留了一段满语：

德乌勒勒，哲乌勒勒
de u le le, je u le le,
德乌勒勒，哲乌勒勒

德乌咧哩，哲咧！
de u liyei li, je liyei!
德乌咧哩，哲咧！

巴 那 衣 舜　奥莫罗，
ba na　i　šun　omolo,
大 地 的 太阳　子孙

巴 那 衣 舜 奥莫罗，
ba na　i　šun omolo,
大 地　的 太阳 子孙

沃拉顿恩哥，沃拉顿恩哥，
eldengge　　eldengge
光辉的　　光辉的

恩都里 嘎思哈 沃拉顿恩 比，
enduri　gasha　eldengge bi,
神　　鸟　　光辉的 有

恩都里 嘎思哈 沃拉顿恩 比，
enduri　gasha　eldengge　bi
神　　鸟　　光辉的　有

沙音 沃尔顿，
šanyan eldengge
白　　光辉的

沃尔顿 巴那，
eldengge bana
光辉的 大地

乌布西奔 妈妈 布离
umesiben mama bumbi
乌布西奔 妈妈 带来

尾歌如下：

德乌勒勒，哲乌勒勒，
de u le le，je u le le，
德乌勒勒，哲乌勒勒，

德乌咧哩，乌哲咧！
de u liyei li，u je liyei！
德乌咧哩，乌哲咧！

巴 那 吉 舜 窝莫洛，
ba nai jui šun i omolo，
大地孩子太阳 的 子孙

巴 那 吉 舜 窝莫洛，
ba nai jui šun i omolo，
大 地 孩子太阳 的 子孙

德顿恩，德顿恩，

elden，　elden，

恩都力 嘎哈 德顿 恩比，

enduri gahai elden bi，

　神　　鸦　光 有

恩都力 嘎哈　德顿 恩比，

enduri　gahai　elden　bi，

　神　　　鸦　　光　有

珊延 窝尔顿 德顿巴 那比，

šanyan ulden i elden ba na bi，

　白　　色　的 光　大地　有

乌布西奔 妈妈 布米。

umesiben mama bumbi.

乌布西奔 妈妈 赐予

"窝车库乌勒本"中遗存大量满语词或句子，《天宫大战》有汉字记录的满音，文本中保留了少量满语词汇；《恩切布库》《西林安班玛发》保留的满语内容也较少；《乌布西奔妈妈》《奥克敦妈妈》满语保留得最多。我们按照词性及分类词汇举例如下：

动物名：

沙克沙，满语 saksaha，喜鹊；

嘎喽，满语 garu，天鹅；

嘎哈，满语 gaha，乌鸦；

莫林，满语为 morin，马；

扎布占，满语为 jabjan，蟒；

代敏或达敏，满语为 damin，雕。

乌米亚罕，满语为 umiyaha，虫子，满族创世神话中特有的理想神祇形态。在古老的萨满原始文化观念中，宇宙皆源于水，水生气，气凝华而生万物，故万物蕴有宇宙精髓之一切特质和优长。乌米亚罕为宇宙精髓之佼佼者也。

神灵名：

突姆女神，满语为 tuwa，火神；

车库妈妈，满语 ceku mama，秋千妈妈。

与人的称呼有关的：

尼亚勒玛或尼雅玛或尼雅，满语为 niyalma，人；

昂阿，满语为 angga，口；

沙里甘居，满语为 sargan jui，女儿，女孩子；

玛发，满语为 mafa，爷爷；

翁古玛发，满语为 unggu，曾祖；

妈妈，满语为 mama，奶奶；

窝莫罗西，满语为 omosi，众孙；

哈哈，满语为 haha，男子；孙子们；

阿古，满语为 agu，对男子的尊称：老兄，君子，先生；

色夫，满语为 sefu，师傅；

朱申，满语 jushen，明代对女真人的称呼；

萨克达，满语为 sakda，古老的。

形容词：

安班，满语为 amba，大；

淑勒，满语为 wure，聪明，聪慧；

塞依堪，满语 saikan，好看的，俊美；

比干，满语为 bigan，野；

乌勒衮，满语为 urgun，喜。

名词：

玛克辛，满语为 maksin，舞蹈；

佛克辛，满语为 feksin，跳跃；

乌春，满语为 ucun，歌；

额真，满语为 ejen，主人；

艾曼，满语为 aiman，部落；

塔旦包，满语为 tatan tobo，帐篷；

音色克，满语为 serki，探子；

巴纳罕，满语为 banahan，地方之主；

栽力，满语为 jaili，萨满祭神时的助手，助神人；

托户离，满语为 toli，铜镜；

谙达西，满语为 andasi，结拜兄弟；

额芬，满语 efen，面食，饽饽。

满汉兼用词：

朝海觉昆，觉昆，满语为 jugūn，道路，满汉合意为通海的道路；

刨参尼亚玛，尼亚玛，满语为 niyalma，汉人之义，满汉合意为刨参的汉人；

鹿窝陈，窝陈满语为 wecen，祭祀，满汉合意为鹿祭；

它思哈裙，它思哈满语为 tasha，合意为虎裙；

亚克哈裙，亚克哈满语为 yarha，合意为豹裙；

达敏裙，达敏满语为 damin，合意为雕裙；

尼玛哈裙，尼玛哈满语为 nimaha，合意为鱼裙；

飞崖哈哈西，哈哈西满语为 hahasi，合意指有攀岩越涧本领的男儿们。

组合词：

窝莫洛裸踏玛克辛，满语为 omolo maksin，子孙舞；

萨克达玛克辛，满语为 sakda maksin，满族女真人古舞一种，一人、十人、百人不等，全为老妪老叟合舞；

朱勒格玛克辛，满语为 julergi maksin，古舞蛮舞；

窝陈玛克辛，满语为 wecen maksin，祭舞；

多伦玛克辛，满语为 shengge dolo maksin，礼舞；

乌克逊玛克辛，满语为 uksun maksin，族舞；

生机木陈玛克辛，满语为 šengge mucen maksin，东海女真人萨满血祭时舞蹈的一种，顶血盆祭舞；

生机比干玛克辛，满语为 šengge bigan maksin，东海女真人萨满血祭时舞蹈的一种，双手托举血盆祭舞；

生机嘎思哈，满语为 šengge gasha maksin，东海女真人萨满血祭时舞蹈的一种，盆祭中百禽拟神舞；

阿浑德乌勒衮乌春，满语为 ahūn de urgun ucun，兄弟喜歌；

尼玛哈吉勒冈乌春，满语为 nimaha gilgan ucun，鱼声歌；

端吉给孙勒勒，满语 donji gisunrere，（恭）听（神）说；

朱勒格乌春，满语为 julergi ucun，古歌；

顿顿依尔哈，满语为 dundun ilha，蝴蝶花；

音达浑包衣色珍，满语为 indahūn booi sejen，狗棚车；

沙延安班夹昆，满语为 šanyan amba giyahūn，大白鹰；

山塔哈，即珊延衣尔哈，满语为 šanyan ilha，白花；

舜莫林，满语为 šun morin，日马，将太阳比喻为一匹奔驰的烈马；

都鲁坎玛发恩都力，满语为 durkan mafa enduri，东海人相传为山门神。

大段句子主要保留在《西林安班玛发》和《乌布西奔妈妈》中。其中使用整句满语的句子较少，《乌布西奔妈妈》里有一句"活绰勒夫啊，沙音，沙音！"汉意为"俊美的熊啊！好呵，好！"

满语原为满族说部传承的主要媒介，当下民众在有意识地恢复，在日常交流中使用满语在某种意义上也是对满族文化传统的回归。相较于几千万的满族普通民众，满族及其先民留下来 50 余部说部逾千万字，且仅在东北三省、河北省几个县乡个别村屯内流传传承，掌握该传统的是极少数的民众。近年来随着满族说部的集中出版，学者调查研究的深入，满族民众开始恢复对满语的学习及使用热情，对满族说部的认同感也逐渐加强。黑龙江省黑河市红色边疆农场，即富育光儿时生活之地大五家子，该地满语民间交流语言仅有一两位老人使用，且仅讲述个别单词。近年来富育光多次回大五家子调研，与该地民众反复交流。在此影响下，2013 年笔者再到大五家子调研时发现，满语单词的恢复和满语的学习已经成为当地 50 岁以上老人的重要活动，他们时常聚在一起用满语讲述现在和过去的生活。在辽宁省新宾满族自治县，满族说部、乌勒本也从 2007 年的无人知晓①，变成 2014 年传承人有意识的依附②，他们将满族说部、乌勒本纳入当地民间文学的类别之中③。

口头讲唱的文本变为书面文本，中间要经历无数次的转换。"把口头语言变成文字、变成书面语言，这中间有很大的距离，还需要做许多艰苦、细致的文字工作。既要保存口头语言的特征，又要使语言规范化，让人看了不觉得拉拉杂杂、啰啰唆唆……在整理中所做的这些事情，都是在原讲述的基础上进行梳理、剪裁的工作，也就是人们所说的去粗取精、去伪存真的凝练过程……"④ 笔者更关心在这个转换过程中，哪些文本发生了变化。

笔者试图分析"窝车库乌勒本"从口头到书面的过程中，其语言文字背后的思维特质。"窝车库乌勒本"由富育光讲述或整理或汇编，不可避免地带有他的个人特质，且因他谙于书写，具备极强的分析能力和逻辑能力，这些对文本都有着较大的影响。讲述的文本一旦开始书写，书写者为了表意的需要往往发展出更精细和固定的语法。⑤ 书写时，富育光多会主动选择相对文雅的词汇并注重语言的精练，句子多会用多种修饰方法，且多对仗，逻辑性也很强。

---

① 2007 年，笔者在新宾对部分地方文化人的调查所得。

② 中国社会科学院研究生院博士候选人刘先福的开题报告内容。

③ 中国社会科学院博士研究生刘先福在新宾调查查树元（努尔哈赤传说故事的传承人）时，查树元称自己为乌勒本的传承人，而在 2007 年笔者的调查过程中，他及其他地方文化人对吉林说部集成委员会的调查还是一头雾水，仅将乌勒本等同为当地的"讲古趣儿"。

④ 富育光讲述，荆文礼记录整理：《飞啸三巧传奇·后记》，吉林人民出版社 2007 年版，第 767 页。

⑤ 高荷红：《口述与书写：满族说部传承研究》，暨南大学出版社 2017 年版。

一旦有虎狼鹰蛇响动，便迅及逃之夭夭。

尼雅玛，本无教，愚氓野性乐逍遥。受命降世慰黎庶，凝砂成塔铸天骄。慈音热语何嫌苦，殷殷诱导输新窍。

别看，奥克敦妈妈，满脸苍老，正如她讲——是悠悠岁月的化身；别看，奥克敦妈妈，话语琐碎，正如她讲——是丰厚经验的倾吐。

笔者比较了富育光翻译的《乌布西奔妈妈》"创世歌"满语和译后的满语，发现富育光深谙满语，他将满文部分连缀起来，又以书面文学的表述方式将其翻译为汉语。

富育光是蜚声国际的萨满文化研究专家，他较早开始民族民间文化的搜集，从20世纪90年代开始转向萨满研究，出版了《满族萨满教研究》（与孟慧英合著）、《萨满教与神话》《萨满教女神》（与王宏刚合著）、《萨满论》《萨满艺术论》《萨满文化手记》，其中《萨满教与神话》公布了《天宫大战》九腓凌及《乌布西奔妈妈》片段。不过，若仔细对比前后公布的文本，我们还是能看到不同之处，对此将另撰文分析。

二　共通的萨满知识

"满族及其先民的神话与中原各族的神话不同，它不是记载在史书典籍中，而是集中记录在萨满神辞神赞中。在许多姓氏萨满的神谕中，仍保留着族源神话、祖先神话以及女神神话。如在《吴氏我射库祭谱》和《富察哈拉史传仪礼跳神录》中，都记述了创世神话《天宫大战》的主要内容。各姓氏的萨满都把神话作为神的谕训弘布族众，神话也被族人视为神训、神书加以保存。"①

《瑷珲祖训拾遗》《吴氏我射库祭谱》《瑷珲十里长江俗记》和

---

① 荆文礼：《萨满文化与满族传统说部》，载富育光主编《金子一样的嘴——满族传统说部文集》，学苑出版社2009年版，第92页。

《富察哈喇礼序跳神录》仅在富育光处保存。《吴氏我射库祭谱》是吴纪贤在 1933—1934 年前后，记录其父、萨满吴勒仲阿老人口述其祖上九太爷、著名大萨满吴扎拉·莽其格泰生前规训弟子，用满汉语讲古时所讲述的遗言，有 25 部分，为"神歌""神谱""祭祀""占卜""问病与医术""降神""服饰""观经""耳经""舞经""乐经""迷经""业经""气经""雪经""树经""石经""水经""色经""星经""禽经""豫经""图喇""神兆"等。富希陆所撰《瑷珲祖训拾遗》为富察氏家族历代长老，训教萨满和族中子弟礼仪规范的备忘录，分为 13 部分，"盛祭""代敏恩都力""顺思""测物候""豫卜候""玛虎朱陈""百艺""图喇""言魂""萨满神话""笼猪古肴"等。富希陆所撰《瑷珲十里长江俗记》全方位地介绍了与富察家族有关的满族说部传承人，如其历代祖先；地域涉及四季屯、大五家子、下马场、蓝旗沟屯的山川地貌、生活，黑龙江流域人类的活动史，其他东北少数民族的历史及生活，更为重要的是满族的民俗及民族文化及萨满规则。《萨满教与神话》《萨满论》中的很多内容皆取自于此。富希陆撰写的《富察哈喇礼序跳神录》包括"神歌""'佛喝申哥'创世歌""天女白云格格创世歌""《宁摄里妈妈》神歌""释梦""萨满歌舞""钱姓乌仁神语"。富育光调查研究萨满文化，其萨满文化的知识体系和架构皆源于此。

《瑷珲十里长江俗记》之"玛虎朱陈志略"介绍了"乌勒本"故事进入玛虎小戏的有"阿骨打发兵""萨大人龙宫借粮""唱雅克萨""罗刹思乡""萨哈连龙旗亮"，"萨满戏"有"萨满除邪""猎物幻女救人"等；《瑷珲祖训拾遗》也记述了"玛虎朱陈之戏，多倡举于岁末春初。除夕夜晚，族人罩玛虎舞之，诵之，思之，颂之，情诉殷殷，依依如缕。盖为思离故乡之远征人即对远戍之思怀，宁古塔旧街亡人也。故玛虎朱陈有缅怀巴图鲁之德，有咏歌萨克达乌克顿玛发之恩，犹有系念死殁疆场之亲鬼魂灵之众耳"[①]。

---

① 富育光：《萨满艺术论》，学苑出版社 2009 年版，第 267 页。

《萨满论》第五章"萨满原始声动观念及象征特征"中介绍了"神词与歌"的《乌布西奔妈妈》中的火祭神歌，反映古人对给予人类以恩惠的圣火的敬仰与赞颂。

《恩切布库》记述了火祭的内容：

> 恩切布库女神在火中重生，
> 火给艾曼开辟了生机。
> 拖亚拉哈女神的祭礼——火的祭礼，
> 就是从这时开始的。
> 所有的山冈林莽，
> 所有的河流湖泊，
> 都堆积有高高的石头祭坛。
> 这些祭坛是为各艾曼
> 在一定季节，
> 祭祀自己的祖先，
> 祭祀宇宙的众神
> 和天母阿布卡赫赫而设立的。①

萨满所用各种鼓，是实践萨满全部祈祝行为与观念的宝器。② 在《音姜珊蛮》（即《尼山萨满》异文）中，皇上下旨，将尼山锁入井里，人们还常能听到尼山萨满的神鼓在鸣响。萨满的施法神术，都通过自己的神鼓与鼓声辐射与释放出来，鼓乃萨满一刻不能相离之神器，如无神鼓萨满就不能祈祝或聚请精灵。

"住在东海窝稽部女真先民，以及黑龙江、亨滚河乃至鄂霍茨克海一带的渔猎民族，为海祭、江河祭还专做鱼皮鼓"③。富育光在《萨满

---

① 富育光讲述，王慧新整理：《恩切布库》，吉林人民出版社 2009 年版，第 64 页。
② 富育光：《萨满艺术论》，学苑出版社 2009 年版，第 194 页。
③ 同上书，第 195 页。

论》中披露:《乌布西奔妈妈》提到的鱼皮鼓种类也很多,有大抬鼓、祭神抓鼓、海祭小鼓。① 《乌布西奔妈妈》中仅在第 17 段叙事文字中介绍了鼓的种类:"鼓有皮鼓、虎皮鼓、豹皮鼓、岩羊皮鼓、鲸皮鼓、蛇皮鼓、枯木大鼓、石板大鼓。"② 《两世罕王传》中记载了东海窝稽部女真人在春汛跳神祭海神时,伐枯木凿"蛇筒",击声若鼓,后又烧陶制祭用"瓮钟"。③ 《恩切布库》还介绍了鼓的发明:

> 后来,南沟的妈妈剥来了虎皮,
> 北岔的妈妈剥来了熊皮和豹皮,
> 东山的妈妈剥来了东海的鲸鱼皮。
> 大家将肉烧烤而吃,
> 厚厚的皮张做帐篷。
> 时间长了,
> 皮张变得非常僵硬,
> 有些族人手拿木棒
> 顺手往帐篷上一敲,
> 皮张梆梆直响,
> 声音洪亮震耳,
> 很远就可以听到,
> 再后来,
> 皮张又作为传递心声之用。
> 族人只要把皮张一敲,
> 山外的人,
> 迷路的人,
> 被野兽惊吓的人,

---

① 富育光:《萨满论》,辽宁人民出版社 2000 年版,第 274 页。
② 鲁连坤讲述,富育光译注整理:《乌布西奔妈妈》,吉林人民出版社 2007 年版,第200 页。
③ 富育光:《萨满论》,辽宁人民出版社 2000 年版,第 270 页。

只要一听到这声音，

就有了信心，

有了勇气，

有了力量，

就知道了艾曼所在。

于是，人们又渐渐发明了鼓。①

　　萨满舞蹈分类较为复杂，《乌布西奔妈妈》中记述了东海女真先民萨满原始古舞的名称和形态……古舞为原始舞，包括野血舞、斗舞、琵琶骨舞、连击舞、哑舞等生动有趣的模拟舞蹈；宗舞与礼舞，为部落之间的信息传递、联络舞蹈；祭舞内容与模拟动作最活泼、热烈。长诗故事中记述了许多这方面的原始祭舞，表现神与人的各种心态表情。例如，俊舞、丑舞、魔舞以及身舞。身舞又分为全身舞与身体部位夸张舞，如头、面、乳、肩、手、足、衫、裙等都有不同的形态舞。②

　　至于萨满草药治病，《恩切布库》中"曼可星"可以治昏厥，"色尔丹"可以治疥疮，"都布辣"治难产，"留松"治骨折，"狼毒"治癫痫，"板吉坎"可以使人长寿，"美立它"治小儿聋哑。③《西林安班玛发》中西林安班玛发造访尼莫吉妈妈，尼莫吉妈妈向他"传授了雪屋、雪疗、冰灸、冰丸、冰床、雪被，医治霍乱、伤寒、腐烂、热症、疯癫等杂症"。④ 富育光曾经专章写过萨满医药。

　　"窝车库乌勒本"中保留了大量的萨满曲调。

小　结

　　多年来坚持不懈地行走在满族乡屯中，富育光充分了解并掌握了

---

① 富育光讲述，王慧新整理：《恩切布库》，吉林人民出版社 2009 年版，第 64—65 页。

② 富育光：《萨满艺术论》，学苑出版社 2009 年版，第 329 页。

③ 富育光讲述，王慧新整理：《恩切布库》，吉林人民出版社 2009 年版，第 140 页。

④ 富育光讲述，荆文礼整理：《天宫大战·西林安班玛发》，吉林人民出版社 2009 年版，第 195 页。

满族说部在民间的蕴藏分布图。在搜集保留了大量满族说部文本的基础上，他积极协力推进满族说部进入第一批国家级非物质文化遗产名录。在满族说部文本出版之前，他撰写多篇论文界定满族说部、乌勒本的概念，构建其学术体系，勾勒每一部文本的传承脉络（家传说部一般用"传承概述"，"流传情况"，本人采集的用"流传与采录""传承与采录""采录始末"）。如《满族传统说部艺术——"乌勒本"研考》《再论满族传统说部艺术——"乌勒本"》《富察氏家族与满族传统说部》《满族说部的传承与保护》《一条漫长的求索之路》《"乌勒本"研考》《谈满族说部的传承特征》《栉风沐雨二十年》《满族说部调查（一）（二）》等。而学者对满族说部、乌勒本的认知不可避免受其文之影响，遵从其对满族说部和乌勒本的概念和解读；对其人的访谈内容也成为诸多学者撰文的依据。在成为国家级非物质文化遗产名录传承人之后，富育光依旧奔走在满族聚居地，对满族说部的传承投入了更多精力。

随着对"乌勒本"调查与研究的不断深入，更多学者的加入，富育光也在不断调整思路，如《满族传统说部艺术——"乌勒本"研考》中，将满族说部分为三类，即"窝车库乌勒本""包衣乌勒本""巴图鲁乌勒本"；但在《再论满族传统说部艺术——"乌勒本"》中又加入了"给孙乌春乌勒本"，使其成为四类。学者对满族说部概念持不同的观点，富育光在调研的基础上加入了大五家子对其的满语称谓。在第一次申请成为国家级传承人失利后，第二次申请前富育光征求了专家的意见，随之调整填报思路，技艺特点和传承经过更为完善、周密且非常精彩。

笔者认为，富育光从小生活的氛围及满族民众对文化的热忱，更为重要的是家族对其的影响使他承继了民间故事家的特质，因善于书写、勤于调研，故掌握如此数量的说部。这一点是否具有可复制性呢？笔者在研究其他民族的传承人时，发现了大量"书写型"传承人的存在，如锡伯族的何钧佑、回族的杨久清、苗族的陈兴华等，据悉蒙古族乌力格尔艺人亦是如此，因语言所限，本人对此未做过深入研究。当然，具有较高的文化程度，在学术机构工作，常年地调查与研究，使富育光具备了与其他传承人不同的有利条件。幼时生活在充满文化氛围的地域的人甚多，不是每一位都会留下深刻印象并愿意成为传承文化的一分子；家族重视文化传承者甚多，不是每一位家庭成员都愿意承担起这一责任；搜集调查民间文化者甚多，较少成为传承者；善于书写者甚多，但不是每一位都能够做很好的研究。富育光应是集聚了如此多的条件，才成为其中脱颖而出的佼佼者。

结　　语

　　满族说部体例宏大，目前大家接受四分法，其中"窝车库乌勒本"应是较早产生的一类，也是依赖萨满的口传保留下来的，其形态不一，让人难以判定。将"窝车库乌勒本"作为整体研究，首先就要辨明，此类文本属性。其次是分析文本，研究文本内在特征。"窝车库乌勒本"文本间有一条内在的传承脉络，围绕从天上到人间秩序的确立将五部史诗连缀在一起。民众很自然地将《恩切布库》《西林安班玛发》《奥克敦妈妈》视为《天宫大战》的属篇，其原因恐怕就在于此吧！

　　从文本中，我们可看到满族及其先世的部落发展史，这一特定时期正是史诗的萌发期。《天宫大战》中史诗与神话的关系还很紧密，其他四部则更多展现了从部落到部落联盟的发展史，堪称人类早期生活的画卷。《天宫大战》虽有创世神话的遗留，但已初具创世史诗的萌芽特点；从史诗文本八个特征可看出"窝车库乌勒本"潜隐的史诗性；其文本的记录、文本化伴随着满族民众民族精神的认同，对民族文化的热爱；"窝车库乌勒本"不同于其他民族史诗的特性就是其浓郁的萨满文化特性，由此"窝车库乌勒本"应为萨满史诗。

　　研究"窝车库乌勒本"离不开满族及其先世的发展史，也离不开满语这一语言载体，满语从发明那日起至今几百年的历史中经历了由繁盛到衰微的过程，到今日仍顽强地以各种形式展现其语言的魅力。但因满语过早地退出交流舞台，用满语形成巨型叙事的可能性变得很微弱，满族人偏好大型叙事的习惯使满族说部以汉语或满汉兼行的形式延续至今。"窝车库乌勒本"散韵结合，主要以诗体呈现，夹有部分叙述性文字。

《天宫大战》讲述女神与男神之间的争斗，最终以阿布卡赫赫为代表的女神神系取得胜利，奠定了天庭的秩序；《乌布西奔妈妈》《恩切布库》《奥克敦妈妈》和《西林安班玛发》，讲述了他们因人间苦难无法解决遂被派到人间，帮助人间建立了各项秩序，教会人们生活、生产等安身立命之本，最后返回神界。恩切布库为救族众而死，变成奥都妈妈，受到祭祀；奥克敦妈妈在梦中得信需返天宫参与驱魔鏖战，后在背灯祭时成为主神；西林安班玛发受到东海女神的责罚，成为镇海石，作为东海至尊无上的神获祀；乌布西奔妈妈于第五次东征途中病死，魂升天际，死后其事迹被刻在锡霍特山上。

《恩切布库》《西林安班玛发》《乌布西奔妈妈》内容都与东海有关，《恩切布库》延续了《天宫大战》的很多内容，从内容上似与《天宫大战》的渊源更为密切；乌布西奔妈妈主要任务是开拓疆土；恩切布库多次提到要"关爱我们的寸寸海域，探取大海为我们提供的衣食之源"，但并没有像乌布西奔妈妈那样组织了五次东征；西林安班玛发主要为莎吉巴那寻找安居之地甘愿变作鼹鼠探寻适宜之地，更多考虑部落的生产生活。"窝车库乌勒本"保留萨满祭祀、航海、祖先生活、仪式仪礼等内容，不仅勾勒出满族神话的样貌，且保留诸多早期生活的画卷。

对女性的尊重和崇拜在满族的历史和现实生活中处处可见，可从"女人是生命之源，女人是生命之本。艾曼最敬重女人，形成良风，世代沿袭"[①] 之中窥见一斑。后世曹雪芹在《红楼梦》中对女性的尊重，《卧虎藏龙》中玉娇龙的形象，再到民间满族女性敢想敢爱、敢作敢为，从这种角度讲，"窝车库乌勒本"是满族文学的滥觞。

"窝车库乌勒本"均由富育光讲述或整理，其来源有三，分别为

---

① 富育光讲述，王慧新整理：《恩切布库》，吉林人民出版社 2009 年版，第113页。

家传、继承富希陆、富育光搜集所得。其中《西林安班玛发》《奥克敦妈妈》是其祖母富察美容讲述的，为家传；《天宫大战》较为复杂，为富希陆搜集记录而得的白蒙古讲述版本，《恩切布库》亦由白蒙古讲述，富希陆1966年来长春时将该文本讲述给多位好友；《乌布西奔妈妈》由富育光搜集而得。据我们所知，富育光共掌握满族说部22部，家传6部；由他人说唱，富希陆记录、整理的有4部；富育光搜集的有12部。如此巨量的说部集于一身，不禁让我们想了解：富育光为什么能够传承如此多的说部？富育光讲述的说部是否会被满族人接受？其中有无不合理之处？富育光搜集的说部有12部，大家为何愿意将说部交给他呢？又是如何传承下来的呢？发展至今日，说部将如何传承呢？因此对富育光个人特质的研究很有必要。富育光从小生活的氛围及满族民众对文化的热忱，更为重要的是家族对其的影响使他在承继了民间故事家的特质之外，因笔耕不辍、勤于调研，才能将如此巨量说部成为其承继的文化遗产。

　　当然，我们将继续对富育光先生进行访谈，继续研究"窝车库乌勒本"乃至满族说部。

附录一

汉字标音满语唱本《洞窟乌春》*

戴光宇译

德乌勒勒　哲乌勒勒　德乌咧哩　乌哲咧
de u le le，je u le le，de u liyei li, u je liyei.
德乌勒勒　哲乌勒勒　德乌咧哩　乌哲咧

巴 那 吉舜 窝莫洛 巴 那 吉 舜 窝莫洛
ba na juišun omolo, ba na jui šun omolo,
土地 子太阳　孙　土 地 子 太阳　孙

德顿恩 德顿恩
dedun，dedun,
宿处　　宿处

恩都哩 嘎哈 德顿恩 比
enduri gaha dedun bi,
神　　乌鸦 宿处 有

---

　　* 本段内容为《乌布西奔妈妈》附录一。本为富育光1983年秋征集到的汉字标音满语唱本，此处引其原文内容。原文中出现前后不统一之处，亦遵照原文。仅将繁体字改为简体字，特此说明。

恩都哩 嘎哈 德顿恩 比

enduri gaha dedun bi.

神　　乌鸦　宿处　有

珊延　窝尔顿 德顿 巴那 比

šanyan ulden dedun bana bi,

白　　晨光　宿处　大地 有

乌布西奔 妈妈 布米

umesiben mama bumbi.

乌布西奔 妈妈　给

德乌勒勒 哲乌勒勒 德乌咧哩　哲咧

de u le le, je u le le, de u liyei li, je liyei.

德乌勒勒 哲乌勒勒 德乌咧哩　哲咧

格勒 嘎思哈 德勒给 莫德利 德勒 菲涩克

geren gasha dergi mederi dele fisekei.

众　　鸟　　东　　海　　上头 只管溅水

纳木勒莫

namarame,

争添着

焦　衣 德泊勒　莫　佛思卡 霍春 呼呼哩

gio i deberen be fuseke hojo huhuri,

狍子的　崽儿　把　孳生了的俏丽(吃)乳

莫德里 超 妞浑

mederi coo niohon,

海　　潮① 松绿

---

① coo，音译词，本指潮州。潮水应用 furgin。

艾新 朱巴刻 德勒 德泊离垫妹
aisin jubki dele tebeliyedembi.
金　　洲　　上头　反复地扑抱

格勒　莫　霍达 衣 德勒 冬库 里巴出热
geren emu hada i dele dunggu hibsu ejen.
各　　一个 山峰 的 上头 洞　　蜜蜂

佛热 格色
feye gese
窝　　似的

乌西哈 比亚 德勒 突给 衣 莫德利 纽伦
usiha biya dele tugi i mederi nioron,
星　　月　　上头 云 的 海　　虹

布拉春 比勒泰　沃索莫
boljon biretei wašame,[①]
浪　　极力冲闯 抓挠着

乌木西奔 妈妈 白搭 乌布西奔 妈妈
umesiben mama baita umesiben mama,
乌布西奔 妈妈　事 乌布西奔 妈妈

给苏勒勒　乌布西奔 妈妈 泊特勒渴
gisurere, umesiben mama badaraka,
（要）说的 乌布西奔 妈妈 开广了

---

① wašame 和 ušambi 都有抓的意思。

乌布西奔 妈妈 莫勒根 乌拉布苏
umesiben mama mergen ulhisu,
乌布西奔 妈妈　 智 　慧

乌西哈 比亚 格木 突给 衣 莫德利 　纽浑 乌朱
usiha　 biya　gemu tugi i　 mederi　niohon uju
星　 　月 　都 云 　 海　 松绿 头

沃莫
ome,
成着

比 尼玛哈 苏库 衣 恩都哩 　通肯 　菲特痕 比
bi nimaha sukū i enduri tungken fitheme bi,
我　 鱼 　皮 的 　神　 　鼓　 弹着　 有

古鲁古 黑勒思克 依其 瓦西浑　 阿思罕
gurgu　giranggi　ici　 wasihūn　ashan,
兽　　 骨　 　右 　 下方　 　佩

汪勒给恩 苏敏 莫德里 　芒滚 　布勒
urkin 　　šumin mederi menggun buren,
响声 　　 深 海 　银 　 螺

夫勒给热克 布勒德恩 比
fulgiyehei　 burdeme　 bi,
只管吹 　吹 海螺着 有

阿布凯 格赫 巴尼勒克 乌春 布哈
abkai　hehe banilahai ucun buhe,
天　 女人 　只管率性 歌　 给了

米尼 克　 色陈 德勒给 沃莫 布哈
mini　kai　cejen　dergi　omo　buhe,
我的　咳　　胸膛　东　　海　给了

米尼 克 阿库 瓦里 霍顺 巴纳给 额莫 布哈
mini　kai　akū　oori　hūsun　banaji　eme　buhe.
我的 咳 没有 精　 力　 土地神 母亲 给了

乌木林 比拉 米勒格 赫色
umlin　bira　julge　gese
乌木林　河　　古昔　似的

嘎思罕 米簿论尼 莫呼勒哈
gashan　jobolon　nimekulehe,
灾殃　　丧事　　成疾了

艾曼　 搭鲁薄米 能莫　依林扎拉库
aiman　darubumbi,　neome　ilinjarakū.
部落　　肯病　　流荡着不略微站立

沙延　 梅革 衣 嘎思哈 阿布卡
šanyan　meifen　i　gasha　abka（de）,
白　　　脖子的　鸟　　天

阿布卡 赫色 簿出　 嫩哈
abka　　gese　boco　niowanggiyan.
天　　似的 颜色　　绿

拉布都 嘎思哈 得尔给 莫德里 德勒 菲色克
labdu　gasha　dergi　mederi　dele　fisekei.
多　　鸟　　　东　　海　　上头 只管溅水

那玛勒莫

namarame，

争添着

焦	得箔勒	佛申	浩吞	呼呼里	莫德里	超勒昆
gio	deberen	fusen	hoton	huhuri	mederi	colkon
狍	崽儿	孳生	城（吃）乳的		海	大浪

爱新	朱布克	衣	得勒	特布利耶莫
aisin	jubki	i	dele	tebeliyeme
金	洲	的	上头	扑抱着

拉布都	阿林	得勒	洞古	希布苏因	佛耶	菲新
labdu	alin	dele	dunggu	hibsuejen	feye	fisin
多	山	上头	洞	蜜蜂	窝	密集

乌西哈	毕亚	得勒	突给	衣	莫德里	纽昏
usiha	biya	dele	tugi	i	mederi	niohon
星	月	上	云		海	松绿

布拉春	毕拉莫	否索莫
boljon	bireme	fosome
浪	一概	光照着

乌木林	毕拉	窝其	阿布卡	赫	衣	古	郭浑
umlin	bira	oci	abka	hehe	i	gu	gohon
乌木林	河	是的话	天	女人	的	玉	钩

沙延　突突给衣　夫里甘　扎克珊　阿布卡　则陈
šanyan tugi　fulgiyan jaksan abka　jecen
白　　云　　红　　霞　　天　　际

德热莫 德箔西莫 沙尼雅哈
deyeme debsime　saniyaha
飞着　扇着　　舒展了

色克 法吉兰 乌拉 达林 额勒刻　明安　呼克申　浓顿
seke fajiran ula dalin eleke　minggan guksen nenden
貂　墙　　江　河岸 足够了的 千　　朵　　梅花

给约 法吉兰 布占 乌兰 多罗 唐古 呼克申　蒙滚　依拉哈
gio fajiran bujan ulan dolo tanggū guksen menggun ilha
狍 墙　　林　大沟 里头　百　朵　　银　　花

德顿　刷延　莫林　瓦能 吉里岗 乌拉
dedun suwayan morin wahan jilgan ula
宿处 黄　　马　　蹄　声　　江

达林 达心哈
dalin dasiha
河岸 盖住了

刷延　莫林 果勒敏 德伦 突给 莫德力
suwayan morin golmin delun tugi mederi
黄　　马　长　鬃　云　海

乌鲁拉德哈
uruldehe
赶上了

乌布逊　噶珊 果勒敏 沙尼雅哈
ubušun gašan golmin saniyaha
乌布逊　乡村　　长　　舒展了

舜　衣　额勒痕克　妞昏　阿布卡 克西
šun i ergengge niohon abka kesi
太阳 的　生灵　　松绿　天　造化

伏勒浑　那丹　唐古　扈伦
fulahūn nadan tanggū gurun
赤裸　　七　　百　　国

阿卡勒库 比莫 卡洒勒库 衣 音特哈
akarakū bime gasarakū i indehe
不伤心　而且　不哀怨　的 歇息了

珠鲁　罕　扈伦 德里给 德 比
juru han gurun dergi de bi
珠鲁　罕　国　东　　在 有

阿布卡 菲则勒给 乌布逊 扈伦 阿玛勒给
abka fejergi ubušun gurun amargi
天　　下边　　乌布逊　国　　北

倭赫 涩拉敏　阿颠 塔库勒沙哈
wehe selmin akjan takūršaha
石　地弩　　雷　 使唤了的

唐古　古鲁古 乌卡莫 菲克希 哈喝勒痕
tanggū gurgu ukame feksihe hergen
百　　兽　　逃着　奔跑了的 手足纹

喝勒门　　西勒克　　赫色　衣扬嘎
helmehen　　sirge　　gese　ijingga
蜘蛛　　　　丝　似的　线力紧的

阿昆莫　巴哈纳拉库
akūme bahanarakū
尽着　　不能够

喝突　拉思哈　果勒敏　妞伦　乌朱　德勒　德　赫色
hetu　lasha　　golmin nioron uju　dele　den gese
横　　断　　　长　　　虹　头　上头　高 似的

话给　　比干　普春库　突给
huweki bigan boconggo tugi
肥沃　原野　彩色的　　云

比干　　壹拉　阿库　赫色　阿沙沙哈
bigan　yalu　akū　gese　aššaha
原野　　地边　没有　似的　动了

薄特曷　佛则勒　赫色 妞浑　　图门　巴　布特恩　阿库
bethe　fejile　gese　niohon tumen　ba　buten　akū
脚　　　下头　似的　虹　　万　　里　边涯　没有

比 恩都里　额姆　奥霍德　额尔根　布哈
bi enduri　eme　ohode　ergen　buhe
我　神　　母亲　设若　生命　给了

比　额尔根　浓给　托色里　格木　乌春　给孙勒了
bi　ergen　inenggi　dobori　gemu　ucun　gisurere
我　生命　日　　夜　　　都　　歌　要说的

乌布西奔 妈妈　恩都里 乌勒本 衣 伏克金
umesiben mama enduri ulabun i fukjin
乌布西奔 妈妈　　神　　传　的 开首

乌春 给孙勒勒
ucun gisurere
歌　要说的

阿布凯 额姆 委　尼雅玛　图门　尼雅玛 额尔根
abkai eme wei niyalma tumen niyalma ergen
天　　母亲 谁的 人　　万　　人　　生命

德里给 莫德力 给勒搭里 纽瓦里 西克涩 乌春
dergi mederi giltari niowari sikse ucun
东　　海　　灿　烂　　昨天　歌

给孙勒拉库
gisurerakū
将不说

比 尼玛哈 苏库 衣 恩都里　通肯　菲特痕姆 比
bi nimaha sukū i enduri tungken fitheme bi
我 鱼　皮 的 神　　鼓　　弹着　有

古鲁古 给浪衣　衣其 衣 窝西浑　阿思罕
gurgu giranggi ici i wesihun ashan
兽　骨　右 的 贵　佩

乌尔肯克音　苏敏　莫德利　蒙温　布勒恩
urkingge　šumin　mederi　menggun　buren
有响声的　深　海　银　螺

古鲁莫　傅勒给任刻　希尔德姆　比
gurume　fulgiyehei　sireneme　bi
采挖着　只管吹着　响声接连着　有

米尼　克　阿布卡　赫赫　希哈
mini　kai　abka　hehe　jiha
我的　咳　天　女人　来

译文：
德乌勒勒，哲乌勒勒，
德乌唎哩，乌哲唎。
大地之子，太阳之孙，
大地之子，太阳之孙。
栖所啊栖所，
有神乌之所栖，
有神乌之所栖。
有白色晨光栖息的大地，
乌布西奔妈妈给予。

德乌勒勒，哲乌勒勒，
德乌唎哩，哲唎。
众鸟在东海海面争相点水，
哺育狍羔的俏丽乳海潮水碧绿，
不断扑抱着金色沙洲。
群峦之上洞窟密如蜂窝，

浪涛极力冲闯抓够着，
星月上空的云海长虹。
乌布西奔妈妈的事迹，
乌布西奔妈妈的英谕，
乌布西奔妈妈的开拓，
乌布西奔妈妈的智慧，
同星月尽在云海翠波之巅。

我弹着鱼皮神鼓，
兽骨做我右下方的佩饰，
尽情地吹着轰响的深海中的银螺。
天母赋予我
率真的歌喉，
东海女神给我
广阔的胸怀，
大地母亲给我
（我所）没有的精力。

乌木林比拉像往昔那样，
忧患成疾，
部落病症缠身，颠沛流离。
如天上的白脖鸟，
呈显像天样的青色。

在东海海面，
群鸟争相点水，
在孪生狍羔的佛申霍通，
乳海的浪涛扑抱着金色沙洲。
在群山之巅，

洞窟密如蜂窝，

（头顶）上面星月，

普照着云海翠波。

乌木林比拉是天女的带钩，

白云红霞在天际升腾、飘摇、舒展。

貂帐像布满江岸的千朵梅花，

狍帐像林莽里的百朵银花。

宿处黄马蹄声盖过江岸，

黄马长鬃赛过了云海。

乌布逊噶珊长长延伸，

太阳的生灵，苍天的造化，

无忧无虑地歇息着，

七百裸形国。

珠鲁罕部落在东，

天的下面，

乌布逊部落在北，

使唤迅雷般的石弩。

百兽奔逃的足迹，

犹如蛛丝般绵延不绝。

像头顶横亘的长虹般高远，

沃野的彩云像田野无边般游移自如。

像脚下的苍翠万里无垠，

设若神母给我生命，

我将生命的日日夜夜全部用来咏讲，

咏讲的只是乌布西奔妈妈神武传说的开头；

神母（即便）给谁人以万人的生命，

也难以讲述东海灿烂的昨天。

我弹着鱼皮神鼓，
兽骨做我右侧贵重的佩饰，
采来深海中响亮的银螺，
尽情地吹响着，回荡着。
天母赋予我，
咳……

附录二

《乌布西奔妈妈》满语采记稿[*]

戴光宇　译

昂阿 封阿哈 沃索哈 古布齐 夫尔坚
angga funggaha ošoho gubci fulgiyan，
嘴　羽　　爪　全　　红

朱赫 比拉 衣 希德恩德 德耶莫，
juhe　bira　i　sidende　deyeme，
冰　河　的　在中间　飞着

苏克敦 背昆　毕甘 萨胡伦，
sukdun beikuwen bigan šahūrun，
气　冷　　野　寒

朱赫 基德 尼莽衣 尼路，
juhe gida nimanggi niru，
冰　枪　雪　箭

呼伦 图瓦 齐宾 给依德莫，
horon tuwa cibin gidame，
威　火　燕　压着

＊　原文见《乌布西奔妈妈》附录二。

图瓦 齐宾　戈吐肯 色里 苏木齐　多希莫
tuwa　cibin　getuken　šeri　šumci　dosime,
火　　燕　　清　　泉　　深陷　进入着

封阿哈　夫勒浑 德哩 色莫
funggaha fulahūn der seme,
羽　　赤　　很白的样子

额木 尼玛哈　波耶 夫拉浑 赫赫,
emu nimaha　beye fulahūn hehe,
一　鱼　　身　赤裸　女人

尼玛哈 赫赫 托罗 巴 朱赫 木克 夫赫色莫
nimaha hehe tule ba juhe muke fuhešeme,
鱼　　女人 外头 处　冰　水　翻滚着

哈布 哈尔浑 波耶 浩 色莫 朱赫 木克 倭纳赫,
hab halhūn　beye hoo seme juhe muke wenehe,
炽热的　　身体　滔滔　冰　水　化了

图门 尔德恩 呀萨 波 毕牙哩色莫 木克德莫
tumen elden yasa be biyarišame mukdeme,
万　　光　目　把　刺眼着　　升起着

朱赫 阿布卡 朱赫 纳 额尔波非
juhe abka juhe na elbefi,
冰　天　冰　地　覆盖后

· 288 ·

朱赫 毛 朱赫　倭赫
juhe moo juhe wehe,
冰　树　冰　石

朱赫 毕甘 尼玛哈 波耶 夫拉浑
juhe bigan nimaha beye fulahūn,
冰　野　鱼　身　赤裸

非扬阿　塞堪　额木克 苏明额　背昆　莫德里　郭瓦哩牙莫
fiyangga saikan emke šumingge beikuwen mederi gūwaliyame,
绚　丽　一个　深的　冷　海　变化着

译文：嘴、羽、爪全红，飞翔在冰河中间。气冷原寒，冰枪雪箭，威压火燕。火燕坠入清泉深处，毛羽净消，成一鱼身裸女。鱼女之外冰水滚荡，炽热躯体融化滔滔冰水，万道光芒刺眼升腾，覆盖冰天冰地，冰树冰石冰原。赤裸鱼身化作一泓绚丽深邃的冷海。

朱赫 毕甘 佛索莫　哈夫齐牙莫 阿察木毕，
juhe bigan fosome　hafukiyame acambi,
冰　野　照射着　引导着　会合

那木　依 春托豁卓莫
namu i contohojome,
洋　的　开口着

阿布卡 衣吉斯浑 玛哩莫
abka ijishūn marime,
天　顺利　回转着

萨满　发扬阿　嘎依郎依　乌穆布莫　阿库①，
saman　fayangga　giranggi　umbume　akū，
萨满　　魂　　骨　　　埋着　　不

波耶　德勒　恩都哩　洪滚　尼楚赫　色色非，
beye　dele　enduri　honggon　nicuhe　sešhefi，
身　　上　神　铃铛　　珍珠　洒后

波耶　佛折勒　泊　布豁　戈伊郎衣　尼玛哈　生依
beye　fejile　be　buhū　giranggi　nimaha　senggi
身　　下　把　鹿　骨　　鱼　　血

乌勒戈衣延　非赫　萨克萨里布非
ulgiyan　　weihe　saksalibufi，
猪　　　　牙　　支垫后

乌朱　佛折勒　尼玛哈　苏库　恩都哩　通肯　齐苏莫
uju　fejile　nimaha　sukū　enduri　tungken　cirume，
头　下　鱼　皮　神　鼓　枕着

波特赫　佛折勒　希萨　生额　苏库　萨克萨里布非
bethe　fejile　siša　sengge　sukū　saksalibufi，
脚　　下　腰铃　刺猬　皮　　支垫后

弥穆波　额尔德恩　阿布卡　额顿　多波里　乌希哈　非牙克伊牙莫　乌布非
mimbe　elden　abka　edun dobori　usiha　fiyakiyame　ubafi，
把我　光　天　风　夜　星　　晒热着　腐败后

---

① -me akū 表示否定，三家子满语里也有。如：bi beye gemu akdame akū. "我自己都不信。"

戈伊朗衣 乌布逊 巴那　多穆毕
giranggi ubušun ba na dombi,
骨　　乌布逊　地方　落下

汤务 阿尼雅 都勒莫 阿林 比拉 郭瓦里雅莫 阿库
tanggū aniya duleme, alin bira gūwaliyame akū,
百　年　过着　山河　变化着　不

乌布逊 巴 那 伊车 赫赫 乌鲁那库 班吉莫
ubušun ba na ice hehe urunakū banjime,
乌布逊 地 方 新　女人　一定　生着

额勒 沃齐 扎兰 折陈　朱尔苏勒莫　波德勒穆毕
ere oci jalan jechen juršuleme bederembi,
这　成的 话　世界　再次着　回归

萨玛 恩都哩 通肯
saman enduri tungken,
萨满　神　鼓

那革莫 挪克齐斯浑 康塔尔萨莫
nememe nokcishon kangtaršame,
益加着　激越　昂扬着

译文：照射冰原，引导会合，开口于大洋，顺利回返天庭。萨满魂骨不得掩埋，身上洒撒神铃珍珠，身下支垫鹿骨、鱼血、猪牙，头枕鱼皮神鼓，脚下安放腰铃、獋皮，让晨光、天风、夜星把我照腐，骨落乌布逊地方，时过百年，山河依样，乌布逊地方必生新女，这是我重返人寰，萨满神鼓更加激越、昂扬。

德勒 阿玛尔基 泽沉 齐路莫
dele   amargi   jecen cirume
上头   北   界   枕着

朱勒尔基 莫德里 温车赫恩 佛呼莫
julergi   mederi   uncehen fehume
南   海   尾   踩着

锡霍特 阿林 赫赫 莫呼莫 图瓦莫
sihete   alin   hehe   mohome tuwame
锡霍特 山 女人 倦竭着 看着

锡霍特 阿林 瓦合嘎依 德都莫
sihete   alin   fahahai   dedume
锡霍特 山   仰面跌倒 躺着

艾玛卡 阿木嘎拉 衣 塞堪 赫赫 莫呼莫   图瓦莫
aimaka   amgara   i saikan hehe mohome tuwame
好像是   要睡   的美   女   倦竭着   看着

额勒 依努① 衣能尼 多波哩 扎兰 呼呼哩 塞堪 德尔革 依 莫德哩
ere   inu① inenggi dobori jalan huhuri saikan derg i mederi
这   是   日   夜   世   乳儿期 美丽   东   海

乌扎吐 恩都哩 齐宾 阔布林 恩都哩 扎卡德
uttu   enduri   cibin   kūbulin   enduri   jakade
这样   神   燕   变化   神   因

---

① 三家子满语习惯上也把 inu、waka 等放在被判断的名词之前。如：waka niyalma. 不是人。

阿布卡 赫赫 衣 嘎衣顺 汪吉莫，
abka hehe i gisun onggome
天 女 的 话 忘着

朱赫 阿林 朱赫 比拉 倭讷勒 温德
juhe alin juhe bira wenere unde
冰 山 冰 河 融化 尚未

额尔根 艾图莫
ergen aitume
生命 苏醒着

那 古路莫 莫德哩 阿拉莫，温德
na gurume mederi arame unde
地 采挖 海 做着 尚未

夫尼耶赫 多克多浑 塞音 衣其克
funiyehe dokdohon sain ijihe
头发 突起 好 梳理了

多克多浑 夫尼耶赫 亨戈那莫 阿库
dokdohon funiyehe henggeneme akū
突起 头发 蓬头垢面着 不

嘎思罕 衣 孔阿 尼尔呼莫
gašhan i kūngga nilhūme①
灾祸 的 崖谷 滑着

---

① nilhūdambi，打滑。

苏顺 尼路 阿布卡 赫赫 阿斯哈 赫赫 衣 顺 恩都哩 乌布哩牙莫
šošon inu　abka　　hehe ašhan　hehe　i　šun enduri ubaliyame,
发髻 是　天　　女　侍　　女　的 日　神　变着

　　译文：头枕北方疆界，足履南海之尾，锡霍特山（这个）女人疲倦地看着，锡霍特山仰面躺倒，好像是快要入睡的美女倦竭的凝视。这是日夜世间乳婴般美丽的东海。只因是神燕化身，忘记天母之言：冰山、冰河尚未消融，复苏生命、掘地造海之功尚未完成，好生梳理发髻，不可蓬头垢面，滑下灾祸崖谷，发髻是天母侍女是日神变化。

蒙温　　赫申 萨布拉莫
menggun hešen sabarame
银　　　纲　　抛撒

萨丙阿 尔德恩 泽尔基 色莫 戈里色非
sabingga　elden　jerkišeme　gerišefi
祥瑞　　光　耀目着　　闪烁后

额勒 尔德恩 尼莽衣 倭赫 泊 封齐
ere　elden　nimanggi wehe　be weci
这　　光　雪　　石　把 化的话

额木克 格图肯 毕尔甘 夫哩莫
emke　getuken　birgan　furime
一个　清　溪　　潜入着

毕尔甘 木丹　浩 色莫
birgan　mudan hoo seme
溪　　弯子　浩浩

拉布东额 蒙温 尼楚克 玛克辛 布尔霍莫
labdungge menggun nicuhe maksin bulhūme
许多 银 珍珠 舞 上涌着

蒙温 尼楚克 衣 多罗 额木 图瓦 齐宾 颂吉勒 德耶莫
menggun nicuhe i dolo emu tuwa cibin šunggeri deyeme
银 珠 的里头 一个 火 燕 优雅 飞着

扎兰 折陈 乌特哈艾 毕莫
jalan jecen uthai bime
世 界 就 有着

耶鲁里 阿那布莫 穆吉勒 占楚浑 阿库
yeruri anabume mujilen jancuhūn akū
耶鲁里 让着 心 甜 不

朱赫 尼蒙依 吉苏莫 扎兰 折陈 泊 达西非
juhe nimanggi fusume jalan jecen be dasifi
冰 雪 喷洒着 世 界 把 盖后

额伊特恩 扎卡 希门 郭齐穆布非
eiten jaka simen gochimbufi
一切 物 精华 被吸后

固布齐 朱赫 毕拉 毕罗尔 色莫
gubchi juhe bira birere seme
全部 冰 河 要淹没 似的

阿布卡 额莫 衣 努穆浑 阿哈 赫赫 固尔泰
abka　　eme　i　nomhon aha　hehe　gurtai
天　　　母　的　老实　奴仆 女人 古尔苔

顺 图瓦 泊 瓦芬 阿哩莫 该克衣 朱赫 阿林 泊 图赫非
šun tuwa be fafun alime　gaiki, juhe alin be tuhefi
日 火 把 法度 承受着 让我拿 冰　山　把 掉落后

图门　　明安　　绥拉非　　朱赫 阿林 泊 额鲁沃德非
tumen　minggan suilafi, juhe　alin　be　eruwedefi
万　　　千　　　遭罪后　冰　山　把　钻后

恩都哩 图瓦 泊 该哈
enduri tuwa be gaiha,
神　　　火 把 拿了

阿姆巴 那 哈鲁坎 波罗坎 巴哈比
amba　na halukan bulukan bahabi.
大　　地 温　　 暖　 得到了

扎兰 折陈 恩图莫 额伊特恩 扎卡 发查非
jalan jecen aitume eiten　jaka facafi
世　 界　 复苏着 一切　物　散开了

固尔泰 恩都哩 赫赫 泊 达哈莫 朱赫 阿林 多罗 比
gurtai enduri hehe be dahame juhe alin dolo bi
古尔苔 神　女　把 跟随着 冰　山　里头 在

芒阿　　克衣里莫 乌尔赫 萨尔塔春 折赫

mangga　　kirime　uruhe sartachun jeke.

艰难　　忍耐着 饥饿了的 迟　　误吃了

耶鲁里 萨哈浑 沃尔赫 绥哈 发里雅哈

yeruri sahahūn orho suihe waliyaha

耶鲁里 淡黑　　草　穗　吐了的

阔尔索春 阿苏非 布冬赫 戈讷非

korsochun ašufi　budehe genefi.

恨　　　含后　死了 去后

译文：银纲抛撒，瑞蔼闪耀。这光辉照化雪岩，潜入一条清溪，溪流浩荡，中有众多银珠舞涌。银珠之中，一只火燕优雅翱翔，于是有了世界。（这）让耶鲁里于心不甘，喷洒冰雪覆盖世界，万物冻僵，冰河遍地流淌。天母的忠实女仆古尔苔，受命取太阳火坠落冰山，千辛万苦钻出冰山，取来神火温暖大地，宇宙复苏，万物解放。古尔苔跟从神母在冰山中，饥饿难耐，误吃耶鲁里吐出的乌草穗，含恨死去。

萨哈连 嘎思哈 呼瓦里牙

sahaliyan gasha hūwaliya（me）

黑　　　鸟　　变化着

波耶 顺 宝措 阿库

beye šun boco akū

身 日 色 无

萨哈连　　沃索豁 阿姆巴 昂阿

sahaliyan ošoho amba angga

黑　　　爪　大　嘴

呼拉莫 得衣莫 阿库

hūlame teyeme akū

叫着　　止　　不

扎兰 折陈 阿林 嘎珊 得耶非

jalan jecen alin gašan deyefi

世　　界　山　乡　飞后

多波里 克德勒莫 色拉姆色莫 乌拉莫

dobori　kedereme　seremšeme　ulame

夜　　　巡逻着　　警戒着　　传着

明安　　阿尼牙 哈奴浑 阿库

minggan　aniya banuhūn akū

千　　　年　　懒惰　　不

图门 阿尼牙 图善 托多 牙尔戈衣烟

tumen aniya　tušan tondo yargiyan

万　　年　　职　忠　实

毕 布冬赫 郭勒敏 阿妈嘎哈

bi budehe　golmin amgaha

我　死了　长　　睡了

毕 泊 乌木林 毕拉 达林 哈达 乌穆布莫

bi be umlin　bira　dalin hada umbume

我 把 乌木林河　河岸 峰　埋着

嘎哈 赫赫 泊 塔其勒 该非 芒阿西卡 扎兰 班吉莫 毕莫

gaha hehe be tacire gaifi manggasika jalin banjime bime

乌鸦 女人 把 学 取了 危难 为了 生着 在着

嘎穆吉 阿库 希尔希丹 阿库 哈奴浑 阿浑 楚克托 阿库

gamji akū silhidan akū, banuhūn akū okto akū

贪婪 无 嫉妒 无 懒惰 无 骄傲 无

艾玛 穆克德莫 汤务 拜塔 德克吉克

aiman mukdeme tanggū baita dekjike.

部落 兴盛着 百 事 渐长成了

特尔沁 嘎哈 乌拉本 乌尔西拉库

tercin gaha ulabun ulhirakū,

特尔沁 乌鸦 传说 不懂

乌布西奔 妈妈 塔斯哈 波 舍尔根 泊 尼克莫

umesiben mama① tašha be sergen be nikeme

乌布西奔 妈妈 虎 把 床 在 倚靠着

牙萨 尼楚赫 翁索非：

yasa nicuhe ongsifi②

目 闭眼了 诵读后

---

① "乌布西奔"即满文 umesi "很，特别" ben "本事"，而在东海女真方言中 m 读得相对强些变为塞音。赫哲语 ebuchi kuli 是"很"，《松花江下游的赫哲族》所记赫哲族传说《武步奇五》中也有"窝比吉五妈妈"。

② 蒙古语 ongši-为"读"的意思，此词满文词典中未见。达斡尔族朋友孟盛彬告诉我达斡尔语 omšibei 是"诵读"的意思。

阿布卡 那 伊车 夫克金 额林

abka　na　ice　fukjin erin

天　　地　新　开端　时

额赫 胡图 耶鲁里 得 扎兰 折陈　嘎勒朱尔莫

ehe　hutu　yeruri de① jalan jecen galjurame②

恶　　鬼　耶鲁里 在 世　界　射箭手快易中着

牙沁 额顿 朱赫 毕拉 额赫 曹勒昆 泊 阿布卡 布尔嘎萨非

yacin edun juhe bira　ehe　colkon be abka　burgašafi,

黑　　风　冰 河　恶　浪　　把 天　　纷纭缭绕后

额依特恩 扎卡 额尔庚额 阿库

eiten　　jaka ergengge akū.

一切　　物　有生命的　不

阿布卡 赫赫 沃七 扎兰　折陈 图门 扎卡 衣 额穆

abka　hehe　ochi　jalan　jecen tumen jaka i eme

天　　女人 成的话 世　界　万　物　的 母亲

顺 泊　阿姆巴 那 班吉赫

šun be　amba　na benjihe

日 把　大　　地 送来了

毕亚 额尔德 泊 扎兰 折陈 班吉赫

biya　elden　be jalan jecen③ benjihe

月　　光　　把 世　界　送来了

---

① 锡伯语口语、赫哲语里，de 是"也"的意思。

② galju，冰滑地方，射箭手快易中之义。

③ 这两个 banjiha 前省略了位格后置词 de。

波耶 达尔巴 衣 戈勒恩 恩都哩 赫赫 阿那布非
beye dalba i geren enduri hehe anabufi
身 旁边 的 众 神 女 让

波耶 达尔巴 衣 戈勒恩 恩都哩 赫赫 阿那布非,
beye dalba i geren enduri hehe anabufi
身 旁边 的 众 神 女 让

额伊特恩 扎卡 齐 发罕 泊 拜塔拉莫 发塔非
eiten jaka ci fahan be baitalame fatafi
一切 物 从 泥 把 用着 捏

折库 希冷衣 泊 那塔拉莫 阿拉非,
jeku silenggi be baitalame arafi
谷物 露水 把 用着 做

波耶 达尔巴 衣 戈勒恩 恩都里 赫赫 阿那布非,
beye dalba i geren enduri hehe anabufi
身 旁边 的 众 神 女 让

毕尔甘 穆克 吐戈衣 苏克顿 泊 拜塔拉莫 阿拉非
birgan muke tugi sukdun be baitalame arafi,
溪 水 云 气 把 用着 做

译文:化作黑鸟,身无太阳之色,黑爪,壮嘴,号叫不息,奋飞世间山寨,巡夜传警,千年不惰,万年忠职。我死了——长睡不醒之时,把我埋在乌木林河岸山崖,要学乌鸦女为难而生,勿贪勿妒,勿惰勿骄,部落兴旺,百事渐成。特尔沁不解乌鸦故事,乌布西奔妈妈仰靠虎榻,闭目讲诵:天地初开之时,恶魔耶鲁里猖獗寰宇。风暴、冰河,恶浪滔天,万物不能活命。阿布卡赫赫是世界万物之母,将太阳带到大地,把月光送到宇内,让身边的众神女用泥捏成万物,让身边的众神女用露做成五谷，让身边的众神女用岩粉做成山河，让身边的众神女用云气做成溪水。

穆吞 达珊　金奇 希延 泊　　乌布西奔 赫赫 汗
mutun dasan ginci hiyan beye① umesiben hehe han,
身料　修治　　光洁　身体 乌布西奔 女 罕

伊能尼 额尔德 雅非，达珊 白搭 克依车泊
inenggi erde　yafi,　dasan baita kicebe,
日　　早　暮蔼生后 政　　事　勤勉

果勒敏 多波里 阿姆嘎齐 沃卓拉库，舍沃勒恩 郭你恩 塔塔布非
golmin dobori amgachi ojorakū,　seolen　gūnin tatabufi,
长　　夜　睡的话　不行　　思虑　想法　使拖后

郭欣 阿尼雅　佛托赫　纽汪烟　朱赫 倭讷赫 卓波春 都勒非，
gūsin aniya　fodoho　niowanggiyan juhe wenehe jobocun dulefi,
三十　年　柳　　绿　　冰 化了的 辛苦　度过后

尚烟　佛尼勒赫②穆图莫
šanggiyan funiyehe mutume,
白　　头发　生长着

朱倭 牙沙　豁索 泊 苏发那莫，
juwe yasa hošo be šufaname
二　眼睛　角 把 出皱纹着

---

① 按语法似不应是 be，可能是 "波耶" 的省略。
② 明四夷馆《女真译语》作 "分一里黑"。

特勒 依兰 昂阿希 特非
tere ilan anggasi tefi
她 三 寡 居住

特勒 阿嘎莫 那萨非,
tere akame nasafi
她 伤心着 嗟叹后

波耶 戈勒 伊尔根 泊 威勒莫 芒阿,
beye geren irgen be uileme mangga,
身 众 平民 把 侍奉着 难

多波里 吐卡舍莫 吐尔基非 扎尔干 阿库那非,
dobori tukseme tolgifi jalgan akūnafi
夜 心动貌 做梦后 寿命 到彼岸后

夫倭 布耶春 沙比 呼拉莫 阿察非,
fe buyecun šabi hūlame achafi,
旧 爱 徒弟 叫着 见面后

特尔沁 则 特尔宾 戈布勒莫,
tercin jai terbin gebuleme
特尔沁 再 特尔滨 名叫着

特合 扎兰 泊 额尔波莫 萨玛 多赫里,
tehe jalan be elbeme saman deheli,
居住了的 世 把 苫盖着 萨满 季军

乌布西奔 妈妈 衣 尼牙满 多罗 阿姆班,
umesiben mama i niyaman dolo amban,
乌布西奔 妈妈 的 心 里头 大臣

赫赫 汗 波舍尔根 德勒 佛多非，牙萨 尼楚非 戈衣顺 阿库，
hehe han besergen dele fodofi, yasa nicufi gisun akū,
女 罕 床 上头 急喘后 眼睛 闭 话 无

特勒 朱倭 亨克衣勒非 哈尔浑 牙萨 穆克 佛赫舍勒 佛赫舍非，
tere juwe hengkilefi halhūn yasa muke fuhešere fuhešefi,
那 二 叩头后 热 眼睛 水 要滚 滚了

乌布西奔 妈妈 戈衣顺勒莫 毕 吐尔戈衣莫，
umesiben mama gisureme: bi tolgime,
乌布西奔 妈妈 说： 我 做梦着

色夫 玛发 额尔比莫 呼拉非，
sefu mafa elbime hūlafi,
师 祖 招着 叫了

苏倭 阿楚浑 僧依莫， 布耶春 嘎拉 库图勒非 该非，
suwe acuhūn senggime, buyecun gala kutulefi gaifi,
你们 和睦 友爱着 爱 手 牵后 拿后

毕 阿尔扎莫 戈讷赫，
bi aljame genehe,
我 离着 去了

苏倭 戈穆 乌布春 泊 卡达拉莫
suwe gemu ubušun① be kadalame
你们 都 乌布春 把 管理着。

---

① 这里的"乌布春"和"乌布逊"是口语中的不同读音，因满文的一些擦音东海女真口语发得相对强些。

译文：身姿秀美的乌布西奔女罕，终日朝朝，勉于政事，长夜不寐，思虑操劳，苦度三十个柳绿冰消，鬓生白发，两眼角老纹横垂，三度寡居。她悲惜神体难奉庶人，夜中怦然心动，梦见寿命将终，乃召见素日爱徒，名叫特尔沁、特尔滨。她们都是盖世萨满，乌布西奔心腹大臣。女罕卧榻喘息，闭目无言，她俩膝前叩头，热泪滚滚。乌布西奔妈妈说：我梦见师祖召唤。你们和睦友爱，携手相亲，我离去后，你两同掌乌布逊。

说明：以下为《乌布西奔妈妈》附录二第225—227页的内容，跟前文有相同之处，也略有变化，顺序也不同。尊重原稿，我们依据该顺序做了翻译。

芒阿　克伊里莫 乌尔赫　萨尔塔春　折赫，
mangga kirime　uruhe　sartacun　jeke
艰难　忍耐着　饥饿了的　迟　　误吃了

耶鲁里 萨哈浑　沃尔豁　绥哈　发里牙哈，
yeruri sahahūn　orho　suihe　waliyaha
耶鲁里 淡黑　　草　　穗　　吐了的

阔尔索春 阿苏菲 布库赫 戈讷非，
korsocun ašufi　budehe genefi，
恨　　　含后　死了　去后

翻译：饥饿难耐，误吃耶鲁里吐出的乌草穗，含恨死去，

萨哈连　嘎斯哈　呼瓦里牙莫，
sahaliyan gasha　hūwaliya（me）
黑　　　鸟　　　变化着

波耶 顺 宝措 阿库
beye šun boco akū,
身　日　色　无

沃豁，萨哈连 沃索豁，阿姆巴　昂阿，
oho，sahaliyan ošoho，amba　angga
成了　黑　爪　大　嘴

呼拉莫 德衣莫 阿库，
hūlame teyeme akū,
叫着　止息着 不

扎兰　折陈 阿林　嘎珊　得耶非，
jalan jecen alin　gašan　deyefi
世　界　山　乡　飞后

多波里　克德勒莫　色拉姆色莫 乌拉莫，
dobori　kedereme　seremšeme　ulame
夜　巡逻着　警戒着　传着

明安　阿尼亚 哈奴浑 阿库，
minggan aniya　banuhūn akū
千　年　懒惰　不

图门 阿尼亚 图善 托多 牙尔戈衣延，
tumen aniya　tušan tondo yargiyan
万　年　职　忠　实

布 布平赫——郭勒敏 阿妈嘎哈，
bi budehe,　golmin amgaha,
我　死了　长　睡了

毕　泊　乌木林 毕拉 达林　哈达　乌穆布莫，
bi mimbe umlin bira dalin hada umbume
我 把　乌木林 河　河岸　峰　埋着

嘎哈 赫赫　泊　塔其勒 该非，莽阿希卡 扎兰　班吉莫 毕莫，
gaha hehe　be　tacire gaifi　manggasika jalin（？）banjime bime
乌鸦 女人 把　学　取后　危难　为了　生着　在着

嘎穆古 阿库　希尔希丹 阿库，哈奴浑　阿库，楚克托 阿库，
gamji akū silhidan akū banuhūn akū cokto akū
贪婪 无　嫉妒 无　懒惰 无　骄傲 无

艾玛 穆克德莫 汤乌 拜塔 德克吉克，
aiman mukdeme tanggū baita dekjike
部落 兴盛着　百　事　渐长成了

特尔沁 嘎哈　乌拉奔　乌尔希拉库，
tercin gaha ulabun ulhirakū
特尔沁 乌鸦 传说　不懂

乌布西奔　妈妈 塔斯哈　波舍尔根　泊尼克莫，
umesiben mama① tasha besergen be nikeme
乌布西奔　妈妈　虎　床　把 倚靠着

牙萨 尼楚赫　翁索非，
yasa nicuhe ongsifi
目　闭眼了　诵读后

---

① "乌布西奔"即满文 umesi "很，特别" ben "本事"，而在东海女真方言中 m 读得相对强些变为塞音。赫哲语 ebucikuli 是"很"，《松花江下游的赫哲族》所记赫哲族传说《武步奇五》中也有"窝比吉五妈妈"。

阿布卡 那 伊车 夫克舍 额林
abka na ice fukjin erin
天 地 新 开端 时

额赫 胡图 耶鲁里 德
ehe hutu yeruri de
恶 鬼 耶鲁里 在

扎兰 折陈 嘎勒朱尔莫,
jalan jecen galjurame,
世 界 射箭手快易中着

雅沁 额顿, 朱赫 毕拉 额赫 曹勒昆 泊 阿布卡 布尔嘎萨非,
yacin edun, juhe bira, ehe colkon be abka burgašafi,
黑 风 冰 河 恶 浪 把 天 纷纭缭绕后

额伊特恩 扎卡 额尔庚额 阿库,
eiten jaka ergengge akū
一切 物 有生命的 不

阿布卡赫赫 沃齐 扎兰 折陈 图门 扎卡 衣 额非
abka hehe oci jalan jecen tumen jaka i eme
天 女人 成的话 世 界 万 物 的 母亲

顺 泊, 阿姆巴 那 班吉赫,
šun be amba na benjihe
日 把 大 地 送来了

毕牙 额尔德 泊 扎兰 折陈 班吉赫,
biya elden be jalan jecen benjihe
月 光 把 世 界 送来了

波耶 达尔巴 衣 戈勒恩 恩都哩 赫赫 阿那布非，
beye dalba i geren enduri hehe anabufi
身 旁边 的 众 神 女 让后

额伊特恩 扎卡 齐发罕 泊 拜塔拉莫 发塔非，
eiten jaka cifahan be baitalame fatafi
一切 物 泥 把 用着 捏后

波耶 达尔巴 衣 戈勒恩 恩都里 赫赫 阿那布非，
beye dalba i geren enduri hehe anabufi
身 旁边 的 众 神 女 让后

折库 希冷衣 泊 拜塔拉莫 阿拉非，
jeku silenggi be baitalame arafi
谷物 露水 把 用着 做后

波耶 达尔巴 衣 戈勒恩 恩都里 赫赫 阿那布非，
beye dalba i geren enduri hehe anabufi
身 旁边 的 众 神 女 让后

阿林 毕拉 倭赫菲因 泊 拜塔拉莫 阿拉布非，
alin bira wehe fiyen be baitalame arabufi
山 河 石 粉 把 用着 使做后

波耶 达尔巴 衣 戈勒恩 恩都里 赫赫 阿那布非，
beye dalba i geren enduri hehe anabufi
身 旁边的 众 神 女 让后

毕尔干 穆克 吐戈衣 苏克顿 泊 拜塔拉莫 阿拉非，
birgan muke tugi sukdun be baitalame arafi
溪 水 云 气 把 用着 做后

　　翻译：化作黑鸟，身无太阳之色，黑爪，壮嘴，号叫不息，奋飞世间山寨，巡夜传警，千年不惰，万年忠职。我死了——长睡不醒之时，把我埋在乌木林河岸山崖，要学乌鸦女为难而生，勿贪勿妒，勿惰勿骄，部落兴旺，百事渐成。特尔沁不解乌鸦故事，乌布西奔妈妈仰靠虎榻，闭目讲诵：天地初开之时，恶魔耶鲁里猖獗寰宇。风暴、冰河，恶浪滔天，万物不能活命。阿布卡赫赫是世界万物之母，将太阳带到大地，把月光送到宇内，让身边的众神女用泥捏成万物，让身边的众神女用露做成五谷，让身边的众神女用用岩粉做成山河，让身边的众神女用云气做成溪水。

> 扎兰　折陈 乌特哈艾 毕莫，
> jalan　jecen uthai　bime,
> 世　界　　就　　有了
>
> 耶鲁里 阿那布莫，穆吉勒 占楚浑 阿库，
> yeruri anabume　mujilen jancuhūn akū
> 耶鲁里 让着　　心　　甜　　不
>
> 朱赫 尼蒙衣 夫苏莫　扎兰 折陈 泊 达希非，
> juhe nimanggi fusume　jalan jecen be dasifi
> 冰　雪　喷洒着 世　界 把 盖后
>
> 额特恩 扎卡　希门　郭齐穆布非，
> eiten　jaka　simen　gocimbufi
> 一切　物　精华　被吸后
>
> 固布齐 朱赫 毕拉 毕罗尔 色莫，
> gubci　juhe 毕拉 birere　seme
> 全部　冰　河 要淹没 道着

阿布卡 额莫 衣 奴穆浑 阿哈 赫赫 固尔土,
abka eme i nomhon aha hehe gurtai
天 母 的 老实 奴仆女人古尔苔

顺 图瓦 泊 瓦芬 阿哩莫 该克衣,
šun tuwa be fafun alime gaiki
日 火 把 法度 承受着 让我拿

朱赫 阿林 泊 图赫非,
juhe alin be tuhefi
冰 山 把 掉落后

图门 明安 绥拉非
tumen minggan suilafi
万 千 遭罪后

朱赫 阿林 泊 额莫沃得非,
juhe alin be eruwedefi
冰 山 把 钻后

恩都里 图瓦 泊 该哈
enduri tuwa be gaiha
神 火 把 拿了

阿姆巴 那 哈鲁坎 波罗坎 巴哈比,
amba na halukan bulukan bahabi
大 地 温 暖 得到了

扎兰 折陈 恩图莫,
jalan jecen aitume
世 界 复苏着

额依特恩　扎卡　发查非，
eiten　jaka　facafi
一切　　物　　散开后

图尔泰　恩都里　赫赫　泊
gurtai　enduri　hehe　be
古尔苔　神　　女　　把

达哈莫　朱赫　阿林　多罗　毕
dahame　juhe　alin　dolo　bi
跟随着　冰　　山　　里头　在

翻译：于是有了世界。（这）让耶鲁里于心不甘，喷洒冰雪覆盖世界，万物冻僵，冰河遍地流淌。天母的忠实女仆古尔苔，受命取太阳火坠落冰山，千辛万苦钻出冰山，取来神火温暖大地，宇宙复苏，万物解放。古尔苔跟从神母在冰山中。

deyan alin i ihan nimaha tungken i jilgan[①]

德烟阿林不息的鲸鼓声[②]

de u le le, je u le le, je liyei li, je ye!
德乌　勒勒, 哲　乌 勒勒, 哲咧哩, 哲耶!

tercin eyun non ilan　　ofi,
特尔沁 姊 妹 三 成为

faraha de gemu umesiben mama be sabuha,
昏迷 时 都 乌布西奔 妈妈 把 看见了

---

① 此段为满语原文，直接译为汉语，仅两行。非田野采集本，由戴光宇直接翻译而成。
② 此部分与附录三"德烟阿林不息的鲸鼓声"大体相同，依原文保留。

tere dergi omo mama i jakade bime,
她 德里给 奥姆 妈妈 的 附近 有

dergi   omo mama
德里给 奥姆 妈妈

tere be okdofi šun i   da   gašan de bederehe
她 把 迎接 太阳 的 原来的 乡村 在 返回

amaga tere geli usihangga untuhun de dahūme marimba
将来 她 又 星 空 在 重 返回

taci buri tokdon oci
塔其布离 星宿 的话①,

mama i enduri durun
妈妈 的 神 样子

tere kicebe niyalma,
她 勤劳的 人,

yamji dari gemu tucinjime,
晚上 每 都 出来,

jalan i urse i jalin erin ergi be jorišame tacibumbi.
世 的 众人的 为 时 方 把 指点 指教。

---

① 塔其妈妈:又称蛇星、罗锅星、斛斗星,相当于仙后座,为计时星。

tercin　　terbin　　durkin ilan hehe ejen,
特尔沁 特尔滨 都尔芹 三　女　主人,

genggiyen han—
聪慧　　　罕——

umesiben　　mama be fudeme genehe manggi,
乌布西奔　妈妈 把 送　　去了　只

dobori tome mama i injere ci ra　　be bahabumbi,
夜　　每　妈妈的 笑　神色 把　梦见

inenggi dari mama i jilangga　jilgan be donjimbi,
日　　每 妈妈的 慈善的 声音 把　听见

boljorakū bime uhe　　i　jombume,
不约定　而　统一 的　提出:

aiman i　urse　i　emgi hebešeme,
部落 的 众人 的 一起　　商议,

mama i jalin bei i ordo, bei i taktu be ilibufi,
妈妈的 为 碑的 亭、碑的 楼　把　立。

jalan halame mama i amba faššan be ulandume fisembuki.
世　永　　妈妈的 大 功劳 把 永远的　述说。

tese enduri i ulhibuha gūnin i,
她们 神　的 懂得　想法 的,

soksori sure ulhisu i mederi be neilefi,
忽然 聪明 懂得 的 海 把 启发

mama i tacibuha
妈妈 的 传授

nirugan nirure temgetu –
画 画 符号——

dergi mederi i arbun nirure hergen i
东 海 的 象形 画 文字 的

mama i baita be foloci achambi,
妈妈 的 事 把 雕刻 聚合

juse omosi jalan halame
子 孙子们 世 永

mama be enteheme ejeme, minggan jalan de isitala onggorakū okini
妈妈 把 永远的 记述 千 世 也 直到 不忘记

terechi, tese narhūšame hebešefi,
于是, 她们 仔细地 商议,

alin i ba i dunggu—deyan alin i dunggu be jendu sonjofi,
山 的 地 的 洞穴——德烟 阿林 的 密穴 把 暗地里 选

mama i ulabun be, nirugan temgetu i ejeme fisembume,
妈妈 的 故事 把 画 符号 的 记述 述说

sihete   alin   i   dunggu dorgi de folofi,
锡霍特 阿林 的   洞窟   里 在 雕刻

aniya dari weceme, jalan halame hiyan i šanggiyan burgašakini.
年   每 祀祭，   世 永   香 的 烟   缭绕。

sunja tuweri niyengniyeri dulekede,
五   冬   春   经过

inenggi dobori ilinjarakū, gūnin gashūtai acinggiyaburakū,
日   夜   不辍， 想法 誓死   不使改变，

terbin,   durkin suilame jobohongge kemun ci dabafi,
特尔滨、都尔芹 辛苦 苦楚   限度 从 过度，

siranduhai dunggu i dalba de nimeme budefi,
相继   洞窟 的 边 在 病倒   死了

ajige šanyan fiya i fejile burkibuhe,
小   白   桦树 的 下   埋在

tercin   dubentele   da   gūnin be waci hiyame šanggabufi,
特尔沁 永久终身 根本 想法 把 完成   使完成，

seri nimanggi i gese golmin funiyehe meiren de nereme,
稀   雪 的 似的 长   发   肩 在   披，

da   gašan de marifi, kengtehun ungkešūn bime,
原来 乡村 在 返回 高大而驼背 躬腰   有着

tumen gisun i　golmin nomun be deheme banjibufi,
万　话 的　长　经　把　精　　编

nirugan i songkoi uculehei bi,
画　的　颂　唱　有

udu aniya amala inu jalan chi enteheme hok oho.
数　年　后　也　世　从　永远的　离开。

tercin,　　terbin i šabi se,
特尔沁、特尔滨 的 弟子们,

sefu i tachi hiyan be tuwakiyahai, deyan alin　be jukteme,
师傅 的　训诫　把　守着　　德烟　阿林 把 祭祀

aniya dari wesihun wecen ebereme wasirakū.
年　每　兴盛　祭　使减少　不下

erin fon　duleke tanggū jalan,
时 时候 经过　百　世代

elden silmen hahi hūdun,
光　阴　　急速

nimalan usin amba mederi,
桑　田 大　海,

ula bira onggolo　　i　adali,
江 河　在……之前 的 一样。

urse urguji sihete alin i tungken jilgan be donjimbi,
众人们 常常 锡霍特 阿林 的 鼓   声 把 听到,

urse   urguji sihete alin i hiyan šanggiyan be wangkiyašambi,
众人们 常常 锡霍特 阿林 的 香   烟   把   闻到

baksan baksan i alin dosire niyalma
队   队   的山 进   人

amsun   tubihe be buhū i acime morin i ušame,
献神的酒食果 把 鹿 的 驮 马 的 拉,

bujan siden i mudangga sidangga talu   jugūn be yabume tucibuhe.
树林内 的 弯弯的 小树 狭窄的 路 把 走 出。

amala, geli juwan funcehe aniya dulefi,
然后, 又 十   数 年 经过,

jaka gūwaliyašame usiha forgošome,
物   换   星 移,

alin bira ejen halame,
山 河 主人 改变

wenjehun sebjengge labdu alin,
热闹   欢乐   多 山,

cib ekisaka ohongge goidaha,
间隔 默 如此 好久,

golmingga tungken emgeri seibeni fon i merkin gūnin oho.
长 鼓 已经 先前 时候 的 回想 想法 如果有的活

ilinjarakū tungken jilgan
不息的 鼓 声

duin bigan bujan i mederi de urandame deribuhe.
四 野 树林 的 海 在 响遍 开始

mederi ulgiyan cecike wehe be gurure jugūn, absi goro golmin,
海 翠 鸟 石 把 采 路， 多么 远 长，

bujan fenderhen feye be arara alin i foron, absi sehehuri den,
林 冠雀 窝把 建造 山 的 巅， 多么 峻 高，

mederi kilahūn be baire ubulin holo, absi oncho leli,
海 鸥 把 要求 乌布林 山沟，多么 宽 阔，

weji i lefu feniyen boro ko mucu be temšeme
窝稽 的 熊 成群 灰色 水沟 葡萄的 把 争

fatara deyan alin, absi butu šumin,
摘取 德烟 阿林，多么 幽暗 深，

ere oci boconggo tugi inenggi dari šurdere ji di ba na,
这 是 彩 云 日 每 循环 吉地巴那，

ere oci biya i elden dobori tome bilušara boošan alin,
这是 月的 光 夜 每个 抚爱的 宝山 阿林，

·319·

ere oci šun i foson
这 是　日的光

jalan halame jerkišere mergen ulhisu i enduringge boihon,
世　永　闪烁　智慧 聪颖 的 圣　家产①,

ere oci　ubušun i juse omosi
这 成的话 乌布逊 的 子 孙子们

enteheme mujilen de tebure huweki bigan,
永远　意思 在 居住 肥沃　野,

mederi dolo i šun mederi dolo ci derkime mukdekede,
海　中的太阳 海 中 从 开始 升起,

ini elden foson deyan alin i ninggu de šuwe gabtambi.
它的光 日光 德烟 山 的 上方在 直　射

deyan alin oci sihete alin siren　i uyuci　jui—
德烟 山　是 锡霍特 山 光线　的 第九个 儿子——

garma　debeli husin ilu　lurbu　nuca baikin dobi
嘎尔玛、德彼利、胡忻、壹鲁、鲁尔布、努茶、拜钦、多辟,

deyan serengge dulimba de bi.
德烟 所言者　中 在 有。

tere oci sihete　i umesi cokto bardanggi niowanggiyan umiyesun,
它 是 锡霍特 的 最　骄傲 自尊自大　绿　带,

_____

① 据相关资料,乌布逊部落所在的俄罗斯滨海地区确系全俄日照量最多、风景最优美的地区之一。

uyun muke, nadan hada, fiya bujan i gu gohon tugi i gese
九　 水　 七　 峰、 桦　林 的 玉 钩子　 云 的 似的

eyeri hayari bime,
飘逸 缠绕 有着

sihete niowanggiyan sijigiyan dolo i aisin nicuhe,
锡霍特　绿　　　　袍　 中 的 金　 珠,

bayan elgiyen dergi mederi i boobai namun inu,
富有　富裕　东　 海　的 宝　库　是,

deyan alin　 ferguwechuke somishūn,
德烟 阿林　 神奇的　　 隐藏

jicing wala gisun　oci emu fafuri karmasi,
吉清 洼勒 给逊① 是 一　勇猛　保护者

beye helmen fakcharakū i　 gese dergi abka i buten de tuwakiyame,
身体 影　　不离　　的 似的 东 天 的 边 在 看守

ere oci mucu i bujan yafan,
这 是 葡萄 的 林　园,

ere oci alin ilha muke i mederi namu,
这　是 山　花　水 的 海　　洋

deyan i minggan aniya i　jalin amsun　　　 tubihe be alibuhabi.
德烟 的 千　　 年 的 为了 献神的酒食 果　把 供献

_____

① 吉清洼勒给逊：东海人相传是位记忆神，永驻德烟山中，护卫传讲着大山的史话。

durkan bira   feksire   fulan morin i gese，
都鲁坎 比拉   跑   青 马   的似的

golmin delun derkišeme isihime, tumen haha seme dangnara mangga,
长   鬃   飘   抖， 万   男人 无论   代替   难

dabdali wargi alin ci nushunjime,
马咆哮 外 山 从 接连冲锋

tanggū bai tulergi ci uthai šan sichame jigeyen ombi.
百   竟然 外 从 就 耳朵 震耳朵 耳聋   成为

alin i onco sulfa šeri muke,
山 的 宽 宽绰 泉 水,

bolgo genggiyen bime ajige sampa, bira i katuri, nimaha, juwali be
清   明   有着 小 虾、 河 的蟹、 鱼   蛙 把

tolochi ombi.
数   有。

udu tanggū aniya ebsi,
数 百   年 自……来,

nenehe mafari durkan mafa enduri   be gingguleme buyehengge,
先   祖宗 都鲁坎 玛发 恩都哩①把 恭敬   爱慕

sihete alin i boobai duka,
锡霍特 阿林 的 宝 门,

---

① 都鲁坎玛发恩都哩：东海人相传为山门神。其实，它是德烟山中一条溪流，护卫着德烟山麓，当地群众将它喻为护山之神。

damu durkan alin de dosire anakū be tuwakiyame bi,
但是 都鲁坎 山 在 进入 钥匙 把 守着 有

sireneme saniyaha mederi dalin denchokchohon,
接连不断 延展 海 岸 高 陡,

gūlakū fiyeleku jeyen i gese,
峭崖 险峻 刃 的 似的

colgoropi abka de sucunambi.
高大独立的 天 向 冲

mederi kilahūn jai giyahūn i teile
海 鸥 与 苍鹰 的 有

tugi i dorgide golmin hūyahai, elheken i geneme jimbi,
云 的 中 长 鸣叫, 从容 的 去 来,

durkan bira oci enduri buhe gu gohon,
都鲁坎 比拉 是 神 给 玉 钩子,

tanggū wai i mudangga sidangga fisin gūlakū de deyeme dosika;
百 弯曲 的 弯曲的 小树 密 崖 在 峭崖 进入

durkan bira oci enduri araha muke kiyoo,
都鲁坎 比拉 是 神 造 水 桥,

abka be dalime šun be dasire weji bujan, jecen akū mohon akū.
天 把 遮蔽 日 把 关闭丛林 林, 边 无 尽 无

gūsin jaha   inenggi,
三十 独木舟　日

durkan alin i angga de šuwe isinaci ombi,
都鲁坎 山 的　口 在直　到达　成为

alin angga i juwe fiyeleku de ilan šeri muke bi,
山　口 的两　险峻　在 三　泉　水 有

golmin fuhešere birgan be gūwaliyame achambi,
长　　翻滚　小溪 把　变成　　聚合

ere oci muke doohan gu gohon i dube inu.
这 是 水　桥　　玉 钩子 的 最后 是。

goro   baci   baiuthai,
远处 地方的　就,

hargašame dorolorongge be okdoro lurbu alin be sabuci ombi,
仰望　　　端庄　　　把 迎接 鲁尔布 阿林 把 望见 成为

ini uju tugi i dorgi de bime,
它的头 云 的 里　在有着

tugi mahala be etume,
云　冠　把　戴,

hashū ici oci ahūn deo alin—
左　　右 是 兄　弟 山

ilu jai baikin, juwe meiren be dalime karmame bi.
懿鲁 和 拜钦，两 肩 把护卫 保护 有

alin dolo urgun cibin—
山 中 喜 燕——

šanyan meifen niowanggiyan asha, golmin guwendeme lakcarakū,
白 脖 绿 翅，长 鸣 不断，

tere oci deyan alin mafa i jugūn yarure enduri.
它 就是 德烟 阿林 玛发的 路 引 神。

urgun cibin i deyere songko be amcame baime,
喜 燕 的 飞 痕迹 把 追寻 向

deyan alin i arbun giru be dorolome hargaša ci ombi.
德烟 阿林 的 面貌 形象把 行礼 仰望 从成为

deyan alin i šanyan talman luk seme,
德烟 阿林 的 白 雾 烟雾浓厚的样子，

foron de gubci niolmon, jakdan, julgei goro,
顶 在 全 绿苔 松 以前 山槐，

yohoron yohoron i šanyan fiya menggun mederi i gese,
山沟 山沟 的 白 桦 银 海 的 似的

haiha de fulgiyan hūwai hūwai seme hūwaise nunggele abka be sujambi,
半山腰 在 红 茫 茫 似的 槐 椴 天把 支撑

urse is'hunde ulandume deyan alin　i enduri dunggu
众人　彼此　相传　德烟 阿林 的 神　　窟

amba ajige　uhe　i　sunja giyalan bi,
大　 小　统一的的 五　 间　有

ajige ningge tumen meihei yeru,
小　者　万　蛇　洞穴,

amba ningge buhū gio　i　tomoro ba,
大　者　麋 狗子的 栖　地

amba dunggu de aniya hūsime ferehe singgeri curgindume,
大　洞　在 年 环绕 蝙蝠 喧哗 一齐喧哗

cibsen šumin tulbire① mangga
安静 深　测　 难

jilgan be donjire teile, terei siden de dosire mangga.
声 把 听见 只　却 其间 在 进入 难

den dunggu uyun duka bi, amba wehei fiyeren be suwelere mangga,
高 洞　九　门 有, 大　石　缝隙 把 觅　难

fiyeleku niyalma araha gese,
险峻 人　造　似

---

① tulbimbi, 揆度; tubišembi, 揣度、揣测, 为了音节平衡, 在加了表示连动和反复的后缀-še后, 原来用以延长音节的续音收尾 l 脱落, 这种现象在女真—满语中常见。

dalbashūn i dosire mangga bicibe,
旁边　的　进入　难　虽然

enduribuhū i baran daruhai sabubumbi.
神　鹿　的　踪迹　经常　被看见。

dunggui fiyeren, šahūrun sukdun niyalma be gidambi,
洞　的缝隙，　寒　气　人　把　攻击

ihan tuwa be dabuchi, ini šanggiyan tulergi ci tucifi,
牛　火　把点火，　它的　烟　外　从出来，

tere sangga be enduri i weile i araha be sambi.
它　孔　把神　的　罪　的造　把知道。

elintume, niohon alinniowanggiyan mederi,
远望　苍　山　绿　海，

umesi hūdun dacun yanggir,
最　快　快　石羊，

alin dalin de fekucheme necin tala de feksire gese.
山　岸　在　跳跃　平旷野在使跑似的。

niyalma dunggu i narhūn somishūn be algira mangga
人　洞窟的秘密　神秘　把传扬　难

šumin, šumin, šumin ningge absi.
深　深　深　者　怎样。

enduri eme i tehe enduri ba,

神　　母的她　神　　地，

an i niyalma tere i besergen de enggeleme muterakū

常 的 人　　它 的 床　在　来到　　不能够

tuttubichi be, daruhai　donjime

然而　　在 长时间的　听到

dobori dunggu de tungken jilgan bi.

夜　　洞窟 在　鼓　　声　有。

tungken jilgan, ya alin ya holo ya dunggu ci ulanjiha,

鼓　　声　　何山 何谷 何　窟　从 传

dobori, jilgan be donjire teile, aibi getuken akū.

夜　　声　把 听见　仅　有什么 醒着 无。

deyan alin i ilinjarakū ihan nimaha tungken jilgan,

德烟 阿林 的 不断　牛　鱼　　鼓　　声

jalan halame sihete alin de urandambi.

世　换　锡霍特 山　在　连响

sihete　alin　nadan gege alin i cokci hiyan, hai i ye,

锡霍特 阿林 那丹 格格 山 的 山顶 香　　咳伊耶，

dobonio mukiyerakū nadan borhon i ihan tuwa dabume,

整夜　　不灭　　七　堆　的 牛 火　点燃，

i ye， i ye， hai i ye，
伊耶，伊耶，嗨伊耶，

ere dergi　mama i tuwa, haiye,
这 德里给 妈妈 的 火，嗨耶，

ere tuwai hehe　i tuwa, haiye,
这 拖洼依 女神①的 火， 嗨耶，

ere tumri　wehe i tuwa, haiye,
这 突姆离 石头 的 火，嗨耶，

ere ulden　usiha i tuwa, haiye,
这 卧勒多 星神 的 火， 嗨耶，

ere banaji tunggen cejen i tuwa, haiye,
这 巴那吉 胸　胸膛 的 火，嗨耶，

ere edunggi abka edun i tuwa, haiye,
这　额顿吉天　风 的 火，嗨耶，

ere　šun　gege　i enteheme banjire tuwa, haiye,
这　太阳 格赫 的 永远　 生　火　嗨耶，

haiye, haiye, juhe nimanggi dolo juse be ujime hūwašabumbi,
嗨耶，嗨耶，冰　　雪　　里 孩子 把 抚养 养育，

---

　　① 拖洼依女神，火神；突姆离石头，“天宫大战”创世神话中的神威火石；额顿吉天风，风神；顺格赫，日神又一尊称。

haiye, haiye, ukdun boo dolo uju be šara tala banjibumbi,
嗨耶，嗨耶，地窖子 房里 头把极 旷野 生活，

haiye, haiye, talmangga colkon dolo onco mederi be hafu tuwambi,
嗨耶，嗨耶， 雾 浪 里 阔 海① 把 看 穿

deiji, deiji, hai i ye,
烧， 烧， 嗨伊耶，

ari hutu bukdabufi, oron baran akū oki ni,
通天鬼 魔鬼 使屈服，痕迹 影儿 无 想 呢，

deiji, deiji, hai i ye,
烧， 烧，嗨伊耶，

dergi mederi yendemebadarame, hūturi jalafun sasa mukdek ini.
东 海 兴旺 发展 福 寿 一起 兴盛 有。

a, tuwa, eniye i tuwa, baili i tuwa, jilan i tuwa, huhun i tuwa,
啊，火 母亲的火，恩惠的火，慈祥的火，乳汁的火，

i ye, i ye, hai i ye
伊耶，伊耶，嗨伊耶，

tuwa giltaršame jimbi,
火 闪着光 来，

---

① 据相关资料，乌布西奔妈妈东征所经过的海域，是世界上有名的"雾海"。西北太平洋多雾区的范围，西起日本北海道、千岛群岛一带，东至西经175°，南起北纬39°，北至白令海峡中央。蟹工、渔民们常冒着迷天大雾，在阴冷潮湿的海上同鱼群蟹类周旋，艰苦地进行捕捞作业。

tuwa injecheme jimbi,
火　笑着　　来，

tuwa fekuceme jimbi,
火　　欢腾　　来，

tuwa moo dele jimbi,
火　树　上　来，

tuwa aga dolo jimbi,
火　雨　里　来，

tuwa akjan dolo jimbi,
火　雷　里　来，

tuwa edun dolo jimbi,
火　风　里　来，

tuwa tuwa dolo jimbi,
火　火　中　来，

a, tuwa, deiji, deiji, i ye i,
啊火，烧，　烧，伊耶伊，

berten buraki　be wacihiyame deijime,
污秽　尘埃，把　完成　　烧

gunggun ganggan be wacihiyame deijime,
畏畏缩缩的　把　完成　　烧

buya budun be wacihiyame deijime,
小　庸碌　把　完成　烧

buhiyen banuhūn be wacihiyame deijime,
猜忌　懒惰　把　完成　烧

ubušun fulgiyan elden bireme fosoro
乌布逊　红　光　普遍　照射

dergi mederi i iceken abka na be okdome isibumbi.
东　海　的崭新　天　地把　迎接　使得到

abka　hehe　i　kesi simen,
阿布卡 赫赫 的 恩典 泽,

amba gelerakū dergi mederi i abka be sujara niyalma.
大　无畏　东　海　的天把　支撑　人

uncehen uchun

尾歌

de u le le,　je u le le,
德 乌 勒 勒, 哲 乌 勒 勒,

de u liyei li,　u je liyei!
德 乌 咧 哩, 乌 哲 咧!

ba na　i　jui　šun　i　omolo,
地 方 的 孩子 太阳 的 孙子

ba na　i　jui　šun　i omolo，
地 方 的 孩子 太阳 的 孙子，

elden，elden，
光， 光，

enduri gaha　i elden bi，
神 乌鸦 的 光 有，

enduri gaha　i elden bi，
神 乌鸦 的 光 有，

šain elden i elden ba na bi，
好 光 的 光 地方 有，

umesiben mama bumbi.
乌布西奔 妈妈 赐予。

附录三

锡霍特山洞窟乌布西奔妈妈长歌
sihote alin dunggu umesiben mama i golmin ucun

鲁连坤讲述　　富育光　　戴光宇译[①]

　　说明：这一部分为富育光交与戴光宇翻译的，一共六部分，按顺序为"头歌"（uju ucun）；"创世歌"（jalan ombi ucun）；"女海魔们战舞歌"（sargan mederi ganio maksin ucun）；"哑女的歌"（hele sargan ucun）；"乌布林海祭葬歌"（mederi wecen gashan ucun）；"德烟阿林不息的鲸鼓声"（deyan alin i ihan nimaha tungken i jilgan）；"尾歌"（uncehen ucun）。与正式出版的顺序"头歌""创世歌""哑女的歌""女海魔们战舞歌""乌布林海祭葬歌""尾歌"顺序不同，"哑女的歌""女海魔们战舞歌"部分颠倒了。另"古德玛发的歌""找啊，找太阳神的歌""德烟阿林不息的鲸鼓声"三部分没有对应的满语记录，不过，戴光宇依据汉文翻译了"德烟阿林不息的鲸鼓声"，没有满语汉语的一一对应。

uju ucun
头歌

de u le le, je u le le, de u liyei li je liyei.
德乌勒勒哲乌勒勒德乌咧哩哲咧

---

① 这一部分为满语拉丁转写和汉语翻译。

bana i šun omolo, ba na i šun omolo,
大地 的 太阳 孙　 大 地 的 太阳　 孙

eldengge, eldengge.
光辉的　　 光辉的

enduri gasha eldengge bi,
神　　 鸟　 光辉的　 有

enduri gasha eldengge bi,
神　　 鸟　 光辉的　 有

šanyan eldengge bi,
白　　 光辉的　 有

eldengge bana bi.
光辉的　 大地有

umesiben mama bumbi.
乌布西奔妈妈　 带来

de u le le, je u le le, de u liyei li, je liyei.
德 乌 勒 勒 哲 乌 勒 勒 德 乌 咧 哩 哲 咧

geren gasha dergi mederi dele fisehei namarame,
众　 鸟　 东　 海　 上头 只管 争添着

gio i deberen fusen hoton huhuri mederi colkon aisin jubki dele tebeliyeme,
狍的 崽子 孳生 城 乳的　 海　 大浪 金　 洲 上头 扑抱着

geren hada i dele dunggu hibsu ejen feye gese,
众　 峰 的 上头 洞　 蜜蜂　 窝 似的

usiha biya dele tugi mederi niohon boljon biretei fosome,
星　　月　上头　云　海　松绿　　浪　普遍　照射着

umesiben mama baita, umesiben　mama
乌布西奔 妈妈 事情　乌布西奔 妈妈

gisurere,　　umesiben mama
（要）说的 乌布西奔 妈妈

badaraha, umesiben mama（mergen） ulhisu
广开了　　乌布西奔 妈妈　智　　慧

usiha biya gemu tugi mederi niohon uju ome,
星　　月　都　云　海　　松绿 头 成着

bi nimaha sukū i enduri tungken fitheme bi,
我 鱼 皮 的 神　　鼓　弹着 有

gurgu giranggi ici wasihūn ashan,
兽　　骨　方向 下　佩

urkin šumin mederi menggun buren fulgiyehei burdeme bi,
响声 深 海　　银　螺　只管吹　吹螺着 有

abka hehe banilahai ucun buhe,
天　女人 只管率性 歌　给了

mini kai cejen dergi omo buhe,
我的 咳 胸膛 东　海　给了

mini kai juru akū oori hūsun banaji eme buhe,
我的 咳 双 没有 精 力　土地神 母亲 给了

mini kai jilgan dergi abkai ayan edun buhe.
我的 咳 声 东　 天 大 风 给了

saman sure fayang gaenduri tušan bume,
萨满 聪明 魂　 神　 职 给着

julge jalan ome senggi tušame ucun gan,
古　 代 成着 血　 遭逢着 歌　 声

endurieme amba gungge gingge ucun jilgan,
神　　 母亲 大　 功　 歌 声

umesiben mama amba gungge,
乌布西奔 妈妈 大　 功

helmehen sirge gese akūme bahanarakū,
蜘蛛　　 丝 似的 尽着　 不能

golmin nioron uju dele den gese,
长　　 虹　 头 上头 高 似的

huweki (bigan) boconggo tugi,
肥沃　 原野　 彩色的 云

bigan yalu akū
原野 地边 没有

bethe fejile gese niohon colkon tumen ba buten　akū.
脚　 下 似的 松绿 大浪 万　 里 衣裙边 没有

bi enduri eme ohode ergen buhe;
我　 神　 母亲 设若 生命 给了

bi ergen inenggi dobori gemu ucun gisurere,
我 生命 日 夜 都 歌 要说的

kai, umesiben mama enduri ulabun fukjin ucun gisurere.
咳 乌布西奔 妈妈 神 传 开端 歌 要说的

bi abka eme minggan niyalma tumen niyalma
我 天 母亲 千 人 万 人

ergen dergi mederi giltari niowari sikse ucun gisurerakū.
生命 东 海 灿烂 昨天 歌 不说

lefu minggan moo dele efire,
熊 千 树 上头 玩

soison jakdan cikten fekun,
松鼠 松 树干 纵跳

gūlmahūri dusyi fursun dele jeme baimbi,
兔类 都柿 秧子 上头 吃着 找

šodan i hibsu ejen munggan colhon dele atarame,
芍药 的 蜜蜂 千 大浪 上头 喧闹着

abka sarganjui i emu boconggo subehe gese mudangga doko jugūn.
天 女儿 的 一 彩色的 带子 似的 弯曲的 抄道

abka eme enduri dalin burkime,
天 母亲 神 河岸 葬着

giltahūn giltahūn, siran siran i lakcarakū.
光彩 光彩 陆续的 的 不断

meihe beten gese hayame, šun dayame i deyan alin udu udehe,
蛇　蚯蚓　似的 蟠曲着 太阳 依附着 的 德烟 山 几 打中伙了

ere oci enduri i　jugūn jorime durun akū,
这是的话 神 的 道路　指着 形象 没有

damu sain saman feteme bihe,
只　好　萨满 推敲着 有了

lafihiyan saman juwan juru yasa bi,
拙笨　萨满 十 双　眼睛 有

ere doko jugūn umesi mangga sabumbi.
这　抄道　着实 难　看见

a, deyan alin, abka tugi i　tunggen seci golmin amgambi,
啊 德烟　山　天 云 的 心坎道的话 长　睡

šanyan talman aniya biya goro golmin,
白　雾　年 月 远　长

niohon wehe ebišeme obome,
松绿　石 沐浴着　洗着

ili ngga suku colgoroko i dunggu tuwakiyame,
立着的 蓬蒿 超群了 的　洞　看守着

enduri edun dondon fulgiyebume,
神　风 小蝴蝶 让吹着

dunggu i　angga karaname,
洞　的　口 去瞭望着

ere enduri bithe na elhe somime，
这　神　书　地　安　藏着

damin tanggū feye yeru，
雕　　百　　寨　穴

tasha erde murame，
虎　早晨　吼叫着

den bulehen weihuken hūlame，
高　鹤　　轻轻地　啼鸣着

jili jabjan ilenggu fusubume，
怒　蟒　　舌　让喷着

wan wehe mudangga，
梯子 石　弯曲的

ilan minggan hehe šanyan giranggi hashū sindame，
三　　千　女人　白　　骨　　左　放着

ilan minggan haha šanyan ici sindame，
三　　千　男人　白　右　放着

giyahūn jabjan tanggū gurgu，
鹰　　蟒　　百　兽

duin bigan wehe siden senggi eyembi，
四　原野　石　空隙　血　　流

šeri muke gasabure ulhibun.
泉　水　让举哀的　布告

fuseli jihe,
鲭鱼　来了

niongniyaha curgin hafundume,
雁　　喧哗　　相通着

mederi i dalin ilha fushume,
海　的岸　花　绽开着

niowanggiyan fiseke nimanggi gidambi,
绿　　　　分枝　雪　　压

pocok　　seme aimaka dere tungken tung tung,
物落水声 道着 好像　台　鼓　　咚　咚

duin forgon daruhai wecere,
四　季　　常　　祭祀

banjirengge umiyaha gemu sambi.
生的　　　　虫　都　知道

demun wehe siranume,
怪样　石　相继着

tere se ai aniya,
那　岁 什么 年

ungga beye sambi.
长辈 自己 知道

nenehe sefu toktofi,
先前的 师傅 定后

amargi jalan ai sambi.
后　　世 什么 知道

bigan tala jugūn šumin butu,
原　　野　道路　深　幽暗

niyamala jafu gese,
木石上 青苔 毡似的

ihan tuwa duleraku.
篝火　火 不着

bilten yasa i　muke eyeme,
漫　　溢 的 眼泪　流着

dunggu gaitai neimbi.
洞　　　忽然　开

dunggu abka šusileme,
洞　　　天　凿着

tere aimaka munggan,
那　好像　　丘陵

siden jakdan ilime,
中间　松　立着

sihin ume　bišume,
树头　别 抚摩着

dogo ferehe singgeri antaha okdombi,
瞎　　蝙蝠　　客　迎接

funggala asha debsime,
尾翎　　翅膀　扇着

weihe dacun ošoho maksin.
石　　锋利　爪　舞

tungken jilgan elhe gese,
鼓　　　声　安　似的

yeru emken tomombi,
穴　一个　栖息

tere yeru hergen bime,
那　穴　　字　有着

hergen nirume gese,
字　　画着　似的

golmin golmin muheliyen muheliyen,
长　　　长　　　圆　　　圆

tob tob, hergen gese akū,
正　正　字　似的　不

getuken gese akū,
明白　似的　不

mušu ilha gese akū.
鹌鹑　花 似的　不

enduri arame gese,
神　　做着　似的

giowanse buraki dasihiyame,
绢子　　　尘　　掸除着

tanggū cecike buya wehe hefeliyeme,
百　　雀　碎小　石　揣着

tumen aisin nirume,
万　　金　画着

unenggi muteme takambi.
诚　　　能着　认识

saman bitubume,
萨满　梦见着

dobori i usiha muyahūn tucime.
夜　的星　完全　出着

wehe deduki edelehe biya,
石　请躺吧 残缺了的 月

tubihe jembi senggi omimbi,
果　吃　血　喝

juhe šeri beye obombi,
冰　泉　身体　洗

uttu enduri eme jilgan donjime,
这样 神 母亲 声　听着

umesiben mama enduring gešabi ulame,
乌布西奔 妈妈　圣　徒弟 传着

abka cecike mama hergen tacibume,
天　　雀　老妪　字　　教着

tanggū jalan sukdun salgabun ulame,
百　　世　气　　禀赋　传着

suwa buhū minggan jalafun,
梅花 鹿　　千　　寿

niohon mederi nimalan usin,
松绿　　海　桑　田

jalan jalan i lakca akū,
世　　世　的 断　没有

dergi mederi dasame,
东　海　　治着

enduri gisun giltari niowari,
神　　话　语　灿烂

enduri gese anggalinggū,
神　　似的　佞口

wecere enteheme,
祭祀　　永远

šun　biya elden temšembi.
太阳 月亮 光　争

jalan ombi ucun

创世歌

de u le le , je u le le,
德乌勒勒 哲乌勒勒

de u liyei li, je liyei.
德乌咧哩 哲咧

ilha adarame fushumbi,
花　怎么　　绽开

šun　 i elden fosome bime.
太阳 的 光 照射着 有着

tanggū moo adarame niowanggiyan,
百　 树　 怎么　　绿

na muke i yumbume bimbi.
地　 水 的 浸润着　有

dergi mederi adarame onco,
东　　海　 怎么 宽

abka hehe ijime tanggū sekiyen yarume.
天　女人 梳着　百　　源　 引导着

maru adarame mukdeme,
鱼群 怎么　 旺盛着

abka hehe dabkūri hūsun i hūlame.
天　女人 重叠的　 力 以 叫着

aniya biya i duleke maka bime,
年　月　的 过了 不知 有着

dergi mederi dalin ilha tubihe akū,
东　海　岸 花 果　没有

birgan akū, bujan akū,
溪流 没有　树林 没有

urui emke šudume suwayan boihon,
只是 一个　铲着　黄　土

fundehun simacuka,
冷清　萧条

olhon mailasun gese,
干　柏树　似的

layaname cibsen buceme gese,
蔫枯去着 静寂　死着　似的

maka udu inenggi dobori ališame,
不知 几　日　夜 苦闷着

abka nimarame,
天　下雪着

juhe be alin norame,
冰　把 山　堆垛着

juhe bira šahūrun wehe,
冰　河　寒　石

tumen minggan muduri jabjan gese,
万　　千　　龙　蟒　似的

emu inenggi gaihari tonjin akjaname,
一　　日　突然击水赶鱼 打雷 去着

emu aisin amba giyahūn,
一　金　　大　鹰

deri dergi deyeme jihe.
从　天　　飞着　来了

ošoho gehun i umhan tukiyeme,
爪　鲜明的　蛋　　举着

udu fuka šurdeme,
几　圈　转着

menggun hešen sabarame,
银　　网　　抛撒着

sabingga elden jerkišeme gerišefi,
祥　　光　耀眼争光　闪烁后

ere eldengge nimanggi wehe be wengke,
这　光辉的　雪　　石 把　化了

emke getuken birgan furime,
一个 明澈的　溪流　潜入着

birgan mudan hoo seme,
溪流　弯子 浩浩 道着

labdungge menggun nicuhe maksin bulhūme,
许多的　　　银　珠　舞　涌着

menggun nicuhe i dolo emu tuwa cibin banjire[①]
银　　珠 的 里头 一 火 燕　生

angga funggaha ošoho gubci fulgiyan,
嘴　羽　爪　全　红

juhe bira i sidende deyeme,
冰　河 的　中间　飞着

sukdun beikuwen bigan šahūrun,
气　冷　原　寒

juhe gida nimanggi niru,
冰 枪　雪　箭

horon tuwa cibin gidame,
威　火 燕　压着

tuwa cibin getuken šeri šumci dosime,
火　燕 清　泉 深陷入 进着

funggaha fulahūn der seme,
羽　红　很白的 样子

emu nimaha beye fulahūn hehe,
一 鱼　身 裸　女

---

① 原为 šunggeri deyeme，"优雅飞着"之义。

nimaha hehe tule ba,
鱼　　女　外头 地方

juhe muke fuhešeme,
冰　　水　滚着

hab halhūn beye hoo seme,
热热的　　身体 滔滔 道着

juhe muke wenehe.
冰　　水　融化了

tumen elden yasa be biyarišame mukdeme.
万　　光　眼睛 把　刺眼着　　升腾

juhe abka juhe na elbeme,
冰　天　冰　地 苫盖着

juhe alin juhe bira,
冰　山　冰　河

juhe moo juhe wehe,
冰　树 冰　石

juhe birgan elbeme,
冰　　原　苫盖着

nimaha beye fulahūn fiyangga saikan.
鱼　身　裸　绚　　丽

emke šumingge
一个　深邃的

beikuwen mederi gūwaliyame.
冷　　　海　　　变化着

tere amargi jecen cirume,
她　北　界　枕着

julergi mederi uncehen fehume,
南　　海　尾　踏着

sihote alin wargi dedume,
锡霍特山　西　躺着

aimaka amgara i saikan hehe mohome tuwame,
好像　要睡　的美丽女人疲倦着看着

ere inu inenggi dobori jalan
这　是　日　　夜　世

huhuri saikan dergi mederi,
乳　　美丽　东　海

uttu enduri cibin kūbulin enduri jakade unde,
这样　神　燕　变化　　神　因为　未

abka hehe i gisun onggome,
天　女人的话　　忘着

juhe alin juhe bira wenere unde,
冰　山　冰　河　融化　未

ergen aitume na　gurume,
生命　复苏着地　挖掘着

mederi arame unde,

海　　做着　未

funiyehe dokdohon sain ijike,

头发　　　突起　好　梳了

dokdohon funiyehe henggeneme akū,

突起　　　头发　蓬头垢面　不

gashan i kūngga nilhūdame,

灾　　的　崖谷　　滑着

šošon inu abka hehe

髻　　是　天　女人

ashan hehe i šun enduri ubaliyame,

待　女人 的 太阳　神　转变着

aimaka uksin olbo　juhe de

好像　甲　马褂子 冰　于

fukaname akūme bahanarakū

起泡着　尽着　　不能

ambalinggū halhūn huksideme,

大方　　　　热　降暴雨着

juhe bigan fosome hafukiyame acambi,

冰　原野 照射着　引导着　　合

namu i contohojome,

洋　以　开口着

abka ijishūn marime,
天　顺利　　回着

enduri cibin gojime fahai
神　　燕　　只　只管乏渴

beikuwen minggan juhe afame,
冷　　　千　　冰　战斗着

aimaka šun enduri elden i šošome onggome.
好像　太阳　神　光　以 扎头发着　忘着

de u le le , je u le le,
德 乌 勒 勒 哲 乌 勒 勒

de u liyei li, je liyei.
德 乌 咧 哩 哲 咧

abka hehe enduri cibin moco beceme,
天　女人　神　　燕　笨拙　责备着

enduri cibin enteheme
神　　燕　　永远

mederi fere bibume selgiyeme,
海　　底　让在着　宣谕着

minggan holo furime,
千　　沟　潜入着

enteheme elden sabume waka.
永远　　光　看见着　不是

enduri cibin beye
神　　燕　身体

dergi mederi wenehe dosime,
东　　海　　化了　进着

saikan funggaha, jerkišeme,
美丽　羽　　耀眼着

duin ergi deyeme,
四　方　飞着

enduri cibin gehun funggaha
神　　燕　鲜明　　羽

abka i　aha　hehe inu,
天　的 奴仆 女人 是

mujilen jancuhūn waka amba na i fundehun,
心　　甘　　不是　大　地 的 冷清

wangga　orho erde　šun ilha gūwaliyame,
有香味的 草 早晨 太阳 花　变化着

minggan mišun aniya aniya——
千　　载　　年　年

dergi wargi dalin goidame,
东　　海 岸　久着

nimanggi takdame beikuwen eljeme,
雪　　傲慢着 冷　抗争着

tuweri juwari daruhai niohon.

冬天　夏天　经常　松绿

jalafun saniyabure golmin ergen jalgan,

寿　　使延伸　　长　生命　寿命

dergi mederi niktan okto encushūn tucirsu inu.

东　　海　　灵丹药　特异　出产　是

dergi mederi i oilo gūlakū foron,

东　　海　的　浮面　悬崖　顶

enduri buhū oilo wehe i

神　　鹿　浮面　石的

šanyan šun ilha tuwakiyame,

白　　太阳　花　看守着

šun ilha jili ilame,

太阳　花　怒　开花着

saikan fiseke yebken godohon.

美丽　分枝　英俊　竖直挺立

uyun fiyentehe enduri funggaha gūwaliyame,

九　　花瓣　　神　羽　　变化着

ere abka hehe ejetun fesheleme.

这　天　女人　志　拓展着

aimaka emke weihu fiyentehe

好像　一个　独木船　花瓣

dergi bi,

东　在

fulgiyan funiyehe beye i aiman gūwaliyame;
红　　　毛发　身体 的 部落　　变化着

juwe golmin weihu fiyentehe
二　　　长　独木船 花瓣

julergi bi,
南　　在

šanyan funiyehe beye i aiman gūwaliyame;
白　　　毛发 身体 的 部落　　变化着

aimaka ilan muheliyen weihu fiyentehe
好像　三　　圆　　独木船　花瓣

wargi bi,
西　　在

suwayan funiyehe beye i aiman gūwaliyame;
黄　　　毛发 身体 的 部落　　变化着

aimaka duin yebe muheliyen weihu fiyentehe
好像　四　稍愈的　圆　独木船　　花瓣

amargi bi,
北　　在

lamun funiyehe beye i aiman gūwaliyame,
兰　　花瓣　身体 的 部落　　变化着

aimaka sunja argan weihu　　fiyentehe
好像　五　锯齿 独木船　　花瓣

dergi amargi bi,
东　　　北　　　在

osohon i aiman gūwaliyame;
小　　的 部落　变化着

aimaka ninggun meihe weihu fiyentehe
好像　　六　　蛇　独木船　　花瓣

dergi julergi bi,
东　　　南　　在

golmin bethe i aiman gūwaliyame,
长　　脚 的 部落　变化着

aimaka nadan irahi weihu
好像　　七　水纹 独木船

wargi julergi bi,
西　　　南　　在

sonio yasa i aiman gūwaliyame;
奇数 眼睛 的 部落　变化着

aimaka jakūn esihe weihu fiyentehe
好像　　八　　鳞　独木船　　花瓣

wargi amargi bi,
西　　　北　　在

alakdaha i aiman gūwaliyame;
跳兔　的 部落　变化着

aimaka uyun honggocon weihu　　jilha
好像　九　　柳叶菜　独木船 花心

jecen dulimba bi,
界　　中间　在

eitenjaka　i arame gūwaliyame.
一切东西 的 做着　变化着

onco jecen mederi dalin akū,
宽阔　界　海　　岸 没有

ala　　jecen akū,
平矮山 边界 没有

weji　ba wehe dalin,
山野 地　石　岸

julge dunggu mederi colkon,
古　　洞　　海　　大浪

abkai untuhun hono geren gasha deyeme,
天　　空　　还　众　鸟　飞着

bigan tala　feksire gurgu gardame sujume,
原野 旷野 奔驰的　兽　趋行着　跑着

yeru tanggū umiyaha deber deber,
穴　　百　　虫　　涌动 蠕动貌

birgan geren nimaha efime　sarašame,
溪流　众　　鱼　嬉戏着 游玩着

bigan jecen akū,
原野　界　没有

abkai den mederi dalin akū,
天的　高　海　岸　没有

geren ergen akūme bahanarakū
众　　生命　尽着　　不能

kalcun i fulehe bume,
精神　的　根　给着

geren mujilen dabkūri akūme bahanarakū
众　　心　　重叠　　尽着　不能

dahūme banjime i fulehe banitai.
重复着　生着　的　根　本质

šun tucike šun dosika,
太阳　出了　太阳　进了

usiha tucike usiha dosika,
星　　出了　星　　进了

sukdun yendeme hada teliyeme,
气　　　兴着　峰　　蒸着

dergi mederi, eme i mederi,
东　　海　　母亲的　海

dergi mederi, bayan i mederi,
东　　海　　富　的　海

dergi mederi, ergen i mederi,
东　　海　　生命的　海

dergi mederi,　　teile　akū　i　mederi.
东　　海　　尽其所能 没有 的　海

ere saman tanggū jalan enduri i kesi karman,
这　萨满　百　　代　神　的 恩　保护

ere abka hehe doshon i bume,
这　天 女人　宠　以 给着

ere umesiben mama mujilen dekdehun senggi sekiyeme alime.
这 乌布西奔 妈妈　心　　浮血　　沥着　　承受着

uyun fiyentehe i ergengge jaka,
九　　花瓣　的 生灵　物

meimeni hūturingga ba　tehe,
各自　　有福的　地方 居住了

fuseme sirame, enen jalarakū,
繁衍着 继续着 后代 不间断

gojime, aimaka dergi mederi i　colkon
但是　好像　东　海　的　大浪

debeme guribume teile akū,
涨溢着　挪移着　不 止

aimaka dalin i　julge bujan
好像　岸 的 古　林

acinggiyame,
摇撼着

aimaka jabjan ishun wakšan,
好像　　蟒　面对　蛤蟆

toktohon buliyame,
定准　　吞着

aimaka gamji jarhū forgošome gio,
好像　贪婪　豺　调转着　狍

toktohon elecun akū,
定准　　满足　没有

aimaka wakjahūn giyaltu
好像　　腹大　白带鱼

kalbin nionggalame,
肚囊　　蹭破着

bucehe boconggo nisiha be kabkalame,
死了的　彩色的 小鱼 把　啃嚼着

aimaka garingga jarhū emile gejureku soriganjame elecun akū,
好像　　淫妇　豺　　雌　惯需索的 骚乱着　满足 没有

dunggu hono emile memeršeme mahūlaki,
洞　　　还　雌　拘着　　让我羞辱

aimaka lobi amba angga gaha tugi i wala buliyame,
好像　馋鬼 大　嘴　乌鸦 云 的 下头 吞着

geren alin sargan jui hibsu arame tucibe
众　　山女儿　蜜　做着 虽然 打

wangga angga niyanggūme hono nakame　akū,
香　　嘴　　嚼着　　还　罢休着 没有

dabkūri　oho　buhū　ujin　i　baru sujume,
有孕的 成了的鹿　家生驹 的 向　跑着

simeli buceme tufuleme,
冷清　死着　　蹬着

gaha balama maksime,
乌鸦　狂　　舞着

alakdaha i　gese,
跳兔　的 似的

adashūn gukduhun gekdehun jalingga,
相邻的　鼓起　　骨瘦如柴　奸

aimaka jarhū,
好像　豺

tere alakdaha bigan niyalma,
那　跳兔　野　　人

jilgan gūwame i　gese,
声　狗吠着 的 似的

dergi mederi moco kadungga
东　　海　拙钝　争强的

irgen tuwancihiyame,
民　　匡正着

meyen meyen yerhuwe yeru gese,
队　队　　蚂蚁 穴 似的

suilan　gefehe hoo seme gese,
大马蜂 蝴蝶 浩浩 道着 似的

gardame sujume geren hamgiyari gese,
趋行着　跑着 众　黄蒿类 似的

oshodome oljilame fehume hiyangtaršame
暴虐着　掳掠着　践踏着　骄纵着

targame akū.
戒着　没有

elhungge dergi mederiba na,
恬静的　东　　海　土地

eiten jilgan dolori jenderakū donjime bime,
一切　声　默默地 不忍受　听着　有着

soksime songgome, korsome jeksime,
吞声哭着 哭着　恨着 憎恶着

inenggi tome daišame bisame gocika.
日　　每　乱闹着 水涝着 水落着

cibsen julge te saburakū,
安静的 古 今　不看见

tugi inenggi dari orome,
云　　日　每　结皮着

gasha asha bime,
鸟　　翅膀　有着

abka hada i sukdun irahi mangga sujame,
天　峰　的　气　隙光　难　　支着

jecen enteheme elehun akū.
界　　永远　　安宁　没有

abka giyan fiyan tondo necin akū,
天　　条理　　正直　平　没有

abtarame doosi
嚷闹着　贪

dahin nimecuke modo faksi buya,
再　　利害　　笨　巧　小气

deyan alin i morin sejen orho mutume gese,
德烟　山的　马　　车　草　生长着 似的

minggan　　saksan　　acalame,
千　　　挂物叉子棍 共合着

tanggū darhūwa cadame,
百　　　竿子　缠绕着

ujan　da akū.
树梢 根 没有

tanggū ferguwecuke saman abka takūrame bime,
百　　出奇的　　萨满 天　使着　有着

dergi mederi jalan i temšeme tongkirakū,
东 海　　世 的　争着　不需要告诉

minggan ferguwecuke samanabka takūrame bime,
千　　出奇的　　萨满 天　使着　有着

urse bolgoki tongkirakū.
人们 决胜负吧 不需要告诉

alakdaha niyalma urui bujan da elecun akū,
跳兔　　人　只　树林 本 满足 没有

jalan facuhūn sui weile ukarakū.
世　乱　磨难 罪 不逃

sargan mederi ganio maksin ucun
女海魔们战舞歌

umlin bira oci abka hehe i gohon,
乌木林 河 成的话 天 女人 的 钩

šanyan tugi fulgiyan jaksan
白　云　红　霞

abka jecen deyeme debsime saniyaha.
天　际 飞着 扇着　伸展

seke fajiran ula dalin gese minggan guksen nenden;
貂 墙　江 岸 似的 千　朵　梅花

gio fajiran bujan ulan dolo   gese tanggū guksen menggun ilha.
狍　墙　林　大沟　里头 似的　百　　朵　　千　　花

dedun yebken morin wahan jilgan ula dalin dasiha,
宿处　英俊　马　　蹄　　声　江 河岸　关

suwayan morin golmin delun tugi mederi uruldehe.
黄　　马　长　　鬃 云　　海　赶上了

ubušun gašan fengšen golmin saniyaha,
乌布逊 乡村　福祉　长　　伸展了

šun i ergengge jui,
太阳 的 生灵 孩子

niohon abka kesi,
松绿　天　造化

nadan tanggū gurun
七　　百　　国

akarakū bime gasarakū i indehe.
不伤心　而且 不哀怨 以 歇息了

juru han gurun dergi de bi,
珠鲁 罕　国　东　于 有

muken han gurun wargi de bi,
沐肯　罕　国　　西 于有

hui han gurun julergi de bi,
辉　罕　国　南　于有

abka fejergi bata akū　ubušun gurun amargi de bi.
天　　下　敌　没有　乌布逊　国　北　于有

wehe selmin akjan takūršaha,
石　　弩　　雷　使唤了

tanggū gurgu mangga ukame feksihe.
百　　　兽　难　逃着　奔跑了

jakūn ici dasaha,
八　方向　治理了

duin mederi enduri selgiyehe,
四　　海　　神　谕了

yebken han　oci　umesiben mama,
英俊　罕　成的话　乌布西奔　妈妈

dumuken ahūn gege ejen tongkiha,
都沐肯　兄　姐　主人　凿了

ancaga julge tokso i　muke hūlha mukiyebuhe,
安查干　古　村屯 的　水　贼　消灭了

bada entu ibagan hehe dorgi mederi dahabuha,
巴特　恩图 鬼怪　女人　内　海　使投降了

ilan tanggū wehe tun bata yeru tule mederi getereme necihiyehe.
三　百　　石　岛　敌　窟穴 外　海　戡定着　平服了

dergi mederi i šun eldengge,
东　　海　的 太阳 光辉的

alin colhon orho tala dailan akū;
山　峰　　草 旷野 征伐 没有

dergi mederi genggiyen biya,
东　　海　明　　月

minggan ba fajiran soksime jilgan akū bilume toktobuha.
千　　里 墙 吞声 哭着声 没有 抚摩着 使安定了

nimaha giranggi baitalara be menggun hūntahan keleme[1]foloho,
鱼　　骨　用　把 银　　杯　刻着　刻了

tahūra notho baitalara be menggun useku latuha,
蛤　　壳　用　把 银　　耧斗 粘了

alin amtan mederi sogi nimaha tebume jaluha.
山 味　海　菜 鱼　装着 满了

mujilen neibume urgunjeme injembi.
心　　使开着　高兴着　笑

wangga buliyaha,
香　　吞了

huweki tarhūn i jancuhūn silenggi tamišaha,
沃　　肥 的 甜　　露　品尝了

hehe han　oci　kesingge.
女人 罕 成的话 有恩的

tehe　　ba　šun mukdehe dergi mederi;
居住了的 地方 太阳 升起了 东　海

---

① kelembi 与 geyemebi 都有"刻"之义。

umlin　bira　oci　　eme　ba na.
乌木林　河　成的话 母亲　地方

abka šanyan nimanggi　　oci　　ilha etuku dusihi，
天　　白　　雪　　成的话 花　衣　　裳

wesihun nimaha sukū be　oci　　gūlha，
珍贵的　　鱼　　皮 把 成的话　靴子

fiyangga niongniyaha funggaha be　oci　　junggin jibehun.
有文采的　鹅　　　　羽 把 成的话　锦缎　被

wangga nimaha use be jemengge.
香　　　鱼　籽把　食物

abka fejergi bata akū　ubušun gašan
天　　下　敌 没有 乌布逊 乡村

saman tanggū enduri
萨满　百　　神

mohon akū kalmame ujime akdulaha.
尽头 没有　护卫着　养着　保了

hele sargan ucun
哑女的歌

geigehun umlin　bira nimeku bihe gese，
单弱　乌木林　河　病　有了 似的

gurun nerginde yangšan tantame jalarakū，
国　　此会　聒噪　扯着　不间断

inenggi dari atarame i šanyan meifen saksaha gese,
日　　每　嚷闹着 的 白　　脖　喜鹊　似的

geri yendehe　bira birgan be jalu maktaha.
瘟疫 蔓延了　河　溪　把满　抛了

gude sakda han gala bethe gaman akū,
古德　老　罕 手　脚　术　没有

maka abka isebun adarame.
不知　天　惩　　怎么

gaihari dergi erde　juwe šun　tucike,
突然　东　早晨　二 太阳　出了

fulgiyan elden emke bira dalin i yarha sukū fosome.
红　　　光　一个 河　岸 的 豹　皮　照射着

dergi alin emu niohošolen bethe hele hehe jihe.
东　山　一　　赤裸　　脚　哑 女人 来了

minggan šanyan giyahūn hūlame dame jiki,
千　　　白　鹰　叫着　落着　来吧

ihan nimaha dalin be hūlame dame jiki.
牛　　鱼　岸　把　叫着　落着 来吧

saman i enduri tungken nekuleme,
萨满 的 神　　鼓　　乘意着

deyere gasha be fargame muteme;
飞的　鸟　把　追赶着　能着

nokcime eyen i fuhešere fuhešeme,
激着　　流的滚　　滚着

necin tala yabume gese.
平　旷野　走着　似的

han geren hala mukūn gisun be alame,
罕　众　姓　氏　话把　告诉着

tere dergi mederi šun i sargan jui
她　东　海　太阳的　女　儿

nimaha sukū nunggalaha be sonjoho.
鱼　皮　炖了　把　选了

tukiyeme hele hehe i
举着　　哑　女人的

nadan tanggū gašan saman
七　百　乡村　萨满

enduri wecere ujulame,
神　祭祀　领头着

ubušun enteheme elehun obuki,
乌布逊　永远　安宁　让成吧

fulgiyan šun dergi tucike gese,
红　太阳　东　出了似的

sabingga elden enteheme fosoki.
祥瑞　光　永远　照射吧

hūlha tongkišame,
贼　　连凿着

duin mederi elhe mukdeme,
四　海　安　旺盛着

eiten saman enduri ejen alime leolerakū,
一切　萨满　神　主　受着　不论

ubušun sakda ajigan ainaha seme sui toodame.
乌布逊　老　幼　　　定然　罪　还着

gude sakda han bicibe uju lasihime akdame mangga,
古德　老　罕　虽　头　甩着　　信着　难

enduri taktu alime dasifi,
神　楼　受着　盖后

songkoi selgiyeme ergeleme,
按照　　谕着　　勒令着

gašan saman taktu fejile geren imiyaha aliyame uilefi,
乡村　萨满　楼　下　众　会聚了　等着　侍奉后

jai　inenggi erde buren hese teksin urandaki,
第二　天　早晨　螺　旨　齐　响吧

gubci mukūn geren niyalma alin niyalma mederi,
全　氏族　众　人　山　人　　海

gude sakda han niyakūraha,
古德　老　罕　跪了

hele hehe solimbi,
哑　女　　请

geren saman amban aha adabusi
众　　萨满　臣　仆　拟陪的人

hengkileki minggan hehe aha,
叩头吧　　千　　女　仆

boconggo camci mederi gese,
彩色的　　衬　　海　似的

geren alin tanggū buhū,
众　　山　百　　鹿

boro jakdan nionggiyan fodoho,
苍　松　　绿　　柳

fulgiyan niongniyaha šanyan bulehen,
红　　雁　　白　　鹤

abka hehe saman jalan tucike ereme karafi,
天　女人　萨满　世　出了　指 望着了 望后

honggon urandaha, siša urandaha,
铃铛　　响了　　腰铃 响了

enduri tungken urandaha,
神　　鼓　　响了

geren saman wangga deijihe,
众　　萨满 香　　烧了

dergi mederi hengkilehe.
东　　海　　　叩拜了

ula mujilen muke dele jihe
江　心　　水　上头 来了

yala saikan i hele hehe.
果然 美丽 的 哑　女人

tere mihan sukū emke
她　小猪崽 皮　一个

halfiyan muheliyen tungken araha,
扁　　　圆　　　鼓　做了

tumen morin forgošofi hasa toksime　gese,
万　　马　转来转去后 急速敲着 似的

gaihari hele hehe enduri gisun ongsifi,
突然　哑　女人　神　话语　诵后

tere ere šanyan singgeri sukū
她　这 白　鼠　皮

gubci beye nereme,
全　　身　披着

tere ere minggan singgeri sukū gubci,
她　这 千　　鼠　皮 全

tere ere sahaliyan hailun sukū
她　这 黑　　水獭 皮

gubci beye nereme,
全　　身　披着

tere boconggo wehe be miyamigan banjiname,
她　彩色的　石　把　首饰　　做成着

tere nimaha sukū be miyamigan banjiname,
她　鱼　皮　把　首饰　　做成着

tere sirga weihe be miyamigan banjiname,
她　獐　　牙把　　首饰　　做成着

tere yarha uncehen be hebtehe banjiname,
她　豹　　尾　把 女围腰　做成着

tere tasha uncehen be hebtehe banjiname,
她　虎　尾　把 女围腰　做成着

tere lefu ošoho be　hebtehe banjiname,
她　熊　爪　把　女围腰　做成着

gubci beye tanggū gin etume girifi
全　　身　百　　斤　穿着　裁剪后

nimaha sukū enduri tungken i dele tembi,
鱼　皮　神　　鼓　的上头　坐

emke ek tak seme,
一个　叱咤着

enduri tungken weihukendi neome dekdehe,
神　　鼓　轻轻地　流荡着 浮起了

niongniyaha funiyehe abka jecen deyefi gese,
鹅　　　　毛　　天　界　　飞后 似的

geren mukūn niyalma uju dele
众　　氏族　人　　头 上头

emu fuka šurdeme,
一　圈　　转着

umlin bira　i　dasa
乌木林 河 的 首领们

uju be tebeliyefi singgeri gese ukame,
头 把　抱后　　鼠　　似的　逃着

umlin　bira i　geri
乌木林 河 的 瘟疫

uksa talman burubume　tugi milaraka.
顿然　雾　消失无影着 云 大开了

umlin　bira i abka untuhun
乌木林 河 的 天　　空

uk sašun elden giltaršame gabtašafi,
顿然 太阳 光　放光着　持续射后

hehe saman julergi geren saman niyakūrame,
女人 萨满 前　众　萨满　跪着

gude sakda han aisin doron be gamare
古德 老 罕 金 印 把 拿去

enduri hehe hengkileme，
神　女人　　叩拜着

hehe saman geren niyalma wahiyaha，
女人　萨满　众　人　搀扶了

sakda han gala hadahai jafafi
老　罕　手　紧　抓握后

hehe saman gisurere，
女人　萨满　说

bi　umušun aiman elhe taifin jihe　jalin，
我　乌布逊 部落 康安 太平 来了 为了

bi be　umesiben　mama hūlame kai.
我 把 乌布西奔　妈妈　叫着 咳

ereci dergi mederi icengge gese sirenefi，
从此 东　海　　新的 似的 响声接连后

umesiben saman amba gebu
乌布西奔 萨满　大　　名

enteheme ulabufi.
永远　　被传后

dergi mederi bigan cala akū，
东　　海 原野 那边 没有

šun　biya fosofi，
太阳 月亮 照射后

umesiben saman gungge den jalan dasifi,
乌布西奔 萨满　功　高　世　盖后

umesiben mama teksin tukiyeme.
乌布西奔 妈妈　齐　　举着

mederi wecen gashan ucun
乌布林海祭葬歌

mutun dasan gincihiyan be
身姿　修治　华美　　把

umesiben hehe han inenggi erde　yafi
乌布西奔 女人 罕　日　早　生暮蔼后

dasan baita kicebe,
政　　事　勤勉

golmin dobori amgaci ojorakū,
长　　夜　睡的话　不行

seolen gūnin tatabufi,
思虑　意念 让拖后

gūsin aniya,
三十　年

fodoho niowanggiyan juhe wenehe
柳　　绿　　　冰 化了的

jobocun dulefi,
苦　　度过后

šanggiyan funiyehe mutume,
白　　　发　　　生长着

juwe yasa hošo be šufaname,
二　眼睛　角把　出皱纹着

tere ilan haha be uileme bihe,
她　三　男人 把 侍奉着 有了

gemu tere i　beye dosime muterakū
都　她　的 身体 进着　不能

gojime bucehe.
就　　死了

emu jalan anggasi tefi.
一　世　　寡　居住后

tere akame nasafi,
她　伤心着 叹惜后

beye geren irgen be uileme mangga,
身体　众　民　把 侍奉着　难

dobori tung tung seme tolgifi
夜　　咚　咚　做梦后

jalgan akūnafi,
寿命　到彼岸后

juwe buyecun šabi hūlame acafi,
二　爱　徒弟 叫着 会见后

tercin　jai　terbin　gebuleme，
特尔沁 和 特尔滨 名叫着

tese jalan be elbeme saman uheri，
她们 世 把 苦盖着 萨满 共

umesiben mama　i niyaman dolo amban.
乌布西奔 妈妈 的 心 里头 臣

hehe han besergen dele　fodofi，
女人 罕 床 上头 急喘后

yasa nicufi, gisun akū，
眼睛 闭后 话 没有

tere juwe hengkilefi
她 二 叩拜后

halhūn yase muke fuhešere fuhešefi，
热 泪 水 滚 滚后

umesiben mama gisureme，
乌布西奔 妈妈 说着

bi tolgime, sefu mafa elbime hūlafi，
我 做梦着 师傅 祖 招着 叫后

suwe acuhūn senggime
你们 和睦 友爱着

buyecun gala kutuleme gaifi.
爱 手 牵着 拿后

bi aljame genehe,
我 离开着 去了

suwe gemu ubušun be kadalame,
你们 都 乌布逊 把 管理着

gaha gege be tacire gaifi,
乌鸦 女 把 学 要后

manggasika jalin buceme bime,
危难 为了 死着 有着

manggasika jalin banjime bime,
危难 为了 生着 有着

gamji akū silhidan akū,
贪婪 没有 嫉妒 没有

banuhūn akū cokto akū,
懒惰 没有 骄傲 没有

aiman mukdeme, tanggū baita dekjike.
部落 兴盛着 百 事 渐成着

tercin gaha ulabun ulhirakū,
特尔沁 乌鸦 传说 不懂

umesiben mama tasha besergen be nikeme
乌布西奔 妈妈 虎 床 把 靠着

yasa nicuhe ongsifi,
眼睛 闭了　讲诵后

abka na ice fukjin erin
天　地 新　开端　时

ehe hutu yeruri① de jalan　jecen galjurame,
恶　鬼　耶鲁里 也 世界 射箭 手快易中

yacin edun, juhe bira,
黑　　风　冰　河

ehe colkon be abka burgašafi,
恶　大浪 把　天　缭绕后

eiten jaka i ergengge akū.
一切 物 的　生灵　没有

abka hehe oci jalan jecen tumen jaka i eme,
天　女人 成的话 世界　万　物 的 母亲

šun　be　amba na benjihe,
太阳 把　大　地 送来了

biya elden be jalan jecen benjihe,
月　　光 把　世界　送来了

beye dalba i geren enduri hehe anabufi,
身　旁边 的 众　　神 女人 让后

eiten jaka cifahan be baitalame fatafi;
一切 物　　泥 把　用着　捏后

_____

① 耶鲁里亦可翻译为 irumbi。

beye dalba i geren enduri hehe anabufi,
身　旁边 的 众　神　女人　让后

jeku silenggi be baitalame arafi；
谷物　露　把　用着　做后

beye dalba i geren enduri hehe anabufi,
身　旁边 的 众　神　女人　让后

alin bira wehe fiyen be baitalame arafi；
山　河　石　粉　把　用着　做后

beye dalba i geren enduri hehe anabufi,
身　旁边 的 众　神　女人 让后

birgan muke tugi sukdun be baitalame arafi,
溪　　水　云　气　把　用着　做后

jalan jecen uthai bime.
世　界　就　有着

yeruri anabume mujilen jancuhūn akū,
耶鲁里　让着　心　　甜　不

juhe nimanggi fusume
冰　雪　　喷洒着

jalan jecen be dasifi,
世　　界 把 覆盖后

eiten jaka simen gocibufi,
一切 物　精华 被吮吸后

gubci juhe bira birere seme,
全　冰　河 要淹没 道着

abka eme nomhon aha　hehe gurtai,
天　母亲 老实　奴仆 女人 古尔苔

šun tuwa be fafun alime　gaiki,
太阳 火 把 法度 承受着 让我拿吧

juhe alin be tuhefi,
冰　山 把 掉落后

tumen minggan suilafi
万　　千　　遭罪后

juhe alin be eruwedefi,
冰　山 把　钻后

enduri tuwa be gaiha,
神　　火 把 取了

amba na halukan bulukan bahabi,
大　地 温　暖　　得到了

jalan jecen aitume,
世　界　复苏着

eiten jaka fancafi（facafi）.
一切 物　生气后（解散后）

gurtai enduri hehe be dahame,
古尔苔 神　女人 把 跟着

juhe alin dolo minggan kirime
冰　山　里头　千　忍耐着

uruhe　sartacun jeke,
饥饿了的 迟误 吃了

yeruri sahahūn orho suihe
耶鲁里 淡黑　草　穗

waliyaha korsocun ašufi bucehe genefi,
吐了的　愧恨　含后 死了　去后

sahaliyan gasha gūwaliyame,
黑　　鸟　变化着

beye šun boco akū oho,
身体 太阳 颜色 没有 成了

sahaliyan ošoho, amba angga,
黑　　爪　大　嘴

hūlame dayame akū,
叫着　依附着 没有

jalan jecen alin gašan deyefi
世　界　山 乡村　飞后

dobori kedereme seremšeme ulame,
夜　巡逻着 警戒着　传着

minggan aniya banuhūn akū,
千　年　懒惰　没有

tumen aniya tušan tondo yargiyan.
万　　年　　职　　忠　　实

bi bucehe——golmin amgaha,
我 死了　　　长　　睡了

bi be umlin　bira dalin hada umbume,
我把 乌木林 河　岸　峰　葬着

saman fayangga giranggi umbume akū,
萨满　　魂　　骨　　埋葬着 没有

beye fejile be buhū giranggi, nimaha senggi,
身体 下头 把 鹿　骨　　　鱼　　血

ulgiyan weihe saksalibufi,
猪　　牙　　支垫后

beye dele enduri honggon nicuhe seshefi,
身体 上头 神　　铃铛　珍珠 洒撒后

uju fejile nimaha sukū enduri tungken cirume,
头 下头 鱼　皮　神　鼓　枕着

bethe fejile siša sengge sukū saksalibufi,
脚　下头 腰铃 刺猬　皮　　支垫后

mimbe elden,
把我　光

abkaedun dobori usiha fiyakiyame ubafi,
天　风　夜　星　晒热着 腐败后

giranggi ubušun ba na dombi,
骨　　　乌布逊 地 方 落下

tanggū aniya duleme,
百　　年　度过着

alin bira gūwaliyame akū,
山　河　变化　　没有

ubušun ba na ice hehe urunakū banjime,
乌布逊 地方 新 女人　一定　生着

ere oci jalan jecen jursuleme bederembi.
这 成的话 世界　　重叠着　回归

saman enduri tungken nememe nokcishon kangtaršame.
萨满　神　鼓　愈加　　激越　　高昂

deyan alin i ihan nimaha tungken i jilgan
德烟阿林不息的鲸鼓声

de u le le, je u le le, je liyei li, je ye!
德乌　勒勒, 哲　乌勒勒, 哲咧哩, 哲耶!

tercin eyun non ilan 　 ofi,
特尔沁 姊 妹 三　成为

faraha de gemu umesiben mama be sabuha,
昏迷 时　都 乌布西奔 妈妈 把 看见了

tere dergi omo mama i jakade bime,
她 德里给 奥姆 妈妈 的 附近　有

dergi　omo mama
德里给 奥姆 妈妈

tere be okdofi šun　i　　da　　　gašan de bederehe
她　把 迎接 太阳 的 原来的 乡村　在　返回

amaga tere geli usihangga untuhun de dahūme marimba
将来　她　又　星　　　空　在　重　　返回

taci buri tokdon oci
塔其布离 星宿 的话①，

mama i enduri durun
妈妈 的 神　样子

tere kicebe niyalma，
她　勤劳的　　人，

yamji dari gemu tucinjime，
晚上 每　都　　出来，

jalan i　urse i　　jalin erin ergi be jorišame tacibumbi.
世　的 众人 的　为　时　方 把 指点　　指教。

tercin　　terbin　　durkin ilan hehe ejen，
特尔沁 特尔滨 都尔芹 三　女　主人，

genggiyen han——
聪慧　　罕——

---

① 塔其妈妈：又称蛇星、罗锅星、斛斗星，相当于仙后座，为计时星。

umesiben   mama be fudeme genehe manggi,
乌布西奔 妈妈 把 送   去了 只

dobori tome mama i injere ci ra   be bahabumbi,
夜   每 妈妈 的 笑 神色 把 梦见

inenggi dari mama i jilangga   jilgan be donjimbi,
日   每 妈妈 的 慈善的 声音 把 听见

boljorakū bime uhe   i jombume,
不约定 而 统一 的 提出：

aiman i   urse   i emgi hebešeme,
部落 的 众人 的 一起 商议,

mama i jalin bei i ordo, bei i taktu be ilibufi,
妈妈 的 为 碑 的 亭、碑 的 楼 把 立。

jalan halame mama i amba faššan be ulandume fisembuki.
世 永   妈妈 的 大 功劳 把 永远的 述说。

tese enduri i ulhibuha gūnin i,
她们 神 的 懂得 想法 的,

soksori sure ulhisu i mederi be neilefi,
忽然 聪明 懂得 的 海 把 启发

mama i tacibuha
妈妈 的 传授

nirugan nirure temgetu –
画   画 符号——

dergi mederi i   arbun nirure hergen i
东　　海　的 象形　画　文字 的

mama i baita be foloci achambi,
妈妈 的 事 把 雕刻　聚合

juse omosi jalan halame
子　孙子们 世　　永

mama be enteheme ejeme, minggan jalan de isitala onggorakū okini
妈妈 把　永远的 记述，　千　　世 也 直到　不忘记

terechi, tese narhūšame hebešefi,
于是，　她们 仔细地　　商议，

alin i   ba i dunggu—deyan alin i dunggu be   jendu sonjofi,
山 的 地 的 洞穴——德烟 阿林 的 密穴 把　暗地里 选

mama i ulabun be, nirugan temgetu i ejeme fisembume,
妈妈的 故事 把　画　　符号 的 记述　述说

sihete   alin   i dunggu dorgi de folofi,
锡霍特 阿林 的　洞窟　里 在 雕刻

aniya dari weceme, jalan halame hiyan i šanggiyan burgašakini.
年　每 祀祭，　世 永　香 的 烟　　缭绕。

sunja tuweri niyengniyeri dulekede,
五　冬　　春　　　经过

inenggi dobori ilinjarakū, gūnin gashūtai acinggiyaburakū,
日　夜　　不辍，　想法 誓死　不使改变，

terbin， durkin suilame jobohongge kemun ci dabafi，
特尔滨、都尔芹 辛苦 苦楚 限度 从 过度，

siranduhai dunggu i dalba de nimeme budefi，
相继 洞窟 的边 在 病倒 死了

ajige šanyan fiya i fejile burkibuhe，
小 白 桦树 的 下 埋在

tercin dubentele da gūnin be waci hiyame šanggabufi，
特尔沁 永久终身 根本 想法 把 完成 使完成，

seri nimanggi i gese golmin funiyehe meiren de nereme，
稀 雪 的似的 长 发 肩 在 披，

da gašan de marifi，kengtehun ungkeshūn bime，
原来 乡村 在 返回 高大而驼背 躬腰 有着

tumen gisun i golmin nomun be deheme banjibufi，
万 话 的 长 经 把 精 编

nirugan i songkoi uculehei bi，
画 的 颂 唱 有

udu aniya amala inu jalan chi enteheme hok oho.
数 年 后 也 世 从 永远的 离开。

tercin， terbin i šabi se，
特尔沁、特尔滨 的 弟子们，

sefu i tachi hiyan be tuwakiyahai，deyan alin be jukteme，
师傅 的 训诫 把 守着 德烟 阿林 把 祭祀

aniya dari wesihun wecen ebereme wasirakū.
年　每　兴盛　祭　使减少　不下

erin fon　duleke tanggū jalan，
时 时候 经过　百　世代

elden silmen hahi hūdun，
光　阴　　急速

nimalan usin amba mederi，
桑　　田　大　　海，

ula bira onggolo　　i　adali，
江 河　在……之前 的 一样。

urse　urguji sihete　alin　i tungken jilgan be donjimbi，
众人们 常常 锡霍特 阿林的　鼓　　声　把 听到，

urse　　urguji sihete　alin　i　hiyan šanggiyan be wangkiyašambi，
众人们　常常 锡霍特 阿林的 香　烟　　　把　闻到

baksan baksan i　alin dosire niyalma
队　　队　　的山 进　　人

amsun　　　tubihe be buhū i acime morin i ušame，
献神的酒食 果 把 鹿 的 驮　马 的 拉，

bujan siden i mudangga sidangga talu　　jugūn be yabume tucibuhe.
树林 内 的 弯弯的 小树 狭窄的　路 把 走　出。

amala, geli juwan funcehe aniya dulefi，
然后，又 十　数　年 经过，

jaka gūwaliyašame usiha forgošome,
物　　换　　　　星　移，

alin bira ejen halame,
山　河 主人 改变

wenjehun sebjengge labdu alin,
热闹　　欢乐　　多　山，

cib ekisaka ohongge goidaha,
间隔　默　如此　好久，

golmingga tungken emgeri seibeni fon　i　merkin gūnin oho.
长　　　　鼓　　已经　先前 时候 的 回想　想法　如果存的活

ilinjarakū tungken jilgan
不息的　　鼓　　声

duin bigan bujan　i mederi de urandame deribuhe.
四　野　树林 的　海　在　响遍　开始

mederi ulgiyan cecike wehe be gurure jugūn, absi goro golmin,
海　翠　　鸟　石 把 采　路，多么 远　长，

bujan fenderhen feye be arara alin i foron, absi　sehehuri den,
林　冠雀　　窝把 建造 山 的 巅，多么　峻　高，

mederi kilahūn be baire ubulin　holo, absi oncho leli,
海　鸥　　把 要求 乌布林 山沟，多么 宽　阔，

weji　i　lefu feniyen boro　ko　mucu　be temšeme
窝稽 的 熊　成群 灰色 水沟 葡萄的 把　争

fatara deyan alin,   absi butu šumin,
摘取 德烟 阿林，多么 幽暗 深，

ere oci boconggo tugi inenggi dari šurdere ji di ba na,
这 是 彩   云 日   每 循环 吉 地 巴 那，

ere oci biya i elden dobori tome bilušara boošan alin,
这 是 月 的 光 夜 每个 抚爱的 宝山 阿林，

ere oci šun i foson
这 是 日 的 光

jalan halame jerkišere mergen ulhisu i enduringge boihon,
世   永   闪烁   智慧 聪颖 的 圣   家产①，

ere oci   ubušun i juse omosi
这 成的话 乌布逊 的 子 孙子们

enteheme mujilen de tebure huweki bigan,
永远   意思 在 居住 肥沃   野，

mederi dolo i šun mederi dolo ci derkime mukdekede,
海   中 的 太阳 海 中 从 开始 升起，

ini elden foson deyan alin i ninggu de šuwe gabtambi.
它的 光 日光 德烟 山 的 上方 在 直   射

deyan alin oci sihete alin siren   i uyuci   jui—
德烟 山 是 锡霍特 山 光线   的 第九个 儿子——

① 据相关资料，乌布逊部落所在的俄罗斯滨海地区确系全俄日照量最多、风景最优美的地区之一。

garma　　debeli　husin　ilu　　lurbu　　nuca baikin dobi

嘎尔玛、德彼利、胡忻、壹鲁、鲁尔布、努茶、拜钦、多辟，

deyan serengge dulimba de bi.

德烟　所言者　中　在有。

tere oci sihete　i umesi cokto　bardanggi　niowanggiyan umiyesun,

它　是 锡霍特 的最　骄傲　自尊自大　　绿　　带，

uyun muke, nadan hada, fiya bujan i　gu gohon tugi i　gese

九　水　七　峰、桦　林 的 玉钩子 云 的 似的

eyeri hayari bime,

飘逸 缠绕 有着

sihete niowanggiyan sijigiyan dolo i aisin nicuhe,

锡霍特　绿　　　袍　中的金　珠，

bayan elgiyen dergi mederi i boobai namun inu,

富有　富裕　东　海 的 宝 库 是，

deyan alin　ferguwechuke somishūn,

德烟 阿林　神奇的　　隐藏

jicing wala gisun　oci emu fafuri karmasi,

吉清 洼勒 给逊① 是 一 勇猛 保护者

beye helmen fakcharakū i　gese dergi abka i buten de tuwakiyame,

身体 影　不离　的 似的 东 天 的 边 在 看守

---

① 吉清洼勒给逊：东海人相传是位记忆神，永驻德烟山中，护卫传讲着大山的史话。

ere oci mucu i bujan yafan,
这是 葡萄 的 林　园，

ere oci alin ilha muke i mederi namu,
这　是 山　花　水 的 海　　洋

deyan i minggan aniya i　jalin amsun　　　tubihe be alibuhabi.
德烟 的 千　　年 的 为了 献神的酒食 果　把 供献

durkan　bira　　feksire　　fulan morin i gese,
都鲁坎 比拉　　跑　　　青　马　的 似的

golmin delun derkišeme isihime, tumen haha seme dangnara mangga,
长　　鬃　飘　　　抖，　万　男人 无论　代替　　难

dabdali wargi alin ci nushunjime,
马咆哮 外　山 从　接连冲锋

tanggū bai tulergi ci uthai šan sichame jigeyen ombi.
百　　竟然　外 从 就 耳朵 震耳朵 耳聋　成为

alin i onco sulfa šeri muke,
山 的 宽　宽绰　泉　水，

bolgo genggiyen bime ajige sampa, bira i katuri, nimaha, juwali be
清　明　　有着 小　虾、河 的 蟹、　鱼　蛙　把

tolochi ombi.
数　有。

udu tanggū aniya　ebsi,
数　百　年 自……来，

nenehe mafari durkan　mafa enduri　　be gingguleme buyehengge,
先　　　祖宗　都鲁坎 玛发 恩都哩①把　　恭敬　　　爱慕

sihote　alin　i　boobai duka,
锡霍特 阿林 的　宝　　门,

damu durkan alin de dosire anakū be tuwakiyame bi,
但是 都鲁坎 山 在 进入　　钥匙 把　守着　　　有

sireneme saniyaha mederi dalin denchokchohon,
接连不断　延展　海　　岸　高　陡,

gūlakū fiyeleku jeyen i gese,
峭崖　险峻　　刃 的 似的

colgoropi　　　abka de sucunambi.
高大独立的　天　向　冲

mederi kilahūn jai giyahūn i teile
海　　鸥　　与　苍鹰 的 有

tugi i dorgide golmin hūyahai, elheken i geneme jimbi,
云 的 中　长　　鸣叫, 从容 的 去　来,

durkan　bira　oci enduri buhe gu gohon,
都鲁坎 比拉　是 神 给　玉 钩子,

---

①　都鲁坎玛发恩都哩：东海人相传为山门神。其实，它是德烟山中一条溪流，护卫着德烟山麓，当地群众将它喻为护山之神。

tanggū wai   i mudangga sidangga fisin gūlakū de deyeme dosika;
百　弯曲　的 弯曲的　　小树　密　崖　在　峭崖　进入

durkan bira oci enduri araha muke kiyoo,
都鲁坎 比拉 是 神　造　水　桥，

abka be dalime šun be dasire weji bujan, jecen akū mohon akū.
天　把 遮蔽　日　把 关闭 丛林 林，　边　无　尽　无

gūsin jaha   inenggi,
三十 独木舟　日

durkan alin i   angga de šuwe isinaci ombi,
都鲁坎 山 的　口　在 直　到达　成为

alin angga i juwe fiyeleku de ilan šeri muke bi,
山　口 的 两　险峻　在 三　泉　水　有

golmin fuhešere birgan be gūwaliyame achambi,
长　翻滚　小溪 把　变成　　聚合

ere oci muke doohan gu gohon i dube inu.
这 是 水　桥　　玉 钩子 的 最后 是。

goro   baci   baiuthai,
远处 地方的　就，

hargašame dorolorongge be okdoro lurbu alin be sabuci ombi,
仰望　　端庄　　把 迎接 鲁尔布 阿林 把　望见 成为

ini　uju tugi i dorgi de bime，
它的 头　云 的 里　在 有着

tugi mahala be etume，
云　冠　把　戴，

hashū ici oci ahūn deo alin——
左　右 是 兄　弟 山

ilu jai baikin，juwe meiren be dalime karmame bi.
懿鲁 和 拜钦，两　肩　把 护卫　保护　有

alin dolo urgun cibin——
山　中 喜　燕——

šanyan meifen niowanggiyan asha，golmin guwendeme lakcarakū，
白　脖　绿　翅，长　鸣　不断，

tere oci　deyan alin　mafa i　jugūn yarure enduri.
它 就是 德烟 阿林 玛发的　路　引　神。

urgun cibin i deyere songko be amcame baime，
喜　燕 的 飞　痕迹 把　追寻　向

deyan alin　i　arbun giru be dorolome hargaša ci ombi.
德烟 阿林 的 面貌 形象 把 行礼　仰望　从 成为

deyan alin　i　šanyan talman luk seme，
德烟 阿林 的　白　雾　烟雾浓厚的样子，

· 399 ·

foron de gubci niolmon，jakdan，julgei goro，
顶　在　全　绿苔　松　　以前 山槐，

yohoron yohoron i šanyan fiya menggun mederi i gese，
山沟　　山沟 的 白　桦　银　海　的 似的

haiha　de fulgiyan hūwai hūwai seme hūwaise nunggele abka be sujambi，
半山腰 在 红　　茫 茫 似的 槐　椴　　天 把 支撑

urse is'hunde ulandume deyan alin　i enduri dunggu
众人　彼此　相传　德烟 阿林 的 神　　窟

amba ajige　uhe　i　sunja giyalan bi，
大　小　统一的 的 五　间　有

ajige ningge tumen meihei yeru，
小　者　万　蛇　洞穴，

amba ningge buhū gio　i　tomoro ba，
大　者　麋 狗子 的 栖　地

amba dunggu de aniya hūsime ferehe singgeri curgindume，
大　洞　在 年　环绕 蝙蝠　喧哗　一齐喧哗

cibsen šumin tulbire[①] mangga
安静　深　测　　难

---

　　① tulbimbi，揣度；tubišembi，揣度、揣测，为了音节平衡，在加了表示连动和反复的后缀-še 后，原来用以延长音节的续音收尾 l 脱落，这种现象在女真—满语中常见。

jilgan be donjire teile, terei siden de dosire mangga.
声　　把听见　　只　　却　其间　在　进入　难

den dunggu uyun duka bi, amba wehei fiyeren be suwelere mangga,
高　洞　　九　门有，大　　石　　缝隙　把　觅　　难

fiyeleku niyalma araha gese,
险峻　　人　　造，　似

dalbashūn i dosire mangga bicibe,
旁边　　的　进入　　难　　虽然

enduribuhū i baran daruhai sabubumbi.
神　　鹿　的　踪迹　经常　被看见。

dunggu i fiyeren, šahūrun sukdun niyalma be gidambi,
洞　　的　缝隙，　寒　　气　　人　把　攻击

ihan tuwa be dabuchi, ini šanggiyan tulergi ci tucifi,
牛　火　把　点火，　它的　烟　　外　从　出来，

tere sangga be enduri i weile i araha be sambi.
它　孔　把　神　的　罪　的　造　把　知道。

elintume, niohon alinniowanggiyan mederi,
远望　　苍　山　绿　　海，

umesi hūdun dacun yanggir,
最　　快　快　石羊，

alin dalin de fekucheme necin tala de feksire gese.
山 岸 在 跳跃 平 旷野 在 使跑 似的。

niyalma dunggu i narhūn somishūn be algira mangga
人 洞窟 的 秘密 神秘 把 传扬 难

šumin, šumin, šumin ningge absi.
深 深 深 者 怎样。

enduri eme i tehe enduri ba,
神 母 的 她 神 地,

an i niyalma tere i besergen de enggeleme muterakū
常 的 人 它 的 床 在 来到 不能够

tuttubichi be, daruhai donjime
然而 在 长时间的 听到

dobori dunggu de tungken jilgan bi.
夜 洞窟 在 鼓 声 有。

tungken jilgan, ya alin ya holo ya dunggu ci ulanjiha,
鼓 声 何山 何谷 何 窟 从 传

dobori, jilgan be donjire teile, aibi getuken akū.
夜 声 把 听见 仅 有什么 醒着 无。

deyan alin i ilinjarakū ihan nimaha tungken jilgan,
德烟 阿林 的 不断 牛 鱼 鼓 声

jalan halame sihote alin de urandambi.

世　换　锡霍特山　在　连响

sihote　alin　nadan gege alin i cokci hiyan, hai i ye,

锡霍特 阿林 那丹 格格 山 的 山顶 香　咳伊耶,

dobonio mukiyerakū nadan borhon i ihan tuwa dabume,

整夜　不灭　七　堆　的 牛 火 点燃,

i ye,　i ye,　hai i ye,

伊耶, 伊耶, 嗨伊耶,

ere dergi　mama i　tuwa, haiye,

这 德里给　妈妈 的　火, 嗨耶,

ere tuwai　hehe　i　tuwa, haiye,

这 拖洼依 女神①的 火,　嗨耶,

ere tumri　wehe　i tuwa, haiye,

这 突姆离 石头 的 火, 嗨耶,

ere ulden　usiha i tuwa, haiye,

这 卧勒多 星神 的 火, 嗨耶,

ere banaji tunggen cejen i tuwa, haiye,

这 巴那吉　胸　胸膛 的 火, 嗨耶,

---

①　拖洼依女神, 火神; 突姆离石头, "天宫大战" 创世神话中的神威火石; 额顿吉天风, 风神; 顺格赫, 日神又一尊称。

ere edunggi abka edun i tuwa, haiye,

这 额顿吉天 风 的 火, 嗨耶,

ere šun gege i enteheme banjire tuwa, haiye,

这 太阳 格赫 的 永远 生 火 嗨耶,

haiye, haiye, juhe nimanggi dolo juse be ujime hūwašabumbi,

嗨耶, 嗨耶, 冰 雪 里 孩子 把 抚养 养育,

haiye, haiye, ukdun boo dolo uju be šara tala banjibumbi,

嗨耶, 嗨耶, 地窑子 房 里 头 把 极 旷野 生活,

haiye, haiye, talmangga colkon dolo onco mederi be hafu tuwambi,

嗨耶, 嗨耶, 雾 浪 里 阔 海 把 看 穿

deiji, deiji, hai i ye,

烧, 烧, 嗨伊耶,

ari hutu bukdabufi, oron baran akū oki ni,

通天鬼 魔鬼 使屈服, 痕迹 影儿 无 想 呢,

deiji, deiji, hai i ye,

烧, 烧, 嗨伊耶,

dergi mederi yendemebadarame, hūturi jalafun sasa mukdek ini.

东 海 兴旺 发展 福 寿 一起 兴盛 有。

a, tuwa, eniye i tuwa, baili　i tuwa, jilan i tuwa, huhun i tuwa,
啊，火　母亲 的 火，恩惠 的 火，慈祥 的 火，乳汁 的 火，

i ye,　 i ye,　 hai i ye
伊 耶，伊 耶，嗨 伊 耶，

tuwa giltaršame jimbi,
火　 闪着光　来，

tuwa injecheme jimbi,
火　 笑着　 来，

tuwa fekuceme jimbi,
火　 欢腾　 来，

tuwa moo dele jimbi,
火　 树　 上　来，

tuwa aga dolo jimbi,
火　 雨　 里　来，

tuwa akjan dolo jimbi,
火　 雷　 里　来，

tuwa edun dolo jimbi,
火　 风　 里　来，

tuwa tuwa dolo jimbi,
火　 火　 中　来，

a, tuwa, deiji, deiji, i ye i,
啊 火， 烧， 烧，伊 耶 伊，

berten buraki be wacihiyame deijime,
污秽 尘埃，把 完成   烧

gunggun ganggan be wacihiyame deijime,
畏畏缩缩的 把   完成   烧

buya budun be wacihiyame deijime,
小 庸碌 把 完成 烧

buhiyen banuhūn be wacihiyame deijime,
猜忌 懒惰 把 完成 烧

ubušun fulgiyan elden bireme fosoro
乌布逊 红 光 普遍 照射

dergi mederi i iceken abka na be okdome isibumbi.
东 海 的崭新 天 地把 迎接 使得到

abka   hehe i kesi simen,
阿布卡 赫赫 的 恩典 泽，

amba gelerakū dergi mederi i abka be sujara niyalma.
大 无畏 东 海 的天把 支撑 人

uncehen ucun
尾歌

de u le le, je u le le,
德乌勒勒，哲乌勒勒，

de u liyei li, u je liyei!
德乌咧哩，乌哲咧！

ba na i jui šun i omolo,
地 方 的 孩子 太阳 的 孙子

ba na i jui šun i omolo,
地 方 的 孩子 太阳 的 孙子，

elden, elden,
光， 光，

enduri gaha i elden bi,
神　 乌鸦的 光　 有，

enduri gaha i elden bi,
神　 乌鸦的 光　 有，

šain elden i elden ba na bi,
好　 光 的 光　 地方有，

umesiben mama bumbi.
乌布西奔 妈妈 赐予。

参考文献

著作类

朝戈金：《口传史诗诗学：冉皮勒〈江格尔〉程式句法研究》，广西师范大学出版社 2000 年版。

[荷] 米尼克·希珀、尹虎彬主编：《中国少数民族文化中的史诗与英雄》，广西师范大学出版社 2004 年版。

傅英仁口述，张爱云整理：《傅英仁满族故事》，黑龙江人民出版社 2006 年版。

傅英仁：《满族萨满神话》，黑龙江人民出版社 2005 年版。

富育光：《萨满论》，辽宁人民出版社 2000 年版。

富育光讲述，王慧新整理：《恩切布库》，吉林人民出版社 2009 年版。

富育光讲述，荆文礼整理：《天宫大战·西林安班玛发》，吉林人民出版社 2009 年版。

关纪新：《满族书面文学流变》，中国社会科学出版社 2015 年版。

郭淑云：《〈乌布西奔妈妈〉研究》，中国社会科学出版社 2013 年版。

刘亚虎：《南方史诗论》，内蒙古大学出版社 1999 年版。

鲁连坤讲述，富育光译注整理：《乌布西奔妈妈》，吉林人民出版社 2007 年版。

高荷红：《满族说部传承研究》，中国社会科学出版社 2011 年版。

徐昌翰主编，傅英仁口述：《宁古塔满族神话》，未刊稿。

尹虎彬：《古代经典与口头传统》，中国社会科学出版社 2002 年版。

赵展：《满族文化与宗教研究》，辽宁民族出版社 1997 年版。

谭其骧：《中国古代地图集》（八集），中国地图出版社 1996 年版。

论文类

程迅：《满族女神——"佛托妈妈"考辨》，《社会科学战线》1986 年第 4 期。

戴光宇：《乌布西奔妈妈满语文本及其文学价值》，《民族文学研究》2010 年第 1 期。

谷颖：《满族说部〈恩切布库〉的文化解读》，《满族研究》2008 年第 3 期。

谷颖：《满族说部〈西林安班玛发〉史诗性辨析》，《中南大学学报》（社会科学版）2010 年第 4 期。

谷颖：《满族说部〈恩切布库〉与〈乌布西奔妈妈〉比较研究》，《古籍整理研究学刊》2009 年 11 月。

郭淑云：《满族萨满英雄史诗〈乌布西奔妈妈〉初探》，《黑龙江民族丛刊》2001 年第 1 期。

夏爵蓉：《人类早期历史的艺术记录——我国少数民族创世史诗巡礼》，《西南民族学院学报》（哲学社会科学版）1994 年第 3 期。

杨治经：《阿布卡赫赫化身创世与盘古开天辟地——满—通古斯语族民族与汉族化生型宇宙起源神话比较》，《黑龙江民族丛刊》1996 年第 3 期。

刘孟子：《满族萨满创世神话〈天宫大战〉与太阳崇拜探析》，《吉林省教育学院学报》2010 年第 1 期。

隋丽：《满族文化源头的性别叙事——以满族说部〈天宫大战〉、〈东海窝集传〉为例》，《满族研究》2010 年第 1 期。

王卓：《〈红楼梦〉人物谱系模式的神话原型追索》，《社会科学战线》

2002 年第 3 期。

乌丙安:《满族神话探索——天地层·地震鱼·世界树》,《满族研究》1985 年第 1 期。

覃乃昌:《我国南方少数民族创世神话创世史诗丰富与汉族没有发现创世神话创世史诗的原因——盘古神话来源问题研究之八》,《广西民族研究》2007 年第 4 期。

苏静:《满族说部"收服英雄"母题研究》,《东北史地》2010 年第 5 期。

杨春风:《满族说部中的肃慎族系婚俗》,《东北史地》2010 年第 5 期。

富育光:《再论满族传统说部艺术"乌勒本"》,《东北史地》2005 年第 1 期。

郎樱:《史诗中的妇女形象及其文化内涵》,《民间文化论坛》1995 年第 2 期。

李子贤:《创世史诗产生时代刍议》,《思想战线》1981 年第 1 期。

吕萍:《论满族说部中的历史文化遗存》,《黑龙江民族丛刊》2006 年第 6 期。

后　记

　　满族说部有三类和四类之分，三分法为"窝车库乌勒本""巴图鲁乌勒本""包衣乌勒本"，四分法在此基础上加入"给孙乌春乌勒本"。"窝车库乌勒本"是其中较为独特的一类，大半篇幅短小，为韵体或散韵结合形式，最初多用满语演述，现出版的文本保留了相当部分的满语，尤其是《天宫大战》和《乌布西奔妈妈》。

　　从 2008 年开始，我开始着力研究"窝车库乌勒本"，其他三类拟徐徐图之。本书为所级课题"'窝车库乌勒本'研究"（2008—2011）的成果，在研究过程中自觉发现了很多有趣的话题，曾跟几位好友兴致颇高地讨论过。现在，初时的得意不复存在，反而心存忐忑，惴惴不安，觉得修改之处颇多。出版前，考虑到"窝车库乌勒本"的熟识度不够高，将书名改为《满族说部"窝车库乌勒本"研究》，也有为其他两（或三）类研究做铺垫之义。

　　附录一、二、三为戴光宇博士后翻译的满汉对照《乌布西奔妈妈》，分别为"汉字标音满语唱本《洞窟乌春》""《乌布西奔妈妈》满语采记稿""锡霍特山洞窟乌布西奔妈妈长歌"。在此向戴光宇表示真诚的谢意。文稿校对时，附录二、三中的"德烟阿林不息的战鼓声"，需重新查阅满语字典进行比对，为此颇花费了一些功夫，希望对大家有帮助。

　　至于《天宫大战》的翻译，因涉及到满族民间土语、缺音、多音等问题，结项后两三年才基本完成前七腓凌（第七腓凌不完整）的满汉对译。去年，特别请宋和平老师帮忙审校过。研究满族说部已有十余年，自认比较了解满族民间文学，在写作过程中却发现还远远不够，若不通晓满族历史、文化、政治、哲学、宗教，甚至考古学内容，我们将无法正确了解满族说部在满族民间文学的位置，乃至在我国少数民族民间文化中位置如何。可以说，满族说部研究面临诸多新问题、新挑战，如何解决这些问题，能否提出新的观点，还需学者们继续探索。

这几年，我努力从20世纪80年代大量的民间文学集成及其他田野资料中，将两位重要的满族说部传承人傅英仁、马亚川掌握的民间文学库基本理清并初步建档，这是深入研究不可或缺的一小步，或许对满族说部研究略有裨益。

书稿完成时，《奥克敦妈妈》尚未出版。富育光先生听闻我做此研究，将《奥克敦妈妈》和《瑷珲十里长江俗记》电子版赠给我，书稿在此基础上进行了增益及调整。整理者王卓更是将其整理过程详尽告知于我。作为"窝车库乌勒本"的主要讲述者、整理者，富育光先生与我的交集始于2002年，十余年来，与先生多次接触，受益良多。

作为新兴文类，满族说部并非主流，但我一直得到师友们的关心和帮助，感谢导师朝戈金研究员高屋建瓴的学术指导，尹虎彬研究员、汤晓青研究员、关纪新研究员多次提出建设性的意见。一路走来，诸多同道间相互鼓励、支持和帮助，如江帆教授、汪立珍教授、郭淑云教授、王卓教授、隋丽博士、谷颖博士、邵丽坤博士、朱立春教授、刘红彬先生等。那些我曾经访谈过的传承人、地方文化人，书中虽未出现他们的名字，但在写作过程中却时时回想起他们，没有他们的支持，我无法顺利地完成多次的调研并有所收获。

作为《满通古斯史诗研究丛书》的第一本，本书得以出版要感谢朝克书记。还要特别感谢中国社会科学出版社的马明编辑，他耐心细致，尊重我的意见和建议，积极与我多次沟通。

　　最后略作说明，满语因久不作为口头交流语言，诸多满语词汇都改用汉字记音，不同地域的满族民众使用的汉字有所差异，因此在本书中多处出现混用的情况。对此，我们处理的基本原则是：引用文本时尽量保留原文，非引用部分则做了统一。

高荷红
2018 年于联想桥